Opportunity Recognition

Andreas Engelen · Clara von Gagern ·
Monika Engelen

Opportunity Recognition

15 Ansätze für mehr Unternehmenswachstum

2., aktualisierte und ergänzte Auflage

Andreas Engelen
Lehrstuhl für BWL, insb. Management
Heinrich-Heine-Universität Düsseldorf
Düsseldorf, Deutschland

Monika Engelen
TH Köln
Köln, Deutschland

Clara von Gagern
Neuss, Deutschland

ISBN 978-3-658-34954-7   ISBN 978-3-658-34955-4   (eBook)
https://doi.org/10.1007/978-3-658-34955-4

Die Deutsche Nationalbibliothek verzeichnet diese Publikation in der Deutschen Nationalbibliografie; detaillierte bibliografische Daten sind im Internet über http://dnb.d-nb.de abrufbar.

Planung/Lektorat: Claudia Rosenbaum
Springer Gabler ist ein Imprint der eingetragenen Gesellschaft Springer Fachmedien Wiesbaden GmbH und ist ein Teil von Springer Nature.
Die Anschrift der Gesellschaft ist: Abraham-Lincoln-Str. 46, 65189 Wiesbaden, Germany

Vorwort zur 2. Auflage

Seit der ersten Auflage dieses Buches im Jahre 2016 haben sich die Rahmenbedingungen für viele Unternehmen unterschiedlichster Branchen deutlich geändert. Nicht nur durch die Covid-Krise, sondern auch, unabhängig davon, durch digitale Geschäftsmodelle. Beispielsweise haben Plattform-Geschäftsmodelle an Bedeutung gewonnen und die Digitalisierung ist weiter fortgeschritten. Deshalb ist das Thema „Opportunity Recognition" – neue Gelegenheiten für ein zukünftiges Geschäft erkennen – aktueller denn je. Daher freuen wir uns, Ihnen die zweite Auflage unseres Buchs zu diesem Thema vorlegen zu können.

Seit der ersten Auflage dieses Buchs haben wir die 15 dargestellten Tools mit Unternehmen erprobt und verfeinert. Wir haben die Inhalte in unseren Lehrveranstaltungen sowohl auf Master-Ebene als auch auf Executive-Education-Ebene vermittelt und mit Studierenden diskutiert. Die aus diesen Interaktionen gewonnenen Erkenntnisse sind in die zweite Auflage eingeflossen, die den Lehrbuchcharakter stärker in den Fokus rückt. Die grundlegende Struktur, insbesondere die Unterteilung in 15 Tools, hat sich bewährt. Die Texte zu einzelnen Tools haben wir verfeinert und aktualisiert sowie teilweise durch neue Zahlen und Beispiele ergänzt. Ebenso haben wir neue didaktische Elemente hinzugefügt, etwa Eingangsfragen und Zusammenfassungen am Ende von Kapiteln. Ein zusätzliches Kapitel mit Anwendungsaufgaben soll helfen, die Tools in Lehre und Praxis auszuprobieren und einzusetzen. Das Autorenteam haben wir um Prof. Dr. Monika Engelen erweitert.

Eine wesentliche Ergänzung sind von uns erstellte Kurzvideos, die wir auf unserem YouTube-Kanal[1] des Lehrstuhls für BWL, insbesondere Management der Heinrich Heine Universität präsentieren. In diesen Kurzvideos stellen wir die meisten der 15 Tools ausführlich dar. Folgen Sie uns dort gerne.

Herzlichen bedanken möchten wir uns bei allen Unterstützerinnen und Unterstützern, die diese zweite Auflage ermöglicht haben: bei den Unternehmensvertretern und

---

[1]https://youtube.com/playlist?list=PLnzkiy3AY-EFwueBM_eJ5355k_Gv3x_T5

Studierenden für den wertvollen Input und bei unserer Lektorin Gundula Herget für den finalen Schliff unserer Texte.

Köln und Düsseldorf, Deutschland   Andreas Engelen
im Sommer 2021   Clara von Gagern
                                                                    Monika Engelen

Vorwort zur 1. Auflage

Without an opportunity, there is no entrepreneurship
(Short et al. 2009, S. 40)

Aktuelle Studien kommen zu dem Schluss, dass ein Mensch mit durchschnittlicher Lebensdauer die meisten Unternehmen überlebt. Von vor 40 Jahren gegründeten Unternehmen existieren nur noch 0,1 %. Dieser Schwund lässt sich nicht nur auf kleine und junge Unternehmen zurückführen, die schnell wieder vom Markt verschwinden. Etwa ein Drittel der laut Forbes 500 größten Unternehmen existiert nach 10 Jahren nicht mehr. Von den 1.000 größten Unternehmen, die 1962 aktiv waren, gibt es heute nur noch weniger als 16 %.

Warum sind etablierte Unternehmen mit all ihren Erfahrungen und Ressourcen nicht langfristig erfolgreicher und nachhaltiger? Sie werden über die Jahre des Erfolges selbstzufrieden und meist weniger flexibel. Ihnen geht die unternehmerische Dynamik verloren, um neue Gelegenheiten zu erkennen und diese zu nutzen. Start-ups dagegen realisieren oft die Geschäftsideen, die etablierte Unternehmen nicht erkennen oder an die sich diese nicht trauen. Einige Start-ups haben es mit innovativen Ideen und Produkten geschafft, innerhalb weniger Jahre ganz neue Märkte zu schaffen und zu globalen Playern zu wachsen. Etablierte Unternehmen können und müssen von diesen Start-ups lernen. In einer volatilen Geschäftswelt mit immer kürzeren Produktlebens- und Innovationszyklen ist es auch für etablierte Unternehmen unabdingbar, nach neuen Gelegenheiten Ausschau zu halten und diese zu erschließen. Nur Unternehmen, die kontinuierlich ihre Betätigungsfelder hinterfragen und unternehmerisch erweitern, werden auch in Jahrzehnten noch erfolgreich am Markt agieren.

Zentraler Stellhebel zur langfristigen Existenz eines Unternehmens ist Wachstum. Auch sehr erfolgreiche, stark wachsende Unternehmen unterliegen dem Risiko, abrupte Wendepunkte („stall points") in ihrem Wachstum zu erfahren und vom Markt zu verschwinden oder marginalisiert zu werden. In einer Studie haben 87 % aller untersuchten Firmen in ihrem Wachstum recht genau datierbare Wendepunkte, von denen sie sich kaum oder nur sehr mühsam wieder erholt haben. Diese Unternehmen haben im Schnitt 74 % ihrer Marktkapitalisierung verloren. Hierfür gibt es sowohl externe Faktoren, wie neue Konkurrenz oder wirtschaftliche Abschwünge, die meisten Misserfolge sind jedoch hausgemacht. Ein Hauptgrund ist die mangelnde Fähigkeit von Unternehmen, neue, zukunftsweisende Gelegenheiten zu erkennen und zu kommerzialisieren.

Mit dem vorliegenden Buch haben wir es uns zur Aufgabe gemacht, 15 innovative Tools und Ansätze zu beschreiben, mit denen Unternehmen sich aktiv und strukturiert auf die Suche nach neuen Opportunities begeben können. Dabei unterscheiden wir zwischen unternehmensbezogenen, marktbezogenen und umweltbezogenen Ansätzen und geben Hilfestellung für die spätere Beurteilung von erarbeiteten Opportunities.

Herzlich bedanken möchten wir uns bei den Unterstützerinnen, die dieses Buch in seiner jetzigen Form ermöglicht haben. Dies sind in alphabetischer Reihenfolge: Jana Drechsler, unsere Lektorin Gundula Herget und Barbara Kirchhoff.

Köln und Düsseldorf, Deutschland   Andreas Engelen
im Herbst 2016   Clara von Gagern

Inhaltsverzeichnis

Einleitung

1

Der Gegenstand des vorliegenden Buchs sind Opportunities zur Generierung substanziellen Unternehmenswachstums sowie die Tools, um diese Opportunities zu erkennen. Kap. 1 legt dazu einige Grundlagen, insbesondere in Bezug auf die Frage, ob Unternehmen überhaupt dauerhaft wachsen und existieren können und welche Rolle neue Opportunities für das Wachstum spielen.

Dieser Fragestellung geht Abschn. 1.1 nach. Abschn. 1.2 zeigt auf Basis der Erkenntnisse aus Abschn. 1.1, warum Unternehmen zur Sicherstellung von Wachstum und Existenz regelmäßig neue Opportunities identifizieren müssen. Abschn. 1.3 definiert auf dieser Basis das Konzept der Opportunity Recognition und gibt einen ersten Überblick über konkrete Tools, die in den folgenden Kapiteln detailliert und systematisch vorgestellt werden.

> **Lernziele**
> - Einordnen, ob und wie Unternehmen dauerhaft wachsen können.
> - Erfolgsfaktoren für kontinuierliches und hohes Unternehmenswachstum bzw. dessen Scheitern benennen und begründen.
> - Rahmenbedingungen und Grundlagen der Opportunity Recognition in Unternehmen beschreiben.
> - Notwendigkeit von Opportunity Recognition in Unternehmen begründen.
> - Ansätze für strukturierte Opportunity Recognition in Unternehmen einordnen und benennen.

© Der/die Autor(en), exklusiv lizenziert durch Springer Fachmedien Wiesbaden GmbH, ein Teil von Springer Nature 2021
A. Engelen et al., *Opportunity Recognition*,
https://doi.org/10.1007/978-3-658-34955-4_1

1.1   Können Unternehmen dauerhaft wachsen und existieren?

Können Unternehmen ewig wachsen? Oder grundlegender: Können Unternehmen ewig existieren? Unternehmensgründer werden bei ihren Start-up-Aktivitäten mit Sicherheit zunächst die ersten Monate, maximal Jahre im Rahmen eines Businessplans im Auge haben, aber grundsätzlich – möglicherweise, um das Unternehmen Kindern zu vererben – anstreben, dass das Unternehmen wächst und zumindest sehr lange existiert (Bhide 1994). Spätestens mit dem Eintritt externer Eigenkapitalgeber entsteht ein gewisser Wachstumsdruck. Jahre ohne Wachstum werden als schlechte Jahre angesehen. Und erreicht ein Unternehmen in einem Zeitraum von fünf bis zehn Jahren keine signifikante Größe, wird ein Kapitalgeber das Investment als Fehler bezeichnen. Aber auch Eigenkapitalgeber bereits etablierter, meist größerer Unternehmen wollen Wachstum, kurzfristig und langfristig. Letztlich ist Wachstum ein zentraler Treiber des Unternehmenswertes und jedes Management muss sich entsprechend daran messen lassen. Insbesondere langfristiges Wachstum – oder ganz grundlegend die langfristige Existenz des Unternehmens – spielen in Berechnungen des Unternehmenswertes in Restwerten (beispielsweise im Rahmen der Discounted-Cashflow-Methode) rein mathematisch eine substanzielle Rolle (Pearce und Robinson 2010).

Wer in einer Industrie in fünf oder zehn Jahren die dominierende Rolle spielen wird, können auch Beobachter dieser Industrie nur schwer sagen. Unternehmen, die vor etwa zwanzig Jahren noch den Markt der Fotokameras dominiert haben, existieren heute teilweise nicht mehr (wie Kodak Eastman) oder haben deutlich an Größe eingebüßt. In der ersten Generation der mobilen Telefone haben Unternehmen wie Motorola, Ericsson oder Nokia um die 2000er-Wende dominiert und in wenigen Jahren exorbitante Wachstumsraten erzielt (O'Reilly et al. 2009). Beschäftigt man sich heute mit dem Kauf eines Smartphones, dem Nachfolgeprodukt der ersten mobilen Telefone, spielen diese Unternehmen gar keine oder maximal eine untergeordnete Rolle. Apple und Samsung dominieren den Markt. Diese Beispiele deuten bereits darauf hin, dass die reine langfristige Existenz von Unternehmen keinesfalls selbstverständlich ist, dauerhaftes Wachstum und Führungspositionen im Markt schon gar nicht (Hanks et al. 1993).

Der Frage, ob Unternehmen dauerhaft wachsen können, haben sich Olson et al. (2008) wissenschaftlich angenommen und 500 große, zumeist US-amerikanische Unternehmen in ihrer Entwicklung im Laufe des letzten halben Jahrhunderts in Bezug auf ihr Umsatzwachstum untersucht. Das Ergebnis deckt sich mit den gerade beschriebenen Beobachtungen des Fotografie- und Mobilfunkmarktes: 87 % aller untersuchten Firmen haben in ihrem Wachstum recht genau datierbare Abriss- oder Wendepunkte (im Englischen von den Autoren als „stall point" bezeichnet) erlebt, d. h. einen Zeitpunkt, in dem das Wachstum abrupt abgesunken ist und sich danach kaum oder nur sehr mühsam wieder erholt hat. Unternehmen haben in dieser Zeit im Schnitt 74 % ihrer Marktkapitalisierung verloren. Einer solchen Entwicklung konnten sich selbst in der Öffentlichkeit als großartig bezeichnete Unternehmen wie 3M oder Procter & Gamble in ihrer langen Unternehmensgeschichte nicht entziehen.

Als Beispiel für dieses Phänomen führen Olson et al. (2008) Levi Strauss & Company an, das 1995 das stärkste Wachstum der Unternehmensgeschichte erreichte und einen Umsatzrekord von sieben Milliarden US-Dollar einfuhr. Mit dem Jahr 1996 begann allerdings schlagartig die Talfahrt, die mit 4,6 Mrd. US$ Umsatz im Jahr 2000 endete und den Marktanteil im US-Markt von 31 % auf 14 % reduzierte. Hier war 1995 der Wendepunkt („stall point") der vorläufigen Wachstumsgeschichte.

Wie Abb. 1.1 darlegt, haben 87 % der untersuchten Unternehmen einen solchen Wendepunkt durchgemacht; nur 13 % wurden davon bislang verschont. Von den 87 % erreichten 46 % innerhalb von zehn Jahren wieder hohes oder zumindest mäßiges Wachstum, 54 % schwaches Wachstum (jährliche Wachstumsraten in etwa des Bruttoinlandprodukts). Interessant – und sicherlich auch erschreckend – ist, dass von diesen 54 % nur sieben Prozent überhaupt wieder hohes oder mäßiges Wachstum erreichen, sich also weitestgehend vom ersten „stall point" erholten. 26 % der Unternehmen dieser Kategorie haben immerhin überlebt, während 67 % vom Markt verschwunden sind. Das heißt, dass fast alle Unternehmen diese Wendepunkte durchleben, sich davon jedoch mehr als die Hälfte nicht schnell erholt. Eine schnelle Erholung ist aber der einzige Weg, um langfristig zu überleben, eine Erholung nach einer längeren Durststrecke mit langsamem oder negativem Wachstum allerdings die große Ausnahme. Mit jedem Jahr, das die Durststrecke andauert, sinkt die Wahrscheinlichkeit einer kompletten Erholung.

Olson et al. (2008) finden des Weiteren heraus, dass Unternehmen, die sich aktuell in einem Zustand kontinuierlichen, hohen Wachstums befinden, keineswegs sicher sind. Wendepunkte kamen bei den untersuchten Unternehmen zumeist sehr abrupt, wie

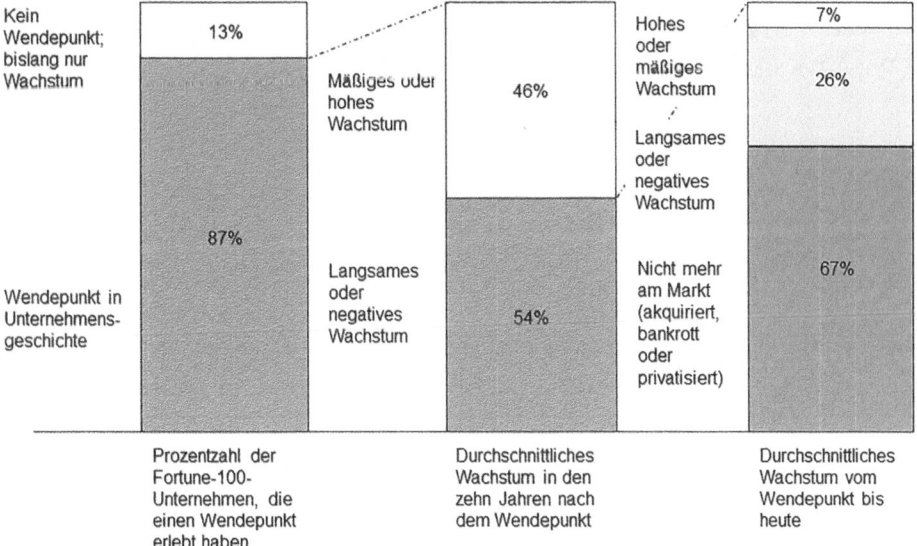

Abb. 1.1 Was passiert mit Unternehmen nach dem Wendepunkt? (Nach Olson et al. 2008)

im Beispiel von Levi Strauss dargelegt. Es gibt damit zumeist keine weiche Landung, sondern eher ein plötzliches Erwachen in einer schwierigen Situation. Abb. 1.2 zeigt den durchschnittlichen Verlauf der Wachstumsraten der untersuchten Unternehmen. Oft ist das Jahr vor dem Wendepunkt sogar sehr wachstumsstark. Von diesem hohen Niveau fällt die Wachstumsrate von einem Jahr auf das nächste dann schlagartig ab (im Schnitt von knapp 14 % auf −0,5 %) und erholt sich anschließend nur sehr zäh.

Damit lässt sich die Eingangsfrage, ob Unternehmen auf Dauer wachsen können, adressieren: Einige Unternehmen schaffen dies in der Tat, aber die große Mehrheit von 87 % – zumindest rückblickend auf die letzten 50 Jahre – erlebt einen Zeitpunkt, in dem das Wachstum deutlich absinkt und sich dann nur sehr schwer erholt. Aber was ist mit der reinen Existenz von Unternehmen? Die Zahlen von Olson et al. (2008) zeigen bereits, dass von den Unternehmen, die sich nicht zügig vom abrupten Absinken der Wachstumsraten erholen, zu einem großen Teil vom Markt verschwinden und damit aufhören zu existieren.

Stubbart und Knight (2006) analysieren die Überlebensraten von Unternehmen. Von sechs Millionen untersuchten US-amerikanischen Unternehmen existierte nur etwa ein Prozent länger als 40 Jahre. Von den 1976 gegründeten Unternehmen überlebten nur zehn Prozent länger als zehn Jahre. Diese Zahlen lassen die Autoren zu dem Schluss kommen, dass ein US-amerikanisches Unternehmen im Durchschnitt nicht einmal so lange lebt wie ein US-amerikanischer Bürger. Weitere Studien zur Berechnung der

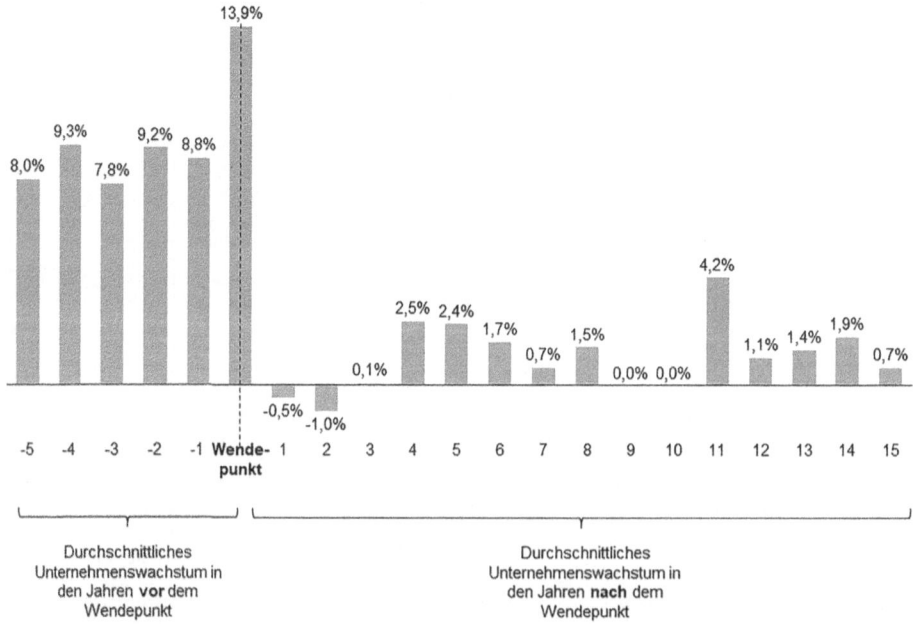

Abb. 1.2 Umsatzwachstum von Unternehmen in den Jahren vor und nach dem Wendepunkt. (Nach Olson et al. 2008)

durchschnittlichen Überlebenszeit von Unternehmen kommen zu dem Ergebnis, dass ein zufällig ausgewähltes Unternehmen zum Zeitpunkt der Berechnung eine durchschnittliche „Restlebenszeit" von sechs bis 15 Jahren hat (O'Reilly et al. 2009).

Es ist darüber hinaus anzunehmen, dass der Druck auf Unternehmen in den letzten Jahren gestiegen ist, Überleben und Wachstum damit deutlich schwieriger zu erreichen sind. Huyett und Viguerie (2005) fassen dieses Phänomen unter dem Begriff einer aufkommenden „Hypercompetition" zusammen. Sie betrachten die Wahrscheinlichkeit, mit der ein Unternehmen, das zu einem Zeitpunkt zu den umsatzstärksten 20 % der Branche gehört, in fünf Jahren nicht mehr zu dieser Gruppe gehört. In den 1970er-Jahren lag diese Wahrscheinlichkeit bei etwa acht Prozent. Anfang der 2000er-Jahre war sie aber schon auf 30 % angestiegen. Damit verlieren etwa 30 % der Unternehmen, die heute zu den größten ihrer Branche gehören, in den nächsten fünf Jahren ihre Stellung. Sehr deutlich werden solche Entwicklungen bei der Betrachtung des PC-Marktes in den 1990er-Jahren und heute, wie Beispiel 1.1 zeigt.

Beispiel 1.1: Der PC-Markt in den 1990er-Jahren, 2000er-Jahren und heute – was ist aus den dominierenden Unternehmen geworden?

In den 1990er-Jahren waren die drei wesentlichen, großen Spieler auf dem Personal Computer (PC)-Markt IBM, Compaq und Apple. Sie beherrschten diesen Markt und teilten ihn unter sich auf. Im Laufe der 1990er-Jahre aber veränderten sich seine Rahmenbedingungen: Die Nachfrage wurde globaler, neue Produkte wie MP3-Player oder kompakte, tragbare Computer (teilweise in Hosentaschengröße) wurden entwickelt, Bestandteile von PCs wurden immer günstiger und die Funktionsweise von PCs wurde für Wettbewerber immer transparenter. Das PC-Geschäft entwickelte sich zu einem sehr kompetitiven Umfeld. Was ist mit den drei großen Spielern passiert? Apple war gegen Ende der 1990er-Jahre fast pleite und konnte nur durch Steve Jobs' strategische Entscheidung, mit dem iPod in den Musikmarkt einzutreten, gerettet werden. Compaq wurde von Hewlett-Packard geschluckt, IBM hat das PC-Geschäft mittlerweile abgestoßen. Damit war keiner der drei großen Namen der 1990er-Jahre in den 2000er-Jahren substanziell im PC-Geschäft vertreten (Zahn et al. 2013).

Zwei der Unternehmen haben sich aber trotzdem sehr erfolgreich weiterentwickelt. IBM hat durch seine Initiative „Emerging Business Organization (EBO)" (siehe Beispiel 1.3) erfolgreich neue Geschäftsfelder erschlossen. Apple hat sich, nach einer Fast-Pleite Ende der 1990er-Jahre, mittlerweile sogar wieder zu einem dominanten Spieler nicht nur im PC-Markt, sondern auch im Markt für Mobiltelefone und der Entertainmentindustrie entwickelt. Apple schaffte es, seine Kernkompetenz, ästhetisch ansprechende und einfach zu bedienende Produkte zu entwickeln, erfolgreich auf andere Produkte zu übertragen. Der iPod als MP3-Player, das iPad als eines der ersten Tablets, das iPhone als erstes Smartphone eines PC-Herstellers trugen zum Erfolg von Apple in den 2010er-Jahren bei. Der Mac als eher klassischer PC machte im Jahr 2000 6,9 US$ Umsatz und damit 86 % des Umsatzes von Apple. 2020 erwirtschaftete Apple über 250 Mrd. US$ Umsatz, davon allerdings nur noch ca. 10 % mit dem Mac. Den Großteil des Umsatzes generierten neue Geschäftsfelder, vor allem das iPhone (Apple 2020). Apple hat aus seinem Kerngeschäft heraus neue Möglichkeiten für Unternehmenswachstum gefunden und erfolgreich umgesetzt. ◄

Damit wachsen Unternehmen nicht nur nicht auf Dauer, sondern haben auch ein substanzielles Risiko, völlig vom Markt zu verschwinden. Woran liegt das? In der betriebswirtschaftlichen Literatur findet sich eine unüberschaubare Anzahl von Studien zur Aufdeckung von (Miss-)Erfolgsfaktoren (Kuratko et al. 2011; Song et al. 2008). Rein externe Gründe wie neue Konkurrenz durch sich öffnende ehemalige Planwirtschaften oder wirtschaftliche Abschwünge spielen sicherlich eine Rolle. Die Mehrheit der Studien kommt aber zu dem Schluss, dass die meisten Misserfolge hausgemacht sind. Fehler im Wettbewerb, die mangelnde Fähigkeit, wichtige Mitarbeiter zu halten, oder auch gescheiterte Akquisitionen sind einige der Gründe, warum Unternehmen scheitern, und erklären die dargestellten Zahlen. Ein Hauptgrund für die von Olson et al. (2008) beschriebenen „stall points" und die aufgedeckten hohen Sterberaten von Unternehmen liegt jedoch in der mangelnden Fähigkeit von Unternehmen, neue innovative Gelegenheiten zu erkennen und zu kommerzialisieren. Unternehmen hängen zu lange an ihren bestehenden Produkten, Prozessen oder Geschäftsmodellen und verpassen es, sich rechtzeitig neu zu erfinden.

Trotz der beschriebenen Zahlen gibt es eine ganze Reihe von Unternehmen, die bereits sehr lange existieren. Genau diese Unternehmen haben sich typischerweise im Laufe der Zeit mehrmals neu erfunden, indem sie neue Gelegenheiten, wie sie beispielsweise Technologien bieten, aufgegriffen und das bisherige Stammgeschäft so ergänzt oder sogar ersetzt haben (O'Reilly et al. 2009). Apple ist ein prominentes Beispiel: Das Unternehmen vollzog den Übergang vom PC als Kerngeschäft zum Aufbau der „i-Produktfamilie" und entging so der drohenden Pleite Ende der 1990er-Jahre. Die Goodrich Corporate, 1870 in den USA als Hersteller von Feuerwehrschläuchen gegründet, ist heute im Maschinenbau und der Luft- und Raumfahrttechnik aktiv. Das britische Unternehmen GKN, vor über 250 Jahren als Bergbauunternehmen gegründet, ist heute ein Unternehmen in der Luftfahrt- und Automobilindustrie mit fünf Milliarden US-Dollar Umsatz. Johnson & Johnson begann 1886 als Hersteller für sterile Verbandsmaterialien. Heute generiert es Umsätze mit Pharmaprodukten, medizinischen Geräten und einer breiten Palette an Konsumgütern. Beispiel 1.2 umreißt die Entwicklung von Milliken and Company, das sich vom klassischen Textilunternehmen in ein Hightech-Unternehmen verwandelt hat.

Beispiel 1.2: Milliken and Company – vom Textil- zum High-Tech-Unternehmen

Milliken and Company ist ein US-amerikanisches Unternehmen, das eine Transformation vom Textilunternehmen zum Hightech-Unternehmen vollzogen hat, wie McGrath (2012) beschreibt. Milliken begann 1865 als Produzent von Wolle und war bis in die 1960er-Jahre ein klassisches Textilunternehmen, das Stoffe herstellte. Während die US-amerikanischen Hauptwettbewerber ab den 1970er-Jahren nach und nach insolvent gingen, schloss Roger Milliken bewusst eine Textilproduktion nach der anderen. Denn er hatte neue Pläne: Er hatte früh erkannt, dass er im Textilgeschäft durch den aufkommenden globalen Wettbewerb keine Chance mehr haben würde. Bis 1991 waren beispielsweise bereits 58 % aller im US-Einzelhandel verkauften Stoffe und Kleidung importiert. Roger Milliken sah diese Entwicklung kommen, investierte bereits 1958 in ein eigenes Forschungslabor und in den Folgejahren in viele neue Technologien und Märkte. Heute ist Milliken ein Hightech-Unternehmen, das Spezialmaterialien herstellt, die Matratzen feuerfest, Windräder leichter und Kühlschrankbehälter klarer macht. Milliken hat dabei oft Mitarbeiter aus früheren Innovationswellen übernommen, konsequent intern ausgebildet und auf zukünftige Herausforderungen vorbereitet. ◄

Unternehmen, die bereits seit sehr langer Zeit existieren und auch dauerhaftes Wachstum erreichen, d. h. „stall points" vermeiden oder sich rechtzeitig davon erholen, gelingt es also, regelmäßig neue Opportunities im Unternehmen oder im Umfeld wahrzunehmen und entsprechend zu nutzen. Opportunities sind Informationen oder innovative Kombinationen von Informationen, die Ausgangspunkt für die Entwicklung eines neuen Geschäfts mit beträchtlichem Wachstumspotenzial sein können (Hills et al. 1997; Eckhardt und Shane 2003). Bei diesen Unternehmen herrscht Klarheit darüber, dass aktuelle Produkte, Prozesse oder Geschäftsmodelle nicht ewig zum Fortbestand und Wachstum des Unternehmens beitragen können. Unternehmen, die das erkennen, setzen teilweise dedizierte Prozesse zum Erkennen und Erschließen neuer Gelegenheiten auf, so wie für IBM in Beispiel 1.3 beschrieben.

Beispiel 1.3: Opportunity Recognition durch das EBO-Modell bei IBM

1999 erfuhr Lou Gerstner, damals Vorstandsvorsitzender von IBM, dass finanzieller Druck in einer Abteilung dazu geführt hatte, dass die Arbeit an einer vielversprechenden Idee für eine neue Produkttechnologie aufgegeben worden war. Er fragte sich: „Warum verpassen wir grundsätzlich aufkommende neue Gelegenheiten?" IBM verpasste es in dieser Zeit auch, viele seiner erkannten Opportunities zu kommerzialisieren. So war IBM z. B. Wissensführer, wenn es um Technologien ging, die Datenübertragung im Web beschleunigen können, jedoch erkannte Akamai als Second-Mover diese Opportunity und eroberte den Markt. Auch entwickelte IBM den ersten kommerziellen Router, Cisco dominiert jedoch bis heute den Markt. Die von Gerstner angestoßene Diskussion mündete schließlich in der Gründung der Initiative „Emerging Business Organization (EBO)". In dieser EBO sollten neue Opportunities erkannt und bis zur Marktreife entwickelt werden. Die EBO wurde vom Kerngeschäft getrennt und sollte Opportunities entdecken, die folgenden Kriterien genügen (O'Reilly et al. 2009):

- Sie lassen sich mit der Geschäftsstrategie von IBM vereinen.
- Sie können auf IBM-Ressourcen und Erfahrungen aufbauen.
- Sie schaffen eine neue Quelle von Kundenwert.

- Sie haben das Potenzial, ein Geschäft mit mehr als einer Milliarde US-Dollar Umsatz zu werden.
- Sie können zu einer Führungsposition für IBM im relevanten Markt führen.

IBM führt zweimal jährlich einen formellen Prozess zur Generierung möglicher Ideen durch, die dann im Folgenden in einer EBO entwickelt werden könnten. Dazu werden Personen innerhalb von IBM (wie Mitarbeiter aus Marketing, Forschung und Entwicklung, Vertrieb) aufgefordert, Ideen einzureichen. Auch Personen von außerhalb (wie Kunden oder Venture Capitalists) können dies tun. Typischerweise werden in einer Runde mehr als 150 Ideen generiert und analysiert. Für etwa 20 dieser Ideen werden kleine Teams gebildet, die sie ausarbeiten und Marktrecherchen durchführen. Auf Basis dieser Analysen suchen die Teams die Unterstützung des Top-Managements. Dabei geht es IBM nicht nur um die Aufdeckung neuer Technologien, sondern auch um neue Geschäfte. Das heißt, alle Ideen müssen mit einem klaren Kundennutzen und einem Geschäftsmodell vereinbar sein. Von den mehr als 150 Ideen wird jedes Jahr nur eine Handvoll dann wirklich umgesetzt.

Abb. 1.3 zeigt den Umsatzanteil der EBOs am Gesamtumsatz von IBM. Zwischen 2000 und 2005 haben diese EBOs 19 % des Umsatzes von IBM generiert. Und ihr Erfolg hielt an: 2011 erwirtschaftete IBM 19 Mrd. US$ (20 % des Gesamtumsatzes) mit Geschäftseinheiten, die als EBOs gestartet waren (Applegate et al. 2008; Applegate und Kerr 2015). ◄

Damit ergibt sich eine interessante Situation: Ein Grund für das Ausscheiden von Unternehmen und die Entstehung von „stall points" ist der Wandel der Umwelt, beispielsweise in Bezug auf Technologien. Neue Technologien ermöglichen es anderen Unternehmen,

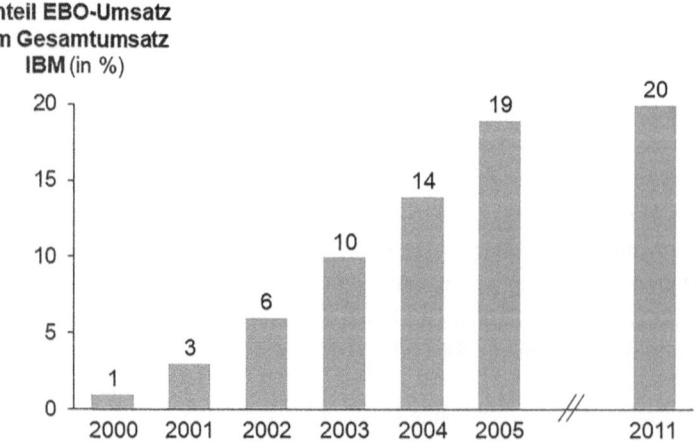

Abb. 1.3 Anteil des Umsatzes von EBOs am Gesamtumsatz von IBM. (Nach O'Reilly et al. 2009; Applegate und Kerr 2015)

beispielsweise Start-ups, mit alternativen Ansätzen bestehende Spieler im Markt zu verdrängen und damit zu den hohen Sterberaten bzw. „stall points" beizutragen. Gleichzeitig stellen neue Rahmenbedingungen aber nicht nur eine Gefahr dar, sondern auch eine Chance, neue Opportunities zu identifizieren und für sich als bestehendes Unternehmen zu nutzen, um langfristig zu bestehen und wachsen zu können. Damit stehen etablierte und Start-up -Unternehmen im Wettbewerb darum, Opportunities als erstes zu erkennen und Wachstumsfelder zu besetzen (Anthony 2012).

In der letzten Dekade war Digitalisierung ein wesentlicher Treiber von Veränderungen und zur Entwicklung neuer Produkte, Prozesse und Geschäftsmodelle. Vormals analoge Produkte, Prozesse oder Geschäftsmodelle fanden digitale Pendants, die ganzen Branchen Wandel brachten. So sind Zalando und About You heute die größten deutschen Fashion Retailer und haben viele Einzelhändler, aber auch Fashion-Ketten mit stationärem Geschäft zur Aufgabe oder Überarbeitung des eigenen Geschäftsmodels gezwungen. Diese Veränderungen durch die Digitalisierung birgt, neben der Gefahr, dass das eigene Geschäft redundant wird, auch viele Chancen zur Entwicklung neuer Geschäftsfelder. Insbesondere durch neue Anwendungsmöglichkeiten für Technologien (Abschn. 2.1), durch Data Analytics aufgrund höherer Datenverfügbarkeit (siehe Abschn. 2.4), durch Änderungen der Konsumketten (Abschn. 3.1) und durch neue Market-Spaces (Abschn. 4.5) können diese neuen Geschäftsfelder aufgedeckt werden.

Dabei werden sich die Rahmenbedingungen in den nächsten Jahren weiter verändern. Abb. 1.4 zeigt die Entwicklung der weltweiten Patentanmeldungen, die sich innerhalb von weniger als 25 Jahren von etwa einer Million Anmeldungen pro Jahr auf über 3 Mio. Anmeldungen pro Jahr mehr als verdoppelt hat. Jedes neue Patent stellt eine potenzielle

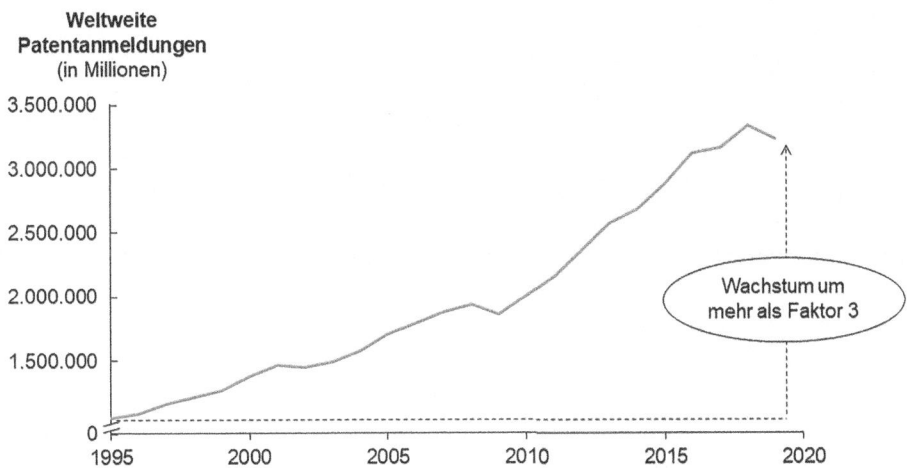

Abb. 1.4 Entwicklung der weltweiten Patentanmeldungen von 1995 bis 2019 (Eigene Darstellung nach WIPO statistics database 2020)

neue Technologie dar, die bestehende Produkte, Prozesse oder Geschäftsmodelle von Unternehmen verbessern oder vielleicht sogar ersetzen kann.

Gleichzeitig beobachtet man, dass nicht nur die technologischen Möglichkeiten zur Entwicklung neuer Produkte, Prozesse und Geschäftsmodelle zunehmen, sondern dass auch Konsumenten, insbesondere in den entwickelten Ländern, zunehmend aber auch in sich entwickelnden Ländern, Produkte mit neuen Technologien viel schneller aufnehmen als noch vor einigen Jahren (Rust et al. 2010). Konsumenten oder auch Unternehmen können sich immer besser via Internet oder andere Medien über neue Produkte informieren und mit anderen Nutzern austauschen. McGrath (2012) berichtet, dass es nach der Erfindung des Festnetztelefons in den USA mehrere Jahrzehnte gedauert hat, bis 50 % der Haushalte mit einem Telefon ausgestattet waren. Ab Ende der 1990er-Jahre hat die Mobilfunktelefonie weniger als fünf Jahre benötigt, um eine 50-prozentige Abdeckung zu erreichen. Nach der Erfindung der Elektrizität hatte es in den USA 30 Jahre gedauert, bis zehn Prozent der Haushalte diese Innovation angenommen hatten. Tablets haben weniger als fünf Jahre gebraucht, um diese 10-%-Marke zu erreichen.

Damit lässt sich zu unserer Ausgangsfrage zusammenfassen, dass nicht alle Unternehmen ewig existieren und dass ein substanzieller Teil aller Unternehmen einen Zeitpunkt mit einem Wendepunkt im Wachstum erleben wird. Eine wesentliche Möglichkeit, dieser praktisch jedem Unternehmen drohenden Entwicklung entgegenzusteuern, besteht darin, kontinuierlich nach neuen Opportunities für innovative Produkte, Prozesse oder Geschäftsmodelle zu suchen. Aktuelle Produkte, Prozesse und Geschäftsmodelle werden früher oder später irrelevant werden. Verpasst ein Unternehmen sich neu ergebende Opportunities, ermöglicht das Start-ups oder auch etablierten Spielern im Markt, dem betrachteten Unternehmen Umsatz wegzunehmen. Neue Opportunities entstehen durch die rasante Entwicklung von Technologien und die wachsende Bereitschaft von Konsumenten und Unternehmen, diese auch zügig und in steigendem Ausmaß anzunehmen (Shane und Venkataraman 2000).

Insbesondere dem deutschen Mittelstand wird eine hohe Innovationsfähigkeit – und damit auch die Fähigkeit, neue Opportunities zu besetzen – nachgesagt. Aber wo sitzen aktuell Unternehmen, denen es gelingt, solche neuen Opportunities zu identifizieren und zu kommerzialisieren? Im 20. Jh. waren die USA weltweit der Treiber von Innovationen; eine Reihe US-amerikanischer Unternehmen hat die Luftfahrt-, die Elektro- und die Computerindustrie geprägt (Tellis et al. 2009). Auch heute sind die USA weiterhin Vorreiter, was innovative Unternehmen angeht. Die Cornell University, INSEAD und WIPO (2020) haben in Abb. 1.5 Nationen nach der Innovationsfähigkeit ihrer Unternehmen klassifiziert. Aus den Ausgaben für Forschung und Entwicklung, den wissenschaftlichen Abschlüssen und angemeldeten Patenten leiteten die Forscher eine Rangfolge ab, angeführt von der Schweiz, gefolgt von Schweden und den USA. Vier skandinavische Nationen befinden sich unter den Top 25, Deutschland liegt auf Platz 9 (Global Innovation Index, nach Cornell University, INSEAD, and WIPO 2020).

Dabei fallen insbesondere die BRIC -Nationen mit einer interessanten Herangehensweise auf: Sie verfolgen eine große Menge neuer Opportunities für Innovationen, auf

Platz	Land	Innovation Index	Platz	Land	Innovation Index
1.	Switzerland	66	13.	China	53
2.	Sweden	62	14.	Ireland	53
3.	United States	61	15.	Japan	53
4.	United Kingdom	60	16.	Canada	52
5.	Netherlands	59	17.	Luxembourg	51
6.	Denmark	58	18.	Austria	50
7.	Finland	57	19.	Norway	49
8.	Singapore	57	20.	Iceland	49
9.	**Germany**	57	21.	Belgium	49
10.	Republic of Korea	56	22.	Australia	48
11.	Hong Kong, China	54	23.	Czech Republic	48
12.	France	54	24.	Estonia	48
13.	Israel	54			

Abb. 1.5 Nationen nach Ihrer Innovationsfähigkeit. (Global Innovation Index, nach Cornell University, INSEAD and WIPO 2020)

das Gesetz der großen Zahlen hoffend, dass bei dieser großen Anzahl zumindest eine kleine Anzahl qualitativ hochwertiger, vielversprechender Opportunities enthalten ist (Hill 2010). So hat beispielsweise die chinesische Regierung zwischen 2002 und 2005 die Zahl der Institutionen für höhere Bildung von 2000 auf 4000 erhöht. Bis 2020 bekommen zehn führende Universitäten umfangreiche Ressourcen, um Weltrangstatus zu erreichen. Kao (2009) bezeichnet diesen Ansatz der Opportunity Recognition als „Ansatz der brachialen Gewalt". Dahinter steckt das Ziel der chinesischen Regierung, aus dem „Low-Cost-Production-Center" bis 2020 eine innovationsgetriebene Wirtschaft zu entwickeln. Als Indiz, dass China hier auf einem guten Weg ist, mag gelten, dass Waren Buffett kürzlich 230 Mio. US$ in BYD Company, einen chinesischen Hersteller von Batterien für Elektroautos, investiert hat, und somit dem Potenzial der chinesischen Forschungs- und Entwicklungsleistung ein gewisses Vertrauen entgegenbringt. 2010 wurde BYD von der Bloomberg Businessweek zum leistungsfähigsten Technologieunternehmen weltweit gekürt.

Ein ähnliches Bild zeigt die Analyse von BCG (2020), die auf Basis einer Befragung von 2500 Top-Managern weltweit eine Liste der innovativsten Unternehmen erarbeitet hat (Abb. 1.6). Mit Apple, Alphabet/Google, Amazon und Microsoft sind vier US-amerikanische Unternehmen unter den Top 5. Während einige asiatische Unternehmen ebenfalls Spitzenpositionen einnehmen (wie Samsung, Huawei und Alibaba), kommt Siemens als innovativstes deutsches Unternehmen erst auf Platz 21.

Diese innovativen Unternehmen haben gemeinsam, dass sie Wachstum und hohe Innovationsfähigkeit durch das Erkennen und Ausnutzen einzelner oder mehrerer

Platz 1 - 20	Unternehmen	Platz 21 - 40	Unternehmen	Platz 41 - 50	Unternehmen
1.	Apple	21.	Siemens	41.	Toyota
2.	Alphabet/Google	22.	Target	42.	Nestlé
3.	Amazon	23.	Philipps	43.	ABB
4.	Microsoft	24.	Xiaomi	44.	3M
5.	Samsung	25.	Oracle	45.	Unilever
6.	Huawei	26.	Johnson & Johnson	46.	FCA
7.	Alibaba	27.	SAP	47.	Novartis
8.	IBM	28.	Adidas	48.	Coca-Cola
9.	Sony	29.	Hitachi	49.	Volvo
10.	Facebook	30.	Costco	50.	McDonald's
11.	Tesla	31.	JD.com		
12.	Cisco	32.	Volkswagen		
13.	Walmart	33.	Bosch		
14.	Tencent	34.	Airbus		
15.	HP	35.	Salesforce		
16.	Nike	36.	JPMorgan Chace		
17.	Netflix	37.	Uber		
18.	LE Electronics	38.	Bayer		
19.	Intel	39.	Procter & Gamble		
20.	Dell	40.	Royal Dutch Shell		

Abb. 1.6 Die 50 innovativsten Unternehmen 2020. (Nach BCG 2020)

Opportunities erlangt haben. Apple hat den sich wandelnden Musikmarkt Ende der 1990er-Jahre mit der eigenen Fähigkeit kombiniert, gut navigierbare Elektrogeräte zu designen, dies als Opportunity erkannt und dadurch einen Wachstumspfad betreten. Alphabet/Google hat das Entstehen des Internets mit dem Problem der unüberschaubaren Datenvielfalt als Opportunity für sich genutzt. Facebook hat das wachsende Bedürfnis von Individuen, sich weltweit zu vernetzen und kontinuierlich auszutauschen, erkannt und als Geschäft im Internet entwickelt. Als weiteres Beispiel hat Dell die Möglichkeiten des Direktvertriebs, die der aufkommende Online-Kanal vor zwei Jahrzehnten eröffnet hat, für sich genutzt und so ein Geschäft mit beachtlichen Wachstumsraten aufgebaut. Auch Tesla nutzte die mangelnde Innovationsbereitschaft der traditionellen Automobilhersteller, um sich in eine führende Position im Bereich der Elektromobilität zu bringen.

1.2   Neue Ideen zur Wachstumsgenerierung: Wo und wann?

Aus der beschriebenen Situation ergibt sich somit die Notwendigkeit, neue Opportunities zu erkennen (Opportunity Recognition) und für sich zu erschließen, um mittel- und langfristig bestehen zu können. Aber auf was können sich solche Opportunities beziehen?

Sicherlich liegt es zunächst nahe, neue Produkte oder Services auf Basis neu entdeckter Informationen zu entwickeln und als neues Geschäft aufzubauen (Kuratko et al. 2011; Timmons 1999). Die Entwicklung von Mobilfunknetzen in den 1980er- und 1990er-Jahren hat die Möglichkeit für Unternehmen wie Nokia eröffnet, Mobilfunktelefonie aufzubauen und daraus ein Geschäft zu entwickeln. Google hat auf Basis der entstehenden Möglichkeiten der Datenübertragung und der wachsenden Menge an Informationen das Produkt der Suchmaschine entwickelt. Sicherlich motiviert durch Diskussionen um umweltverträgliche Energienutzung hat Tesla die ersten Autos mit reinem Batterieantrieb auf den Markt gebracht. Dies sind Beispiele für Produkte, die wir mit Innovationen assoziieren und die sicherlich einen großen Teil aller Innovationen oder Opportunities, die in Innovationen münden, ausmachen (Rigby et al. 2009).

Darüber hinaus können auch Prozesse im Unternehmen oder Prozesse zwischen Unternehmen Opportunities bieten. So hat Dell den Prozess von Logistik, Produktion und Vertrieb von Laptops völlig revolutioniert und ein sehr profitables Geschäft aufgebaut. Es sind Prozesse, die nicht unbedingt im finalen Endprodukt sichtbar sind, aber in der Art der Leistungserstellung eine große Rolle spielen. Schließlich können sich Innovationen und zugrunde liegende Opportunities auf das gesamte Geschäftsmodell beziehen (Magretta 2002). Das Geschäftsmodell eines Unternehmens beschreibt, welcher konkrete Nutzen dem Kunden erbracht werden soll, wie das Ertragsmodell des Unternehmens aussieht und wie die Wertschöpfungskette des Unternehmens organisiert ist. Als Beispiel für eine Geschäftsmodellinnovation dient der Ansatz von General Electric Medical, der in Beispiel 1.4 beschrieben ist.

Beispiel 1.4: Geschäftsmodellinnovation bei General Electric Medical: Abrechnung pro genutzter Einheit

Kunden von GE Medical können medizinische Geräte nicht nur auf Basis eines festen Kaufpreises erwerben, sondern diese Geräte auch leihen und dabei einen bestimmten Preis für eine genutzte Einheit (beispielsweise pro Stunde oder pro Untersuchung) bezahlen (Johnson et al. 2008). Hier bleibt das Produkt grundsätzlich das Gleiche, der Kunde erhält aber den Nutzen, dass er nicht gezwungen ist, das Produkt zu kaufen und in seine Bilanz aufzunehmen, und dass er nur so viel zahlen muss, wie er es auch nutzt. Für GE Medical ändert sich die Ertragsformel, da GE Medical der Eigentümer bleibt und nicht mehr pro Gerät, sondern für die dann neue Einheit (wie pro genutzte Stunde oder pro Untersuchung) entlohnt wird. Wie die Erfahrung zeigt, sind Kunden in einigen Branchen bereit, diesen Zusatznutzen zu entlohnen, sodass sich solche Geschäftsmodelle als sehr profitabel herausgestellt haben. In Bezug auf die Wertschöpfungskette von GE kommt hinzu, dass GE Fähigkeiten im Vertragsmanagement für diese konkrete Form der Transaktion aufbauen muss. ◄

Damit sind die Quellen für neue Opportunities zur Generierung von Wachstum breiter gestreut, als eine reine Fokussierung auf das Produkt bedeuten würde. Darüber hinaus stellt sich noch die Frage, wo sich Opportunities befinden können. Zur Strukturierung

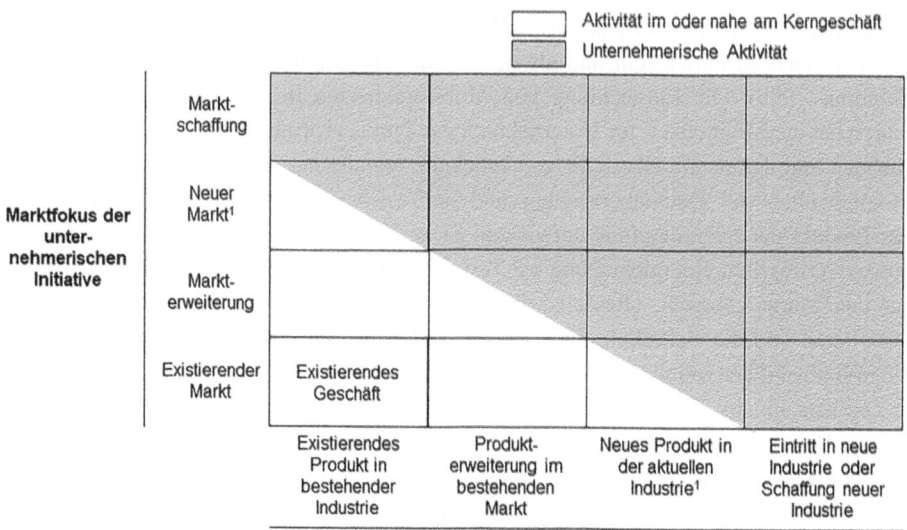

¹ „Neu" für das betrachtete Unternehmen

Abb. 1.7   Markt- und Produktfokus von unternehmerischen Initiativen. (Nach Kuratko et al. 2011)

kann die in Abb. 1.7 dargestellte Matrix herangezogen werden, die zwischen der Marktneuheit und der Produktneuheit der sich auftuenden Opportunity unterscheidet (Kuratko et al. 2011). Opportunities können sich in bereits bedienten Märkten mit bereits angebotenen Produkten ergeben, möglicherweise durch den Einsatz eines neuen Geschäftsmodells, wie für GE Medical in Beispiel 1.4 beschrieben. In diesem Fall bleibt das Unternehmen recht nah am Kerngeschäft. Insbesondere wenn das Kerngeschäft nur begrenztes Wachstumspotenzial bietet, können wertvolle Opportunities aber in den Feldern rechts oben liegen. Bewegt man sich auf der horizontalen Achse nach rechts, dann bleibt man zunächst im bekannten Markt, passt aber das Produkt an oder führt ein komplett neues Produkt ein, das der Markt bis dahin noch nicht kannte. Im Extremfall kann ein Unternehmen mittels einer Produktinnovation neue Industrien schaffen (Kumar et al. 2000). Auf der vertikalen Achse bewegt sich das betrachtete Unternehmen vom bislang bearbeiteten Markt weg, erweitert diesen oder schafft ebenfalls im Extremfall einen komplett neuen Markt, zum Beispiel ein Kundensegment, das bislang gar nicht existiert hat. So war die Einführung der ersten Mobilfunktelefone eine Opportunity für die relevanten Unternehmen, die recht weit oben rechts anzusiedeln ist. Es wurde eine neue Industrie geschaffen für Nachfrager auf der Marktseite, die das mögliche Nutzenversprechen dieser Geräte zur Einführung kaum abschätzen konnten. Neue Opportunities für ein Unternehmen können sich also durchaus eng am bestehenden Kerngeschäft ergeben, aber auch in bislang überhaupt nicht bearbeiteten Märkten liegen – oder sogar in Märkten und Produktkategorien, die noch gar nicht existieren.

Die Opportunities in den verschiedenen Feldern unterscheiden sich in ihrem Risiko-potenzial. Bearbeitet man ein existierendes Geschäft mit einem neuen Geschäfts-modell, so besteht sicherlich ein gewisses Risiko, ob der Markt dieses Geschäftsmodell überhaupt annimmt oder ob Kannibalisierungsgefahr mit dem bestehenden Geschäft besteht. Allerdings steigt das Risiko des Scheiterns der Umsetzung einer identifizierten Opportunity, je weiter man sich in der Matrix nach rechts oben bewegt, wie auch in Abb. 1.7 veranschaulicht (Nagji und Tuff 2012). Innovationen auf Basis bisheriger Angebote und im bisherigen Markt weisen Scheiterraten von 25 bis 40 % auf. Bei der Umsetzung von Opportunities in Märkten, die für das Unternehmen neu sind und möglicherweise noch gar nicht existieren, sind Scheiterraten von bis zu 95 % keine Seltenheit. Gleichzeitig gilt aber auch, dass die erfolgreichen Opportunities mit neuen Angeboten in neuen, gerade erst im Entstehen begriffenen Märkten zumeist den größten Geschäftserfolg bringen.

Wie im einleitenden Abschn. 1.1 beschrieben, ist es in den meisten Branchen not-wendig, regelmäßig neue Opportunities zu erkennen und so innovative Produkte, Prozesse oder Geschäftsmodelle zu etablieren. Aber wann genau sollten sich Unter-nehmen mit der Identifizierung von Geschäftsmodellen beschäftigen? Gibt es dezidierte Zeitpunkte, zu denen neue Gelegenheiten erkannt und erschlossen werden sollten? Die Beobachtung von Olson et al. (2008), dass „stall points" zumeist plötzlich und ohne Vor-warnung eintreffen, gibt bereits Anlass zur Vermutung, dass Unternehmen nicht warten sollten, bis der kritische Moment eingetroffen ist. Diese Einsicht stützt das in Abb. 1.8

Abb. 1.8 Das Innovationsparadox. (Nach Anthony 2010)

dargestellte Innovationsparadox von Anthony (2010). Anthony (2010) unterscheidet zwischen drei Phasen der Unternehmensentwicklung. Zunächst durchläuft ein Unternehmen nach der Gründung eine Start-up-Phase ersten Wachstums. Der Bedarf für zusätzliches Wachstum auf Basis neuer Opportunities ist gering, ebenso die Ressourcen zur Stimulierung neuen Wachstums und Identifizierung neuer Gelegenheiten. Nach dieser Start-up-Phase beginnt eine Wachstumsphase mit hohen Wachstumsraten. Der Bedarf an zusätzlichem Wachstum zu diesem Zeitpunkt ist sehr gering, allerdings wären ausreichend Ressourcen zur Identifizierung neuer Opportunities vorhanden. Das Top-Management selbst sieht in der Regel weitere neue Gelegenheiten zur Generierung von Wachstum als nicht notwendig an. Schließlich ebbt das Wachstum – wie von Olson et al. (2008) empirisch aufgedeckt – ab. Nun ist der Bedarf an neuen Wachstumsgelegenheiten plötzlich groß, allerdings sind durch das ausbleibende Wachstum oft kaum Ressourcen zur Identifizierung neuer Gelegenheiten vorhanden. Das Top-Management sieht ein, dass Opportunities bereits vor einigen Jahren hätten aufgespürt und angegangen werden müssen, zumal die Identifizierung und insbesondere Erschließung neuer Opportunities (beispielsweise in Form von aufwendigen technischen Produktentwicklungen) Zeit in Anspruch nimmt.

Daraus folgt, dass Unternehmen sich spätestens in der Reifephase, idealerweise aber bereits in der Wachstumsphase mit neuen Gelegenheiten zur Generierung von weiterem, zukünftigem Wachstum beschäftigen müssen. Nur dann besteht die Möglichkeit, abflachendem Gesamtwachstum des Unternehmens – wie in der Reifephase im Modell von Anthony (2010) – entgegenzusteuern und als Unternehmen insgesamt weiterzuwachsen.

1.3   Opportunity Recognition als Ansatz zur Generierung neuer Wachstumsideen

Aus den Darstellungen der beiden vorhergehenden Abschnitte ergibt sich, dass Unternehmen sich kontinuierlich mit der Aufdeckung neuer Opportunities beschäftigen müssen, um ihre langfristige Existenz zu sichern und Wachstum zu erreichen.

Aber wie können Unternehmen neue Opportunities zur Generierung von Wachstum aufdecken? Wenngleich sich Opportunities auch rein zufällig für Unternehmen ergeben können, zeigen jedoch sowohl die Realität als auch die empirische wissenschaftliche Forschung, dass Unternehmen Prozesse zur Generierung von Ideen für neue Opportunities in gewissem Maße steuern und beeinflussen können (Bhagavatula et al. 2010; Eckhardt und Shane 2003; Baron und Ensley 2006). Damit nimmt das Unternehmen eine aktive Rolle ein und ist nicht auf den unkalkulierbaren Geistesblitz angewiesen. Dazu wurden in Wissenschaft und Praxis Tools entwickelt, die in den folgenden Kapiteln strukturiert dargestellt werden. Diese Tools dienen dazu, kreative Prozesse zu steuern und Sachverhalte (wie die Fähigkeiten eines Unternehmens und neue revolutionäre Innovationen im Markt) miteinander zu kombinieren und auf diese

Weise neue Ideen für Opportunities zu generieren. Des Weiteren steuern diese Tools die kreativen Prozesse, indem sie verschiedene Kombinationsmöglichkeiten darlegen, die ein Unternehmen ohne einen solchen Anstoß nicht in Betracht gezogen hätte.

Im Kern gibt es zwei verschiedene Ansätze, um die Identifizierung von Opportunities mittels dieser Tools zu fördern. Zum einen kann die Grundlogik, kontinuierlich nach neuen Opportunities Ausschau halten zu müssen, in der Unternehmenskultur verankert werden (wie in Tab. 1.1 beschrieben). Dies kann beispielsweise durch das Kommunizieren einer Vision, das beispielhafte Verhalten des Top-Managements oder auch durch regelmäßige Weiterbildungen zum Thema Opportunity Recognition erreicht werden, wie Procter & Gamble sie regelmäßig veranstaltet (Beispiel 1.5). Zum anderen, und auch ergänzend, können Workshops abgehalten werden, in denen bewusst Mitarbeiter verschiedener Unternehmensbereiche oder auch Unternehmensexterne zusammenkommen, die verschiedene Tools anwenden, um Ideen im Austausch zu generieren.

Beispiel 1.5: Procter & Gambles Innovation College als Ausdruck kontinuierlicher Opportunity Recognition

Mitarbeiter sind die Quellen unternehmerischer und innovativer Tätigkeiten – entsprechend müssen sie auf diese vorbereitet werden. Procter & Gamble hat dazu ein „Disruptive Innovation College" gegründet (Brown und Anthony 2011). Mitarbeiter, insbesondere solche, die in Gebieten mit unternehmerischen Potenzialen arbeiten, werden hier geschult, unternehmerisch zu handeln und solche Initiativen voranzutreiben. Dazu wird regelmäßig mehr als ein Dutzend Kurse angeboten. Themen sind beispielsweise das Grundvokabular von Innovationsvorhaben, Erstellung von Business Cases, das personelle Besetzen von Teams zur Umsetzung unternehmerischer Vorhaben und das Aufdecken von Trends und neuen Opportunities im Unternehmen und in seinem Umfeld. ◄

Tab. 1.1 Vor- und Nachteile von kontinuierlicher Opportunity Recognition und Opportunity Recognition in Workshopformat. (Eigene Darstellung)

Ansatz	Beschreibung	Vorteile	Nachteile
Kontinuierliche Opportunity Recognition	Verankerung von Opportunity Recognition in der Unternehmenskultur	Kontinuierliche Suche nach neuen Opportunities Opportunities als Wert positiv belegt	Opportunity Recognition selten alleiniger Fokus der Tätigkeiten
Opportunity Recognition in Workshopformat	Veranstaltung von Workshops in Teams mit beschränkter Teilnehmerzahl über verschiedene Hierarchieebenen und Funktionen	Vollständiger Fokus auf Tools der Opportunity Recognition während Workshops „Geplanter" Austausch über Hierarchieebenen und Funktionen möglich	Zeitlich begrenzter Rahmen Ggf. „gezwungene" Kreativität

Sowohl die kontinuierliche als auch die Opportunity Recognition in Workshopformat können somit das Generieren von Opportunities großteils steuern. Beide Ansätze zielen darauf ab, Ideen für neue Opportunities hervorzubringen, die dann auf ihre Umsetzbarkeit und ihr Potenzial untersucht werden.

Zur Strukturierung von Ideen bieten Literatur und Praxis eine ganze Reihe von Tools, die sich in ihren Anknüpfungspunkten unterscheiden. Diese Tools können durch Weiterbildungen in der Unternehmenskultur verankert werden, aber zumeist auch in Workshopformaten durchgespielt werden. Diese Tools stehen im Mittelpunkt der folgenden Ausführungen. Dabei unterscheiden wir zwischen drei grundsätzlichen Anknüpfungspunkten bei der Opportunity Recognition, die in Abb. 1.9 zusammengefasst sind. In den folgenden drei Kapiteln betrachten wir unternehmensbezogene (Kap. 2), marktbezogene (Kap. 3) und umweltbezogene Tools (Kap. 4).

Kap. 2 betrachtet unternehmensbezogene Tools. Diese Tools haben unternehmensbezogene Ansätze zur Generierung von Ideen für Opportunities: Bei der Technologie-Anwendungsmatrix (Abschn. 2.1) wird untersucht, ob bereits vorhandene generische Technologien in weiteren Produktanwendungen eingesetzt werden können. Beim Tool der Geschäftsmodellinnovationen wird untersucht, ob das Unternehmen sein Ertragsmodell und seine Wertschöpfung anders gestalten und dem Kunden oder bislang nicht adressierten Kunden ein verbessertes Nutzenversprechen bieten kann (Abschn. 2.2). Beim Kerngeschäftsansatz wird untersucht, inwiefern aus existierenden, aber versteckten Ressourcen und Fähigkeiten um das aktuelle Kerngeschäft herum neues Wachstum geschaffen werden kann (Abschn. 2.3). Im Rahmen des Big-Data-Ansatzes zur Opportunity-Generierung werden Opportunities in bestehenden Daten im Unternehmen vermutet, die mit neuesten Informationsverarbeitungstechnologien analysiert und genutzt

Unternehmensbezogene Tools (Kapitel 2)	Marktbezogene Tools (Kapitel 3)	Umweltbezogene Tools (Kapitel 4)
Technologie-Anwendungs-matrix	Konsumkette	Reverse-Innovation-Ansatz
Geschäftsmodell-innovationsansatz	Empathisches Design	Interpreter-Ansatz
Kerngeschäftsansatz	Granularitätsansatz	Innovation-Crowdsourcing
Analytics-Ansatz	Innovation Mapping	Lead-User-Ansatz
Produkt-Trend-Ansatz	Marktunvollkommenheiten	Market-Space-Ansatz

Abb. 1.9 Übersicht von Tools zur Identifizierung von Opportunities. (Eigene Darstellung)

werden können (Abschn. 2.4). Als fünftes unternehmensbezogenes Tool wird der Produkt-Trend-Ansatz vorgestellt, der Opportunities in der Kombination bestehender Produkte und aktueller Trends vermutet (Abschn. 2.5).

Zweitens betrachten wir Tools, die eine Marktsicht einnehmen (Kap. 3). Das bedeutet, dass Opportunities im aktuell bearbeiteten Markt oder bei den Kunden vermutet werden. Bei der Konsumkette wird das Verhalten des Kunden bei einer Bedürfnisbefriedigung (z. B. dem Kauf eines Musikprodukts) als Anknüpfungspunkt für neue Opportunities gesehen (Abschn. 3.1). Beim Ansatz des empathischen Designs werden Beobachtungen zum Kundenverhalten durchgeführt, um auf diese Weise latente Kundenbedürfnisse zu entdecken (Abschn. 3.2). Beim Granularitätsansatz werden bestehende Märkte aufgesplittet und auf granularer Ebene neue Wachstumsmöglichkeiten gesucht (Abschn. 3.3). Im Rahmen des Innovation-Mapping-Ansatzes werden auf den ersten Blick unattraktive Marktsegmente als Quelle von Opportunities behandelt (Abschn. 3.4). Schließlich werden Marktunvollkommenheiten als Quelle von Opportunities präsentiert und diskutiert (Abschn. 3.5).

Drittens können umweltbezogene Tools neue Ideen für Opportunities bieten (Kap. 4). Umweltbezogene Tools betrachten Quellen, die vom Unternehmen weiter entfernt sind als eigene Kunden und Märkte. Beim Reverse-Innovation-Ansatz werden Entwicklungen in weniger entwickelten Nationen beobachtet und aus diesen Umfeldern Rückschlüsse auf interessante Produkte für den Heimatmarkt gezogen (Abschn. 4.1). Beim Interpreter-Ansatz, der in Abschn. 4.2 dargelegt wird, geht es darum, Sichtweisen aus anderen Disziplinen in die Entwicklung neuer Produkte zu integrieren. Beim Tool des Innovation-Crowdsourcing werden Möglichkeiten dargestellt, Unternehmensexterne in Innovationsvorhaben einzubinden (Abschn. 4.3). Der Lead-User-Ansatz betrachtet bestimmte User, deren Vorstellungskraft anderen Marktteilnehmern deutlich vorauseilt, als Quellen von Opportunities (Abschn. 4.4). Schließlich wird der Market-Space-Ansatz vorgestellt, der Opportunities nicht in bestehenden Märkten, sondern vielmehr an Schnittstellen zwischen Märkten und in neu definierten Märkten vermutet (Abschn. 4.5).

Kernaussagen

- Die meisten Unternehmen haben keine dauerhaft hohen Wachstumsraten, sondern wachsen nur bis zu einem spezifischen Wendepunkt stark, danach mäßig oder gar nicht mehr, bzw. sie verschwinden vom Markt.
- Auch Unternehmen, die aktuell ein kontinuierliches und hohes Wachstum aufweisen, sind keineswegs sicher; der spezifische Wendepunkt kommt häufig plötzlich und unerwartet.
- Viele wissenschaftliche Studien kommen zu dem Schluss, dass Misserfolge zumeist hausgemacht sind; Gründe sind zum Beispiel Fehler im Wettbewerb, die mangelnde Fähigkeit, wichtige Mitarbeiter zu halten, aber auch gescheiterte Übernahmen, wobei ein Hauptgrund in der mangelnden Fähigkeit von Unternehmen besteht, neue und innovative Gelegenheiten zu erkennen und zu kommerzialisieren. Unternehmen

hängen zu lange an ihren bestehenden Produkten, Prozessen oder Geschäftsmodellen und verpassen es, sich rechtzeitig neu zu erfinden.

- Unternehmen, die dauerhaftes Unternehmenswachstum erleben und schon sehr
  lange existieren, haben sich typischerweise im Laufe der Zeit mehrmals neu
  erfunden; ihnen gelingt es regelmäßig, neue Opportunities im Unternehmen oder
  im Umfeld wahrzunehmen und das bisherige Stammgeschäft entsprechend zu
  ergänzen oder sogar zu ersetzten.
- Opportunities sind Informationen oder innovative Kombinationen von
  Informationen, die Ausgangspunkt für die Entwicklung eines neuen Geschäfts mit
  erheblichen Wachstumspotenzial sein können. Ausgangspunkt hierfür sind häufig
  Veränderungen in der Umwelt des Unternehmens, beispielsweise neue technische
  Möglichkeiten zur Entwicklung neuer Produkte, Prozesse oder Geschäftsmodelle.
- Kontinuierlich nach neuen Opportunities Ausschau zu halten, ist ein zielführender
  Ansatz, um nicht Gefahr zu laufen, bei abflauendem Wachstum ohne neue
  Möglichkeiten dazustehen und Phasen mit hohem Wachstum (und ausreichenden
  Ressourcen) ungenutzt gelassen zu haben.
- Unternehmen können Prozesse zur Generierung von Ideen für neue Opportunities
  in einem gewissen Maße steuern und beeinflussen. In der Wissenschaft und Praxis
  wurden hierzu Tools mit zwei grundlegenden Ansätzen entwickelt: kontinuier-
  liches Verankern von Opportunity Recognition in der Unternehmenskultur und
  ergänzend regelmäßige Workshop-Formate, in denen Mitarbeiter verschiedener
  Bereiche oder auch Externe zusammenkommen, um durch Austausch gezielt neue
  Ideen zu generieren.
- Tools zur Opportunity Recognition lassen sich grob in drei Anknüpfungs-
  richtungen einteilen: unternehmensbezogene, marktbezogene und umweltbezogene
  Tools.

Fragen zur Wiederholung

1. Erläutern Sie die Notwendigkeit von Unternehmenswachstum.
2. Erklären Sie das Konzept der „stall points" und erläutern Sie die typischen
   Charakteristika der unterschiedlichen Phasen vor und nach dem Wendepunkt.
3. Was sind (Miss-)Erfolgsfaktoren für das langfristige Bestehen eines Unternehmens
   am oder sein Verschwinden vom Markt?
4. Was sind die drei typischen Dinge, die ein Unternehmen anpassen oder verändern
   kann, um neue Opportunities zu suchen?
5. Was sind Opportunities?
6. Erläutern Sie die Marktfokus-/Produktfokus-Matrix nach Kuratko et al. (2011)
   anhand der Beispiele „Bedeutung des iPads für Apple" und „Expansion Tesla vom
   amerikanischen Markt in den europäischen Markt". Beschreiben Sie die unterschiedlichen Risikopotenziale kurz.

7. Skizzieren Sie die drei Phasen des Innovationsparadoxons nach Anthony (2010) und beschreiben Sie kurz jede Phase hinsichtlich des Bedarfs an neuem/ zusätzlichem Wachstum, hinsichtlich verfügbarer Ressourcen zur Stimulierung neuen Wachstums, Haltung des Top-Managements zu neuen Opportunities und Innovationsanstrengungen. Erläutern Sie, in welcher Phase sich ein Unternehmen idealerweise mit neuen Opportunities beschäftigen sollte und warum.

8. Nennen Sie zwei Ansätze, um Opportunities mit Hilfe von Tools zu identifizieren, beschreiben Sie diese kurz und nennen Sie jeweils Vor- und Nachteile.

Literatur

Anthony SD (2010) Microsoft and the innovator's paradox. https://hbr.org/2010/06/microsoft-and-the-innovators-p. Zugegriffen: 22. Sept. 2016

Anthony SD (2012) The new corporate garage. Harv Bus Rev 90(9):44–53

Apple (2020) Jahresbericht, Umsatzzahlen nach Waren je (Fiskal)Jahr. https://www.macprime.ch/a/wissen/apple-geschaeftszahlen-analysen-grafiken-umsatz-gewinn-verkaufszahlen#apples-umsatz-nach-art

Applegate L, Austin R, Collins E (2008) IBM's decade of transformation: turnaround to growth. Harvard Business School Case No. 9-805-130. Harvard Business School Publishing, Boston

Applegate L, Kerr W (2015) Launching new ventures in established organizations. Working paper

Baron RA, Ensley MD (2006) Opportunity recognition as the detection of meaningful patterns: evidence from comparisons of novice and experienced entrepreneurs. Manag Sci 52(9):1331–1344

Bhagavatula S, Elfring T, van Tilburg A, van de Bunt GG (2010) How social and human capital influence opportunity recognition and resource mobilization in India's handloom industry. J Bus Ventur 25(3):245–260. https://doi.org/10.1016/j.jbusvent.2008.10.006

Bhide A (1994) How entrepreneurs craft. Harv Bus Rev 72(2):150–161

Boston Consulting Group (BCG) (2020) The most innovative companies: an interactive guide. https://www.bcg.com/de-de/publications/2020/most-innovative-companies/data-overview

Brown B, Anthony S (2011) How P&G tripled its innovation success rate. Harv Bus Rev 89(6):64–72

Cornell University, INSEAD and WIPO (2020) The global innovation index 2020: who will finance innovation? Cornell University, Geneva

Eckhardt JT, Shane SA (2003) Opportunities and entrepreneurship. J Manag 29(3):333–349

Hanks S, Watson C, Jansen E, Chandler G (1993) Tightening the life-cycle construct: a taxonomic study of growth stage configurations in high-technology organizations. Entrepreneursh Theory Pract 18(2):5–29

Hill C (2010) International business: competing in the global marketplace, 8. Aufl. McGraw-Hill, New York

Hills G, Lumpkin G, Singh RP (1997) Opportunity recognition: perceptions and behaviors of entrepreneurs. Front Entrepreneursh Res 17:203–218

Huyett WI, Viguerie SP (2005) Extreme competition. McKinsey Q 2005(1):46–57

Johnson MW, Christensen CM, Kagermann H (2008) Reinventing your business model (cover story). Harv Bus Rev 86(12):50–59

Kao J (2009) Tapping the world's innovation hot spots. Harv Bus Rev 87(3):109–114

Kumar N, Scheer L, Kotler P (2000) From market driven to market driving. Eur Manag J 18(2):129–141

Kuratko D, Morris MH, Covin J (2011) Corporate entrepreneurship & innovation, 3. Aufl. Cengage Learning Emea, Boston

Magretta J (2002) Why business models matter. Harv Bus Rev 80(5):86–92

McGrath R (2012) The end of competitive advantage: how to keep your strategy moving as fast as your business. Harvard Business Press, Boston

Nagji B, Tuff G (2012) Managing your innovation portfolio. Harv Bus Rev 90(5):66–74

O'Reilly CA, Harreld JB, Tushman ML (2009) Organizational ambidexterity: IBM and emerging business opportunities. Calif Manag Rev 51(4):75–99

Olson MS, van Bever D, Verry S (2008) When growth stalls. Harv Bus Rev 86(3):50–61

Pearce J, Robinson R (2010) Strategic management: formulation, implementation, and control. McGraw-Hill, New York

Rigby DK, Gruver K, Allen J (2009) Innovation in turbulent times. Harv Bus Rev 87(6):79–86

Rust R, Moorman C, Bhalla G (2010) Spotlight on reinvention – rethinking marketing. Harv Bus Rev 1–2:2–8

Shane S, Venkataraman S (2000) The promise of entrepreneurship as a field of research. Acad Manag Rev 25(1):217–226

Song M, Podoynitsyna K, van der Bij H, Halman JIM (2008) Success factors in new ventures: a meta-analysis. J Prod Innov Manag 25(1):7–27

Stubbart CI, Knight MB (2006) The case of the disappearing firms: empirical evidence and implications. J Organ Behav 27(1):79–100

Tellis GJ, Prabhu JC, Chandy RK (2009) Radical innovation across nations: the preeminence of corporate culture. J Mark 73(1):3–23

Timmons J (1999) New venture creation: entrepreneurship for the 21st century, 5. Aufl. McGraw-Hill, Boston

WIPO statistics database (2020) Total patent applications (direct and PCT national phase entries). http://ipstats.wipo.int/ipstatv2/index.htm. Zugegriffen: 18. Dez. 2020

Zahn C, Kretzinger B, Coners E (2013) Die Commodore-Story, 3. Aufl. CSW-Verlag, Winnenden

Unternehmensbezogene Tools der Opportunity Recognition

2

Gegenstand von Kap. 2 sind unternehmensbezogene Tools der Opportunity Recognition, die in Abb. 2.1 dargestellt sind. Diese Tools nehmen Ressourcen und Fähigkeiten des Unternehmens als Ausgangspunkt, um Opportunities zu identifizieren. Abschn. 2.1 stellt die Technologie-Anwendungsmatrix vor, die vorhandene, generische Technologien des betrachteten Unternehmens auf neue Anwendungsmöglichkeiten untersucht. Abschn. 2.2 untersucht das Geschäftsmodell des Unternehmens und betrachtet verschiedene Variationsmöglichkeiten als Quellen von Opportunities. In Abschn. 2.3 werden das aktuelle Kerngeschäft und verwandte bestehende Ressourcen als mögliche Quellen für Opportunities überprüft. Opportunity Recognition auf Basis von großen Datenmengen (Analytics-Ansatz) ist Thema des Abschn. 2.4, bevor abschließend in Abschn. 2.5 der Produkt-Trend-Ansatz vorgestellt wird, der bestehende Produkte eines Unternehmens mit großen globalen Trends kombiniert.

2.1 Technologie-Anwendungsmatrix

Abschn. 2.1 stellt die Technologie-Anwendungsmatrix dar. Zunächst wird dieses Tool grundlegend vorgestellt (Abschn. 2.1.1). Abschn. 2.1.2 zeigt, wie dieses Tool genutzt werden kann, um auf Basis der im Unternehmen existierenden generischen Technologien neue Produktanwendungen zu identifizieren. In Abschn. 2.1.3 werden die konkreten fünf Schritte zum Einsatz der Technologie-Anwendungsmatrix erläutert.

Ansatz	Kernaussage
Technologie-Anwendungs-matrix	Opportunities liegen in neuen Produktanwendungen der in Unternehmen bereits bestehenden Technologien
Geschäftsmodell-innovationsansatz	Opportunities liegen in Anpassungen von Kundenversprechen, Ertragsmodell und Kernkompetenzen
Kerngeschäftsansatz	Opportunities liegen in versteckten Ressourcen und Fähigkeiten in unmittelbarer Nähe zum bestehenden Kerngeschäft des Unternehmens
Analytics-Ansatz	Opportunities liegen in bestehenden Daten im Unternehmen oder in neuen Möglichkeiten der Datengenerierung im Rahmen der digitalen Transformation
Produkt-Trend-Ansatz	Opportunities liegen in der Erweiterung bestehender Produkte und Lösungen des Unternehmens durch das Aufgreifen aktueller großer Trends

Abb. 2.1 Überblick über unternehmensbezogene Tools der Opportunity Recognition. (Eigene Darstellung)

Lernziele
- Das Konzept der Technologie-Anwendungsmatrix verstehen und nutzen können.
- Hierzu gilt es
  - zu erkennen, welche Unternehmen die Technologie-Anwendungsmatrix idealerweise für Opportunity Recognition anwenden,
  - (generische) Technologien in Unternehmen zu identifizieren,
  - (generische) Technologien mithilfe der Technologie-Anwendungsmatrix auf andere Anwendungen, Prozesse oder Märkte zu projizieren,
  - Erfolgschancen von möglichen Opportunities basierend auf der Anwendung der Technologie-Anwendungsmatrix zu bewerten,
- um, basierend auf vorhandenen Technologien und Kompetenzen, neue Opportunities für neue Anwendungen, Prozesse oder Märkte in einem Unternehmen zu erkennen.

2.1.1   Das Konzept der Technologie-Anwendungsmatrix

Die Technologie-Anwendungsmatrix basiert auf der einfachen Beobachtung, dass viele großartige Erfolgsgeschichten von Unternehmen wesentlich durch eine einzelne oder eine Reihe verbundener Technologien ermöglicht wurden. 3M, Intel oder W. L. Gore sind prominente Beispiele (Burgelman 1984). Fusfeld (1978) beobachtet jedoch, dass für viele Top-Manager das Technologie-Thema eine Blackbox darstellt und entsprechend auf Top-Management-Ebene nur begrenzt Beachtung erfährt. Die traditionelle Managementlehre vernachlässigt Technologien oft aus verschiedenen Gründen (Kuratko et al. 2011):

- Die meisten Top-Manager verfügen über eine betriebswirtschaftliche Ausbildung und haben daher nur beschränktes Wissen im Bereich der Entwicklung und Nutzung von Technologien. Gleiches gilt für Marktforscher, die zumeist einen Marketinghintergrund haben.
- Technologische Veränderungsprozesse sind oft nur schwer in verallgemeinerbare Muster zu fassen.
- Planungszyklen in Unternehmen und Zyklen der Weiterentwicklung von Technologien fallen nur selten zusammen. Weitreichende technologische Veränderungen umfassen oft einen Zeithorizont von einer Dekade oder mehr. Typische Planungszyklen in Unternehmen decken selten mehr als drei bis vier Jahre ab, sodass in diesen Planungen oft nur der Status quo der aktuellen Technologie mit minimalen Weiterentwicklungen erfasst ist.

Wenn aber Technologien eine wesentliche Rolle in Erfolgsgeschichten einzelner Unternehmen gespielt und ganze Industrien verändert haben, wie sollten diese Technologien in der Planung von Unternehmen verankert sein? Fusfeld (1978) stellt heraus, dass zunächst Klarheit darüber geschaffen werden muss, was überhaupt eine Technologie ist. Dabei sollten grundlegende, generische Technologien betrachtet werden, die das Unternehmen einsetzt und die potenziell auch in anderen Produkten oder Unternehmen, möglicherweise sogar anderen Industrien, eingesetzt werden könnten. Der Blick auf generische Technologien ermöglicht eine breite Sicht auf mögliche Anwendungsgebiete dieser Technologien. Das Beispiel der Motorentechnologie von Dyson in Beispiel 2.1 verdeutlicht dies.

Beispiel 2.1: Motoren als Grundkompetenz bei Dyson

In den 1980er-Jahren ärgerte sich James Dyson über die Performance seines Staubsaugers und entwickelte daraufhin in langjähriger Arbeit den beutellosen Staubsauger mit revolutionärer Zyklonentechnologie und damit konstanter Saugkraft. Kernkompetenz dieser Entwicklung ist der besondere Motor und die Fähigkeit, vorhandene Dinge zu verbessern. Dyson hat seitdem verschiedene Produkte entwickelt und erfolgreich im Markt platziert, die zunächst nichts mit dem ursprünglichen Produkt Staubsauger zu tun hatten, jedoch mit den beschriebenen Kompetenzen, neue Märkte zu erobern. Beispiele hierfür sind Händetrockner, Haartrockner, Luftreiniger und Ventilatoren (Dyson GmbH 2020). ◄

Die Grundidee der Technologie-Anwendungsmatrix besteht nun darin, dass die Aufdeckung neuer Opportunities mit den generischen Technologien, die das Unternehmen beherrscht, beginnt. Zur Identifizierung dieser generischen Technologien bieten sich drei komplementäre Ansätze an:

- Es kann von bereits produzierten Endprodukten ausgehend untersucht werden, welche konkreten Technologien bei der Erstellung dieser Produkte zum Einsatz gekommen sind.
- Es kann der gesamte Prozess der Produkterstellung betrachtet werden. Dabei werden das Produkt bzw. seine Bestandteile von der Erstellung bis zur Auslieferung und Nutzung beim Kunden betrachtet und jeder einzelne Schritt auf den Einsatz generischer Technologien untersucht. Konkret können dabei die primären Aktivitäten der Wertschöpfungskette von Porter (2000) betrachtet werden, der zwischen Eingangslogistik, Produktion, Ausgangslogistik, Vertrieb und Kundenservice unterscheidet.
- Es können die Patente des Unternehmens auf mögliche generische Technologien untersucht werden. Hierbei ist zu beachten, dass nicht alle generischen Technologien (wie z. B. eine bestimmte Software) wirklich zu patentieren sind, sodass durch eine Patentanalyse möglicherweise nur ein Teil der verfügbaren generischen Technologien aufgedeckt werden kann.

Einzelne generische Technologien können gleichzeitig durch alle drei Ansätze aufgedeckt werden. Es kann aber auch einzelne Technologien geben, die sich nur durch einen Ansatz aufdecken lassen. Ist eine generische Technologie in einem Patent des Unternehmens festgehalten, wird bislang aber nicht eingesetzt, so wird sie nur durch die Patentrecherche aufgedeckt. Generische Technologien der Eingangslogistik sind in der Prozesssicht aufzudecken, da sie anhand des reinen Endprodukts nicht mehr erkennbar sind. Da sie zudem nicht patentiert oder nicht patentierbar sind, ist die Prozesssicht die einzige Möglichkeit zur Aufdeckung dieser generischen Technologie.

Sind die relevanten generischen Technologien aufgedeckt, werden diese – zur Herleitung der Technologie-Anwendungsmatrix – in die Zeilen einer Matrix eingetragen (Kuratko et al. 2011). Damit sind diese generischen Technologien der Ausgangspunkt eines strategischen Technologie-Planungsprozesses oder eben eines Prozesses zur Aufdeckung neuer Opportunities. In den Spalten werden dann in einem zweiten Schritt die Produktanwendungen aufgeführt, die das Unternehmen zum gegenwärtigen Zeitpunkt bereits bietet. Diese Produktanwendungen können zur Veranschaulichung zu Marktsegmenten zusammengefasst werden. Diese Segmente sollten in sich homogen sein, zueinander aber Unterschiede im Nachfrageverhalten aufweisen.

Sind die bereits bedienten Produktanwendungen eingetragen, kann in den Feldern der Matrix markiert werden, welche bestehenden generischen Technologien in welchen bereits bedienten Produktanwendungen zum Einsatz kommen. Man erhält nun eine Übersicht der aktuellen Technologiestrategie des Unternehmens, welche entweder

Generische Technologien im Unternehmen	Produktanwendungen					
	Industrielle Verschmutzung	Fertigfilterung	Medizinfilterung	Anlagenbau	Wandabdeckung	Automotoren
Partikelseparation	x	x	x			
Faserformung				x		
Materialformung					x	
Schallschutz						x
Statische Elektrokontrolle					x	
Energiespeicherung					x	

x = Generische Technologie findet in Produktanwendung Verwendung

Abb. 2.2 Beispiel für eine Technologie-Anwendungsmatrix. (Nach Kuratko et al. 2011)

zufällig oder zielgerichtet zustande gekommen ist. Abb. 2.2 präsentiert ein Beispiel für eine solche Technologie-Anwendungsmatrix.

2.1.2 Opportunity Recognition mit der Technologie-Anwendungsmatrix

Zur Ableitung von Opportunities ist nun entscheidend, die Anwendungen, d. h. die Spalten der Matrix, für jede identifizierte Technologie zu erweitern. Das Ziel besteht ja darin, für vorhandene generische Technologien neue Anwendungsmöglichkeiten zu identifizieren. Im Rahmen dieser Matrix ist dies nur möglich, wenn interessante, bislang nicht bediente Produktanwendungen hinzugefügt werden. Zur Erweiterung der Spalten bestehen verschiedene Möglichkeiten (Fusfeld 1978):

- Es kann untersucht werden, inwiefern es auf Basis generischer Technologien weitere Produktanwendungen in bereits bedienten Marktsegmenten gibt, die das Unternehmen adressieren könnte. Der Vorteil besteht hier darin, dass das Unternehmen – wenn auch durch eine andere generische Technologie und Produktanwendung – das Marktsegment bereits kennt.
- Es können weitere Marktsegmente hinzugefügt werden, die zu bereits adressierten Segmenten eine gewisse Ähnlichkeit aufweisen. Wird etwa die Automobilindustrie bereits mit einer Technologie bedient, so könnte diese möglicherweise für die Flug-

zeugindustrie relevant sein, eine Technologie im Lebensmitteleinzelhandel möglicherweise für Baumärkte.

- Es können Marktsegmente hinzugefügt werden, die gerade erst im Entstehen und deshalb möglicherweise für den Einsatz bestehender generischer Technologien offen sind.
- Es können Wachstumssegmente hinzugefügt werden. Wachsende Marktsegmente bedeuten aus Sicht des planenden Unternehmens mit generischen Technologien potenzielle Kunden, und rein aus dieser Marktsicht sind wachsende Segmente interessanter und häufig weniger kompetitiv als schrumpfende Segmente.

Nach diesem Schritt verfügt man nun über eine Matrix wie in Abb. 2.3, die in den Zeilen die vorhandenen generischen Technologien darstellt und in den Spalten sowohl bereits bediente als auch potenziell adressierbare Marktsegmente aus verschiedenen Industrien abbildet. Zellen, die generische Technologien mit bereits bedienten Marktsegmenten abbilden, sind zur Abbildung des aktuellen Status der Technologiestrategie markiert.

Auf dieser Basis können nun Ideen zur Erweiterung des Technologieportfolios und damit zur Generierung von Opportunities abgeleitet werden. Wie können interessante Ansatzpunkte abgeleitet werden? Zum einen lässt sich überprüfen, ob es Marktsegmente gibt, die bereits mit einer generischen Technologie bearbeitet werden, für die andere generische Technologien des betrachteten Unternehmens jedoch auch relevant sein könnten. In diesem Fall würde man bereits bekannte generische Technologien auf bereits behandelte Marktsegmente anwenden, wie es Uvex getan hat (Beispiel 2.2).

	Bereits bediente Industrie 1			Bereits bediente Industrie 2			Neue Industrien		
	PA_b1	PA_b2	PA_n1	PA_b3	PA_b4	PA_n2	PA_n3	PA_n4	...
Technologie 1	x	x	?		x	?	?	?	?
Technologie 2	x		?	x	x	?	?	?	?
Technologie 3	x	x	?		x	?	?	?	?
Technologie 4			?	x		?	?	?	?
Technologie 5		x	?	x		?	?	?	?
Technologie 6		x	?	x		?	?	?	?

Überprüfung, ob Einsatz bestehender Technologien in bereits bedienten Industrien in neuen Produktanwendungen möglich ist

Überprüfung, ob Einsatz bestehender Technologien in bislang gar nicht bedienten Industrien in neuen Produktanwendungen möglich ist

PA_b = bestehende Produktanwendung   x = Einsatz von Technologie in Produktanwendung
PA_n = mögliche neue Produktanwendung   ? = Überprüfung notwendig, ob Technologie in neuen Produktanwendungen einsetzbar

Abb. 2.3 Erweiterte Technologie-Anwendungsmatrix. (Eigene Darstellung)

Beispiel 2.2: Wie Uvex Technologien aus dem Arbeitsschutz im Skisport anwendet

1926 gründete der Optiker Philipp Winter im fränkischen Fürth das Unternehmen Uvex, um die deutsche Skimannschaft mit Brillen auszustatten. Heute gehört Uvex mit etwa 300 Mio. EUR Umsatz und weltweit mehr als 2000 Mitarbeitern regelmäßig zu den Top 100 der innovativsten Unternehmen des deutschen Mittelstands (Schier und Hennes 2009). Dem Kerngeschäft des Wintersports ist Uvex dabei treu geblieben. Heute nutzen bei der traditionellen Vierschanzentournee die meisten Skispringer Brillen von Uvex. Allerdings ist Uvex nicht nur im Wintersport aktiv, sondern auch führender Anbieter von Produkten für den Arbeitsschutz, beispielsweise in der Automobil- und Chemieindustrie. Sowohl im Arbeitsschutz als auch im Wintersport gilt das Unternehmensmotto „Protecting People". Ein Erfolgsfaktor für Uvex ist dabei, dass entwickelte Technologien zwischen den beiden Bereichen regelmäßig ausgetauscht werden und so voneinander profitieren. Wird eine neue Technologie für den Wintersport entwickelt, wird überprüft, ob diese in Produkten für den Arbeitsschutz genutzt werden kann und umgekehrt. Kürzlich stellte Uvex die leichteste Arbeitsschutzbrille der Welt vor. Der Leiter der Produktentwicklung im Sport erklärt die Synergien (Schier und Hennes 2009): „Die Skibrille, die aus Polycarbonat gespritzt wird, aus dem alle Arbeits-Schutzscheiben sind, die genügt den weitaus höheren Ansprüchen des Arbeitsschutzes, die um ein Vielfaches höher liegen als die vom Sport. Dann profitieren wir von der Beschichtungstechnologie. Wir haben eine sehr gute Kratzfestbeschichtung. Wir haben exzellentes Antifog. Das ist die Beschlaghemmung, wenn die Brille feucht wird." ◄

Die zweite Möglichkeit diskutiert, ob die vorhandenen generischen Technologien in noch gar nicht bearbeiteten, aber in den Spalten der Matrix aufgeführten Produktanwendungen und Marktsegmenten angewendet werden kann. Dies ist der Kern der Technologie-Anwendungsmatrix: Es soll herausgefunden werden, ob generische Technologien des betrachteten Unternehmens – egal, ob diese nun bislang bereits in Produkte eingeflossen sind oder in Prozessen im Unternehmen integriert waren – in interessante Produktanwendungen in diesen Marktsegmenten überführt werden können, so wie es W. L. Gore mit dem PTFE -Material über Jahre schrittweise erfolgreich getan hat (Beispiel 2.3). Ein weiteres Beispiel ist Amazon, das seine Technologien, die Grundlage für das eigene IT-System sind, vermarktet (Beispiel 2.4).

Beispiel 2.3: Was man aus einem Material alles erstellen kann: Die Entwicklung des Produktportfolios von W. L. Gore

Bill Gore, Gründer von Gore, fand – noch bei DuPont arbeitend – heraus, dass durch schnelles Dehnen des Kunststoffes PTFE ein sehr kräftiges, mikroporöses Material geschaffen werden kann, sogenanntes expandiertes PTFE (Bergmann 2009). Heute ist Gore weltweit Marktführer in Bezug auf Know-how und Verarbeitung von expandiertem PTFE und hat diese Technologie in eine sehr große Anzahl von Produkten integriert, wie …

- atmungsaktive Jacken und verschiedene Garne in der Textilindustrie
- Implantate in der Medizin
- Dichtungsprodukte in verschiedensten Industrien
- Membrane, insbesondere in der Chemieindustrie
- nichtleitende Werkstoffe in der Elektronik

Damit ist Gore ein Beispiel für ein Unternehmen, das eine Technologie schrittweise in verschiedene Industrien getragen und so kontinuierlich ein neues Geschäft generiert hat (Bergmann 2009). ◄

Beispiel 2.4: Wie Amazon aus seinen eigenen Technologien ein Geschäft entwickelt

Amazon ist heute eines der größten Internetunternehmen weltweit. Der Gründer Jeff Bezos gilt als einer der zentralen Internetpioniere. Das Produktportfolio ist vielen Endkunden bekannt. Von Büchern ausgehend hat Amazon sein Portfolio in alle möglichen Produktkategorien ausgeweitet (Brandt 2012). Der Erfolg von Amazon wird im Wesentlichen der „Operational Excellence" in allen IT-Prozessen zugeschrieben. Bereits 2002 begann Amazon, diese Infrastruktur anderen Unternehmen, auch solchen, die keine Produkte über amazon.com verkauften, zur Verfügung zu stellen. Amazons Web Services umfassen heute Speicherplatz, Simple Queue Services (SQS), Cloud Computing und elektronische Datensysteme. Auch wenn Amazon 2012 mit diesen Produkten gerade mal fünf Prozent seines Gesamtumsatzes generierte, legte Jeff Bezos großen Wert darauf, dieses Geschäft weiter auszubauen. Die Entscheidung zahlte sich aus. 2019 erwirtschaftete AWS mit 35 Mrd. US$ 12,5 % des Amazon-Umsatzes (Amazon 2020).

Ein weiteres Beispiel ist das Fulfillment by Amazon (FBA), ein Service, den Verkäufer nutzen können, um die Lagerung und Logistik der Produkte, die sie über den Amazon Marketplace verkaufen, outzusourcen.

Die Entscheidung Amazons, diese für das eigentliche Kerngeschäft selbst benötigten und optimierten Prozesse („Technologien") anderen Unternehmen zur Verfügung zu stellen, kann mit der Technologie-Anwendungsmatrix erklärt werden: Eigene (generische) Technologien wurden so weiterentwickelt, dass Produktanwendungen entstanden, die in verschiedensten Marktsegmenten angeboten werden konnten. Da Amazon selbst bei diesen Prozessen als Innovationsführer gilt, verleiht dieses Image den neu angebotenen Produkten eine entsprechende Glaubwürdigkeit. Mittlerweile erwirtschaftet Amazon knapp 43 % seines Umsatzes mit den Dienstleistungen, die es anbietet, und nicht mit den eigenen Produktverkäufen (Amazon 2020). ◄

2.1.3 Anwendung der Technologie-Anwendungsmatrix

Abschließend soll bewertet werden, unter welchen Umständen die Technologie-Anwendungsmatrix ein wertvolles Tool zur Generierung von Opportunities darstellt, und welche Schritte zu durchlaufen sind, um von diesem Tool zu profitieren. Die Technologie-Anwendungsmatrix kann immer dann hilfreich sein, wenn das betrachtete Unternehmen auch tatsächlich über generische Technologien verfügt, idealerweise solche, die einen zumindest kleinen technischen Vorsprung zur Konkurrenz in den eigenen, aber auch in neu avisierten Märkten aufweisen (Fusfeld 1978). Insbesondere bei Unternehmen, die durch Technologien zu Innovationsführern wurden, ist es vielversprechend, eine solche Analyse zu durchlaufen. Aber auch Unternehmen, die mit ihren Produkten reine Commodity-Anbieter ohne technologisches Alleinstellungsmerkmal sind, können interne Prozesstechnologien haben, die Ausgangspunkt für die Aufstellung einer Technologie-Anwendungsmatrix sind.

Welche Schritte sollte ein Unternehmen durchlaufen, um Opportunities mithilfe der Technologie-Anwendungsmatrix zu identifizieren? Ein idealtypischer Prozess ist in Abb. 2.4 dargestellt. In einem ersten Schritt sollte das Unternehmen generische Technologien identifizieren, die bereits im Unternehmen vorhanden sind, und diese notieren. Generische Technologien sollten dabei solche Technologien sein, die in mehr als einer Produktanwendung potenziell eingesetzt werden können.

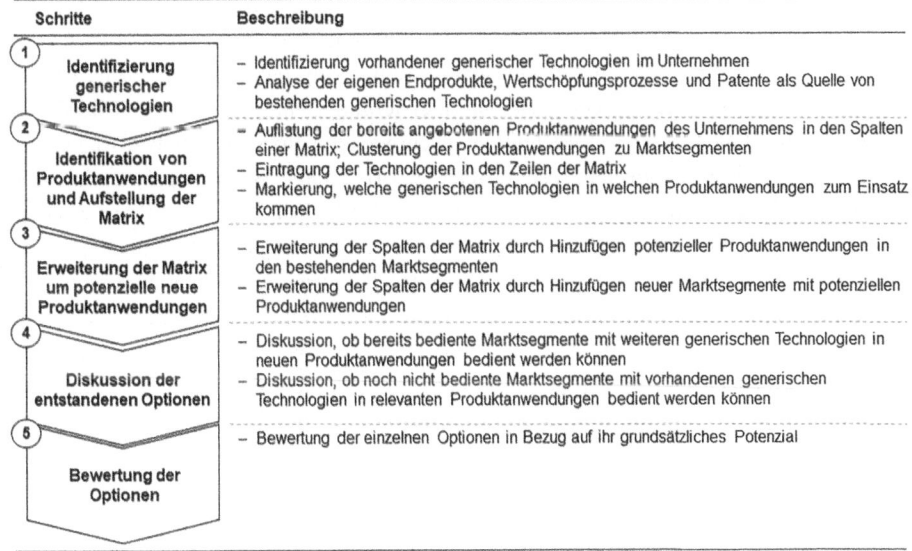

Abb. 2.4 Konkrete Schritte zur Identifizierung von Opportunities mithilfe der Technologie-Anwendungsmatrix. (Eigene Darstellung)

Im zweiten Schritt werden die aktuellen Produktanwendungen des Unternehmens identifiziert und in Spalten einer Matrix eingetragen, deren Zeilen die generischen Technologien bilden. In dieser Matrix wird dann durch Kreuze markiert, welche generischen Technologien in welchen Produktanwendungen zum Einsatz kommen. Dabei sollten die Produktanwendungen zu Marktsegmenten zusammengeführt und entsprechend markiert werden. Das Ergebnis dieses Schritts ist eine Technologie-Anwendungsmatrix, die den Status quo der eingesetzten Technologien mit ihren Produktanwendungen erfasst.

Im entscheidenden dritten Schritt kommt es nun zu einer Erweiterung der Spalten der Matrix. Zunächst sollten mögliche weitere Produktanwendungen in bereits bedienten Marktsegmenten diskutiert werden. Möglicherweise gibt es generische Technologien, die bislang nicht in Produktanwendungen für dieses Marktsegment zum Einsatz kamen, die aber ebenfalls für die Kunden interessant sein könnten. Der Vorteil einer solchen Erweiterung ist, dass eine neue Produktanwendung an bekannte Kunden vermarktet werden kann. Darüber hinaus können die Spalten der Matrix durch das Hinzufügen neuer Marktsegmente, die bislang gar nicht bedient wurden, erweitert werden. Für diese für das Unternehmen neuen Marktsegmente gilt es dann, Produktanwendungen zu identifizieren, die mit den bestehenden generischen Technologien entwickelt werden können. Pixar ist hierfür ein gutes Beispiel (Beispiel 2.5).

Beispiel 2.5: Technologie und Filme: Die Einnahmequellen von Pixar

In den 1980er-Jahren bestand das Kerngeschäft von Pixar darin, Kurzfilme für Promotion-Zwecke zu erstellen. Unter der Führung von Steve Jobs entwickelte Pixar ab Ende der 1980er-Jahre eine ganze Reihe von Technologien, insbesondere grundlegende Softwaresysteme zur Grafikerstellung wie Marionette, RingMaster und RenderMan. Aus diesen Technologien entwickelte Pixar eine ganze Reihe verschiedenster Produktanwendungen (Afuah 2014). Einige Softwareprogramme wie Marionette und RingMaster blieben proprietäres Wissen von Pixar, und Pixar wendete diese Programme in seinen Werbefilmen an. Auch Logos für einige prominente Unternehmen wie IBM wurden erstellt bzw. überarbeitet. Andere Softwareprodukte, insbesondere RenderMan, verkaufte Pixar als eigene Produkte. RenderMan galt lange Zeit als Industriestandard in der 3-D-Computergrafik. Bis 2001 verkaufte Pixar über 100.000 Lizenzen und generierte damit etwa zehn Prozent des Umsatzes. Mitte der 1990er-Jahre nutzte Pixar seine Softwaretechnologien, um in den Markt für animierte Kinofilme einzusteigen (Afuah 2014). Mit der 1995 erschienenen „Toy Story" erzielten Pixar und Disney in Co-Produktion einen riesigen Erfolg mit Einnahmen von über 360 Mio. US$ weltweit. Der Erfolg konnte noch mit vielen weiteren Filmen (z. B. „Cars", „Finding Nemo") fortgesetzt werden. Pixar ist damit ein Beispiel für ein Unternehmen, das aus einer Reihe von (Software-)Technologien verschiedenste Produktanwendungen (Werbefilm, Logos, Softwarelizenzen und Kinofilme) geschaffen hat. ◀

In einem vierten Schritt werden die hergeleiteten Optionen bewertet. Fusfeld (1978) empfiehlt dazu sieben Kriterien, die die Wahrscheinlichkeit bestimmen, mit der der Markt eine Technologie annehmen wird:

- Leistungsfähigkeit als generelle Aufgabe, die die Technologie leisten soll (wie die Kühlleistung eines Kühlschranks oder einer Klimaanlage)
- Anschaffungskosten
- Einfachheit der Nutzung
- Laufende Kosten
- Zuverlässigkeit
- Möglicher Servicelevel
- Kompatibilität mit bestehenden größeren Systemen

Im Hinblick auf diese sieben Kriterien können die Anforderungen an eine Technologie von Marktsegment zu Marktsegment differieren. Handelt es sich um eine Technologie in einem medizinischen Produkt, das sowohl Krankenhäuser als auch niedergelassene Ärzte nachfragen, werden die Anschaffungskosten für diese beiden Zielgruppen sicherlich unterschiedlich wichtig sein. Dann muss die Technologie entweder in zwei verschiedenen Produkten unterschiedlich genutzt werden, damit beide Segmente bedient werden können, oder die Technologie kommt nur entweder für den einen oder für den anderen Markt überhaupt infrage. Im fünften Schritt erfolgt die Auswahl einer Opportunity, die verfolgt werden soll.

Kernaussagen

- Bestehende (generische) Technologien im Unternehmen können Ausgangspunkt für Opportunities sein. Damit startet die Suche nach neuen Wachstumsmöglichkeiten im eigenen Unternehmen.
- Die Opportunity entsteht, indem bestehende Technologien auf für das Unternehmen bislang neue Märkte angewendet werden und dort neue Produkte oder Lösungen schaffen bzw. im Unternehmen bestehende Technologien auf vom Unternehmen bereits bediente Märkte übertragen werden.
- Zentrales Tool zur Identifizierung von Opportunities ist die Erstellung der Technologie-Anwendungsmatrix.
- Die Technologie-Anwendungsmatrix bietet sich insbesondere an, wenn das Unternehmen eine technologische Vorreiterrolle im bisherigen Markt innehat.

Aufgaben zur Wiederholung

1. Erläutern Sie das Grundkonzept der Technologie-Anwendungsmatrix in zwei Sätzen.
2. Für welche Unternehmen ist die Technologie-Anwendungsmatrix typischerweise ein geeignetes Tool zur Opportunity Recognition?

3. Warum vernachlässigen die Managementlehre und das Top-Management Technologien häufig? Nennen Sie drei Gründe.

4. Nennen und beschreiben Sie kurz die drei komplementären Ansätze zur Identifizierung generischer Technologien. Beschreiben Sie, warum die Ansätze komplementär sind.

5. Erstellen Sie eine beispielhafte Technologie-Anwendungsmatrix mit vorhandenen generischen Technologien und Produktanwendungen und beschreiben Sie die möglichen vier Erweiterungen, um bisher nicht bediente Technologie-Anwendungen hinzuzufügen.

6. Nennen Sie die fünf Schritte zur Identifizierung von Opportunities mithilfe der Technologie-Anwendungsmatrix und beschreiben Sie diese kurz.

7. Nennen Sie die sieben Kriterien, die die Wahrscheinlichkeit bestimmen, mit der ein Markt eine Technologie annehmen wird.

2.2   Geschäftsmodellinnovationsansatz

Abschn. 2.2 beschäftigt sich mit Geschäftsmodellinnovationen: Wie können durch die Veränderung von Geschäftsmodellen neue Opportunities geschaffen werden? Zumeist ist das bereits angebotene Produkte oder die angebotene Leistung eines Unternehmens Grundlage der Geschäftsmodellinnovation. Während Produkt oder Leistung nur beschränkte Änderungen erfahren, besteht die große Veränderung in der Art und Weise, wie dieses Produkt oder diese Leistung dem Kunden gegenüber vermarktet werden. Abschn. 2.2.1 stellt den Ansatz der Geschäftsmodellinnovation vor. Abschn. 2.2.2 zeigt konkrete Hebel auf, wie Geschäftsmodelle angepasst und durch diese Anpassung Opportunities generiert werden können. Abschn. 2.2.3 stellt einen Prozess der konkreten Anwendung vor.

Lernziele

- Das Konzept des Geschäftsmodellinnovationsansatz verstehen und nutzen können.
- Hierzu gilt es,
    - zu erkennen, was ein Geschäftsmodell ist, mit typischerweise drei Elementen: das Wertversprechen gegenüber dem Kunden, das zugrunde liegende Ertragsmodell und die interne Wertschöpfung,
    - festzustellen, wie diese drei Elemente sich gegenseitig beeinflussen,
    - zu erkennen, in welchen Situationen sich eine Geschäftsmodellinnovation besonders anbietet,
    - ein Verständnis dafür zu entwickeln, wie sich ein Geschäftsmodell von der Unternehmensstrategie abgrenzt,

- zu verstehen, welche Änderungsmöglichkeiten es gibt, um die Einheit der Leistungserbringung zu verändern,
• um, basierend auf dem derzeitigen Geschäftsmodell eines Unternehmens, Verbesserungen im Wertversprechen gegenüber dem Kunden, im Ertragsmodell oder in der internen Wertschöpfung zu erzielen.

2.2.1 Das Konzept der Geschäftsmodellinnovation

Der Begriff des Geschäftsmodells ist erstmalig um die 2000er-Wende im Rahmen des Internetbooms aufgetaucht (Johnson et al. 2008). Dot-com-Unternehmen wurden damals hinsichtlich ihres Geschäftsmodells bewertet, wobei einige Autoren heute festhalten, dass das Konzept des Geschäftsmodells im Nachhinein eher ein Sammelbegriff für alle nicht annähernd ausgegorenen Internet-Start-up-Ideen war (Magretta 2002).

Trotzdem hat es dieses Konzept in den letzten Jahren in die Strategiebücher und die Praxis geschafft, da es eine sinnvolle Ergänzung zum etablierten Unternehmensstrategie-Konzept darstellt (Zott et al. 2011; Amit und Zott 2001; Osterwalder und Pigneur 2010). Aber was ist nun ein Geschäftsmodell? Ein Geschäftsmodell beschreibt, wie das Unternehmen für sich und seine Kunden Wert generiert (Abb. 2.5). Dazu werden typischerweise drei Elemente eines Geschäftsmodells betrachtet: Erstens das Wertversprechen gegenüber dem Kunden: Welchen Nutzen erfährt der Kunde durch den Bezug unseres

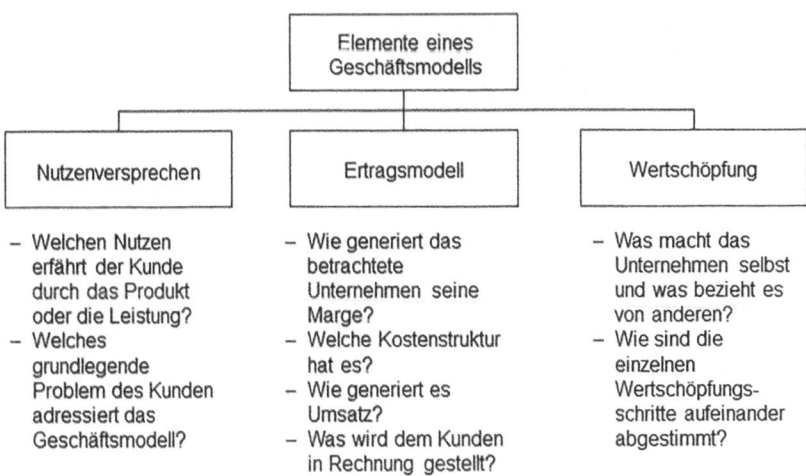

Abb. 2.5 Überblick über Elemente und zentrale Fragestellungen eines Geschäftsmodells. (Eigene Darstellung nach Johnson et al. 2008)

Produkts oder unserer Leistung? Welches grundlegende Problem des Kunden adressiert unser Geschäftsmodell? Zweitens das zugrundliegende Ertragsmodell für das betrachtete Unternehmen: Wie generiert das betrachtete Unternehmen mit dem Geschäftsmodell seine Marge? Welche Kostenstruktur hat es? Wie generiert es Umsatz? Was wird dem Kunden in Rechnung gestellt? Drittens schließlich die interne Wertschöpfung: Was macht das Unternehmen selbst und was bezieht es von anderen? Wie sind die einzelnen Wertschöpfungsschritte aufeinander abgestimmt?

Diese drei Elemente hängen natürlich zusammen: Ein bestimmtes Ertragsmodell (beispielsweise Abrechnung pro genutzter Stunde) kann aus Unternehmenssicht einen bestimmten Nutzen für den Kunden bedeuten. Ebenso kann die Organisation der Wertschöpfung die Kostenstruktur und damit die Ertragssituation beeinflussen. Beispiel 2.6 beschreibt zur Veranschaulichung ein Geschäftsmodell von Xerox.

Beispiel 2.6: Wie verdient Xerox Geld mit Kopierern?

In den 1980er-Jahren war Xerox das dominierende Unternehmen im Markt für Kopiergeräte. Dabei sah das Ertragsmodell von Xerox wie folgt aus: Kopiergeräte und Drucker waren für sich bereits profitabel, aber wirklich Geld verdiente Xerox mit hochmargigen Verbrauchsgütern, insbesondere Tonern und Papier (Chesbrough 2010). Damit galt: Je höher das Druckvolumen jeder verkauften Maschine, desto mehr verdiente Xerox. Um dieses Geschäftsmodell zu verfestigen, suchte Xerox nach Technologien, die es erlaubten, immer mehr und immer schneller zu kopieren oder zu drucken. Aus Kundensicht gab es damit die Möglichkeit, Kopiergeräte zu einem erschwinglichen Preis zu kaufen und so einen Nutzen durch die ständige Verfügbarkeit der Geräte zu gewinnen. Zudem kamen Kunden so selbst in eine Situation, dass durch erschwingliche Anschaffungskosten und höhere Kopierkosten pro Blatt Papier Kopieren hauptsächlich mit variablen Kosten verbunden war, was aus Sicht der Kunden zu einem Vorteil führte. ◄

Verfechter des Geschäftsmodellansatzes argumentieren, dass eine Technologie oder ein Produkt selbst weder für das Unternehmen noch für den Kunden bereits einen Wert hat, sondern dass vielmehr auch über die Art des Austausches und der Leistungserstellung gesamtheitlich nachgedacht werden muss (Afuah 2014). Als Beispiel können die Musikprodukte von Apple in Form von iPod und iTunes herangezogen werden. Apple war keinesfalls das erste Unternehmen, das tragbare, einfach zu navigierende High-End-Audiogeräte hergestellt hat (Johnson et al. 2008). Ein Unternehmen namens Diamond Multimedia brachte 1998 den Rio auf den Markt, Best Data im Jahr 2000 den Cabo 64. Beide Geräte waren ähnlich „stylisch" wie der iPod. Doch nur Apple ist es gelungen, sein Produkt und seine Technologie in ein intelligentes Geschäftsmodell zu packen. Die wahre Innovation bestand nämlich in der Kombination des iPods mit iTunes und der dadurch entstehenden Möglichkeit für Kunden, digitale Musik legal, einfach und zu einem angemessenen Preis downloaden zu können. So konnte Apple den Kunden einen überlegenen Nutzen bieten und durch iPod und Downloads Umsatz generieren, wobei der iPod wesentlich hochmargiger war als die Musiktitel.

Wichtig zum Verständnis des Geschäftsmodellansatzes ist die Abgrenzung zur Unternehmensstrategie (Magretta 2002). Eine Unternehmensstrategie beschäftigt sich mit der Frage, in welchen Industrien ein Unternehmen grundsätzlich aktiv sein will und insbesondere, wie es sich gegenüber dem Wettbewerb in diesen Industrien positioniert. Das Geschäftsmodell beschreibt dann in diesem durch die Strategie festgelegten Rahmen, welcher konkrete Kundennutzen geliefert wird, wie das Unternehmen Geld verdient und wie seine Wertschöpfung organisiert ist. Beispiel 2.7 verdeutlicht den Unterschied zwischen Strategie und Geschäftsmodell anhand des Computerherstellers Dell.

Beispiel 2.7: Unternehmensstrategie und Geschäftsmodell bei Dell

Dell ist seit langer Zeit einer der erfolgreichsten Spieler im PC-Markt. Dell verfolgt die Strategie, seinen Kunden – anfänglich nur den Geschäftskunden, später auch den Privatkunden – PCs anzubieten, die günstiger sind als bei der Konkurrenz. So viel zur Strategie. Aber was ist das Geschäftsmodell? Dell bietet seinen Kunden ein Nutzenversprechen, individuell konfigurierbare PCs mit State-of-the-art-Komponenten zu günstigen Preisen zu beziehen. In seiner Wertschöpfungskette verzichtet Dell auf Einzelhändler. Die Produkte werden lediglich direkt per Telefon oder Internet vertrieben. Dieser Ansatz führt zu zwei wesentlichen Hebeln der Kostensenkung und damit der Gestaltung des Ertragsmodells: Zum einen fällt in der Wertschöpfungskette die Marge für den Einzelhändler weg. Zum anderen hat Dell hochaktuelle Informationen zur aktuellen Nachfrage, da die Kunden unmittelbar mit Dell in Kontakt stehen. Diese Informationen ermöglichen es Dell, Lagerbestände genau zu planen und veraltete Produkte oder Bestandteile nicht unnötig auf Lager zu halten (Dell und Fredman 2010). ◄

Geschäftsmodelle beschreiben also, wie ein einzelnes Produkt auf verschiedene Arten und Weisen bearbeitet werden kann. Zu einer Technologie oder einem Produkt gibt es folglich zumeist mehrere unterschiedliche Geschäftsmodelle. Innovationen in Geschäftsmodellen haben gegenüber reinen Produkt- oder Prozessinnovationen den wesentlichen Vorteil, dass das Geschäftsmodell nicht unmittelbar so sichtbar ist wie ein neues Produkt (Magretta 2002). Ist vor allem die Wertschöpfung als drittes Element eines Geschäftsmodells betroffen, sind Änderungen möglicherweise gar nicht sichtbar. Des Weiteren sind Geschäftsmodelle nicht so einfach vom Wettbewerb zu kopieren wie Produkte. Geschäftsmodelle sind oft recht komplexe Konfigurationen entlang der drei Elemente Nutzenversprechen, Ertragsmodell und Wertschöpfung. Diese Elemente sind individuell möglicherweise gar nicht sichtbar, und selbst wenn sie sichtbar sind, ist von außen oft nicht so einfach zu erkennen, wie die Elemente aufeinander abgestimmt sind. Gerade diese Abstimmung bietet aber oft einen Wettbewerbsvorsprung, wie Beispiel 2.8 für das Modeunternehmen Zara beschreibt.

Beispiel 2.8: Wie Zara seine Einzigartigkeit in der Modebranche aufrechterhält

Zara gilt als Beispiel für ein Unternehmen, das in einem hart umkämpften Markt auch ohne regelmäßige technologische Umwälzungen durch Geschäftsmodellinnovationen langfristig Erfolg hat und nur schwer zu kopieren ist. Das Geschäftsmodell von Zara besteht darin, schnell auf neue Modetrends zu reagieren und sich in der Produktgestaltung nicht in das Korsett von wenigen Kollektionen pro Jahr zu pressen (Girotra und Netessine 2012). Damit erhält der Kunde das Nutzenversprechen, dass die Zara-Läden immer mit den neuesten Trends bestückt sind. Zara hat eine Wertschöpfungskette entwickelt, die einzelne Tätigkeiten an lokale Schneider auslagert, damit Logistikkosten und -zeiten minimiert werden. Für das Ertragsmodell gilt zudem, dass durch das kurzfristige Angebot aktueller Trends Lagerbestände von Modestücken, die „out" sind, sehr gering sind. Das Geschäftsmodell funktioniert bereits seit drei Jahrzehnten nachhaltig und Konkurrenten haben es immer noch nicht geschafft, es Zara gleichzutun. ◄

2.2.2 Opportunity Recognition mit Geschäftsmodellinnovationen

Die Erkenntnis, dass Geschäftsmodelle komplexe Gebilde aus drei Elementen sind, deutet bereits darauf hin, dass durch die Gestaltung dieser drei Elemente und ihre Konfiguration mehrere Handlungsoptionen bestehen (Chesbrough und Appleyard 2007). Hinzu kommt, dass Entscheidungsträger in Unternehmen Innovationen oft mit reinen Produktinnovationen gleichsetzen und so die Möglichkeit, das Geschäftsmodell zu verändern und innovativ zu gestalten, kaum in Betracht ziehen. So zeigt eine Umfrage der American Management Association unter global agierenden Unternehmen, dass weniger als zehn Prozent der Ressourcen, die in Innovationsaktivitäten gesteckt werden, zur Generierung von Geschäftsmodellinnovationen verwendet werden.

Aber welche Handlungsoptionen bestehen nun? Ein erster Ansatzpunkt, um in Geschäftsmodellen Opportunities zu identifizieren, ist, über die Einheit der Leistungserbringung nachzudenken (McGrath und MacMillan 2005). Die Einheit der Leistungserbringung ist das, was ein Unternehmen einem Kunden in Rechnung stellt. Diese Einheit erhält man, indem man für seine konkrete Leistung den Satz „Aufgrund der erbrachten Leistung erlauben wir uns, Ihnen x Einheiten unserer Leistung abzurechnen" in einer typischen Rechnung identifiziert. Diese Einheiten sind in vielen Fällen einfache Produkte, z. B. zehn Einheiten von Tonern für ein bestimmtes Kopiergerät. Die Einheit bestimmt für den Kunden die Kosten der Leistung, aus Sicht des Unternehmens sein Ertragsmodell, ergibt doch die Anzahl der Einheiten multipliziert mit dem Preis seinen Umsatz. Aus den durchgeführten Tätigkeiten im Rahmen der Wertschöpfung ergeben sich seine Kosten; Umsatz minus Kosten ist dann sein Ertrag.

Ausgehend von dieser Logik, „einfache" materielle Produkte abzurechnen, können Opportunities aufgedeckt werden, indem diese – möglicherweise als selbstverständlich angenommene – Einheit der Leistungserbringung infrage gestellt wird. Das ist ein Ansatz, wie ihn Netflix im Rahmen der Markteinführung seines Online-Streaming-Dienstes verfolgt hat (Beispiel 2.9). Die Einheit dieser Leistungserstellung sollte so angepasst werden, dass sich wesentliche Kennzahlen der Leistungserbringung für den Kunden verbessern.

Beispiel 2.9: Wie Netflix den Online-Streaming-Markt mit einer Geschäftsmodellinnovation erobert hat und kontinuierlich revolutioniert

1999 dominierte Blockbuster das Video-Verleihgeschäft in den USA mit einem Marktanteil von 24 %. Kunden konnten Videokassetten mit Filmen oder Serien in lokalen Geschäften für einen bestimmten Zeitraum entleihen und zahlten einen bestimmten Betrag pro Kalendertag der Ausleihe (Afuah 2014; Kaplan 2012). Ende der 1990er-Jahre wurde der Markt durch das Aufkommen von DVDs durcheinandergewirbelt. DVDs sind viel leichter und kleiner als traditionelle VHS-Kassetten, was es ermöglichte, sie recht kostengünstig zu verschicken. Als Marc Randolph und Reed Hastings 1997 Netflix gründeten, verfolgten sie die Idee, dass Kunden über das Internet DVDs auswählen konnten, die dann per Post zugestellt und von dem Kunden nach ein paar Tagen zurückgeschickt wurden. Das initiale Geschäftsmodell sah eine Bezahlung pro Ausleihe vor. Ende 1999 änderte Netflix das erste Mal das Geschäftsmodell substanziell und wechselte – inspiriert durch das Abrechnungsmodell des Fitnessklubs eines der Gründer – zu einem Abo-Modell, bei dem Kunden eine bestimmte Anzahl an Ausleihen pro Monat vornehmen konnten (Afuah 2014). Die Einheit der Abrechnung war damit nicht mehr die Ausleihe, sondern die Abo-Gebühr pro Monat. Anfang 2003 erreichte Netflix die Marke von einer Million Abonnenten. 2007 begann Netflix mit dem Online-Streaming von Filmen und TV-Shows, zunächst allerdings nur als Zusatzangebot für die Abonnenten von DVD-Ausleihen per Post. 2010 führte Netflix das erste „Streaming only"-Angebot ein. Abonnenten bezahlten nicht mehr für die ausgeliehenen DVDs, sondern für den Zugang zum Streaming-Portal. Netflix traf einige weitere Entscheidungen, die sich als richtig herausstellten (wie die Entscheidung, eigene Inhalte zu produzieren). Der Wechsel in der Abrechnungseinheit über die Jahre des sich verändernden Geschäfts gilt als einer der Hauptgründe, warum Netflix 2013 einen Markanteil von 89 % im Online-Streaming-Markt innehatte. Mittlerweile sind neue, starke Wettbewerber wie Amazon Prime und Disney+ in den wachsenden Video-on-Demand-Markt eingestiegen und nehmen Netflix Marktanteile ab (Statista 2020). Netflix veränderte sein Geschäftsmodell allerdings erneut, indem es sich exklusive Inhalte sichert („Netflix Exclusive") und eigene Serien entwickelt und produziert („Netflix Originals"). Damit wurde Netflix vom reinen Anbieter von Videos, der von den Produktionen anderer abhängig ist, zum Contentgenerator. ◄

In jeder Branche lassen sich für Unternehmen typischerweise fünf bis zehn KPIs („Key Performance Indicators") identifizieren, die die Profitabilität seines Geschäfts bestimmen. In der Airline-Branche sind dies beispielsweise die Anteile der Stunden, die Flugzeuge tatsächlich in der Luft sind, weil ein Flugzeug auf dem Boden kein Geld verdient. Ebenso spielt die durchschnittliche Auslastung der Sitze auf allen Flügen eine wesentliche Rolle. Bei Fitnessstudios spielen die Personalkosten pro Mitglied pro Monat als Kennzahl eine wesentliche Rolle.

Auch für Konsumenten lassen sich je nach Produktgruppe solche Indikatoren finden (McGrath und MacMillan 2005). Beim Einkauf von Lebensmitteln könnten dies die Geschwindigkeit (etwa gemessen in Wartezeiten beim Einkaufen) oder die Qualität bei einem gegebenen Preis sein. Der Online-Streaming-Dienst von Netflix (wie in Beispiel 2.9 dargestellt) bietet Konsumenten ein Höchstmaß an Flexibilität. Der Konsument kann die Serien oder Filme zu dem Zeitpunkt abrufen, den er bevorzugt, und ist nicht an vorgegebene Fernsehprogramme gebunden.

Ziel ist es nun, die Einheit der Leistungserbringung so zu verändern, dass sich die Kernkennzahlen in Bezug auf die zugrunde liegende Leistung für den Kunden verbessern. Hierzu gibt es eine ganze Reihe von Beispielen:

- *Umwandlung von Produkten in Dienstleistungen:* Die Einheit der Leistungserbringung kann so geändert werden, dass anstelle eines Produkts eine Dienstleistung verkauft wird. General Electric bietet Flugzeugmotoren mittlerweile nicht nur zum Verkauf an, sondern verkauft Flugstunden mit diesen Motoren. Die Dienstleistung beinhaltet dabei die Montage, Bereitstellung und Wartung der Motoren, die zudem in der Bilanz von General Electric verbleiben. Das Risiko von Reparaturen bleibt bei General Electric (Chesbrough 2007). Dem Abnehmer dieser Dienstleistung entsteht dadurch der Nutzen, dass gewisse Risiken und notwendige Tätigkeiten zur Aufrechterhaltung der Funktionalität beim liefernden Unternehmen verbleiben und Kosten nur für die tatsächliche Nutzung, die Flugstunde, anfallen.
- *Angebot von Miete oder Leasing statt Kauf:* Eine Möglichkeit, neue Opportunities zur Generierung von Wachstum zu erschließen, besteht darin, die Einheit der Leistungserbringung von „Anzahl Produkte" in Miet- oder Leasingverträge zu überführen (Afuah 2014; Girotra und Netessine 2012). Dabei bleibt der Gegenstand in der Bilanz des anbietenden Unternehmens und geht nicht in die Bilanz des Abnehmers über. Dadurch bindet der Gegenstand keine Mittel in der Bilanz des abnehmenden Unternehmens. Je nach Ausgestaltung des Vertrages gewinnt der Abnehmer an Flexibilität, wenn er auf kürzere Mietzeiten beispielsweise für einzelne Werkzeuge zugreifen kann. Der hohe Grad der Festlegung mit entsprechend geringer Flexibilität nach dem Kauf eines Produkts lässt sich somit vermeiden. Ein Vorreiter bei dieser Geschäftsmodellinnovation ist, wie in Beispiel 2.10 dargelegt, Hilti. Das anbietende Unternehmen wird auf diese Weise eher ein Vermieter oder Leasinggeber als ein Verkäufer der entsprechenden Produkte. Daher ändert sich in der Wertschöpfung dieses Unternehmens typischerweise einiges und es werden Fähigkeiten im Vertragsmanagement und in der Vertragsüberwachung benötigt. Auch wenn diese zusätzlichen Aufgaben

vom betrachteten Unternehmen übernommen werden, zeigt sich in der Praxis, dass Anbieter solcher Miet- oder Leasingmodelle höhere Margen erzielen als zuvor mit dem Verkauf der Produkte, insbesondere, wenn diese sich schon zu Commodities entwickelt haben. Die abnehmenden Unternehmen sind bereit, die höhere Flexibilität entsprechend zu entlohnen.

Beispiel 2.10: Wie Hilti sein Geschäftsmodell angepasst hat

Hilti ist ein Werkzeughersteller mit Schwerpunkt Bohr- und Befestigungstechnik und Sitz in Lichtenstein. Das Unternehmen beschäftigt weltweit etwa 20.000 Mitarbeiter. Das traditionelle Werkzeuggeschäft sieht vor, dass Werkzeuge und Zubehör an industrielle Abnehmer verkauft werden. Dabei sind etablierte Vertriebswege, Forschung und Entwicklung sowie geringe Produktionskosten die wesentlichen Erfolgsfaktoren in der Wertschöpfung. In einigen Produktbereichen erlebte Hilti durch verstärkte Konkurrenz aus asiatischen Nationen spätestens ab den 1990er-Jahren einen starken Druck auf seine Margen. Um diesem Druck zu entfliehen, wandelte Hilti sein Geschäftsmodell um und positionierte sich in einigen Produktbereichen als Werkzeugvermieter (Johnson et al. 2008). Das Nutzenversprechen gegenüber den Kunden bestand nun darin, die richtigen Werkzeuge zur richtigen Zeit und genau für den benötigten Zeitraum an Baustellen bereitzustellen, um die Produktivität und Flexibilität dieser Kunden zu steigern. Des Weiteren hatten die Kunden keine Umstände mit der Lagerung, Wartung und Reparatur, dem Transport und nötigenfalls Austausch der Produkte. Damit aber brauchte Hilti in der Wertschöpfung zusätzliche Fähigkeiten: einen geeigneten Direktvertriebsansatz, ein Vertragsmanagement und IT-Systeme zur Verwaltung der Werkzeuge. Dieses neue Geschäftsmodell hat sich für Hilti aber gelohnt: Das Unternehmen wuchs und konnte durch die zusätzlichen Leistungen mit dem entsprechenden Nutzen für den Kunden höhere Margen erzielen (wie in Tab. 2.1 beschrieben). ◄

Tab. 2.1 Etabliertes und neues Geschäft bei Hilti. (Nach Johnson et al. 2008)

	Traditionelles Werkzeug-Geschäft	Hiltis Werkzeug-Flotten-Service
Kundenversprechen	Verkauf von industriellen und professionellen Werkzeugen und Zubehör	Leasing von Werkzeugen zur Steigerung der Produktivität auf Baustellen
Ertragsmodell	Geringe Margen, hoher Lagerdurchsatz	Höhere Margen, monatliche Zahlungen für Reparatur und Ersatz
Kernkompetenzen und Prozesse	Vertriebskanal, Produktion in Niedriglohn-Ländern, Forschung und Entwicklung	Direktvertrieb, Vertragsmanagement, IT-Systeme für Lagerwirtschaft

- *Herstellung von Leistungsabhängigkeit:* Ein Geschäftsmodell kann sich auch dahingehend ändern, dass beim Ertragsmodell nicht vorab ein Preis fix vereinbart wird (wie ein Stundensatz für eine Dienstleistung), sondern der zu zahlende Preis vom Erfolg der erbrachten Leistung abhängt (Afuah 2014). So gibt es einige Beratungsunternehmen, die Start-ups Beratungsleistungen zunächst nicht in Rechnung stellen, bei Erfolg dieser Aktivitäten jedoch einen Anteil am Start-up erhalten, und auch Immobilienmakler erhalten nur bei erfolgreicher Vermittlung der Immobilie eine Provision. Einige Online-Marketing-Agenturen rechnen keine Stundensätze der erbrachten Leistungen ab (beispielsweise für die Aussteuerung eines Adwords-Accounts), sondern einen Anteil am Umsatzzugewinn. Der Kunde kann sich so möglicherweise Produkte leisten, die ansonsten aufgrund hoher Fixkosten gar nicht in seinem Budget gewesen wären, und profitiert davon, dass nur, wenn ein bestimmter positiver Zielzustand eintritt, überhaupt eine Zahlung notwendig ist. Somit ist das Risiko, vor allem, wenn vorab schwer einschätzbare Leistungen vorliegen, deutlich reduziert. Aus Sicht des anbietenden Unternehmens ist der Ertrag nicht sicher, jedoch bei Erfolg einer Tätigkeit zumeist deutlich höher, als ein Fixpreis (beispielsweise für eine geleistete Stunde) es gewesen wäre. Das anbietende Unternehmen benötigt einige weitere Kompetenzen, muss Risiken von Projekten vorab einschätzen und über ein Risikomanagement für alle Projekte verfügen.
- *Erarbeitung eines Systemangebots:* Bei einem Systemangebot bietet das betrachtete Unternehmen nicht nur eine einzelne Leistung an, sondern gleich ein komplettes System, das eine übergeordnete Komplettleistung darstellt. Dem Kunden wird dabei abgenommen, einzelne Teile einer Gesamtleistung suchen, erwerben und integrieren zu müssen. Im Ertragsmodell ändert sich die Einheit der Abrechnung, indem nicht einzelne Produkte, sondern eine Gesamtleistung in Rechnung gestellt wird. In der Wertschöpfung des betrachteten Unternehmens ist dabei zumeist die Integration neuer Tätigkeiten erforderlich, da ja gerade der Fokus dieses Typs von Geschäftsmodell darauf liegt, verschiedene Produkte in ein einzelnes Produkt zu überführen. Das eingangs beschriebene Beispiel der Kombination von iPod und iTunes bei Apple stellt ein Systemangebot dar, das die konkurrierenden Unternehmen nicht machten. Nicht nur das Gerät zum Abspielen der Musik wurde angeboten (wie andere es auch getan hatten), sondern es wurde zusätzlich eine Plattform vermarktet, die mit dem Abspielgerät kompatibel Musik zum kostenpflichtigen Download zur Verfügung stellte.
- *Angebot eines Rasierklingenmodells:* Beim Rasierklingenmodell wird eine Basisleistung zu einem verhältnismäßig geringen Preis angeboten, während dauerhaft benötigte Verbrauchsprodukte aber sehr margenstark sind (Zollenkop und Krys 2011). Dieses Geschäftsmodell wird Rasierklingenmodell genannt, weil es das erste Mal von Gillette gelebt wurde, indem der Mehrfachrasierer recht günstig angeboten wurde, die einzelnen Rasierklingen zum Nachrüsten aber sehr hohe Margen aufwiesen. Der Kunde hat den Nutzen, dass er verhältnismäßig preiswert in das Produkt einsteigen kann, keine übermäßig hohen Investitionskosten notwendig sind und er das Produkt so bereits kennenlernen kann. Das Ertragsmodell sieht vor, dass das Grundprodukt (wie

der Rasierer) keine großen Margen erwirtschaftet, sondern die Marge dauerhaft über Wiederkäufe der Verbrauchsmaterialien generiert wird. Nespresso ist ein aktuelles Beispiel für ein solches Rasierklingenmodell, das in Beispiel 2.11 dargestellt wird.

Beispiel 2.11: Nespresso – Wenn Kunden das Zehnfache für eine Tasse Kaffee zahlen

Lange dümpelte der Umsatz in der Kaffeebranche vor sich hin. Dann aber schaffte Nestlé mit Nespresso die Revolution, indem das Unternehmen begann, Kaffeeportionen in kleinen Alukapseln tassengerecht zu verkaufen. Kaffee wurde so wieder zum Lifestyle-Produkt und stieß ins Hochpreissegment vor. Umgerechnet zahlen Nespresso-Kunden zurzeit etwa das Zehnfache für eine Tasse Kaffee, als wenn sie gewöhnliches Kaffeepulver genommen hätten (Zollenkop und Krys 2011). Das Geschäftsmodell dahinter ist recht einfach: Die benötigten Kaffeemaschinen gibt Nestlé recht kostengünstig ab, so ist der Einstieg für den Kunden einfach. Hohe Margen werden dann über die Verbrauchsgüter generiert. Der Umsatz von Nespresso-Produkten ist in den letzten zehn Jahren durchschnittlich etwa um 30 % gestiegen, 2010 machte Nestlé mit diesen Produkten 2,5 Mrd. EUR Umsatz und im Jahre 2019 Medienberichten zufolge knapp 4,6 Mrd EUR Umsatz (Foerster 2019; Jackman und Reddy 2020). ◄

- *Angebot eines Freemiums:* Ein unter Internet-Start-ups beliebtes Geschäftsmodell ist das Angebot von Freemiums. Der Begriff setzt sich zusammen aus „Free" und „Premium" und beschreibt ein Angebot, bei dem eine Basisleistung kostenlos („free") bereitgestellt wird, weitere Zusatzleistungen („Premiums") aber kostenpflichtig sind. Skype und XING sind zwei Beispiele für Online-Dienste, bei denen es eine kostenlose Grundversion gibt (wie das Chatten und Telefonieren von PC zu PC bei Skype und das Einrichten eines Profils bei XING), weitere Dienste (wie Anrufe auf Festnetzanschlüsse oder Handys via Skype und diverse Zusatzfunktionen bei XING) aber nur gegen ein Entgelt verfügbar sind (Tab. 2.2). Kunden sollen über die frei verfügbare Version eines Angebots gewonnen werden und nach Ausprobieren der freien Leistungen die Zusatzleistungen buchen (Kumar 2014). Das Freemium-Modell bietet oft Anreizsysteme, Freunde zur Nutzung des Produkts einzuladen. Empirische Studien zeigen, dass erfolgreiche Freemium-Modelle Conversion-Raten (d. h. Anteil von Premium-Nutzern zu „Kostenlos-Nutzern") von zwei bis fünf Prozent aufweisen (Kumar 2014). Das Nutzenversprechen gegenüber dem Kunden besteht darin, dass es beispielsweise eine kostenlose Version ohne Kündigungsfristen gibt, wie es bei manchen 30-Tage-Test-Versionen der Fall ist. Gleichzeitig kann der Kunde das Produkt kennenlernen, bevor er bezahlpflichtige Funktionalitäten in Anspruch nimmt. Entsprechend reduziert sich sein Risiko beim Erwerb weiterer Funktionalitäten. Das Ertragsmodell aus Unternehmenssicht sieht vor, dass nur von einem Teil der Nutzer überhaupt Umsätze generiert werden, die anderen Nutzer aber auch benötigt werden, um das Produkt weiteren, potenziell zahlungswilligen Nutzern zugänglich zu machen.

Tab. 2.2 Beispiele für Freemium-Geschäftsmodelle. (nach Kumar 2014)

	Dropbox	LinkedIn	Ny Times.com	Spotify
Beschreibung	Cloud-Speicher und Datenaustauschdienst	Social-Media-Dienst für professionelles Networken	Digitale Version der Printausgabe	Download- und Streamingservice für Musik
Freie Leistung	2 GB Speichervolumen, das sich bei Weiterempfehlungen erhöhen kann	Anlegen eines Profils, grundlegende Kommunikation	10 Artikel pro Monat	Unbeschränkte Musik, unterlegt mit Werbespots
Premium-Leistung	100 GB Speichervolumen für 9,99 US$ pro Monat	Intelligente Suchmöglichkeiten und Kommunikation ab 19,95 US$ pro Monat	Kompletter Zugang für 3,75 US$ pro Woche	Werbefreie Downloads und Streamingdienst für 9,99 US$ pro Monat
Nutzerzahlen Stand Juli 2016	Mehr als 500 Mio. Nutzer insgesamt	Über 400 Mio. Nutzer insgesamt	78,1 Mio. Besucher pro Monat	75 Mio. Nutzer (2015), davon 30 Mio. Abonnenten (2016)

- *Konzentration auf den Kern:* Schließlich kann eine Geschäftsmodellinnovation auch entstehen, wenn am unteren Ende des Marktes Produkte Commodity-Charakter bekommen. In diesem Fall kann eine Konzentration auf den Kern dadurch erfolgen, dass man den Kunden das Produkt auf einfachem Weg (wie durch Online-Vertrieb) ohne jede begleitende Leistung (wie Beratung oder Service) kostengünstig verfügbar macht. Das Ertragsmodell ändert sich dadurch, dass zwar Margen durch geringere Preise grundsätzlich reduziert werden, dieser Schwund aber durch geringere Verwaltungs-, Service- und Innovationskosten abgeschwächt wird. In der Wertschöpfung ist bei der Konzentration auf den Kern möglicherweise ein Abbau unnötig gewordener Aktivitäten notwendig, während neue Aktivitäten, die mit großen Mengen und schlanken Prozessen im Einklang stehen, aufgebaut werden müssen. Als Beispiel kann die Geschäftsmodellinnovation von Dow Corning gelten, die Beispiel 2.12 darstellt.

Beispiel 2.12: Dow Corning – wie Silikon mit zwei verschiedenen Geschäftsmodellen parallel vertrieben werden kann

Dow Corning, weltweit führender Silikonlieferant, bemerkte vor einiger Zeit, dass seine Produkte am unteren Ende des Marktes durch steigenden Wettbewerb immer mehr zu Commodities wurden (Kaplan 2012). Viele Kunden hatten ausreichend Erfahrung im Umgang mit Silikonprodukten gesammelt, um keine technischen Services mehr zu brauchen, sondern Basisprodukte zu geringen Preisen. Dow

Corning behielt das etablierte Geschäftsmodell individuell angepasster und ver-
handelter Verträge grundsätzlich bei, ergänzte es aber um eine neue Geschäftseinheit mit einem Geschäftsmodell, das darauf abzielte, die Kunden am unteren Ende
des Marktes mit niedrigen Preisen zu bedienen. Dazu waren neue Kompetenzen in
Automatisierungsprozessen notwendig, ebenso in IT-Systemen, im Online-Vertrieb
und in schlanken Prozessen generell. Die beiden verfolgten Geschäftsmodelle sind in
Tab. 2.3 zusammengefasst. ◄

Damit bestehen verschiedene Geschäftsmodelltypen, die ein Unternehmen bei der
Generierung von Ideen zur Geschäftsmodellinnovation diskutieren kann. Tab. 2.4 fasst
die Typen mit ihren Besonderheiten entlang der drei Elemente eines Geschäftsmodells
übersichtlich zusammen.

2.2.3 Anwendung von Geschäftsmodellinnovationen

Im Folgenden soll dargelegt werden, unter welchen Umständen Geschäftsmodellinnovationen angedacht werden sollten und welche konkreten Schritte dabei durchzuspielen sind. Zunächst fällt bereits bei der Durchsicht der dargelegten Beispiele von
Geschäftsmodellinnovationen auf, dass diese in verschiedenen Branchen, sowohl im B2B
als auch im B2C, betrieben werden. Entsprechend gibt es grundsätzlich kein Gebiet, in
dem Geschäftsmodellinnovationen ausgeschlossen sind. Es gibt jedoch einige Situationen,
in denen sich eine Geschäftsmodellinnovation besonders anbietet, und zwar, wenn …

- eine große Gruppe potenzieller Kunden bei den aktuell angebotenen Lösungen
  aus dem Markt ausgeschlossen ist, weil die aktuellen Leistungen zu teuer oder zu
  kompliziert sind.
- die zugrunde liegende Technologie ganz neu ist und erst durch ein neues Geschäftsmodell nutzbar gemacht wird, oder wenn diese Technologie erst einen Wert für

Tab. 2.3 Etabliertes und neues Geschäft bei Dow Corning. (Nach Kaplan 2012)

	Etabliertes Geschäft	Neues Geschäft
Kundenversprechen	Individuelle Lösungen und Verträge	Keine Zusatzleistungen, Rabatte für Großmengen, Vertrieb über das Internet
Ertragsmodell	Hohe Margen, hoher Over-head-Anteil	Spotmarkt-Pricing, geringer Overhead zur Kompensation sinkender Margen, hoher Durchlauf
Kernkompetenzen und -prozesse	Forschung und Entwicklung, Vertrieb, Serviceorientierung	IT-Systeme, schlanke Prozesse, Automatisierung

Tab. 2.4 Überblick über Besonderheiten von Geschäftsmodelltypen. (Nach Johnson et al. 2008)

Typ	Nutzenversprechen für den Kunden	Ertragsmodell	Wertschöpfung	Aktuelle Beispiele
Umwandlung von Produkten zu Dienstleistungen	• Auslagerung von Tätigkeiten um materielles Produkt • Reduzierung von Vermögensgegenständen in der Bilanz • Flexibilität und Konzentration auf Kerngeschäft	• Entlohnung für Dienstleistung statt Produkt • Erzielung höherer Margen für anbietendes Unternehmen durch Erweiterung des Leistungsportfolios und Übernahme zusätzlicher Aufgaben und Risiken	• Notwendigkeit, zusätzliche Fähigkeiten beim Erbringen von Dienstleistungen zu erlangen • Aufbau von Kompetenzen in Risikobewertung	• Flugzeugmotoren bei General Electric
Angebot von Miete oder Leasing statt Kauf	• Erhöhung von Flexibilität, insbesondere bei kurzen Miet- oder Leasingzeiträumen • Reduzierung von Vermögensgegenständen in Bilanz	• Höhere Margen durch umfassende und flexible Miet- und Leasingverhältnisse	• Notwendigkeit, Kompetenzen im Miet- und Leasingvertragswesen aufzubauen • Aufbau von Kompetenzen in Risikoausgleich	• Hiltis Mietangebote
Herstellung von Leistungsabhängigkeit	• Minimierung von Risiko über erworbene Leistung • Reduzierung von Upfront-Investments, d. h. einfachere Zugänglichkeit zu Leistungen	• Generierung höherer Margen bei Erfolg der erbrachten Leistung	• Aufbau von Kompetenzen bei der Bewertung von Projekten vor dem Einstieg in Bezug auf Risiko und Potenzial	• Beratungsangebote für Start-ups gegen Anteile
Erarbeitung eines Systemangebots	• Erwerb von Komplettangebot und damit Wegfall der Notwendigkeit Teile einer Leistung einzeln zu beziehen und ggfs. zusammenzuführen • Erhöhung der Bequemlichkeit	• Höhere Margen durch Gesamtangebot • Möglichkeit, margenstarke und margenschwache Produkte zu kombinieren	• Erweiterung der Kompetenzen in Bezug auf bislang nicht angebotene Produkte des Systemangebots	• Apples System von iPod und iTunes

(Fortsetzung)

Tab. 2.4 (Fortsetzung)

Typ	Nutzenversprechen für den Kunden	Ertragsmodell	Wertschöpfung	Aktuelle Beispiele
Angebot eines Rasierklingenmodells	• Gewährleistung eines verhältnismäßig einfachen Einstiegs in das Produkt und seinen Nutzen	• Generierung von hohen Margen über regelmäßig notwendige Verbrauchsgüter • Verkauf des Grundprodukts ggfs. nur kostendeckend oder sogar unter Kosten	• Vorfinanzierung von Grundprodukten möglicherweise notwendig • Aufbau von Marketingfähigkeiten zur Animation von Wiederkäufen	• Gilette
Freemium	• Schaffung von Transparenz über eine Grundleistung vor Kauf und damit deutliche Risikominimierung • Verzicht auf Kündigungsfristen oder ähnliches für Grundleistung	• Angebot einer kostenlosen Grundleistung • Generierung von Umsatz über Premium-Leistungen • Einsatz von „freien Nutzern" als Referenzen	• Aufbau von Kompetenzen im „Upgrading" freier Kunden in bezahlende Kunden • Management eines geeigneten Verhältnisses zwischen freien und zahlenden Kunden	• Skype, XING, Dropbox
Konzentration auf den Kern	• Erwerb einer kostengünstigen Grundleistung ohne begleitende Dienstleistungen oder ähnliches	• Kompensation der geringeren Preise durch Wegfall oder Reduktion von Verwaltungs-, Service- und Innovationskosten	• Aufbau von Kompetenzen in schlanken Prozessen und Automatisierung	• Dow Cornings Online-Versand von Silikon

einzelne Nutzer hat, wenn es eine kritische Masse von Nutzern überhaupt gibt. Als Beispiel kann Skype im Rahmen der Internettelefonie gelten.

- eine komplette Industrie auf Produkte oder Kundensegmente fokussiert ist und keinen „Job-to-be-done"-Fokus aufweist. In diesen Industrien werden Produkte oft schrittweise weiter verfeinert und inkrementell entwickelt, sodass sie in ihren Segmenten letztlich zu Commodities werden, wie es bei Hilti (Beispiel 2.10) der Fall war.
- im Laufe der Zeit immer mehr Wettbewerber in den Markt eintreten, die ein akzeptables Produkt anbieten, und das Produkt in seinen Segmenten zu einer Commodity wird. Dow Corning, dessen Geschäftsmodellinnovation in Beispiel 2.12 beschrieben wird, sah sich durch geringere weltweite Produktionskosten immer mehr neu eintretenden Unternehmen in seinen Märkten gegenüber, die Produkte anboten, die zwar nur gerade gut genug waren, aber Dow Cornings Marge unter Druck setzten.

Wie kann ein Unternehmen nun vorgehen, um neue Ideen zur Generierung von Innovationen in Geschäftsmodellen zu identifizieren? Abb. 2.6 bietet einen Vorschlag für einen fünfstufigen Prozess zur Identifizierung möglicher Opportunities durch Geschäftsmodellinnovationen.

In einem ersten Schritt sollte sich das Unternehmen Transparenz über das eigene aktuell angebotene Geschäftsmodell verschaffen und dieses Modell anhand der drei Elemente Nutzenversprechen, Ertragsmodell und Wertschöpfung beschreiben. Bestehen grundsätzlich

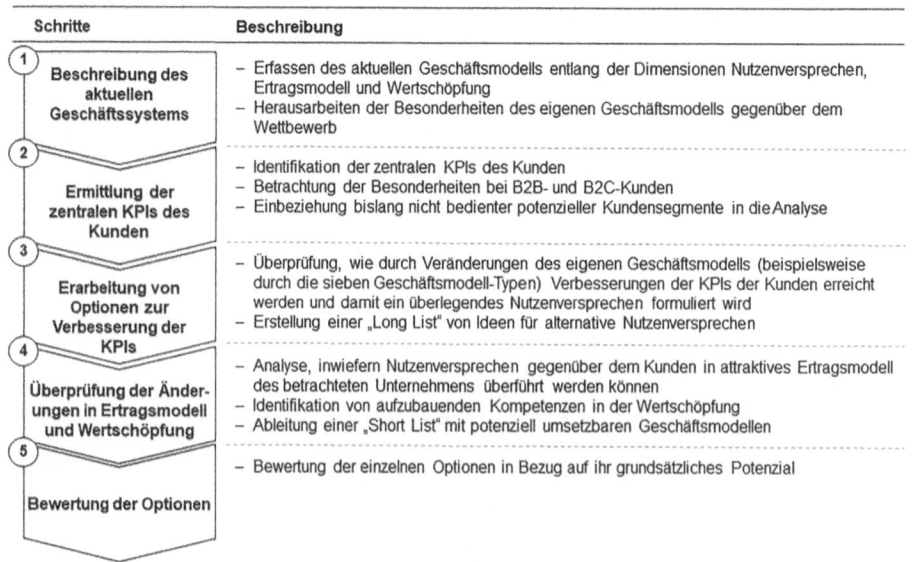

Abb. 2.6 Konkrete Schritte zur Identifizierung von Opportunities mithilfe des Ansatzes der Geschäftsmodellinnovationen. (Eigene Darstellung)

verschiedene Produkte oder Zielgruppen (wie im Fall von Dow Corning in Beispiel 2.12), die sich unterschiedlich entlang dieser drei Elemente eines Geschäftsmodells bewegen, sollten entsprechend mehrere Geschäftsmodelle notiert werden. Für jedes Produkt oder jede Zielgruppe kann überprüft werden, ob die angebotenen Produkte bereits Commodity-Charakter haben, ob neue Technologien vorliegen oder zeitnah zu erwarten sind, oder ob in den jeweiligen Märkten oder in Bezug auf die Produkte eine Zielgruppe bislang vom Kauf oder Konsum dieses Produkts ausgeschlossen ist. Trifft einer dieser drei Sachverhalte zu, kann dies bereits ein Indiz sein, dass eine Geschäftsmodellinnovation sinnvoll ist.

Ist das eigene Geschäftsmodell transparent, sind für jede zentrale Zielgruppe die Kernkennzahlen zu ermitteln, die potenziell durch das angebotene Produkt oder die angebotene Leistung im Rahmen eines neuen Geschäftsmodells verbessert werden können (Schritt 2). Diese Kernkennzahlen unterscheiden sich typischerweise nach B2B- und B2C-Abnehmern und nach verschiedenen Industrien. Hierbei ist zu beachten, dass sich die Analyse nicht nur auf bestehende Kundensegmente beziehen sollte. Gerade durch Geschäftsmodellinnovationen, insbesondere wenn der Abrechnungsmodus verändert wird, kann eine Leistung für einen Kundenkreis, der bislang keinen Zutritt zu dem Markt hatte, interessant werden. Auch für diese bislang nicht adressierten Kundensegmente sollten demnach KPIs hergeleitet werden.

Nun müssen Optionen geschaffen werden, die durch die Veränderung des Geschäftsmodells die Kernkennzahlen des Kunden verbessern können. Es bietet sich hierbei an, mit dem Nutzenversprechen zu beginnen und, von diesem ausgehend, Änderungen im Ertragsmodell und in der Wertschöpfung abzuleiten (Schritt 3). Verschiedene Arten des Nutzenversprechens können abgeleitet werden, indem mehr oder weniger kreative Wege zur Verbesserung der KPIs des Kunden diskutiert und hergeleitet werden. Ergänzend können die sieben Typen von Geschäftsmodellen, wie in Tab. 2.4 zusammengefasst, auf ihr Potenzial, die KPIs der betrachteten Kundensegmente zu verbessern, überprüft werden. Aus der Analyse potenzieller neuer Nutzenversprechen lassen sich beispielsweise fünf bis zehn Optionen für Geschäftsmodellinnovationen ableiten.

Diese Optionen bilden nun den Input für den vierten Schritt, der analysiert, ob das betrachtete Unternehmen die möglichen Nutzenversprechen überhaupt in ein für sich angemessenes Geschäftsmodell übertragen kann. Dazu muss das Ertragsmodell daraufhin überprüft und analysiert werden, welche Veränderungen in der Wertschöpfung nötig sind. Sind neue Kompetenzen notwendig? Neue Partner? Ist der Aufwand vertretbar? Aus dieser Analyse ergibt sich eine Shortlist von möglicherweise ein bis drei Ideen, die dann im fünften und letzten Schritt final und ausführlich, beispielsweise in umfangreichen Business Cases, bewertet werden.

Kernaussagen

- Opportunities können entstehen, wenn bestehende Produkte oder Leistungen in ein neues Wertversprechen an bestehende oder neue Kunden „verpackt" werden.

- Man spricht von Geschäftsmodellinnovationen, wenn durch Variationen des Kunden-versprechens, des Ertragsmodells und/oder von Kernprozessen Innovationen geschaffen werden.
- Geschäftsmodellinnovationen erweitern den Spielraum von Innovationen, indem sie einen zu engen Blick auf das Kernprodukt oder die Kernleistung verhindern und den Optionenraum für Innovationen um das gesamte Geschäftsmodell erweitern.
- Geschäftsmodellinnovationen sind in vielen Fällen ressourcenarm und in kurzer Zeit zu implementieren.
- Durch Geschäftsmodellinnovationen können Kundengruppen aktiviert werden, die bislang für das Produkt oder die Leistung nicht relevant waren, beispielsweise aufgrund einer zu geringen Zahlungsbereitschaft für die bisherige Lösung.
- Umwandlung von Produkten zu Dienstleistungen, Angebot von Miete oder Leasing statt Kauf, Herstellung von Leistungsabhängigkeit, Erarbeitung eines Systemangebots, Angebot eines Rasierklingenmodells, Freemiums oder Konzentration auf den Kern sind konkrete Ansatzpunkte für Geschäftsmodell-innovationen.

Fragen zur Wiederholung

1. Definieren Sie „Geschäftsmodell" in Abgrenzung zu „Unternehmensstrategie".
2. Nennen Sie die drei Elemente eines Geschäftsmodells und erläutern Sie diese.
3. Nennen Sie Vorteile einer Geschäftsmodellinnovation gegenüber einer Produkt- oder Prozessinnovation.
4. Erläutern Sie vier Situationen, in denen sich eine Geschäftsmodellinnovation besonders anbietet.
5. Definieren Sie „Einheit der Leistungserbringung" und erläutern Sie, warum die Einheit der Leistungserbringung ein Ausgangspunkt für Opportunity Recognition sein kann.
6. Nennen Sie die sieben Möglichkeiten, die Einheit der Leistungserbringung zu verändern, und erläutern Sie diese kurz.

2.3   Kerngeschäftsansatz

Im Folgenden steht der Kerngeschäftsansatz im Mittelpunkt. Die Idee dieses Ansatzes ist, dass die Grundlagen für Opportunities bereits im Unternehmen vorhanden sind, und zwar in Form von versteckten Ressourcen und Fähigkeiten in der Nähe des aktuellen Kerngeschäfts. Die dem Kerngeschäftsansatz zugrunde liegenden Analysen zeigen, dass Unternehmen erfolgreicher sind, wenn sie Opportunities aus ihrem derzeitigen Kern oder zumindest aus der Umgebung ihres aktuellen Kerns heraus verfolgen. Zunächst stellt Abschn. 2.3.1 die Grundlagen des Kerngeschäftsansatzes dar. Abschn. 2.3.2 erläutert die Anknüpfungspunkte zur Identifizierung von Opportunities. Abschn. 2.3.3 fasst die konkreten Schritte zur Anwendung dieses Ansatzes zusammen.

Lernziele
- Das Konzept des Kerngeschäftsansatz verstehen und nutzen können.
- Hierzu gilt es,
  - zu verstehen, für welche Unternehmen der Kerngeschäftsansatz von Vorteil sein kann,
  - zu erkennen, was das Kerngeschäft eines Unternehmens ist und durch was es sich auszeichnet,
  - zu verstehen, welche Anknüpfungspunkte ein bestehendes Kerngeschäft bietet, um neue Opportunities zu erkennen,
- um, basierend auf bestehenden Kerngeschäften eines Unternehmens, neue Potenziale entlang der drei Hauptanknüpfungspunkte „unterschätzte Platt-formen", „vergessene Kunden-Ressourcen" und „ungenutzte Potenziale" aufzu-decken.

2.3.1 Das Konzept des Kerngeschäfts

Wenn das Wachstum des bisherigen Kerngeschäfts abflacht, ist es ein natürlicher Reflex von Managern, das bisherige Geschäft aufzugeben oder zumindest durch Aktivi-täten des Unternehmens in neuen Geschäftsfeldern zu ergänzen (Pearce und Robinson 2010; Lynch 2015). Nokia hat vor einigen Jahrzehnten das Geschäft für Gummireifen und andere Gummiartikel aufgegeben und begonnen, Autotelefone und Mobiltele-fone zu entwickeln und zu verkaufen. Vivendi war einst ein französischer Abwasser- und Abfallverwerter, Energieversorger und Transportdienstleister, und wurde im Laufe der 1990er-Jahre zu einem Spieler im Markt der Massenmedien und Unterhaltungs-produkte. Sicherlich hat es eine Reihe solcher strategischen Repositionierungen gegeben, die den Unternehmen Erfolg beschert haben. Es stellt sich aber die Frage, ob solche strategischen Schritte außerhalb des bisherigen Kerngeschäfts eines Unternehmens systematisch zum Erfolg führen.

Theoretisch liegt diesen Beobachtungen der Kerngeschäftsansatz zugrunde. In der Literatur und in der Praxis existieren zahlreiche Definitionen dieses Konzepts. Sie haben zumeist gemeinsam, dass sich das Kerngeschäft auf die Produkte, Fähigkeiten, Kunden oder Vertriebskanäle bezieht, die das Wesen des Unternehmens bestimmen und die es ermöglichen, dass das Unternehmen seine strategischen Ziele (insbesondere profitables Wachstum) erreichen kann (Zook 2007a). Ein profitables Kerngeschäft manifestiert sich in ausgeprägter Kundenloyalität, Wettbewerbsvorteilen und einzigartigen Fähig-keiten (Prahalad und Hamel 1990). So ist es sicherlich Dells Kerngeschäft, Computer und verwandte Produkte über einen Direktvertriebskanal an den Kunden zu vertreiben. Apples Kerngeschäft besteht darin, elektronische Geräte mit intuitiven Navigationsstrukturen und überlegenem Design zu bauen. Ein Kerngeschäft, mit dem Apple in den 1980er-Jahren durch die Einführung grafischer Benutzeroberflächen bereits den Markt für Arbeitsplatzrechner revolutioniert hat und Anfang der 2000er-Jahre durch den iPod Ähnliches im Musikmarkt, später im Markt für Mobiltelefone, erreicht hat.

Zook und Allen (2010) stellen dar, dass die Identifizierung des Kerngeschäfts eines Unternehmens nicht immer einfach ist und oft Gegenstand kontroverser Diskussionen selbst innerhalb des Unternehmens. Folgende fünf Fragen können helfen, ein existierendes Kerngeschäft zu identifizieren und zu beschreiben:

- Wer ist aktuell der profitabelste Kunde oder die profitabelste Kundengruppe?
- Was sind unsere strategisch wichtigsten Fähigkeiten, die uns vom Wettbewerb differenzieren?
- Was ist unser wichtigstes Produkt?
- Was ist unser wichtigster Vertriebskanal?
- Welche strategischen Ressourcen und Fähigkeiten (wie Markenname, Patente) ermöglichen es, Antworten auf die ersten vier Fragen zu formulieren?

McGahan (2004) bietet eine Hilfe zur Aufdeckung des Kerngeschäfts an: Kerngeschäft ist das, was das Unternehmen, sollte es dieses Geschäft heute verlieren, nicht innerhalb eines Jahres von ganz Neuem wieder aufbauen könnte, und dann mit dem Neuaufbau genauso erfolgreich wäre wie heute.

Zook und Allen (2010) untersuchen etwa 2000 US-amerikanische Unternehmen und zeigen, dass die „Over-Performer", Unternehmen mit mindestens 5,5 % durchschnittlicher jährlicher Wachstumsrate des Umsatzes über einen Zeitraum von zehn Jahren, zu 80 % aus Unternehmen bestehen, die genau ein Kerngeschäft haben und sich auf dieses konzentrieren. Unternehmen, die ihr Kerngeschäft verlassen oder versuchen, sich gleichzeitig mehrere Kerngeschäfte aufzubauen, erreichen diese Wachstumsraten typischerweise nicht oder verschwinden sogar vom Markt. Mehrere Kerngeschäfte zu haben bedeutet, dass Manager ihre Aufmerksamkeit nicht ungeteilt der Weiterentwicklung eines Kerngeschäfts widmen können und Ressourcen (wie Budgets zur Weiterentwicklung von Produkten) auf mehrere Geschäfte verteilt werden müssen. Als Beispiel für ein Unternehmen, das sein Kerngeschäft – getrieben durch scheinbar attraktive neue Geschäftsfelder – aufgegeben hat, gilt Bausch & Lomb, wie in Beispiel 2.13 beschrieben.

Beispiel 2.13: Wie Bausch & Lomb sein Kerngeschäft und damit den Wachstumspfad verließ

Das Unternehmen Bausch & Lomb wurde 1853 durch den deutschen Einwanderer Jacob Bausch in Rochester, New York, gegründet und positionierte sich als Unternehmen für Augenoptik. Bis 1973 entwickelte sich das Unternehmen schrittweise weiter, erzielte 1973 einen Umsatz von 235 Mio. US$ und war Marktführer im Linsen- und Instrumentengeschäft für Augenerkrankungen. In den 1970er-Jahren erhielt Bausch & Lomb Zugriff auf ein Patent, das es erlaubte, weiche Kontaktlinsen zu produzieren, was den Markt vergrößerte. In diesem Markt erzielte Bausch & Lomb einen Marktanteil von etwa 40 % und damit einen deutlich größeren Anteil als der nächste Wettbewerber Coopervision (Zook 2007b). Diese Wettbewerber begannen aber über die Zeit das Kerngeschäft von Bausch & Lomb anzugreifen, was Bausch & Lomb dazu verleitete, außerhalb des eigenen Kerngeschäfts zu investieren und weitere Geschäfte aufzubauen. So startete Bausch & Lomb die Produktion und den Vertrieb von Hörgeräten und elektrischen Zahnbürsten – Geschäftsfeldern die außerhalb des bisherigen Kerngeschäfts lagen. Die Aufmerksamkeit des Managements sowie interne Ressourcen wanderten zu diesen neuen Geschäftsfeldern, mit dramatischen Folgen für das Kerngeschäft. Johnson & Johnson trat in den Markt für Kontaktlinsen ein und führte Einwegkontaktlinsen ein – eine Innovation, die Bausch & Lomb im eigenen Kerngeschäft verpasste. Bausch & Lombs Marktanteil im Linsengeschäft sank auf 16 %. Industrieexperten führen den Verlust der Vormachtstellung auf die strategischen Aktivitäten außerhalb des Kerngeschäfts zurück. ◄

Unterstützung erhalten diese Argumente von empirisch-wissenschaftlichen Studien zur Reaktion des Kapitalmarktes auf Multi-Business-Unternehmen (auch Konglomerate genannt), die dadurch definiert sind, dass verschiedene, nicht notwendigerweise verbundene (Kern-)Geschäfte existieren (Michel und Hambrick 1992). Der Kapitalmarkt belegt solche Konglomerate häufig mit einem sogenannten Diversification Discount, einem Diversifizierungsabschlag (auch Conglomerate Discount genannt). Bei einem Discount ist die Summe des Wertes der Einzelgeschäfte kleiner als die Bewertung des Gesamt-Konglomerates. In der wissenschaftlichen Literatur besteht keine Einigkeit über die Höhe und die Treiber dieses Discounts, die Mehrzahl der Studien weist jedoch einen solchen Discount nach. Begründen lässt sich dies damit, dass der Kapitalmarkt nicht davon ausgeht, dass zwischen verschiedenen Geschäftsfeldern tatsächlich Synergien erzielt werden können. Zudem vermutet der Kapitalmarkt einen diffusen Fokus in Managementtätigkeiten und glaubt nicht daran, dass gleichzeitig unter einem Unternehmensmantel verschiedene Kerngeschäfte optimal geführt werden können. Konkreten Einblick gibt die Studie von Comment und Jarrella (1995), deren Ergebnisse in Abb. 2.7 dargestellt sind. Die Studie zeigt, dass Unternehmen mit zunehmender Fokussierung relativ zum Gesamtmarkt über die Zeit positive Kursveränderungen aufzeigen. Negative Entwicklungen relativ zum Gesamtmarkt sind zu erwarten, wenn Unternehmen sich zunehmend diversifizieren. Die Analyse von Zook und Allen (2010) zeigt, dass Konglomerate zumeist nicht zu den oben definierten „Over-Performern" gehören.

Zook und Allen (2010) führen aus, dass die Weiterentwicklung eines Unternehmens immer aus dem unmittelbar bestehenden Kerngeschäft herausgeführt werden soll. Im Kerngeschäft selbst besteht für Unternehmen demnach immer das größte Potenzial zur Weiterentwicklung. Zudem führen Weiterentwicklungen aus dem Kerngeschäft heraus wiederum

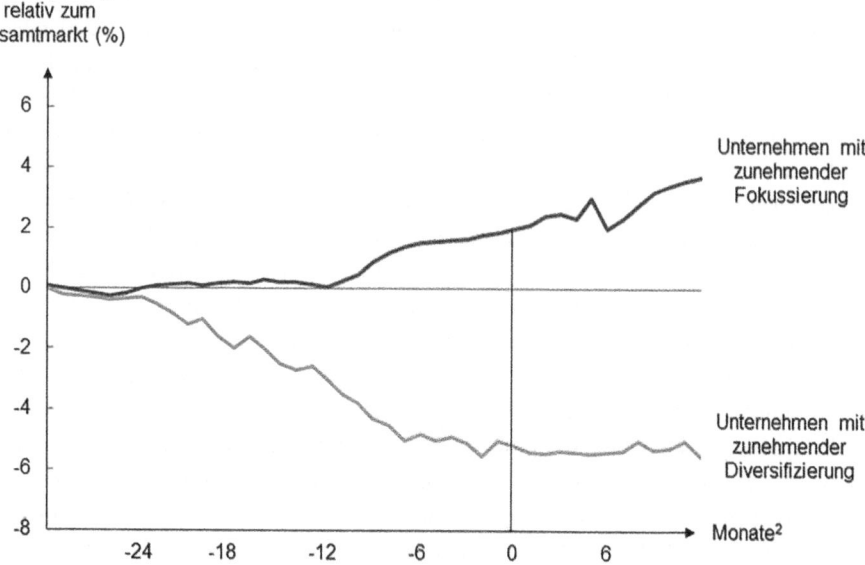

Kursveränderungen
relativ zum
Gesamtmarkt (%)

^{2} Monate bis zum Ende des Geschäftsjahres, in dem die Änderung des Diversifikationsgrads auftrat

Abb. 2.7 Kursänderungen auf zunehmende Fokussierung/Diversifizierung. (Nach Comment und Jarrella 1995)

zu einer Stärkung dieses Kerngeschäfts, was im Mittelpunkt aller zentralen strategischen Entscheidungen eines Unternehmens stehen sollte. Beispiel 2.14 beschreibt für Dell, wie eine solche Weiterentwicklung des Kerngeschäfts aussehen und welche Konsequenzen ein Verlassen des Kerngeschäfts – hier in Bezug auf den zentralen Vertriebskanal – haben kann. Beispiel 2.15 verdeutlicht einen ähnlich gelagerten Sachverhalt für Lego.

Beispiel 2.14: Was passierte, als Dell sein Kerngeschäft verließ

Dell Computer ging 1988 an die Börse und zählte in den 1990er-Jahren zu den Top-Performern im Computergeschäft. Das Kerngeschäft von Dell bestand und besteht darin, Computer über den Direktvertriebskanal zu vertreiben und auf Bestellung individuell zu konfigurieren (Dell und Fredman 2010). Dell entwickelte das Geschäft schrittweise aus dem Kern heraus weiter. Nach den Anfängen, in denen PCs an mittelgroße US-amerikanische Unternehmen per Telefon verkauft wurden, folgten eine geografische Ausweitung sowie eine Ausweitung auf weitere Produkte wie Workstations und Server. Schließlich erweiterte Dell die Kundensegmente und bediente auch kleine Unternehmen, Regierungseinheiten und Privatpersonen.

1993 entschied das Team um Michael Dell, sich von diesem Kerngeschäft zu entfernen und seine Produkte über den Einzelhandel zu vertreiben. Auch wenn das

Geschäft über den Einzelhandel gerade zehn Prozent des Gesamtumsatzes von Dell generierte, begann Dell von diesem Moment an, Geld zu verlieren und den Wachstumspfad erstmalig zu verlassen. Dell führte das Kerngeschäft nicht mit der notwendigen Entschlossenheit weiter. Michael Dell sprach von einer „Confusion", die sich in der Strategie von Dell breitgemacht hatte. Entsprechend schnell machte Dell die Entscheidung, über den Einzelhandel zu vertreiben, rückgängig (Zook 2007b). ◄

Beispiel 2.15: Das Kerngeschäft von Lego – kreatives Bauen mit Legosteinen

Ab Anfang der 1980er-Jahre entschloss sich das dänische Familienunternehmen Lego, ausgehend vom eigentlichen Kerngeschäft („Kreatives Bauen mit Legosteinen"), weitere Geschäftsfelder zu erschließen (Breen und Robertson 2013): von Kinderkleidung über Uhren, Bücher und Videospiele bis hin zu Freizeitparks. Mitte der 2000er-Jahre war Lego der Insolvenz sehr nahe. Ein Grund dafür war, dass Lego 30 Jahre lang sein eigentliches Kerngeschäft zugunsten immer neuer Geschäftsfelder vernachlässigt hatte. Gleichzeitig besetzten Wettbewerber das einstige Kerngeschäft von Lego mit kostengünstigeren Produkten und vertrieben Lego so teilweise sogar aus dem Einzelhandel. Gleichzeitig kämpfte Lego mit einem unübersichtlichen Produktsortiment und nicht mehr zeitgemäßer Produktion und Lieferketten. Ein neues Management startete 2004 mit der Rückbesinnung auf das einstige Kerngeschäft (Breen und Robertson 2013). Kinder und jung gebliebene Erwachsene, die der Faszination Lego erlegen waren, wurden in die Entwicklung neuer Produkte eingebunden, um so dem früheren Kerngeschäft „Kreatives Bauen mit Legosteinen" wieder näherzukommen. Als Antwort auf das Feedback wurden individualisierte Baukästen in das Sortiment aufgenommen, das Produktsortiment aber, wie zu Anfangszeiten von Lego, insgesamt sehr klein gehalten. Zur selben Zeit trennte sich Lego von einigen Geschäftsfeldern, zum Beispiel von den Freizeitparks, und verschlankte die Organisation entsprechend des nun einfacheren Produktsortiments. Innerhalb von fünf Jahren hatte Lego den Turnaround geschafft und die Marge wieder deutlich erhöht. ◄

2.3.2 Opportunity Recognition mit dem Kerngeschäftsansatz

Wie im vorhergehenden Abschnitt erläutert, sollen Unternehmen sich auf ein Kerngeschäft konzentrieren. Es stellt sich jedoch die Frage, was passiert, wenn dieses Kerngeschäft nachhaltig unter Druck gerät, beispielsweise durch neue technologische Entwicklungen oder Verschiebungen von Profit Pools in der Industrie.

Zook und Allen (2010) führen aus, dass auch in diesem Fall Unternehmen den Verlockungen von angeblich interessanten, vom Kerngeschäft entfernten neuen Geschäftsfeldern widerstehen und vielmehr im Unternehmen selbst auf die Suche nach Anhaltspunkten für neue Kerngeschäfte gehen sollten. Unternehmen häufen im Laufe der Zeit mehr Fähigkeiten an und bauen mehr Plattformen auf, als sie nutzen können.

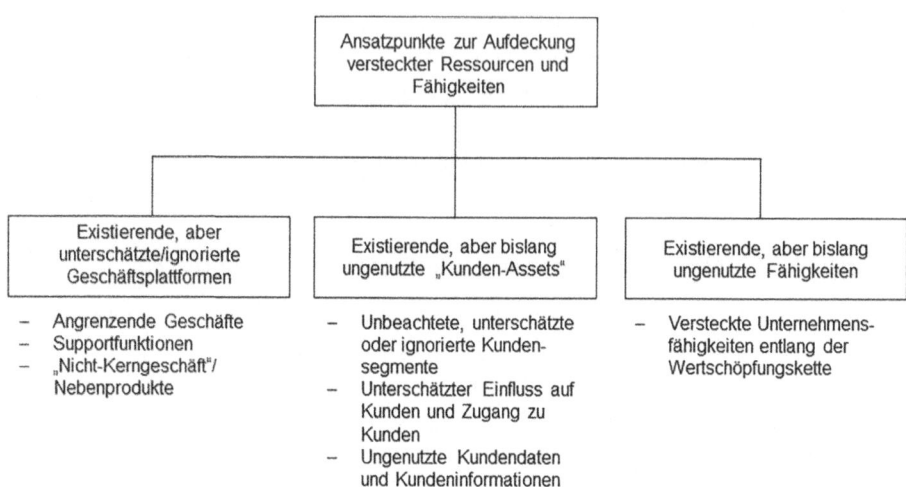

Abb. 2.8 Übersicht zur Aufdeckung versteckter Ressourcen und Fähigkeiten. (Nach Zook und Allen 2010)

Einige solcher Fähigkeiten werden bewusst ignoriert, weil andere Fähigkeiten gerade im Fokus stehen. Andere Fähigkeiten oder Plattformen sind dem handelnden Management möglicherweise sogar vollkommen unbekannt. Eine empirische Studie zeigt, dass die Erfolgswahrscheinlichkeit von Strategieanpassungen am größten ist, wenn Opportunities zur Neudefinition des Kerngeschäfts auf Basis existierender, aber noch versteckter Ressourcen und Fähigkeiten verfolgt werden.

Zook und Allen (2010) argumentieren auf Basis ihrer Forschung und ihrer Beratungserfahrung, dass versteckte Ressourcen und Fähigkeiten im Wesentlichen drei Kategorien zuzuordnen sind, die in Abb. 2.8 veranschaulicht werden.

Einer ersten Gruppe sind Aktivitäten zuzuordnen, die auf existierenden, aber bis dahin unterschätzten oder sogar ignorierten Geschäftsplattformen basieren (Zook und Allen 2010). Dies können angrenzende Geschäfte sein (wie geografische Ausweitungen oder neue Vertriebskanäle), die zu früheren Zeitpunkten bereits aufgebaut wurden, um das existierende Kerngeschäft zu stärken, wie in Beispiel 2.16 beschrieben. Möglicherweise können diese angrenzenden Geschäfte neue Opportunities aus sich herausschaffen.

Beispiel 2.16: Wie ein Nebenprodukt Intel zum Weltunternehmen gemacht hat

Intel gehört heute zu den mächtigsten Unternehmen der Welt. Mitte der 2010er-Jahre generiert es einen jährlichen Umsatz von über 55 Mrd. US$. Gegründet wurde Intel 1968 von Gorden Moore (dem Begründer des prominenten Moore'schen Gesetzes) und Robert Noyce, die Fairchild Semiconductor verlassen hatten. Wenig später wurde der legendäre Andy Grove eingestellt, der das Unternehmen in den 1980er- und 1990er-Jahren leiten sollte. Intel wurde gegründet, um Arbeitsspeicher für Computer auf Halbleiterbasis zu entwickeln und zu vermarkten. 1975 gelang der erste Durchbruch, als unter dem Produktnamen „1103" die ersten DRAM-Speicherbausteine (dynamic random access mem ory) entwickelt wurden. Die DRAM-Produkte entwickelten sich zum Umsatztreiber Intels. Allerdings wurde das Unternehmen Anfang der 1980er-Jahre auf eine harte Probe gestellt. Immer mehr japanische Halbleiterhersteller (wie NEC, Fujitsu und Hitachi) machten durch deutlich niedrigere Kosten und Preise erhebliche Probleme.

Parallel zu den DRAM-Speicherbausteinen entwickelte Intel 1971 den Mikroprozessor, erkannte aber über ein Jahrzehnt lang nicht das Potenzial dieser Produktkategorie. Vor allem konnte man sich bei Intel nicht vorstellen, diese Mikroprozessoren in PCs einzusetzen. Auf die Initiative von Busicom, einem japanischen Unternehmen, begann Intel, Chips für die Taschenrechner von Busicom zu bauen. Moore kommentierte: „We never considered the microprocessor as an invention. We just felt it was integrating more stuff onto one chip. Initially, we didn't even try to patent the basic microprocessor".

1984 hatte Intel nur noch ein Prozent Marktanteil im DRAM-Geschäft. Das Top-Management wollte die Situation kaum wahrhaben. Zwar wurden mehr und mehr Ressourcen vom DRAM-Geschäft abgezogen, aber eine bewusste, strategische Umpositionierung fand noch nicht statt. Andy Grove erzählt in seinen Büchern, dass irgendwann Mitte 1985 ein Gespräch zwischen Moore und ihm zustande kam. Die beiden spekulierten, was ihre potenziellen Nachfolger wohl als erstes tun würden. Sie kamen zu dem Ergebnis, dass diese wohl das Speicherkartengeschäft verlassen würden. Genau diesen Ausstieg verfolgte Intel ab Mitte der 1980er-Jahre mit deutlich mehr Vehemenz.

Während das Mikroprozessor-Geschäft bereits existierte und eigentlich mehr auf Anfrage von Kunden betrieben wurde, erkannte Intel, dass dieses bereits bestehende Geschäft, wenngleich bislang stiefmütterlich behandelt, Intels Zukunft sein konnte. Während Apple als Kunde noch an Motorola verloren wurde, war Intel entschlossen, mit der Entwicklung der 8086er und 8088er Mikroprozessoren aufzuholen. Aus dieser Produktgeneration heraus wurde Intel der zentrale Spieler im Markt für Mikroprozessoren, einem durch die steigende Nachfrage nach PCs ab den 1980er-Jahren boomenden Markt. Spätestens nach der „Intel Inside"-Kampagne Anfang der 1990er-Jahre wurde Intel der Inbegriff für Mikroprozessoren weltweit (Casadesus-Masanell et al. 2002). ◄

Des Weiteren können bereits existierende Supportfunktionen des bestehenden Kerngeschäfts (wie Kundenservice oder einzigartige Informationssysteme) eine Opportunity für ein eigenständiges neues Kerngeschäft werden. Zook (2007b) zieht hier zur Verdeutlichung die Parallele zu Hollywood-Legenden, die einst als belanglose Nebendarsteller begonnen haben, sich dann aber clever in einer einzigen Szene positionieren konnten und so schließlich entdeckt und zu Stars wurden. Aus Unternehmensperspektive haben die Global Service Group von IBM (Beispiel 2.17) und die GE Capital bei General Electric

(Beispiel 2.18) ähnliche Historien erlebt. Das Unternehmen Schuhe24 (Beispiel 2.19) ist überhaupt erst aus einer Supportfunktion heraus entstanden.

Beispiel 2.17: IBMs Global Service Group: Von der Untereinheit im Vertrieb zum neuen Kerngeschäft

Bis in die 1990er-Jahre konzentrierte IBM sich auf das PC-, Mainframe- und Minicomputer-Geschäft. Als das PC-Geschäft mehr und mehr unter Druck geriet und Profit Pools sich deutlich verschoben, entdeckte der damalige Vorstandsvorsitzende Louis Gerstner das Service-Geschäft, bislang eine Untereinheit im Vertrieb (O'Reilly et al. 2009; Pearce und Robinson 2010). Gerstner entschied, das Service-Geschäft als eigenständige Einheit unabhängig vom Hardware-Geschäft aufzubauen und es auch in Empfehlungen gegenüber Kunden als vom Unternehmen unabhängig zu betrachten. So durfte die Service-Einheit Kunden auch Produkte von Sun oder Hewlett-Packard empfehlen, wenn sie es für richtig hielt. 2001 generierte IBM etwa 30 Mrd. US$ Umsatz im Service-Geschäft, mehr als in allen Hardware-Geschäften zusammen. Zwei Drittel des Unternehmenswertes wurden durch das Service-Geschäft bestimmt, also einer früheren Supporteinheit von IBM. ◄

Beispiel 2.18: GE Capital: erst nur eineSupporteinheit und dann ein Gewinnbringer

In den 1930er-Jahren gründete General Electric die Tochtergesellschaft GE Capital, die Kunden während der großen Depression ermöglichen sollte, andere GE Produkte zu erwerben. GE Capital wuchs bis in die 1980er-Jahre langsam, aber kontinuierlich, und kam Anfang der 1990er-Jahre erstmalig als eigenständige Geschäftseinheit auf das Radar des Top-Managements. In den 1990er-Jahren führte GE mehr als 170 Akquisitionen im Rahmen von GE Capital durch. 1997 wurden 39 % des Gewinns von GE durch GE Capital generiert, also einer früheren Supporteinheit von GE (McLean und Urresta 1997). ◄

Beispiel 2.19: Schuhe24: Vom Schuhladen zum Digitalisierer des Einzelhandels

Als Dominik Benner in fünfter Generation die Schuhgeschäfte seiner Familie übernahm, stand er vor der Herausforderung, dass immer mehr online und weniger im Laden gekauft wurde. 2013 fing er an, die Schuhe aus dem Laden mittels einer eigenen Shoplösung auch online zu verkaufen. Während sein Schuhumsatz daraufhin anstieg, fragten auch andere Schuhläden an, ob sie die Lösung zum Online-Verkauf von Schuhen ebenfalls nutzen könnten. Benner nutzte diese Anfragen und öffnete die eigene Shop-Lösung für andere.

Mittlerweile ist aus der Schuhladenkette Benner das Unternehmen Schuhe24 entstanden und aus der eigenen Lösung ein neues erfolgreiches Geschäftsmodell. Schuhe24 vernetzt lokale Händler (auch aus den Bereichen Textilhandel, Taschen, Sport und Juweliere) mit Online-Shops. Dabei werden sowohl die Bestellabwicklung, der Kundenkontakt und die Kundenanfragen als auch die Zahlungsabwicklung übernommen

(Schuhe24 2020). Mittlerweile wickeln über 850 stationäre Geschäfte ihren Onlineverkauf über die digitalen Plattformen von Schuhe24 ab und das Unternehmen konnte im Jahr 2018 einen Umsatz von circa 50 Mio. EUR erwirtschaften (Albrecht-Heider 2018). ◄

Schließlich können bestehende Nicht-Kerngeschäfte oder Nebenprodukte neue Kerngeschäfte werden, wie das Beispiel 2.20 (zu Vorwerk) zeigt.

Beispiel 2.20: Vorwerks Thermomix: Vom Nebenprodukt zum Umsatztreiber

Das Unternehmen Vorwerk ist historisch vor allem für den Staubsauger Kobold und für Teppichprodukte bekannt. 1971 nahm Vorwerk das Produkt „Thermomix" in das Produktsortiment auf. Der damalige Geschäftsführer von Vorwerk Frankreich kam auf die Idee, ein Gerät anzubieten, das sowohl mixen als auch kochen konnte, um die Vorliebe des französischen Marktes für gebundene Suppen zu adressieren. Das Produkt wurde seither kontinuierlich verbessert, fristete aber ein Schattendasein im Vorwerk-Konzern. Während man Ende der 2000er-Jahre noch einen Umsatz von unter 300 Mio. EUR mit dem Thermomix generierte, wuchs dieser bis 2015 auf über 900 Mio. EUR. Es kam zur Wachablösung: Aus dem Nebenprodukt Thermomix ist das umsatzstärkste Vorwerk-Produkt geworden, das 2015 erstmalig den Kobold-Staubsauger überholt hat (Terpitz 2015). Damit wurde das Kernprodukt „Staubsauger" von einem Produkt überholt, das schon sehr lange existierte, aber erst in den letzten Jahren eine „Explosion" erlebt hat. ◄

Die zweite Kategorie von Anknüpfungspunkten zur Identifizierung von Opportunities kann – wie in Abb. 2.8 veranschaulicht – in existierendem, aber bislang ungenutztem „Kunden-Asset" liegen (Zook und Allen 2010). Diese Kategorie bezieht sich auf die wichtige Bedeutung, die die Kunden für das Fortbestehen und den Erfolg des Unternehmens haben. So überrascht es nicht, dass Änderungen der Art und Weise, wie welche Kunden behandelt werden, Ansätze für neue Opportunities bieten. Innerhalb dieser Kategorie von Anknüpfungspunkten für Opportunities lassen sich drei Stoßrichtungen unterscheiden (Zook und Allen 2010). Es können bislang unbeachtete, unterschätzte oder ignorierte Kundensegmente auf ihr Potenzial, neues Wachstum zu generieren, untersucht werden – wie das Beispiel 2.21 für Harman International veranschaulicht. Konkret können dies neu aufkommende Segmente sein, aber auch Segmente, die zu früheren Zeitpunkten eine große Rolle gespielt haben, aber in Vergessenheit geraten sind. Schließlich können es kleine Nischen sein, die sich möglicherweise untereinander ähneln, sodass ein Modell der Kundenansprache nach und nach in diesen Nischen angewendet werden kann.

Beispiel 2.21: Harman Internationals Weg an die Weltspitze der Audiogeräte für Autos

Die Fähigkeit, tief greifende Erkenntnisse über Stammkunden zu gewinnen, gehört zu einem der wichtigsten Ansatzpunkte, um Unternehmenswachstum zu generieren. Aus diesem Grund kann der Einblick in die Kundenbeziehungen eine oftmals versteckte, ungenutzte Ressource für ein Unternehmen darstellen, die dann dazu verhelfen kann, das Kerngeschäft neu zu definieren (Zook 2007a, b; Govindarajan und Trimble 2012). Mit der Entdeckung eines bisher ungenutzten Kundensegments, welches sich als rasant wachsender Markt erwies, konnte Harman International, ein Hersteller von High-End-Audiogeräten, genau dies verwirklichen.

1990 lag der Fokus des Unternehmens eher auf professionellen Audiogeräten. Systeme für die Erstausrüstung in Automobilen machten nur weniger als zehn Prozent der Gewinne aus. Als Reaktion auf stagnierende Gesamtgewinne wurde Sidney Harman, ein Mitbegründer des Unternehmens, ab 1993 als neuer Vorstandsvorsitzender eingesetzt. Er bemerkte, dass Leute viel mehr Zeit in ihren Autos verbrachten als früher, und dass unter den Autofahrern viele Musikliebhaber waren, die von Zuhause High-End-Geräte gewöhnt waren.

Um die Gewinnmarge im Automobilsektor zu verbessern, erwarb Harman International das deutsche Unternehmen Becker, das Radiogeräte für Mercedes-Benz-Fahrzeuge entwickelte. Als Harman das Tochterunternehmen besuchte, wurde ihm vorgeführt, wie es gelingen konnte, durch neue digitale Hardware High-End-Audiogeräte viel kleiner und platzsparender als zuvor in Automobile zu integrieren. Daraufhin beschloss er, in digitale Technologien zu investieren, mit dem Ziel, High-End-Infotainmentsysteme für Automobile herzustellen. Die Nachfrage nach den Audiosystemen war vonseiten sowohl der Automobilhersteller als auch der Autokäufer sehr groß. Basierend auf dem Erfolg im Automobilmarkt – einem bislang untergeordneten Kundensegment – konnte das Unternehmen seinen Marktwert zwischen 1993 und 2005 um das 40-Fache erhöhen (Govindarajan und Trimble 2012). ◄

Eine weitere Stoßrichtung kann sein, den bislang unterschätzten Einfluss auf die Kunden und den Zugang zu ihnen zu nutzen (Zook und Allen 2010). Dies kann insbesondere der Fall sein, wenn ein Unternehmen über einen langen Zeitraum Kundendaten gesammelt und ein tiefes Vertrauensverhältnis zu diesen Kunden aufgebaut hat. Als dritte Stoßrichtung der zweiten Kategorie können bislang ungenutzte Kundendaten und Kundeninformationen als Basis für neue Opportunities verwendet werden. Diese Stoßrichtung gewinnt durch die digitale Transformation in vielen Bereichen an Bedeutung. So sammelt Nike Leistungsdaten, um neue Ausrüstung und Trainingsprogramme genau an den Ansprüchen einzelner Kundensegmente zu orientieren. Ein zentrales Thema im Online-Vertrieb vieler Produkte bei Anbietern wie zum Beispiel Amazon ist aktuell, Bestell- und Browseverhalten so auszuwerten, dass zukünftige Bedürfnisse von Kunden oder Kundengruppen vorhergesagt werden können, mit allen Möglichkeiten, diese Informationen zur Verbesserung der Kundenbeziehung und Kundenbindung zu nutzen (Brandt 2012).

Die dritte Kategorie von Anknüpfungspunkten zur Identifizierung von Opportunities sind die existierenden, aber bislang ungenutzten Fähigkeiten des Unternehmens (Zook und Allen 2010). Erfolgsbeispiele sind hier Apple (Beispiel 2.22) und UPS (Beispiel 2.23), die auf diese Weise neue Geschäfte erschlossen haben. Ungenutzte Fähigkeiten sind die am wenigsten unmittelbar sichtbaren Ressourcen und Fähigkeiten, die es aufzudecken gilt. Von besonderer Bedeutung sind diejenigen Fähigkeiten, die von außen nicht sichtbar sind, mit anderen Fähigkeiten verwoben sind und dem Unternehmen aus Kundensicht eine Differenzierung bieten, also einen positiven Mehrwert. Wie können nun bestehende Fähigkeiten aufgedeckt werden? Hierzu bietet die Strategieliteratur einige Tools, beispielsweise die Wertschöpfungskette von Porter. Entlang der Schritte dieser Kette kann für jeden Schritt notiert werden, was die jeweiligen Fähigkeiten des Unternehmens sind. Aus den identifizierten Fähigkeiten müssen dann diejenigen ausgewählt werden, die eine besondere Rolle bei der Wertgenerierung spielen (wie die Bedeutung für den Profit Pool) und einen hohen Grad an Differenzierung gegenüber dem Wettbewerb bieten. Die so identifizierten Fähigkeiten werden dann einer Analyse unterzogen, ob ihr Potenzial bereits völlig ausgeschöpft ist. Wenn nicht, liegen möglicherweise bislang nicht genutzte Kernfähigkeiten vor, die einen Ausgangspunkt für zukünftige Wachstumsinitiativen bieten können.

Beispiel 2.22: Wie iPod und iTunes als Kombination bestehender Ressourcen und Fähigkeiten von Apple entstanden sind

Unternehmen können unterschiedliche Fähigkeiten zu einem Gesamtgefüge kombinieren, welches zu schwer nachahmbaren Prozessen und somit zu Wettbewerbsvorteilen führt. Ungenützte oder neue Fähigkeiten können ein sinnvoller Ansatzpunkt für das Wachstum und die Neudefinition des Kerngeschäfts sein, wenn sie, kombiniert mit anderen Fähigkeiten, das Unternehmen dazu befähigen, etwas Neues und Einzigartiges zu produzieren (Yoffie und Kim 2011). Dies gelang auch Apple, indem das Unternehmen zusätzlich zu seinen Fähigkeiten in Design, Brandmanagement, Nutzeroberfläche und Eleganz noch Fähigkeiten im Musikgeschäft und in digitaler Rechteverwaltung sammelte. Die Kombination dieser Fähigkeiten ergab eine substanzielle Transformation des Unternehmens. Noch vor der Konkurrenz unterschrieb Apple Verträge mit den vier bedeutendsten Plattenfirmen der Welt und entwickelte so den iTunes Music Store. Im Bereich digitaler Rechteverwaltung schuf Apple die Fairplay-Software, mit der Musikunternehmen Zugang zu einer hoch kontrollierbaren Einnahmequelle erhielten. So entstand durch die Kombination verschiedener existierender Fähigkeiten ein neues, sehr profitables Kerngeschäft. ◄

Beispiel 2.23: UPS und die Schaffung eines neuen Geschäftsfelds

Mitte der 1990er-Jahre identifizierte der Logistikkonzern UPS auf Basis bestehender Fähigkeiten in verschiedenen Bereichen eine Opportunity, die in den Folgejahren ein neues Kerngeschäft bildete und substanzielles Umsatzwachstum ermöglichte (Laurie et al. 2006). Durch die Bündelung und Kombination verschiedener bestehender Fähigkeiten des Unternehmens konnten immer neue Fähigkeiten generiert werden. Um welche Fähigkeiten handelte es sich und wie konnte es konkret dazu kommen?

Anfang der 1990er-Jahre reagierte das Top-Management von UPS auf die Stagnation in der Branche der Paketauslieferung. Um sich strategisch neu zu positionieren und eine verbesserte Ausgangslage für das Unternehmen zu schaffen, etablierte UPS ein Team, das neue Wachstumsplattformen identifizieren sollte. Es bestand aus erfahrenen Führungskräften, die aus unterschiedlichsten Bereichen kamen, Rückhalt und Glaubwürdigkeit im Unternehmen genossen und somit auch in der Position waren, geschäftsübergreifende Themen und divergierende Interessen anzusprechen.

UPS war sich bewusst, dass es über Fähigkeiten in verschiedensten Themenbereichen und Industrien verfügte. So war das Unternehmen in der Paketauslieferung tätig, gleichzeitig aber auch eine Airline, in einzelnen Feldern Technologieführer, eine Versicherungsgesellschaft. Das Team formulierte die Kernkompetenzen des Unternehmens. Diese bestanden zum damaligen Zeitpunkt in der einzigartigen Marktposition in Bezug auf die Herstellung von physischem Kontakt zwischen Verkäufer und Käufer, in der operationalen Exzellenz, der Existenz einer weltweiten Infrastruktur, der Netzwerkplanung und einer globalen Infrastruktur. Ausgehend von diesen Fähigkeiten wurde versucht, Trends und Möglichkeiten entlang der verschiedenen Bereiche ausfindig zu machen, in denen Kundenbedürfnisse nicht vollends gedeckt wurden.

Der Impuls, diese Fähigkeiten gebündelt einzusetzen, kam durch die Anfrage eines PC-Herstellers. Dieser stand vor der Herausforderung, Chips und Platinen in immer kürzerer Zeit bis hin zu ein paar Stunden an den Kunden ausliefern zu müssen (Laurie et al. 2006). Letzteres war für den PC-Hersteller mit wenigen Lagern weltweit unmöglich. Aus diesem Problem des Kunden und der Statusanalyse der eigenen, im Unternehmen verstreuten Fähigkeiten entwickelte UPS ein neues Produkt: das Management des weltweiten Warenverkehrs als Komplettlösung. Um diesen Service anbieten zu können und dabei den PC-Hersteller von diesen Aufgaben zu entlasten, beschäftigte sich das Unternehmen zunächst intensiv mit der Wertschöpfungskette der Computerindustrie. Im Zuge dessen wurde die Abteilung Ersatzteillogistik (Service Parts Logistics, SPL) entwickelt, die die bestehenden Fähigkeiten von UPS systematisch miteinander in Beziehung setzen und noch weitere Fähigkeiten ausfindig machen sollte, um den Ansprüchen des Kunden zu genügen. Weiterhin wurde analysiert, welche Fähigkeiten der Kunde schon mitbrachte und wo genau UPS durch sein externes Netzwerk sinnvoll anknüpfen konnte. Nach erfolgreicher Umsetzung des Projektes wurde die Ersatzteillogistik Bestandteil des Kerngeschäfts von UPS.

Eine weitere große Chance auf Wachstum ergab sich in der Testphase der Ersatzteillogistik. Hier erkannte UPS, dass der Kundenservice und die Logistik des PC-Herstellers mit der Menge und Komplexität der Waren oftmals überfordert war. Basierend auf diesem Kundenproblem entwickelte UPS das Angebot für seine Kunden, auch die Organisation der Lagerhaltung zu übernehmen. So konnten Kunden von UPS ihr Inventar auf ein Minimum begrenzen und trotzdem schnell und effizient an ihre Kunden liefern, da ein Großteil des logistischen Aufwandes direkt von UPS übernommen wurde.

Nach erfolgreicher Etablierung der Systeme in der PC-Industrie übertrug UPS das Konzept auch auf andere Branchen mit ähnlichen Bedürfnissen, etwa die Medizinbranche, die ebenfalls auf die schnelle und effiziente Sendung von Produkten an seine

Kunden angewiesen ist. Die neue Wachstumsplattform entwickelte sich somit zu einem institutionalisierten Wachstumsgenerator, welcher heute über sechs Milliarden US-Dollar Umsatz pro Jahr für das Unternehmen generiert. Grundlage dieses Erfolgs ist die Zusammenlegung und Neukombination bereits existierender Kernkompetenzen zur Lösung von Kundenproblemen. Dies führte zu einer neuen, vielfältig einsetzbaren Fähigkeit. ◄

Welche dieser Kategorien von Anknüpfungspunkten ist nun die erfolgversprechendste? In diesem Abschnitt wurde bereits dargelegt, dass Anknüpfungen an ein bestehendes Kerngeschäft deutlich höhere Erfolgswahrscheinlichkeiten aufweisen als ein Eintritt in für das Unternehmen komplett neue Märkte. Zook und Allen (2010) werten die Erfolgswahrscheinlichkeiten verschiedener Strategien in Situationen aus, in denen das aktuelle Kerngeschäft eines Unternehmens in Gefahr ist. Abb. 2.9 vergleicht die Erfolgswahrscheinlichkeiten. Es zeigt sich, dass die Verteidigung des Status quo, wenn das aktuelle Kerngeschäft massiv unter Druck gerät, kaum erfolgsversprechend ist (Erfolgswahrscheinlichkeit von fünf bis zehn Prozent). Auch die plötzliche Diversifikation in aufkommende, angeblich interessante Märkte hat eine sehr geringe Erfolgswahrscheinlichkeit, wenn diese Märkte fernab des aktuellen Kerngeschäfts des Unternehmens liegen (zehn bis fünfzehn Prozent Erfolgswahrscheinlichkeit). Die Nutzung „vergessener" oder bislang ungenutzter Fähigkeiten hat eine höhere Erfolgswahrscheinlichkeit von immerhin 20–30 %. In einem ähnlichen Rahmen liegen die Erfolgswahrscheinlichkeiten der Nutzung versteckter Kundenressourcen. Die höchsten Erfolgswahrscheinlichkeiten zeigen sich bei der Nutzung „versteckter" und bislang nicht oder kaum genutzter Plattformen. Hier ergeben sich Erfolgswahrscheinlichkeit von bis zu 40 %.

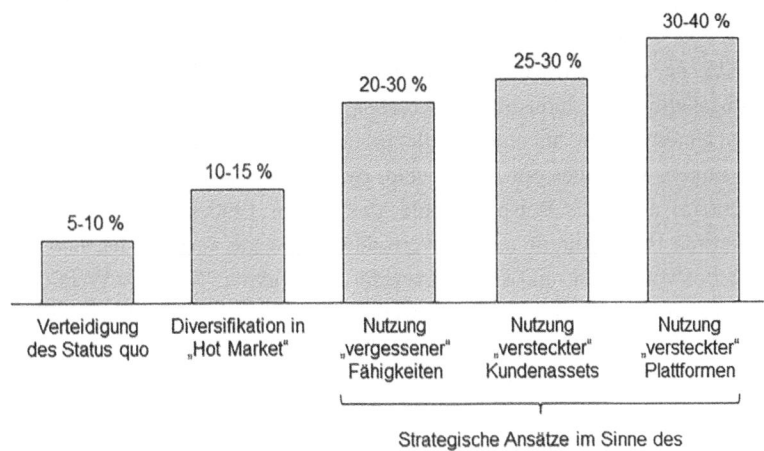

Abb. 2.9 Erfolgswahrscheinlichkeiten verschiedener strategischer Ansätze in turbulenten Situationen. (Nach Zook und Allen 2010)

2.3.3 Anwendung des Kerngeschäftsansatzes

Im Folgenden soll nun erarbeitet werden, unter welchen Rahmenbedingungen der Kerngeschäftsansatz als Ausgangspunkt zur Identifizierung neuer Opportunities genutzt werden kann. Schließlich wird ein Prozess dargelegt, den Unternehmen durchlaufen können, um von den Möglichkeiten des Kerngeschäftsansatzes zu profitieren.

Zur Generierung von Ideen für neue Opportunities kann der Kerngeschäftsansatz insbesondere dann verwendet werden, wenn das aktuelle Kerngeschäft an Attraktivität verliert und vom Wettbewerb unter Beschuss genommen wird. Der Kerngeschäftsansatz ist vor allem dann sinnvoll, wenn Unternehmen eine gewisse Größe und ein gewisses Alter haben, sodass sie bereits eine ganze Reihe „versteckter" Ressourcen und Fähigkeiten, die aktuell nicht im Mittelpunkt stehen, ansammeln konnten.

Wie sieht nun ein Prozess der Anwendung des Kerngeschäftsansatzes aus? Abb. 2.10 zeigt fünf Schritte, die Unternehmen bei der Anwendung durchlaufen sollten.

In einem ersten Schritt steht die Definition des aktuellen Kerngeschäfts an. Nicht immer ist die Beschreibung des Kerngeschäfts einfach, oft kommt es sogar zu Unstimmigkeiten im Managementteam, was das eigene Kerngeschäft genau ist. Wie im einführenden Abschnitt zum Ansatz des Kerngeschäfts dargelegt, sind Fragen nach der profitabelsten Kundengruppe, den strategisch wichtigsten und differenzierenden Fähigkeiten, dem wichtigsten Produkt und dem wichtigsten Vertriebskanal hilfreich, um das aktuelle Kerngeschäft zu erfassen.

Der zweite Schritt untersucht die Notwendigkeit, sich mit neuen Opportunities aus Sicht des Kerngeschäftsansatzes zu beschäftigen. Immer dann, wenn die aktuelle Strategie mit dem aktuellen Kerngeschäft erschöpft ist, bietet sich eine Analyse neuer Opportunities an. Zook (2007a) identifiziert drei wesentliche Gründe, die zur Notwendigkeit, das Kerngeschäft zu überdenken, führen können:

- Erstens ist es ein Alarmzeichen, wenn sich die Profit Pools entlang der Wertschöpfungskette einer Industrie verschieben (Gadiesh und Gilbert 1998). Befindet sich das Unternehmen an einer Stelle in der Wertschöpfungskette, an der Profit-Anteile sinken, kann dies ein Anlass sein, das aktuelle Kerngeschäft zu überdenken. Zook (2007a) nennt als Beispiel Apple, das in den 1990er-Jahren im PC-Geschäft kontinuierlich Profit-Anteile an der Wertschöpfungskette verloren hat und erst durch das Angebot von Musik und Content wieder in attraktive Teile der Wertschöpfungskette vorgestoßen ist. Abb. 2.11 veranschaulicht diese Entwicklung, indem es die Umsatzanteile und Erträge der jeweils sechs größten Spieler in der PC-Industrie für die Jahre 1991, 1996 und 2001 gegenübergestellt.
- Zweitens sind plötzlich unterlegene Kostenstrukturen ein Alarmzeichen. Wenn ein bislang unbekannter Wettbewerber in den Markt eintritt, dessen vorteilhafte Kostenstrukturen bestehende Unternehmen im Markt nicht erreichen können, kann dies ein Grund sein, sein Kerngeschäft grundlegend zu überdenken.

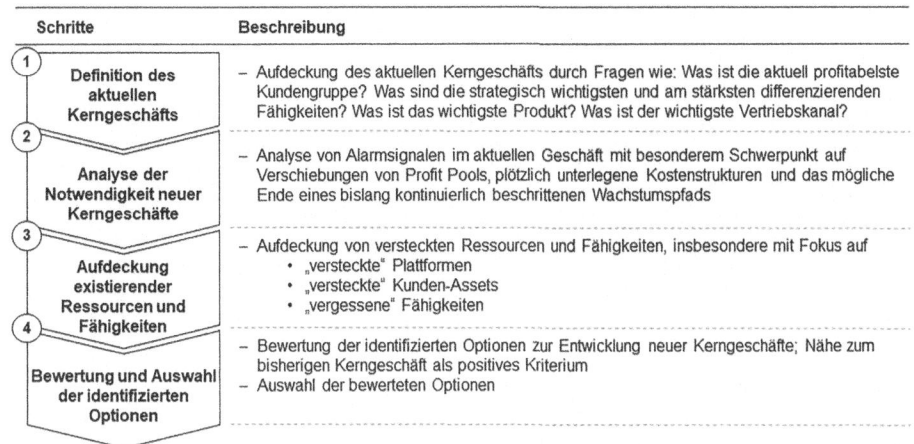

Schritte	Beschreibung
1 Definition des aktuellen Kerngeschäfts	– Aufdeckung des aktuellen Kerngeschäfts durch Fragen wie: Was ist die aktuell profitabelste Kundengruppe? Was sind die strategisch wichtigsten und am stärksten differenzierenden Fähigkeiten? Was ist das wichtigste Produkt? Was ist der wichtigste Vertriebskanal?
2 Analyse der Notwendigkeit neuer Kerngeschäfte	– Analyse von Alarmsignalen im aktuellen Geschäft mit besonderem Schwerpunkt auf Verschiebungen von Profit Pools, plötzlich unterlegene Kostenstrukturen und das mögliche Ende eines bislang kontinuierlich beschrittenen Wachstumspfads
3 Aufdeckung existierender Ressourcen und Fähigkeiten	– Aufdeckung von versteckten Ressourcen und Fähigkeiten, insbesondere mit Fokus auf • „versteckte" Plattformen • „versteckte" Kunden-Assets • „vergessene" Fähigkeiten
4 Bewertung und Auswahl der identifizierten Optionen	– Bewertung der identifizierten Optionen zur Entwicklung neuer Kerngeschäfte; Nähe zum bisherigen Kerngeschäft als positives Kriterium – Auswahl der bewerteten Optionen

Abb. 2.10 Konkrete Schritte zur Identifizierung von Opportunities mithilfe des Kerngeschäftsansatzes. (Eigene Darstellung)

- Drittens kann ein Wachstumspfad, der nicht mehr aufrechterhalten werden kann, ein Alarmzeichen sein. Dies kann der Fall sein, wenn Märkte ihre Reife erreichen oder es dem Wettbewerb gelingt, frühere Alleinstellungsmerkmale zu kopieren.

Zook (2007a) bietet zur genaueren Untersuchung der Situation Fragen an, die Unternehmen in periodischen Abständen beantworten sollen. Diese in Abb. 2.12 dargestellten Fragen betreffen die Beziehung zu den Kernkunden, die Kerndifferenzierung, den Profit Pool, die Kernfähigkeiten und den Status der Kultur und der Organisation des Unternehmens. Für die einzelnen Fragen gibt es keine vorgegebenen Antwortklassen. Vielmehr sollen sich Unternehmen regelmäßig mithilfe dieser Fragen selbst bewerten und Veränderungen in den Antworten über die Zeit aufdecken. Sieht ein Unternehmen sich in zwei oder mehr dieser fünf Kategorien Änderungen ausgesetzt, so besteht die Möglichkeit, dass größere Veränderungen im Gange sind, die das Kerngeschäft des Unternehmens gefährden könnten.

Kommt Schritt zwei zu dem Ergebnis, dass eine Notwendigkeit zur Aufdeckung neuer Opportunities besteht, dann schlägt Zook (2007b) für den dritten Schritt der Umsetzung dieses Ansatzes drei Kategorien von Anknüpfungspunkten vor, die im vorherigen Abschnitt ausführlich dargelegt wurden.

Erstens kann sich das Unternehmen ansehen, ob es unterschätzte Plattformen gibt, die Anknüpfungspunkte für neue Opportunities sein können. Solche Anknüpfungspunkte können sein:

- Wünsche von Kernkunden: Kunden fragen vermehrt nach Leistungen in angrenzenden Geschäften und nach eigentlich internen Supportfunktionen.

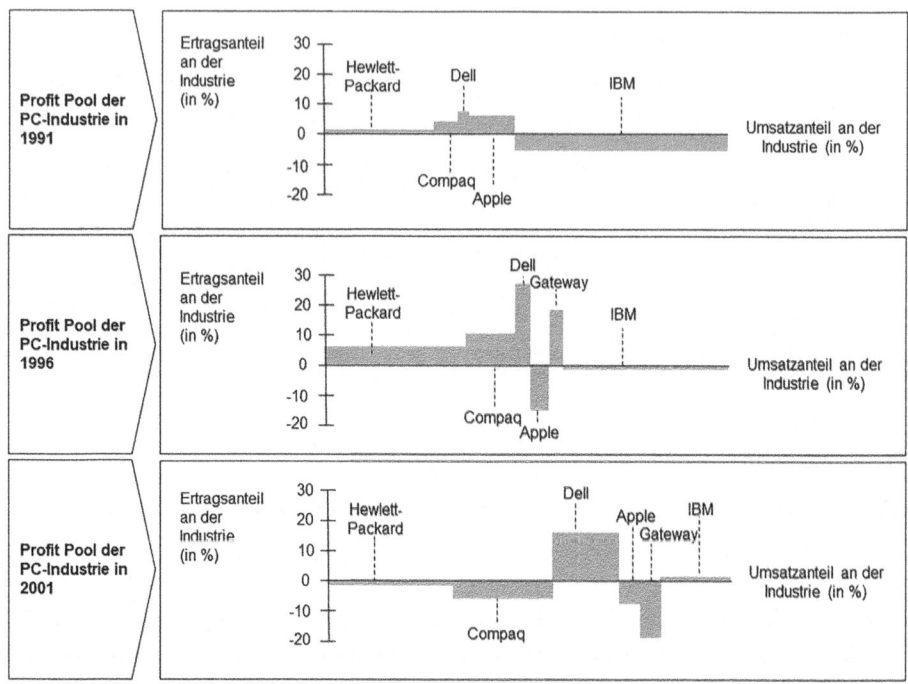

Abb. 2.11 Profit Pools von Unternehmen in der PC-Industrie zu verschiedenen Zeitpunkten. (Nach Zook 2007a)

- Profitables Wachstum auch ohne Anstrengungen: Ein Nicht-Kerngeschäft wächst und ist profitabel, obwohl es nicht Fokus des Managements ist.
- Wachstum mit großem Anteil am Profit Pool: Das Nicht-Kerngeschäft wächst und hat einen bedeutenden Anteil am Profit Pool der Industrie.
- Robuste Führungsposition im Markt: Das Nicht-Kerngeschäft hat eine Führungsposition im Markt, selbst wenn der Markt (noch) sehr klein ist.
- Führungsrolle in Fähigkeiten: Im Nicht-Kerngeschäft liegen Fähigkeiten vor, die eine Führungsrolle im Wettbewerb einnehmen könnten.
- Diffuse, aber ähnliche Aktivitäten über verschiedene Geschäftseinheiten: Kombination ähnlicher Aktivitäten, die aktuell über mehrere Geschäftseinheiten verteilt sind, zusammen aber ein neues Kerngeschäft bilden könnten.

Als zweite Kategorie von Anknüpfungspunkten kommen „vergessene" Kunden-Ressourcen infrage. Dabei kann sich das Unternehmen folgende Fragen stellen:

- Wer sind die wirklichen Kernkunden? Wie ändert sich die Zusammensetzung im Laufe der Zeit?

	Kernfragen	Maßgrößen und Entwicklungen
(1)	Wie ist es um unsere Kernkunden bestellt?	– Profitabilität mit Kernkunden – Wiederkaufsrate der Kernkunden – Maßgrößen von Kundenzufriedenheit – „Share of Wallet" bei Kernkunden
(2)	Wie ist es um unsere Differenzierungsmerkmale bestellt?	– Maßgrößen der Differenzierung (wie Geschwindigkeit) – Relative Kostenposition auf Differenzierungsmerkmalen – (Aufkommende) Geschäftsmodelle der Wettbewerber
(3)	Wie entwickelt sich der Profit Pool unserer Industrie?	– Größe und Wachstum des gesamten Profit Pools – Anteil des generierten Profit Pools – Verschiebungen in den Profit Pools
(4)	Wie ist es um unsere Kernkompetenzen bestellt?	– Relative Wichtigkeit der Kernkompetenz beim Kunden – Unterschiede in Kernkompetenzen im Vergleich zum Wettbewerb
(5)	Wie ist es um unsere Kultur und Organisation bestellt?	– Mitarbeiterzufriedenheit und -loyalität – Wachstumsengpässe – Kapazitätsauslastung

Abb. 2.12 Kernfragen zur Einschätzung des Kerngeschäfts. (Nach Zook 2007a)

- Wie stark ist der Grad der Differenzierung verschiedener angebotener Produkte wirklich?
- In welchen Kundensegmenten hat das Unternehmen aktuell eine Führungsposition inne? Und warum? Wird diese Führungsposition ausreichend genutzt?
- Besitzt das Unternehmen eine proprietäre Datenbank über Kundenverhalten? Beinhaltet sie kritische Daten? Wird sie schon ausreichend genutzt?
- Hat das Unternehmen ungenutzten Zugang zu Kunden oder haben Kunden ein hohes Vertrauen in das Unternehmen?
- Wo sind die Profit Pools aktuell und wo werden sie in der Zukunft liegen?

Die dritte Kategorie von Anknüpfungspunkten bezieht sich auf ungenutztes Potenzial von Fähigkeiten. Konkret können folgende Ansatzpunkte untersucht werden:

- „Doubling Down": Kann durch ein Investment eine Fähigkeit zu einem klaren Differenzierungsmerkmal ausgebaut werden?
- „Extension": Kann eine bestehende Fähigkeit für einen bislang nicht bearbeiteten Markt oder einen bislang nicht in Betrachtung gezogenen Gebrauch entwickelt werden?

- „Projection": Kann eine Fähigkeit durch die Kombination mit externen, bislang noch nicht vorhandenen Fähigkeiten durch Akquisitionen so aufgewertet werden, dass sie einen Wettbewerbsvorteil bilden kann?
- „Combination": Können zwei bislang nicht in Verbindung stehende Fähigkeiten eines Unternehmens so kombiniert werden, dass sie gemeinsam etwas völlig Neues schaffen?
- „Elevation": Kann eine früher zentrale, heute aber unbedeutende Fähigkeit revitalisiert werden?
- In einem vierten Schritt erfolgt die Bewertung und Auswahl der identifizierten Optionen. Hierbei ist zu beachten, ob und in welchem Ausmaß das neue Kerngeschäft an dem alten Kerngeschäft ansetzt.

Kernaussagen

- Der Kerngeschäftsansatz besagt, dass Unternehmen immer dann erfolgreich sind, wenn sie sich auf ihr Kerngeschäft konzentrieren und von Diversifikation in für das Unternehmen unbekannte Produkte oder Märkte absehen.
- Opportunities können identifiziert werden, wenn sich das Unternehmen auf die Suche nach „versteckten" Ressourcen und Fähigkeiten in der Nähe des bestehenden Kerngeschäfts macht. Der Profit-Core-Ansatz besagt, dass jedes Unternehmen solche versteckten Ressourcen und Fähigkeiten besitzt.
- Unterschätzte Plattformen, vergessene Kunden-Ressourcen und ungenutztes Potenzial von Fähigkeiten sind die drei Hauptanknüpfungspunkte für Opportunities um das bestehende Kerngeschäft herum.

Fragen zur Wiederholung

1. Definieren Sie, was ein „Kerngeschäft" ist.
2. Erläutern Sie, wann der Kerngeschäftsansatz für ein Unternehmen sinnvoll Anwendung finden kann.
3. Nennen Sie die fünf Fragen, die helfen können, ein Kerngeschäft zu identifizieren und zu beschreiben.
4. Erklären Sie, was ein Diversifizierungsabschlag („Diversification Discount") ist.
5. Nennen Sie die drei Ansatzpunkte zur Aufdeckung versteckter Ressourcen und Fähigkeiten und beschreiben Sie diese entlang ihrer Stoßrichtungen.
6. Nennen Sie drei wesentliche Gründe, die es notwendig machen können, das Kerngeschäft zu überdenken.
7. Nennen und erläutern Sie kurz sechs Anknüpfungspunkte für neue Opportunities, basierend auf unterschätzten Plattformen.
8. Nennen und erläutern Sie kurz sechs Anknüpfungspunkte für neue Opportunities, basierend auf „vergessenen" Kunden-Ressourcen.
9. Nennen und erläutern Sie kurz fünf Anknüpfungspunkte für neue Opportunities, basierend auf ungenutzten Potenzialen und Fähigkeiten.

2.4   Analytics-Ansatz

Die kontinuierlich wachsenden technologischen Möglichkeiten, Daten zu sammeln und auszuwerten, spielen als Entscheidungsgrundlage in Unternehmen eine immer größere Rolle. Der aktuellste Trend ist der Analytics Ansatz, der sich auf die Sammlung und Auswertung riesiger, zumeist unstrukturierter Datenmengen bezieht. Auf deren Basis werden nicht nur interne Prozesse optimiert, sondern auch neue Produkte und Lösungen für den Markt entwickelt. Im Folgenden stellen wir Analytics als Ansatz zunächst kurz vor (Abschn. 2.4.1), bevor wir in Abschn. 2.4.2 diskutieren, wo Analytics zugrunde liegenden Datenmengen Anknüpfungspunkte für Opportunities bieten können. Im abschließenden Abschn. 2.4.3 erfolgt eine Diskussion der konkreten Schritte, die ein Unternehmen durchlaufen muss, wenn es den Analytics-Ansatz zur Ideengenerierung für zukünftiges Geschäft nutzen will.

Lernziele

- Das Konzept des Analytics-Ansatzes verstehen und nutzen können.
- Hierzu gilt es,
  - zunächst Klarheit über vorhandene (und ggf. bisher nicht genutzte) Daten im Unternehmen zu schaffen,
  - estzustellen, welche weiteren externen Daten erhoben werden können (unter Berücksichtigung einer Aufwand-/Nutzen-Analyse),
  - zu analysieren, welche weiteren Daten über eigene Produkte und Services erhoben werden können,
- um, basierend auf diesem Daten-Pool, neue Opportunities entlang der fünf Anknüpfungspunkte (Generierung von Daten aus Kundenverhalten, Digitalisierung bestehender Produkte und Services, Kombination von Datenquellen, Vertrieb und Handel von Daten, Vermarktung digitaler Service-Fähigkeiten) zu schaffen.

2.4.1   Das Konzept von Analytics

In der Entwicklung der Informationstechnologie der letzten Jahrzehnte unterschied man bislang zwischen zwei Wellen (Davenport 2013). Eine erste Welle in den 1960er- und 1970er-Jahren fokussierte auf die Automatisierung individueller Aktivitäten in der Wertschöpfungskette, wie CAD (Computer Aided Design), Rechnungsabwicklung oder Produktionsplanungssysteme, und damit auf Aktivitäten, die durch die technologischen Entwicklungen immense Produktivitätssteigerungen erzielen konnten. Eine zweite Welle wurde durch das Aufkommen des Internets zum Datenaustausch in den 1980er- und

1990er-Jahren losgetreten, welche insbesondere eine Integration von Aktivitäten über verschiedene Standorte, wie zwischen Lieferant und Abnehmer, ermöglichte (Porter und Heppelmann 2014). Diese beiden Wellen führten zu Produktionssteigerungen und substanziellen Veränderungen in der Wertschöpfungskette, während die vom betrachteten Unternehmen angebotenen Produkte und Leistungen nicht im Mittelpunkt standen und daher kaum durch die Informationstechnologie bedingte Änderungen erfuhren.

Eine Reihe von Autoren sieht nun Analytics als dritte Welle in der Informationstechnologie, die einen dramatischen Einfluss auf Aktivitäten in und von Unternehmen haben wird (Davenport et al. 2012; Davenport 2014). Analytics geht über traditionelle Analysemethoden hinaus und bezieht sich auf immense Datenmengen, die zu groß für einen einzelnen Server sind und in den meisten Fällen unstrukturiert über mehrere Datenbanken verteilt vorliegen. Charakteristisch für Analytics ist zudem, dass kontinuierlich neue Daten generiert und den Datenbanken zugeführt werden (Davenport 2013). Analytics kann sich aus einer Vielzahl verschiedener Quellen speisen, zum Beispiel aus Anrufdaten in Callcentern, aus Analysesystemen von Websitebesuchen oder Verkaufszahlen im stationären Handel. Dadurch, dass Analytics ein so umfassender Ansatz ist, sind die Schlussfolgerungen und Erkenntnisse daraus nicht notwendigerweise auf interne Prozesse (wie in der ersten Welle) oder Kooperationsgestaltungen (wie in der zweiten Welle) beschränkt, sondern es können Erkenntnisse zu einer Vielzahl anderer externer, marktbezogener Themen, wie zu Kundenverhalten oder Produktleistung, generiert werden (Drucker 1998; Davenport 2014).

Analytics unterscheidet sich in einigen Aspekten von traditionellen Analysesystemen, mit denen Unternehmen schon seit Jahrzehnten arbeiten (Hopkins 2011; Bharadwaj et al. 2013). Analytics nutzt eher Datenflüsse und weniger abgeschlossene, bereits bestehende Datenbanken, ist damit wesentlich dynamischer und baut viel größere Datenmengen auf. Analytics wird wesentlich von Datenwissenschaftlern (Data Scientists) und Prozessentwicklern bearbeitet, weniger von Controllern oder reinen ITlern. Solche Data Scientists sind in Unternehmen hierarchisch hoch positioniert und haben Ausbildungen (wie Abschlüsse in Physik oder Sozialwissenschaften), die es ihnen ermöglichen, große Datenmengen auszuwerten. Sie sind zudem getrieben von einer Neugierde, Innovationen aus Daten zu generieren, kreativ darin, verschiedene Datenquellen zu kombinieren und spannende Ergebnisse grafisch ansprechend aufzubereiten (Davenport und Patil 2012). Davenport und Patil (2012) vergleichen die Position der Data Scientists mit der Situation von „quants", mathematisch ausgebildeten, quantitativen Analysten, die in den 1980er-Jahren zur Wall Street strömten, um dort mithilfe ihrer Fähigkeiten und von Algorithmen neue Anlagestrategien zu berechnen und zu empfehlen und auf diese Weise viel Geld zu machen. Die Data Scientists sind, so Davenport und Patil (2012), die „quants" von heute.

Zudem ist Analytics organisatorisch nicht – wie klassische Analyseeinheiten – in einer in sich geschlossenen Abteilung im Unternehmen aufgehängt, sondern bewegt sich im Zentrum des Unternehmens entlang aller Hierarchiestufen. Das Top-Management nutzt beispielsweise Erkenntnisse aus Analytics zur Vorbereitung strategischer Entscheidungen, während das Marketing zur Gestaltung der Website Rückschlüsse aus Tracking-Daten von Online-Analyse-Systemen zieht (Davenport et al. 2012).

Hopkins (2011) zeigt, dass sehr erfolgreiche innovative Unternehmen Analytics deutlich häufiger und intensiver einsetzen als weniger erfolgreiche Unternehmen. Für einzelne Unternehmen wie Capital One (Beispiel 2.24) ist die Fähigkeit, Daten auszuwerten, ein Wettbewerbsvorteil geworden, der deutlich überdurchschnittliche Wachstumsraten ermöglicht. Zudem findet Hopkins (2011) in einer Umfrage heraus, dass 60 % der befragten Führungskräfte glauben, ihr Unternehmen habe große Datenmengen zur Verfügung, die bislang noch gar nicht genutzt würden.

Beispiel 2.24: Capital One: Datenauswertungsfähigkeiten als Grundlage für neues Geschäft

Ende der 1980er-Jahre deckten zwei Berater der Finanzdienstleistungsindustrie, Richard Fairbank und Nigel Morris, eine große Schwäche der Kreditkartenindustrie auf. Ihrer Analyse nach verpassten es die damaligen Spieler im Markt, ihre Kunden genau zu verstehen und die profitablen von den weniger profitablen Kunden zu unterscheiden (Davenport und Harris 2007; Lattin und Rierson 2007). Ihre Idee war, aus bestehenden Daten Erkenntnisse über die Kunden zu gewinnen, die auf den ersten Blick nicht zu erkennen waren, und auf dieser Basis maßgeschneiderte Angebote für einzelne Kunden zu machen oder auch andere Kunden gar nicht zu bedienen, weil sie für den Anbieter nicht profitabel waren. Die beiden Berater präsentierten ihre Idee erfolglos mehr als fünfzehn nationalen Banken, bis die Signet Bank mit Sitz in Virginia die beiden einstellte und sie mit der Durchführung der Analysen zur Vorbereitung einer solchen „information-based market strategy" beauftragte.

In den folgenden Jahren führten die beiden tausende von Analysen durch und entwickelten das Unternehmen in ein riesiges Daten-Test-Labor. Dabei entdeckten sie beispielsweise, dass die profitabelsten Kunden diejenigen waren, die große Geldbeträge liehen und diese dann nur sehr langsam zurückzahlten. Zu diesem Zeitpunkt behandelte die Kreditkartenindustrie solche Kunden genauso wie Kunden, die nur kleinere Beträge mit Kreditkarte bezahlten und diese jeden Monat beglichen. Letztere wurden als „Transactors" bezeichnet (Davenport und Harris 2007). Erstere, also solche, die die Kreditkarte als eine Art Darlehen betrachteten und nicht jeden Monat den offenen Betrag beglichen, als „Revolvers". Auf Basis ihrer Analyse entwarf die Bank eine „Balance Transfer Card" für die „Revolvers", mit der größere Beträge auch in Folgemonate überführt werden konnten. Da die Bank die erste im Markt war, die einen solchen Service anbot, erregte das Angebot Aufsehen und wurde vom Markt sehr gut angenommen, sodass die Bank dazu überging, maßgeschneiderte Angebote für alle verschiedenen Kundentypen anzubieten. Diese Opportunity entstand durch die Auswertung riesiger Datenmengen und die daraus resultierende Einsicht, dass ein „one size fits all"-Ansatz bei solch verschiedenen Kundentypen nicht optimal sein konnte (Lattin und Rierson 2007).

In den 1990er-Jahren gliederte die Signet Bank ihre Kartendivision aus und gründete das Unternehmen Capital One. Heute führt Capital One über 300 Experimente pro Tag aus, um seine Fähigkeiten, individuelle Kunden zu verstehen und zu targeten, auszubauen. Auf diese Weise kann Capital One sehr gut im Kleinen und kostengünstig austesten, wie (potenzielle) Kunden auf Angebote reagieren, bevor letztere im gesamten Markt ausgerollt werden. Dadurch ist Capital One in der Lage, neue Segmente vor dem Wettbewerb zu identifizieren und zu bearbeiten. Branchenexperten sehen die analytischen Fähigkeiten auf Basis großer Datenmengen als Erfolgsfaktor für Capital One, das zu einem großen Spieler in der Branche geworden ist. Indem es Kunden und ihre Risikoprofile besser verstand als alle anderen im Markt (Davenport und Harris 2007), reduzierte Capital One das Kreditrisiko bei jedem einzelnen Kunden und konnte und kann so die besten Konditionen im Markt bieten. Alleine 1997 hat Capital One über drei Millionen neue Kunden generiert bei Ende des Jahres insgesamt zwölf Millionen Kunden. Von 1997 bis 2007 hat sich der Unternehmenswert um 1000 % gesteigert, mehr als zehnmal so viel wie der S&P 500 Index. ◄

2.4.2 Opportunity Recognition mit Analytics

Welche konkreten Anknüpfungspunkte ergeben sich nun aus Analytics zur Generierung von Opportunities? Parmar et al. (2014) sehen fünf konkrete Ansätze (Abb. 2.13), die im Folgenden dargestellt werden. Der erste Ansatz besteht darin, Daten, die Kunden durch ihr Verhalten und den Gebrauch des Produkts oder der Leistung liefern, auszuwerten, und aus diesen Daten Rückschlüsse auf mögliche Opportunities zu ziehen. Also: Wie kann durch Datenanalyse, aus der beispielsweise neue Produkte oder Leistungen entstehen können, ein Wert für den Kunden geschaffen werden, den dieser bereit ist zu honorieren? Davenport (2014) bezeichnet diesen Ansatz als den ehrgeizigsten im Rahmen von Analytics, aber auch als den Ansatz mit dem größten Potenzial für Unternehmen. Dieser Ansatz ist in den letzten Jahren durch die Weiterentwicklung von Sensoren, die zur Aufzeichnung von Nutzungsdaten in Produkte integriert werden, und durch die Weiterentwicklung der kabellosen Kommunikation immer relevanter geworden. Durch Sensoren in Produkten können immense Datenmengen generiert werden, deren Auswertung Rückschlüsse auf das Nutzungsverhalten ermöglicht und dadurch konkrete Implikationen für weitere Produkte oder Produktanpassungen liefert. Werden Produkte online konfiguriert, können heute existierende Web-Tracking-Methoden ähnliche Möglichkeiten bieten. Das Beispiel 2.25 stellt den Ansatz von Airbnb, aus generierten Nutzerdaten neue Dienstleistungen anzubieten, exemplarisch an der Bilderfunktion des Online-Dienstes dar. Das Beispiel 2.26 veranschaulicht diesen ersten Ansatzpunkt, Opportunities aus Analytics zu generieren, am Unternehmen Netflix, das durch das Vorgehen, kontinuierlich Daten zu generieren und daraus Rückschlüsse auf die Weiterentwicklung des Service zu ziehen, den Online-Streaming-Markt erobert hat.

Beispiel 2.25: Airbnb: Neue Produkte nur auf Basis von Erkenntnissen aus Daten

Die Designer Brian Chesky und Joe Gebbia hatten 2007 Probleme, die Miete für ihr Apartment in San Francisco zu bezahlen. Aus diesem Grund beschlossen sie, das Apartment zu vermieten und dafür eine Website zu bauen, die die Vermietung anbot (Bell 2014). Den Zeitpunkt hielten sie für günstig, da gerade eine Designkonferenz in San Francisco stattfand. Neben der Möglichkeit, in ihrem Apartment zu übernachten, boten sie ein selbst gemachtes Frühstück an. Auf diese Weise akquirierten die beiden drei Mieter, die jeweils 80 US$ bezahlten. Danach meldeten sich plötzlich Interessenten aus der ganzen Welt, die das Apartment ebenfalls mieten wollten. Die beiden spürten eine Geschäftsidee und gründeten Airbed & Breakfast, das sie später in Airbnb umbenannten. Bis 2014 übernachteten zehn Millionen Gäste in 500.000 weltweit zur Untermiete angebotenen Immobilien. Nutzer haben die Möglichkeit, bei Privatpersonen in anderen Städten unterzukommen, und zumeist deutlich günstiger als in Hotels. 2014 war Airbnb mit einer Bewertung von 10 Mrd. US$ schließlich mehr wert als etablierte Spieler im Markt wie Hyatt oder Wyndham.

Was steckt hinter dieser Erfolgsgeschichte? Grundlage für die Entscheidungen der Gründer war eine strikte Datengetriebenheit. Dazu kann folgendes Beispiel dienen: Im Sommer 2009 stellten die Gründer fest, dass Airbnb es nicht wirklich schaffte, in New York Übernachtungen und damit Umsatz zu generieren. Aus diesem Grund flogen die Gründer nach New York und sahen sich 24 der angebotenen Wohnungen

Ansatz	Beschreibung
Generierung von Daten aus Kundenverhalten	– Entwicklung von Möglichkeiten der Datengenerierung mit Produkten (z. B. durch Sensoren) und Services zur Aufzeichnung von Kundenverhalten – Generierung von Rückschlüssen aus generierten Daten für neue Angebote
Digitalisierung bestehender Produkte und Services	– Digitalisierung bestehender physischer Produkte oder anderer Services – Erstellung und Vermarktung von Online-Angeboten (über Mobiltelefonate und Tablets)
Kombination von Datenquellen	– Schaffung von Transparenz über verschiedene Datenquellen zu einem Produkt, einer Leistung oder einem Kundensegment – Intelligente Kombination dieser Datenquellen zu einer Gesamtleistung
Vertrieb und Handel von bestehenden Daten	– Schaffung von Transparenz über vorhandene Daten im Unternehmen – Entwicklung eines Angebots zur Vermarktung der Daten an andere Unternehmen
Vermarktung digitaler Service-Fähigkeiten	– Analyse von wettbewerbsfähigen internen Service-Prozessen im Unternehmen – Entwicklung und digitale Vermarktung dieser internen Service-Prozesse

Abb. 2.13 Ansätze zur Aufdeckung von Opportunities mithilfe des Analytics-Ansatzes. (Nach Parmar et al. 2014)

an. Sie stellten fest, dass die von den anbietenden Privatpersonen erstellten Fotos zumeist von sehr niedrigerer Qualität waren und die Wohnungen nicht angemessen wiedergaben, und schlussfolgerten daraus, dass die Bilderqualität der Grund für die schlechten Buchungsraten in New York sein musste. Die Gründer liehen sich eine Profikamera, erstellten professionelle Fotos von den Wohnungen und stellten diese online. Nur einen Monat später hatte sich der Umsatz von Airbnb in New York verdoppelt. Durch diesen Erfolg bestätigt, wurde 2010 das „Airbnb Photographer Program" ins Leben gerufen. Anbieter von Übernachtungsmöglichkeiten können es zur Buchung lokaler, professioneller Fotografen nutzen, um so ihre Buchungen zu steigern. 2012 arbeiteten über 2000 lokale freiberufliche Fotografen für dieses Programm. Airbnb testete weiter und stellte fest, dass ein Wasserzeichen mit dem Airbnb-Schriftzug die Buchungsraten noch weiter steigern konnte. Diese konsequente Datengetriebenheit bei Entscheidungen gilt als ein zentraler Treiber im außergewöhnlichen Wachstum von Airbnb. ◄

> **Beispiel 2.26: Wie bei Netflix Daten genutzt werden, um Kunden individuell optimal zu bedienen und neue Produkte zu entwickeln**

Netflix trifft Entscheidungen nicht aus dem Bauch heraus, sondern immer datengetrieben.

Netflix beschreibt sich selbst folgendermaßen: „Netflix has been a data-driven company since its inception. Our analytic work arms decision-makers around the company with useful metrics, insights, predictions, and analytic tools so that everyone can be stellar in their function. Partnering closely with business teams in product, content, studio, marketing, and business operations, we perform context-rich analysis to provide insight into every aspect of our business, our partners, and of course our members' experience with Netflix" (Netflix 2021a).

Netflix verwendet also stringent Daten, um sowohl die individuelle Kundennutzung (User Experience) als auch das Portfolio (mit eigenen und gekauften Inhalten) insgesamt zu optimieren. Um zu entscheiden, welche Filme einem Abonnenten angeboten werden, wenn er oder sie die Website betritt, wertet Netflix Kommentare und die Historie des Abonnenten genau aus und kann so vorhersehen, welche Filme oder anderen Produkte er oder sie sich als nächstes ansehen wird. Des Weiteren werden Änderungen des Produktangebotes, neue Anmelde- oder Streamingprozesse und andere Kundenprozesse getestet, indem zwei oder mehr Varianten erstellt und mit verschiedenen Kundengruppen getestet werden (sogenanntes A/B Testing), bevor permanente Änderungen durchgeführt werden. Netflix verwendet außerdem experimentelle Settings und Machine Learning (Netflix 2021b), um kontinuierlich dazuzulernen und individuelle Empfehlungen auszusteuern (Netflix 2021c).

Für die Auswahl und eigene Produktion neuer Videoinhalte analysiert Netflix ebenfalls strukturiert Erfolgsfaktoren von Serien und Filmen. Charakteristika erfolgreicher Serien (z. B. schwarzer Humor, weibliche Hauptdarstellerinnen, Serien der

Produzentin Jenji Kohan) werden dann kombiniert, um neue Blockbuster-Serien (bezogen auf obige Beispiele etwa „Orange is the new Black") zu entwerfen. ◄

Ein zweiter Anknüpfungspunkt, im Rahmen von Analytics Opportunities zu generieren, besteht in der Digitalisierung bereits bestehender Produkte oder Lösungen, um diese digitalisierten Produkte oder Lösungen den Kunden über Online-Systeme, beispielsweise über Mobiltelefone oder Tablets, überall und zu jeder Zeit zugänglich zu machen. Prominenteste Beispiele digitalisierter Produkte sind sicherlich Bücher und Musik, im letzteren Fall vor allem iTunes, das – als Konkurrenz zum stationären CD-Handel – Anfang der 2000er-Jahre von Apple auf den Markt gebracht wurde und eine ganze Industrie revolutionierte. Aber auch andere Produkte oder Leistungen können digitalisiert werden, zumal immer kreativere Möglichkeiten der Programmierung und Bedienung entstehen. Als Beispiel kann das digitale Museum „International Museum of Women" in Beispiel 2.27 herangezogen werden.

Beispiel 2.27: Das größte digitale Museum der Welt

Das „International Museum of Women" ist ein Non-Profit-Online-Museum, das Kunst von Frauen aus verschiedensten Ländern ausstellt. Allerdings nicht in Räumen oder Gebäuden, wie man es von Museen gewohnt ist, sondern virtuell über einen Online-Zugang (Parmar et al. 2014). So können Internetnutzer, beispielsweise über eine App auf dem Smartphone, Kunst von 10.000 verschiedenen Künstlerinnen sehen. Die Community um das Online-Museum generiert jährlich etwa 600.000 Besucher, 40.000 Internet-Nutzer haben den Newsletter abonniert. Es gibt 11.000 Facebook-Fans und 7000 Twitter-Folger aus mehr als 200 Ländern. ◄

Der dritte Anknüpfungspunkt zur Schaffung von Opportunities auf Basis von Analytics besteht darin, Daten aus verschiedenen Datenquellen zu kombinieren und zu integrieren und daraus einen Mehrwert zu schaffen. Parmar et al. (2014) nennen als Beispiel die norditalienische Stadt Bozen, die einen sehr hohen Anteil an alten Einwohnern hat. IBM hat in den Wohnungen der älteren Einwohner Sensoren angebracht, die Temperatur, CO_2-Gehalt und Bewegungen der Bewohner messen. Durch diese werden Daten generiert, die verschiedensten Service-Anbietern (wie Ärzten oder dem Gebäudemanagement) zur Verfügung gestellt werden.

Der vierte Anknüpfungspunkt zur Generierung von Opportunities im Rahmen von Analytics besteht darin, mit Daten zu handeln. Wenn Daten in einer „Big Data"-Generation zu einem Wettbewerbsvorteil werden, wie im vorhergehenden Abschnitt dargestellt, dann ist ein überlegener Datenzugang im Wettbewerb zentral. Damit werden Daten zu einem Gut, für das Unternehmen bereit sind, eine Gegenleistung zu erbringen. Auch können Daten verschiedener Unternehmen kombiniert werden, um durch die Kombination ein neues Produkt oder eine neue Lösung anbieten zu können. Demnach sollten Unternehmen sich fragen, ob sie über Daten verfügen, die für andere

Unternehmen Wert haben oder durch die Kombination mit Daten anderer Unternehmen an Wert gewinnen, wie es im Fall der Kooperation zwischen Vodafone und TomTom geschehen ist (Beispiel 2.28).

Beispiel 2.28: Google Maps verwendet die Daten der Nutzer, um Autofahrern Staus zu ersparen

Google hat es sich zur Aufgabe gemacht, das Wissen der Welt zu digitalisieren und verfügbar zu machen. 2005 baute Google dazu mit dem Dienst Maps eine Übersicht der Erdoberfläche als Straßensystem, Luft- und Erdoberflächenbild auf. Seit Oktober 2009 fungiert der Kartendienst Google Maps auch als vollwertiges Navigationssystem (Wikipedia 2021).

Dabei nutzt Google die Ortungsdaten der Nutzer (wenn diese zustimmen, dass ihre Location geortet und anonym am Google übermittelt wird) um festzustellen, wie schnell auf verschiedenen Straßen wirklich gefahren werden kann und wo Autofahrer aktuell langsamer fahren oder stehen. Indem Google anstelle der aktuellen Verkehrsnachrichten die Daten aus diesem Crowdsourcing nutzte, schaffte das Unternehmen es, sehr akkurate und aktuelle Informationen zur tatsächlichen Fahrzeit zu berechnen. Außerdem werden die empfohlenen Routen dynamisch an die Live-Verkehrssituation angepasst (Barth 2009).

Neben Stauinformationen verwendet Google die Ortungsdaten der Nutzer mittlerweile aber auch, um Prognosen dazu abzugeben, wie voll verschiedene Verkehrsmittel (wie Busse und Bahnen) (Perez 2019), Geschäfte und Restaurants sind (Ledbetter 2017). Google nutzt damit die Informationen einer großen Nutzergruppe, um daraus konkrete Empfehlungen für einzelne Nutzer zu Routen, Verkehrsmitteln oder den besten Zeiten für einen Einkauf im Laden abzuleiten (GoogleWatchBlog 2019). ◄

Der fünfte Anknüpfungspunkt zur Ideengenerierung besteht darin, etablierte Serviceleistungen auf Basis großer Datenmengen zu kodifizieren und anderen Unternehmen anzubieten, wie es die Citigroup bereits vollzieht (Beispiel 2.29). Innovationen in der Informationstechnologie zielten immer schon darauf ab, Prozesse in Unternehmen zu perfektionieren. Durch Analytics entstandene Möglichkeiten erlauben es Unternehmen, solche Prozesse zu standardisieren und insbesondere im Rahmen von Cloud-Lösungen an andere Unternehmen zu verkaufen, die dann auf etablierte, optimierte IT-Prozesse und insbesondere existierende Datenmengen zugreifen.

Beispiel 2.29: Wie die Citigroup interne Prozesse verkauft

Die Citigroup hat Modelle entwickelt, die Transaktionsdaten so analysieren, dass Geldströme im gesamten Finanzsystem analysiert werden können. Ineffizienzen, die verhindern, dass Kunden über Geld verfügen können, wurden so reduziert. Nach einer fünfjährigen Entwicklungs- und Optimierungszeit wurden die Modelle – unter dem Namen Citi Direct BE Mobile – anderen Finanzinstitutionen und großen

Unternehmen zur Verfügung gestellt, so dass diese ihre Zahlungsströme zu jedem Zeitpunkt analysieren und beobachten können. Bereits im ersten Jahr konnte die Citigroup so Dienstleistungen verkaufen, die insgesamt elf Milliarden US-Dollar in Transaktionen analysieren. Kurz Zeit später stieg der Betrag auf das Zehnfache (Parmar et al. 2014). ◄

2.4.3 Anwendung des Analytics-Ansatzes

Analytics bietet sich immer dann als Quelle für Opportunities an, wenn das Unternehmen über große Datenmengen in irgendeiner Form verfügt, deren Potenzial es bislang nicht vollumfänglich nutzt. Liegen Datenmengen für weitreichende Analysen noch nicht in ausreichender Menge vor, so stellt insbesondere der erste Anknüpfungspunkt aus dem vorherigen Abschnitt einen Start in die Datengenerierung da. So können in bestehende Produkte möglicherweise Sensoren oder ähnliches eingebaut werden, die den Aufbau einer Datenbank zu Produktdaten und Nutzung dieser Daten ermöglichen.

Sind Daten vorhanden, die das Potenzial haben, Quellen für Opportunities zu sein, bietet sich ein strukturierter fünfstufiger Prozess an, der in Abb. 2.14 dargestellt wird. In einem ersten Schritt sollte das betrachtete Unternehmen Transparenz über die aktuell verfügbaren Daten im Unternehmen schaffen (Parmar et al. 2014). Dazu kann ein Unternehmen eine interne Analyse aller Aktivitäten der Wertschöpfungskette durchspielen und analysieren, ob in einzelnen Schritten Daten vorliegen, die Grundlage für weitere Schritte zur Identifizierung von Opportunities sein können.

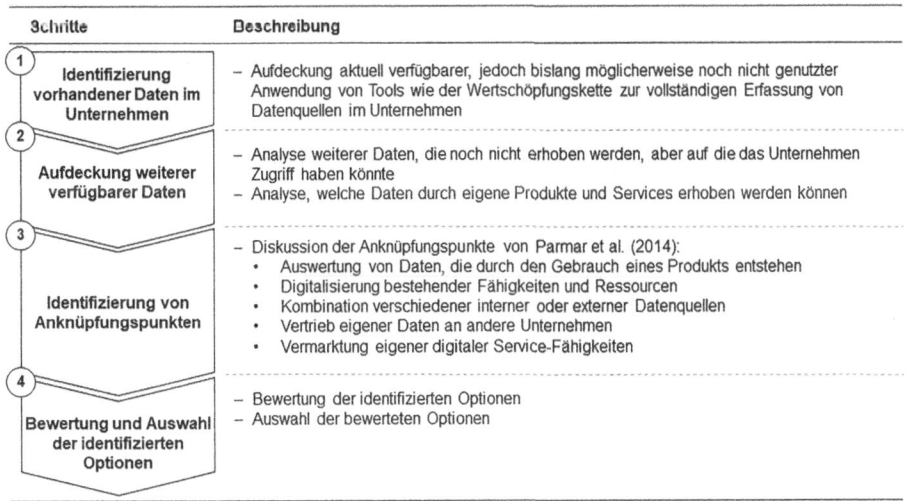

Abb. 2.14 Konkrete Schritte zur Identifizierung von Opportunities mithilfe des Analytics-Ansatzes. (Eigene Darstellung)

Im zweiten Schritt sollte sich das betrachtete Unternehmen der Frage widmen, ob es aktuelle Möglichkeiten der Datengenerierung versäumt. Konkret sollte es sich fragen:

- Auf welche Daten, die wir aktuell noch nicht erheben, haben wir Zugriff?
- Welche Daten werden durch unsere eigenen Produkte, Lösungen oder Prozesse (etwa durch Sensoren oder ähnliches) geschaffen?
- Welche hilfreichen Daten können uns andere Unternehmen möglicherweise liefern?
- Über welche Daten verfügen wir, die für andere Unternehmen von Interesse sein könnten?

Sind potenziell interessante Daten verfügbar, steht als nächstes die Untersuchung der im vorherigen Abschnitt dargestellten fünf Anknüpfungspunkte für Opportunities im Rahmen von Analytics an. Für jeden dieser fünf Anknüpfungspunkte schlagen Parmar et al. (2014) eine Reihe von Fragen vor, die sich Unternehmen auf der Suche nach Opportunities stellen sollten. Der erste Anknüpfungspunkt zielt darauf ab, Daten, die Kunden durch den Gebrauch des Produkts oder der Leistung generieren, auszuwerten. Relevante Fragestellungen sind:

- Welche Erkenntnisse können aus diesen Daten generiert werden?
- Wie können diese Daten einen Wert für unsere Kunden, Lieferanten oder andere Spieler in der Industrie schaffen?

Der zweite Anknüpfungspunkt zielt auf die Digitalisierung von Fähigkeiten und Ressourcen ab, die bislang nicht in digitaler Form vorlagen. Auch hier bieten sich einige Fragen an:

- Wie können wir durch Digitalisierung den Wert unserer Produkte oder Lösungen für den Kunden erhöhen?
- Verfügen wir über physische Ressourcen, die digitalisiert werden können?

Im dritten Anknüpfungspunkt geht es um die Kombination verschiedener Datenquellen im eigenen Unternehmen, aber auch außerhalb des Unternehmens. Relevante Fragen sind hierbei:

- Können unsere Daten in Kombination mit Daten anderer Unternehmen überlegene Erkenntnisse liefern?
- Können wir als Katalysator fungieren und Daten anderer Unternehmen zusammenbringen?

Der vierte Anknüpfungspunkt stellt das betrachtete Unternehmen vor die Frage, ob es Daten in großer Menge besitzt, die für andere Unternehmen von Interesse sind, so dass das betrachtete Unternehmen für diese Daten eine Gegenleistung erhalten kann. Die zentrale Frage ist dabei: Besitzen wir Daten, die für andere Unternehmen (wie Kunden,

Wettbewerber, Unternehmen anderer Industrien) von Wert sind, und besteht bei den anderen Unternehmen für diese Daten eine Zahlungsbereitschaft?

Der fünfte Anknüpfungspunkt besteht in der Vermarktung digitalisierter Service-Fähigkeiten des betrachteten Unternehmens. Konkrete Fragen zur Identifizierung von Opportunities sind hierbei:

- Besitzt das Unternehmen eine Fähigkeit, die andere Unternehmen sehr wertschätzen?
- Gibt es eine Möglichkeit, diese Fähigkeit zu standardisieren und als digitalen Service anzubieten?

Aus diesem dritten Schritt des in Abb. 2.14 dargestellten Prozesses erhält das Unternehmen möglicherweise verschiedene Ideen, die Basis für Opportunities sein können. Im vierten Schritt steht dann die Bewertung, Auswahl und Umsetzungdieser Ideen auf ihr Potenzial für das konkret betrachtete Unternehmen an.

Kernaussagen

- Im Rahmen des Analytics-Ansatzes werden Opportunities in großen Datenmengen vermutet.
- Unternehmen verfügen typischerweise über mehr Daten, als sie tatsächlich nutzen. Das Potenzial kann durch fünf verschiedene Anknüpfungspunkte der Datennutzung gehoben werden.
- Produkte und Lösungen sowie Prozesse im Unternehmen selbst können durch neuartige Technologien Quellen für Daten sein, deren Auswertung die Verbesserung von Produkten, Lösungen oder Prozessen ermöglicht oder Erkenntnisse zu völlig neuen Produkten, Lösungen oder Prozessen liefert.
- Daten werden ein Gut, für das andere Unternehmen zu zahlen bereit sind. Unternehmen sollten ein Verständnis für ihre im Unternehmen vorhandenen Daten entwickeln und überprüfen, ob diese für andere Unternehmen einen Wert haben.
- Die Digitalisierung von Ressourcen, die Kombination von Daten aus verschiedenen Quellen sowie die Standardisierung und Digitalisierung von Daten sind drei weitere Anknüpfungspunkte, wie Opportunities auf Basis großer Datenmengen entstehen können.

Fragen zur Wiederholung

1. Erläutern Sie grundlegend das Analytics-Konzept in Abgrenzung zu traditionellen Analysesystemen. Gehen Sie auf Datenmenge, Datengenerierung, Datenanalyse, Profil der Nutzer und organisatorische Aufhängung innerhalb eines Unternehmens ein.
2. Nennen Sie fünf Anknüpfungspunkte für den Analytics-Ansatz zur Aufdeckung von Opportunities und erläutern Sie diese.
3. Nennen Sie jeweils mindestens zwei Fragen je Anknüpfungspunkt, die sich Unternehmen stellen können, um potenzielle Opportunities zu erkennen.

2.5   Produkt-Trend-Ansatz

Im folgenden Abschnitt wird der Produkt-Trend-Ansatz als Tool zur Generierung von Ideen für Opportunities vorgestellt. Entscheidungsträger in Unternehmen haben oft ein Problem damit, sich vorzustellen, inwiefern ein großer und globaler Trend (wie eine zunehmende Digitalisierung) auf ihre konkreten Produkte oder Lösungen einen Einfluss haben kann. Der Produkt-Trend-Ansatz zur Identifizierung von Opportunities geht also von bestehenden Produkten und Lösungen im Unternehmen aus. Zur Vorstellung des Produkt-Trend-Ansatzes wird im einführenden Abschn. 2.5.1 zunächst eine Logik vorgestellt, wie Eigenschaften und Funktionen eines Produkts oder einer Lösung systematisch dargestellt werden können. Abschn. 2.5.2 zeigt dann drei Ansatzpunkte auf, mit denen die Eigenschaften und Funktionen des Produkts oder der Lösung auf aktuelle und zukünftige Trends hin angepasst und ausgerichtet werden können. Abschn. 2.5.3 legt dar, welche konkreten Schritte notwendig sind, um den Produkt-Trend-Ansatz anzuwenden, und legt besonderes Augenmerk auf das Identifizieren großer und globaler, aktueller und zukünftiger Trends, beispielsweise in der IT-Branche.

Lernziele

- Das Konzept des Produkt-Trend-Ansatzes verstehen und nutzen können.
- Hierzu gilt es,
  - zunächst bestehende Produkte und Leistungen des Unternehmens nach ihren Eigenschaften und Funktionen zu strukturieren,
  - globale, anhaltende Trends, die übergreifenden Einfluss auf Lebensbereiche von Kunden verschiedenster Marktsysteme haben, aufzudecken,
  - zu analysieren, welche generellen Implikationen dieser Trend für die Wahrnehmung, soziale Interaktion und das Verhalten von Kunden hat,
  - festzustellen, wie diese Trends beeinflussen, wie Kunden Produkte und Leistungen des Unternehmens wahrnehmen,
- um, entlang der drei Optionen Durchdringen und Aufstocken, Kombinieren und Übersteigen sowie Entgegenwirken und Bestätigen, neue Opportunities für eigene Produkte und Services mit ihren Eigenschaften und Funktionen zu entwickeln, basierend auf globalen Trends und entsprechender neuer Kundenerwartungen.

2.5.1   Das Konzept des Produkts

Eine wesentliche Frage im Marketing ist die Gestaltung des Produkts an sich. Aus diesem Grund hat sich die Marketinglehre intensiv damit auseinandergesetzt, wie ein Produkt beschrieben werden kann und aus welchen Elementen es konkret besteht (Homburg und Krohmer 2009). So gibt es enge Produktabgrenzungen, die ein Produkt rein auf physische Eigenschaften (wie Größe, Gewicht, Farbe) reduzieren, und andere Abgrenzungen, die eine breitere Sicht auf ein Produkt einnehmen und seine Funktion ebenso beschreiben wie weitere Dienstleistungen, beispielsweise eine Gewährleistung oder Reparaturmöglichen nach dem Kauf des Produkts (Kotler und Bliemel 2001).

Im Folgenden werden wir ein Produktverständnis wählen, das aus zwei wesentlichen Elementen besteht: Zum einen aus den Eigenschaften des Produkts, das sowohl die Kerneigenschaften (wie das Produktdesign) als auch erweiternde Dienstleistungen umfasst. Zum anderen betrachten wir zur vollständigen Erfassung eines Produkts auch seine Funktion im Hinblick auf den Nutzen für den Käufer. Kerneigenschaften eines Automobiles, als ein Beispiel für ein Produkt, sind die Karosserie, die Bremsen oder die Windschutzscheibe. Als erweiternde Eigenschaften kommen Leistungen wie Leasing oder Garantien hinzu. Die Funktion eines Automobils wird in den meisten Fällen für den Käufer darin bestehen, ihn von A nach B zu bringen. Möglicherweise hat es noch die Funktion eines Hobbys. Auch Dienstleistungen können in ähnlicher Form beschrieben werden. Eine Eigenschaft einer Lebensversicherung könnte darin liegen, dass sie eine gewisse Verzinsung garantiert. Für den Käufer erfüllt die Lebensversicherung die Funktion einer Absicherung für sich oder seine Familie gegen gewisse Risiken im Krankheits- oder Todesfall.

2.5.2 Opportunity Recognition mit dem Produkt-Trend-Ansatz

Legt man die Unterteilung in Eigenschaften und Funktionen von Produkten aus dem vorherigen Abschnitt zugrunde, so können Unternehmen ihre Produkte und Lösungen entlang ihrer Eigenschaften weiterentwickeln oder ihnen neue oder zusätzliche Funktionen geben. Ofek und Wathieu (2010) beobachten, dass Manager Probleme damit haben, sich vorzustellen, wie große und globale, aktuelle und zukünftige Trends potenzielle Erweiterungen von Produkteigenschaften oder der Funktionen dieses Produkts darstellen können. Oft wirken große und globale Trends für die eigenen Produkte oder Lösungen irrelevant. Ofek und Wathieu (2010) legen auf Basis dieser Beobachtung dar, dass Unternehmen besonders erfolgreich waren, wenn sie ihre Produkte oder Lösungen vor dem Hintergrund großer und globaler Trends weiterentwickelt oder sogar völlig neu aufgestellt haben. Ofek und Wathieu (2010) unterscheiden zwischen drei Anknüpfungspunkten (Abb. 2.15), die sich vor dem Hintergrund der Eigenschaften und Funktionen bestehender Produkte und Lösungen sowie sich ankündigender Trends herleiten lassen.

Ein erster Anknüpfungspunkt besteht darin, bestehende Produkte oder Lösungen zu durchdringen und aufzustocken (Ofek und Wathieu 2010). „Durchdringen und Aufstocken" („Infuse and Augment") bedeutet, dass das bestehende Produkt oder die bestehende Lösung die meisten ihrer Kerneigenschaften behält, diese aber durch Eigenschaften ergänzt werden, die der betrachtete Trend freisetzt. Dadurch wird ein bestehendes Produkt oder eine bestehende Lösung ergänzt, eine neue grundsätzliche Funktion erhält das Produkt nicht. Der Ansatz vieler Unternehmen, auf den Trend des zunehmenden Umweltbewusstseins von Kunden zu reagieren, besteht darin, das Produkt

Ansatz	Beschreibung
Durchdringen und Aufstocken	– Beibehalten bestehender Eigenschaften und Funktionen in Produkten und Leistungen – Ergänzung von Eigenschaften, die sich aus globalen Trends ergeben, ohne dass dabei die Funktion des Produkts oder der Leistung beeinflusst wird
Kombinieren und Übersteigen	– Produkte und Leistungen behalten bestehende Eigenschaften und Funktionen im Wesentlichen, werden aber durch neue Eigenschaften und Funktionen, die sich aus den globalen Trends ergeben, ergänzt – Schaffung einer neuen Produkt- oder Leistungskategorie
Entgegenwirken und Bestätigen	– Fokussierung auf (zumindest für einzelne Kundensegmente unerwünschte) Wirkungen von globalen Trends – Aufnahme von Eigenschaften in das Produkt oder die Leistung, die dem globalen Trend entgegenwirken

Abb. 2.15 Ansätze zur Aufdeckung von Opportunities mithilfe des Produkt-Trend-Ansatzes. (Nach Ofek und Wathieu 2010)

beizubehalten, es aber durch neue Eigenschaften umweltfreundlicher zu gestalten, wie Beispiel 2.30 für die GoGreen-Initiative von DHL veranschaulicht.

Beispiel 2.30: DHL und GoGreen: Ein aktueller Trend als neue Produkteigenschaft

Seit einigen Jahren bietet der Logistikdienstleister DHL an, Pakete unter dem Label GoGreen klimaneutral zu versenden. Innerhalb Deutschlands ist der Service für den versendenden Kunden kostenfrei, bei Versand ins Ausland fällt ein Aufpreis an. Die Pakete haben eine Recycling-Verpackung; die durch den Transport entstehenden CO_2-Emissionen werden durch Investitionen in Klimaschutzinitiativen kompensiert (Deutsche Post AG 2016). ◄

„Kombinieren und Übersteigen" („Combine and Transcend") stellt den zweiten Anknüpfungspunkt im Produkt-Trend-Ansatz dar (Ofek und Wathieu 2010). Dieser führt zu weitreichenderen Änderungen an den bestehenden Produkten oder Lösungen und schafft oft neue Produkt- oder Lösungskategorien. Im Kern geht es darum, das bestehende Produkt oder die bestehende Lösung mit ihren zentralen Eigenschaften und ihrer zentralen Funktion beizubehalten und um Eigenschaften und Funktionen zu ergänzen, die sich aus großen Trends ergeben. Dadurch kann ein völlig neues Produkt oder eine neue Lösung entstehen, die neue Märkte schafft. Als Beispiel kann das Unternehmen Peloton Bike gelten, das zu Hause trainieren mit der Möglichkeit, gemeinsam mit einem Trainer und mit einer Community zu trainieren, verknüpft hat, wie Beispiel 2.31 darstellt.

Beispiel 2.31: Peloton Bike – mit Gamification zum Erfolg

Das Peloton Bike ist ein Fahrrad-Hometrainer. Grundsätzlich kein revolutionäres Produkt, sondern etwas, das es schon seit Jahrzehnten gibt. Peloton Inc. hat es trotzdem geschafft, extrem erfolgreich zu werden, indem es den Hometrainer über ein digitales Display mit anderen Sportlern und Trainern verbindet und ein spannendes Live- und On-Demand-Programm mit (virtuellen) Belohnungen anbietet.

Kunden kaufen nicht nur einen Hometrainer, sondern den Zugang zu einem Netzwerk Gleichgesinnter und ein interaktives „Spiel". Das Unternehmen setzt den Trend Gamifikation sehr erfolgreich um: es werden die Daten der Nutzer aufgezeichnet und über das Display (das Leaderboard) angezeigt (Khanna 2019), Nutzer können (alleine oder in Teams) Missionen (Challenges) bestreiten (z. B. jeden Tag eines Monats zu fahren oder eine bestimmte Kilometeranzahl im Team zu erfahren) und erhalten dafür Punkte und Auszeichnungen (Badges). Diese Belohnungen in Kombination mit sozialer Anerkennung durch andere Nutzer und durch die Trainer aktivieren und befriedigen den Spieltrieb und führen dazu, dass die Nutzer regelmäßig und motiviert trainieren. Peloton gibt an, dass 96 % der Nutzer bei dem Training bleiben und durchschnittlich 13 Mal pro Monat trainieren (Griffith 2018). Peloton hat so mit Gamification aus einem normalen Produkt ein besonderes Erlebnis gemacht. Dies zeigt sich auch am Erfolg des Unternehmens – bereits sieben Jahre nach der Gründung 2012 hat Peloton fast eine halbe Million zahlender Nutzer weltweit (Macrotrends 2021). ◄

Der technologische Fortschritt, intelligente und vernetzte Produkte zu erstellen, ist ein wesentlicher Treiber für Möglichkeiten im Rahmen von „Kombinieren und Übersteigen". Porter und Heppelmann (2014) stellen dar, dass intelligente und vernetzte Lösungen für viele bestehende Produkte und Leistungen eine geeignete Option sind, um Funktionalitäten hinzuzufügen. Oft entstehen so Produkte und Lösungen, die an Schnittstellen zwischen Industrien anzutreffen sind und traditionelle Produktgrenzen überschreiten. Eine wesentliche Eigenschaft dieser neuen Funktionalitäten besteht darin, dass sie eine große Menge an Daten generieren und auswerten, und zwar Daten, die zuvor nicht verfügbar waren. Die Informationstechnologie wird, beispielsweise durch Sensoren, Software und Vernetzungen zwischen Produkten oder Leistungen, selbst Teil der Produkte und Lösungen. Jüngste Entwicklungen in der Informationstechnologie, beispielsweise fallende Kosten von Computerrechenleistung und steigende Energieeffizienz von Sensoren, haben diese Entwicklung ermöglicht.

Intelligente und vernetzte Produkte und Lösungen ermöglichen vier konkrete Erweiterungen von Produkten und Lösungen nach Porter und Heppelmann (2014):

• Beobachtung („Monitoring"): Intelligente und vernetzte Produkte und Lösungen ermöglichen die umfassende Beobachtung von Zustand, Funktionsfähigkeit und externer Umwelt des Produkts durch Sensoren und weitere Datenquellen. Beobachtung kann ebenfalls die Art der Benutzung des Gegenstands messen und so dem Nutzer Rückmeldungen geben (wie in den Beispielen 2.32 und 2.33 für Produkte von Nike und Babolat beschrieben), Garantiefälle auslösen oder ausschließen oder bei Verbrauchsgütern Nachbestellmöglichkeiten ermöglichen.

• Kontrolle („Control"): Intelligente und vernetzte Produkte oder Lösungen können aus der Ferne bedient werden oder sich automatisch anpassen, wenn sich externe Rahmenbedingungen ändern. So können beispielsweise Beleuchtungssysteme per Smartphone gesteuert werden oder Rollläden auf Wetterbedingungen automatisch reagieren.

- Optimierung („Optimization"): Auf Basis von Beobachtung und Kontrolle können intelligente und vernetzte Produkte Verbrauch und Effizienz steigern. Echtzeit-Beobachtung kann Vorwarnungen geben, wenn Verbrauchsteile ersetzt werden müssen, oder Ressourcen können zeitlich gestreckt werden.
- Autonomie („Autonomy"): Beobachtung, Kontrolle und Optimierung in Kombination ermöglichen autonome Produkte und Lösungen, indem beispielsweise ein Staubsauger Sensoren nutzt, um Bodenbeläge auf ihre Reinigungsnotwendigkeit zu überprüfen und die Reinigung entsprechend durchzuführen.

Beispiel 2.32: Nikes Antwort auf die digitale Transformation: Das digitale Sportskit

Mitte der 2000er-Jahre war Nike Marktführer für Laufschuhe in den USA. 2006 startete Nike eine Kooperation mit Apple, um Trends der digitalen Transformationen auch für seine Produkte zu nutzen. Nike+ war geboren (Porter und Heppelmann 2014): ein digitales Sportskit mit einem Sensor, der an die Laufschuhe geklippt wird, und einem kabellosen Empfänger, der die gesammelten Daten während des Laufens an den iPod sendet. So können Jogger während des Laufens Musik hören, gleichzeitig Daten wie verbrannte Kalorien und gelaufene Distanz aufzeichnen und diese Informationen auf dem iPod speichern. Der iPod kann später am Heimcomputer auf nikeplus.com geladen werden, wo eine benutzerfreundliche Oberfläche den Trainingsfortschritt aufzeigt. Über diese Website können die Lauferfolge in sozialen Medien wie Facebook mit Freunden geteilt, potenzielle Laufpartnerschaften generiert und Erfahrungen ausgetauscht werden. Kürzlich erweiterte Nike das Angebot über den Laufsport hinaus auf Fitnesstrainings in Studios.

Bis Mitte 2014 hatte die Plattform von Nike+ knapp 30 Mio. Nutzer. Viele Kunden von Nike, die einen Laufschuh kaufen, erwerben eine Variante, die eine spezielle Vertiefung für den Sensor hat. Wenn man bedenkt, dass ein Laufschuh im Schnitt 80 US$ kostet, entsteht durch das Sportskit mit einem Preis von etwa 30 US$ ein starker Hebel auf den Umsatz. Viel interessanter ist jedoch die Beobachtung, dass Nike es geschafft hat, sein Kernprodukt Laufschuh so mit aktuellen Trends zu verknüpfen, dass ein zusätzlicher Mehrwert für den Kunden geschaffen wurde und Nike selbst in das Zentrum des Sporterlebnisses gerückt ist. Nike ist damit nicht nur die Marke für Schuhe zum Laufen, sondern Marke für das Kompletterlebnis des Laufens. ◀

Durch die Erweiterung der traditionellen Produktfunktionalitäten weichen typische Industriegrenzen auf. So ist das in Beispiel 2.33 beschriebene Produkt von Ralph Lauren sowohl in der Bekleidungsindustrie als auch in der Lifestyle-/Fitness-/Gesundheitsindustrie anzusiedeln, und damit in zwei Industrien, zwischen denen bislang keine so offensichtliche Schnittstelle bestand. Damit stehen Unternehmen nicht mehr um klar abgegrenzte und definierte Produkte im Wettbewerb, sondern erarbeiten sich über das gesamte angebotene System Wettbewerbsvorteile. Im Wettbewerb ergeben sich damit für Unternehmen viele neue Gelegenheiten der Differenzierung, weg von reinen Preiswettbewerben bei klar umgrenzten Commodity-Produkten. Wechselkosten sind zudem bei intelligenten und vernetzten Produkten aus Kundensicht deutlich höher (Porter und Heppelmann 2014).

Beispiel 2.33: Ralph Laurens Polo-Tech-Produkt: Mode- oder Fitnessprodukt?

Mit dem Produkt „Polo Tech" beschritt die Modefirma Ralph Lauren 2014 neue Wege (Parmar et al. 2014). Ein mit Sensoren und eingewebten Silberfasern ausgestattetes T-Shirt liefert dem Träger Daten über Bewegungsabläufe und Kalorienverbrauch. Sogar der Stresslevel lässt sich datentechnisch erfassen. Das Produkt wurde 2014 im Rahmen der US Open erstmalig vorgestellt und von einigen Sportlern und Balljungen getragen. Die Daten sind dem Nutzer dann über eine App auf dem Smartphone zugänglich. Dem Anbieter zufolge bietet das Produkt den gewohnten Look von Ralph Lauren und ist gleichzeitig ein Fitnessprodukt. Damit ist der Anbieter in zwei Produktkategorien präsent, die bislang in dieser Firm nicht miteinander verbunden waren. ◄

„Entgegenwirken und Bestätigen" („Counteract and Reaffirm") stellt den dritten Anknüpfungspunkt zur Generierung von Ideen dar (Ofek und Wathieu 2010). Dieser hat einen dem zweiten Anknüpfungspunkt entgegengesetzten Ansatz: Er geht davon aus, dass große und globale Trends auch immer Veränderungen mit sich bringen, die zumindest einzelne Kunden oder Kundengruppen nicht schätzen, sondern im Gegenteil sogar ablehnen. Entsprechend empfiehlt der dritte Anknüpfungspunkt „Entgegenwirken und Bestätigen", Eigenschaften in das Produkt aufzunehmen oder zu verstärken, die dem Trend entgegenwirken, wie Beispiel 2.34 für Pokémon Go beschreibt.

Beispiel 2.34: Pokémon Go – mit Augmented Reality zu mehr Bewegung

Seit Jahrzehnten sind Video- und Computerspiele ein Trend in der Spielzeugindustrie. Sie haben immer mehr an Bedeutung gewonnen und klassische Kinderspiele, die mit mehr Bewegung verbunden waren, in den Hintergrund gerückt. Dieser Trend trägt als negative Entwicklung zur zunehmenden Fettleibigkeit bei Kindern und Jugendlichen bei (Ofek und Wathieu 2010).

Augmented Reality (deutsch: erweiterte Realität) ermöglicht, digitale Elemente und Informationen auf Displays einzublenden, die die Realität ergänzen und erweitern. Mit diesen Erweiterungen kann dann auch interagiert werden, d. h. sie verändern sich durch Handlungen oder Bewegungen eines Nutzers.

Das Unternehmen Niantic kombinierte diese beiden Trends zu einem erfolgreichen Produkt: Pokémon Go. In dem Spiel für Smartphones werden Figuren und Themen aus dem Videospiel und der Zeichentrickserie aus Japan, Pokémon, in die Realität eingeblendet. So entsteht eine virtuelle Spielwelt mit Blick auf die reale Umgebung durch das Display des Smartphones. Durch die Veränderung der geographischen Position kann der Spieler den Spielverlauf beeinflussen und gestalten. An verschiedenen Orten können virtuelle Spielelemente eingesammelt werden und man muss Schritte zurücklegen um diese weiterzuentwickeln. Das Spiel wurde von Medizinverbänden gelobt, da es die Spieler nach draußen bringt, um sich zu bewegen, was förderlich für die Gesundheit sei (American Heart Association 2016). Pokémon Go greift auch den Trend Gamification auf und erreichte nach eigenen Angaben im Jahr 2018 bereits eine Milliarde Downloads und Installationen (Der Tagesspiegel 2019). ◄

Beispiel 2.35: Rügenwalder Mühle – vom traditionellen Metzger zum Lieferant der veganen Szene

Seit 1834 produziert die Familie Müller aus dem Städtchen Rügenwald als Fleischerei Wurst- und Fleischprodukte. Als Mitte der 1990er-Jahre Christian Rauffus den Familienbetrieb übernimmt, erkennt er, dass sich Trends abzeichnen, die das Kerngeschäft des Unternehmens bedrohen: Der Konsum vor Fleisch- und Wurstprodukten stagnierte seit Jahren, ein Rückgang des Absatzes dieser Produkte wurde prognostiziert (Grossarth 2016). Rügenwalder Mühle sah sich mit sinkenden Umsätzen konfrontiert. Immer mehr Menschen wollen sich vegetarisch oder vegan ernähren oder den Konsum von Fleisch- oder Wurstprodukten reduzieren, obwohl sie den Geschmack und die Konsistenz eigentlich mögen.

Auf diesem Trend aufbauend initiierte der Marketingleiter Godo Röden ein Entwicklungsprojekt für vegetarische Produkte, die ihren Fleisch-Originalen in Geschmack und Konsistenz nicht nachstehen. Nicht jeder in der Geschäftsführung und Belegschaft, die zu einem großen Teil aus Fleischmeister*innen bestand, war von der Idee überzeugt, und das Projekt wurde während Röbens Urlauben wiederholt eingestellt. Zu einer Akzeptanz der Idee führten erst eine klare und deutliche Präsentation mit Zahlen zur Entwicklung des Fleischmarkts, historischen Beispielen von Unternehmen, die Trends ignorierten und auf dem Markenfriedhof landeten, sowie der drastischen Prognose "Die Wurst ist die Zigarette der Zukunft" (Amann und Nezik 2016).

Ab 2014 erweiterte Rügenwalder die Produktpalette kontinuierlich um vegetarische und vegane Fleischersatzprodukte. Erst um Kopien klassischen Aufschnitts wie Mortadella und Salami, mittlerweile auch um vegetarische und vegane Teewurst, Hackfleisch, Nuggets und Steaks. Die konsequente Erweiterung der Produktpalette aufgrund des Trends zu mehr Fleischalternativen zahlte sich aus: Bereits 2015 erwirtschaftete Rügenwalder 20 % seines Umsatzes mit den neuen Produkten (Amann und Nezik 2016). Seitdem tragen die vegetarischen und veganen Produkte signifikant zum Unternehmenswachstum bei. Im Jahr 2019 erhöhte sich der Umsatz mit den fleischlosen Produkten bei Rügenwalder um 44 % (Rügenwalder 2020), 2020 erwirtschaftete das Unternehmen mit den fleischfreien Produkten erstmals mehr als mit den klassischen Erzeugnissen (Terpitz 2020).

2019 kürte die Tierschutzorganisation Peta Rügenwalders „Veganes Mühlen Steak Typ Rind" bei den Veggie Food Awards zum besten veganen Steak (Peta 2019), 2020 die „Veganen Mühlen Griller" als beste Fleischalternative (Peta 2020). Neben den sieben fleischhaltigen Produkten bietet Rügenwalder mittlerweile acht vegetarische und 14 vegane Produkte an. Das Unternehmen hat sich entlang dem Trend zur Fleischalternative gewandelt und so erfolgreich neu erfunden. Im Jahr 2019 war das Unternehmen mit 44,8 % Marktanteil Spitzenreiter im Segment der Fleischalternativen (Liebkopf und Dushkova 2018). ◄

2.5.3   Anwendung des Produkt-Trend-Ansatzes

Im Folgenden wird behandelt, unter welchen Umständen der Produkt-Trend-Ansatz zur Generierung von Ideen für Opportunities geeignet ist, und welche konkreten Schritte bei der Anwendung zu durchlaufen sind. Ofek und Wathieu (2010) legen als Motivation für ihren Produkt-Trend-Ansatz dar, dass Manager oft die großen und globalen Trends der Zeit erkennen, ihnen aber die Vorstellungskraft fehlt, wie diese Trends die Produkte oder Leistungen ihres Unternehmens beeinflussen können, insbesondere dann, wenn der Trend auf den ersten Blick keinen unmittelbaren, offensichtlichen Bezug zu den eigenen Produkten oder Leistungen aufweist. Demnach ist der Produkt-Trend-Ansatz ein Ansatz, der für Unternehmen immer dann von Relevanz ist, wenn neue große und globale Trends entstehen.

Welche konkreten Schritte sind nun bei der Anwendung des Produkt-Trend-Ansatzes zu durchlaufen? Abb. 2.16 stellt einen fünfschrittigen Prozess vor.

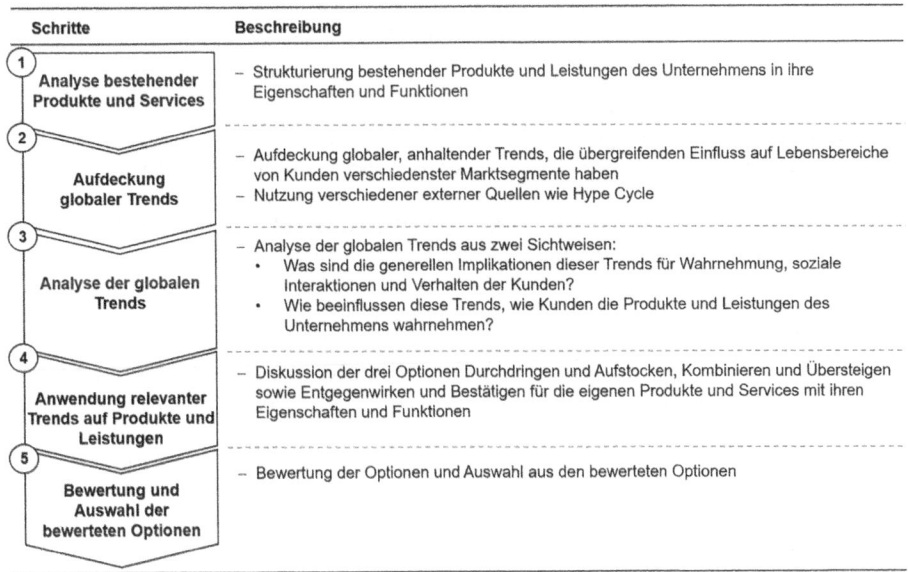

Abb. 2.16 Konkrete Schritte zur Identifizierung von Opportunities mithilfe des Produkt-Trend-Ansatzes. (Eigene Darstellung)

Der erste Schritt besteht darin, bestehende Produkte und Leistungen des Unternehmens in ihre Eigenschaften und Funktionen zu unterteilen. In einem zweiten Schritt steht an, relevante große und globale Trends zu identifizieren. Ofek und Wathieu (2010) sehen drei Kriterien, die ein Trend erfüllen muss, damit er ausreichend relevant für die weitere Betrachtung ist:

- Der Trend muss für ein Individuum in mehreren Lebensbereichen eine Wirkung haben, sowie soziale Medien sowohl Freundschaften als auch das professionelle Leben beeinflussen.
- Der Trend muss einen starken Einfluss auf die betroffenen Individuen ausüben und Individuen verschiedenster Marktsegmente betreffen.
- Der Trend muss Haltbarkeit haben und mehrere Monate oder Jahre überdauern und darf nicht nur eine Laune oder Ähnliches sein.

Oft sind Managern in Unternehmen die wesentlichen aktuellen Trends durchaus bewusst, prägen diese doch ihr Privat- und das Geschäftsleben bereits nachhaltig. Zudem gibt es eine ganze Reihe von regelmäßigen Veröffentlichungen von Regierungen, Forschungsinstituten, Unternehmensberatungen, Banken und Fachzeitschriften, die sich mit den aktuellen und gerade entstehenden Trends auseinandersetzen. Im Rahmen technologischer Trends kann der jährlich veröffentlichte Hype Cycle von Gartner, einem US-amerikanischen Anbieter von Marktforschung und Analysen über die Entwicklung in der IT-Branche, dabei helfen, Trends zu erkennen. Mit Hilfe des Hype Cycle können Entwicklungsstände von Technologien, bevor sie überhaupt Marktreife erreichen, bewertet und so bereits frühzeitig im Rahmen des Produkt-Trend-Ansatzes betrachtet werden. Der folgende Exkurs stellt das Konzept des Hype Cycle vor.

EXKURS: Der Hype Cycle von Gartner
Um zukünftige Trends zu erkennen und bewerten zu können, ist oft ein Verständnis der Reife und des Entwicklungsgrades von Technologien notwendig. Insbesondere in sehr frühen Stadien der Entwicklung sind Technologien schwierig zu beurteilen. Der Hype Cycle von Gartner analysiert regelmäßig aufkommende Technologien in sehr frühen Phasen vom Hype mit übermäßigen Erwartungen über eine Phase der Desillusionierung bis hin zu einer Phase der nüchternen Betrachtung, wenn die Technologie realistischen Erwartungen gerecht zu werden beginnt (Linden und Fenn 2003). Abb. 2.17 zeigt die verschiedenen Phasen des Hype Cycle auf.
Nach der Erfindung und Bekanntmachung einer neuen Technologie kommt es zunächst zu einem Hype. Zu diesem Zeitpunkt existiert typischerweise noch kein verwendbares Produkt, Ideen existieren nur auf dem Papier oder im Labor. Die Presse greift erste Testergebnisse auf, übermäßige Erwartungen und Hoffnungen werden geweckt. In den Folgewochen oder -monaten werden erste hoch spezialisierte Produkte entwickelt, zumeist von Start-ups. Allerdings werden wenig später oft erste Probleme mit den frühen Produkten evident. So scheitert eine breite Vermarktung häufig an einer noch nicht möglichen Standardisierung, oder die Verwendung ist noch zu komplex und fehleranfällig. Die Technologie wird zu diesem Zeitpunkt den gesteckten Erwartungen noch nicht gerecht. Nachdem Presse und Öffentlichkeit die Technologie zu Beginn gehypt haben, folgt nun die entgegengesetzte Reaktion: Sie wird zerrissen und eine Phase der

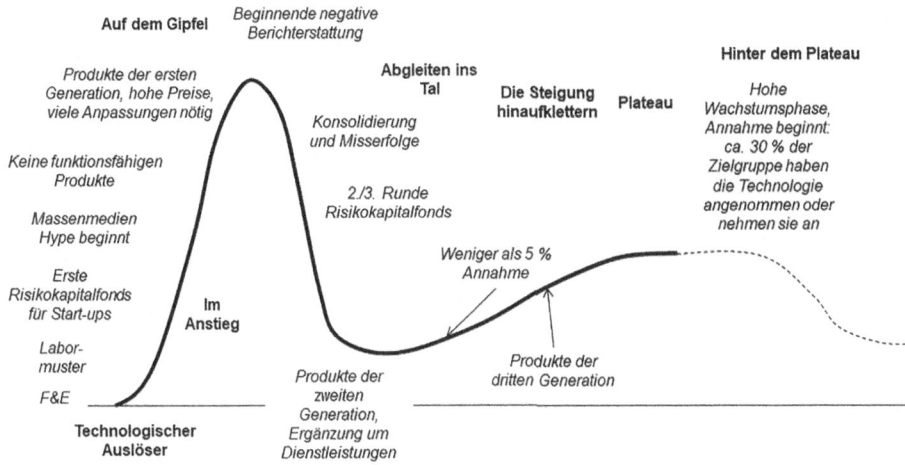

Abb. 2.17 Verlauf und Phasen des Gartner Hype Cycle. (Nach Linden und Fenn 2003)

Desillusionierung setzt ein. Gleichzeitig entwickeln Start-ups, oft durch Venture Capital finanziert, die Technologie weiter. Neue Experimente oder Lernerfahrungen aus dem „geplatzten Hype" ermöglichen Fortschritte, die in ein Produkt der zweiten oder dritten Generation münden. Die neuen Technologien werden mehr und mehr in bestehende Systeme integriert, die Fehleranfälligkeit ist deutlich reduziert. Unternehmen sollten nicht nur deshalb in Technologien investieren, weil sie gehypt werden. Unternehmen sollten Technologien allerdings auch nicht ignorieren, nur weil sie in frühen Phasen nicht den Erwartungen gerecht werden (Linden und Fenn 2003).

Gartner präsentiert jährlich ein Update des Hype Cycle für Technologien und für jede Technologie eine „Time-to-Maturity"-Abschätzung. Also: Wann erreicht die Technologie den Reifegrad? Diese Abschätzung ist von Relevanz, da nicht alle Technologien den Hype Cycle in der gleichen Geschwindigkeit durchlaufen. So brauchen beispielsweise Medizinprodukte mit allen notwendigen Zulassungsverfahren und Tests deutlich länger als neue Generationen von Mikro-Prozessoren.

Der Hype Cycle kann in weitere prominente Tools der Technologiebewertung integriert werden, beispielsweise in die „Leistungs-S-Kurve", die besagt, dass die Leistungsfähigkeit von Technologien zu Beginn zunächst langsam zulegt, ab einem bestimmten Punkt aber ein sehr schnelles Wachstum erreicht, das ab einem gewissen Punkt wieder abnimmt (Linden und Fenn 2003; Lu und Beamish 2004). Gartners Hype Cycle beginnt zum gleichen Zeitpunkt wie die Leistungs-S-Kurve. Während aber in der Leistungsbewertung nach der S-Kurve nur geringe Fortschritte zu bemerken sind, hat der Hype Cycle bereits seinen Höhepunkt. Wenn in der Leistungsbewertung steile Wachstumsraten erreicht werden, befindet sich die Technologie auf dem Hype Cycle bereits in der Reifephase. Der Hype Cycle kann auf ähnliche Weise mit der Innovationsdiffusionskurve in Verbindung gesetzt werden. Diese beschreibt die Nachfrage nach Innovationen in der Zeit nach der Einführung. Hier setzt die wirklich große Nachfrage einer frühen oder späten Mehrheit nach Rogers erst ein, wenn der Hype Cycle in der Reife ist oder sich zumindest der Reife annähert. Erst dann sind Kunden bereit, eine Investition in die neue Technologie zu wagen. Der Hype Cycle liefert damit Unternehmen Informationen über Technologien, deren Leistungsbewertung noch kaum vorzunehmen ist bzw. deren Leistung sich auf ganz niedrigem Niveau befindet, und ebenso über Technologien, die kaum eine oder gar keine Kundennachfrage haben.

Nachdem im zweiten Schritt aktuelle und zukünftige Trends identifiziert wurden, geht es im dritten Schritt darum, ein genaueres Verständnis dieser Trends zu entwickeln. Dazu empfehlen Ofek und Wathieu (2010), zwei Sichtweisen einzunehmen: Zum einen soll ein Verständnis dafür geschaffen werden, was die generellen Auswirkungen dieser Trends auf die Wahrnehmung, die sozialen Interaktionen und das Verhalten der (potenziellen) Kunden sind. Zum anderen soll konkret bereits darüber nachgedacht werden, inwiefern diese aktuellen und zukünftigen Trends Wahrnehmung und Verhalten der Kunden gegenüber den konkreten eigenen Produkten beeinflussen können. Beide Sichtweisen können sich ergänzende Erkenntnisse hervorbringen. Eine Analyse unabhängig von den konkreten aktuellen Produkten und Leistungen des Unternehmens ermöglicht, dass auch Produkt- oder Lösungsideen generiert werden, die nicht von den aktuellen Produkten oder Lösungen beeinflusst sind.

Sind als Ergebnis des dritten Schritts die möglichen Implikationen des Trends für das Unternehmen durchdrungen, stellt sich im vierten Schritt die Frage, wie diese Implikationen in neue Produkte oder Lösungen umgesetzt werden können. Dazu können die im vorherigen Abschnitt dargestellten drei Anknüpfungspunkte von Ofek und Wathieu (2010) im Rahmen des Produkt-Trend-Ansatzes angewendet werden:

- Durchdringen und Aufstocken: Kann der aktuelle Produkt- oder Lösungskern durch „Aufstockung" um Attribute, die sich aus dem Trend ergeben, erweitert werden?
- Kombinieren und Übersteigen: Kann der aktuelle Produkt- oder Lösungskern durch Kombination mit Produkten oder Lösungen, die sich unmittelbar aus dem Trend ergeben, ergänzt und so ein neues Produkt oder eine neue Lösung geschaffen werden?
- Entgegenwirken und Bestätigen: Kann der aktuelle Produkt- oder Lösungskern so erweitert werden, dass negative Aspekte eines Trends unmittelbar adressiert und abgemildert werden?

Im fünften Schritt stehen die Bewertung der Optionen und die Auswahl an.

Für diese Schritte führen Porter und Heppelmann (2014) einige typische Fehler auf, die es zu vermeiden gilt. So sollen Funktionalitäten, für die Kunden nicht bereit sind zu zahlen, vermieden werden. Zudem bergen insbesondere intelligente und vernetzte Produkte immer Risiken in Bezug auf die Datensicherheit. Auch sollte vermieden werden, zu lange zu warten. Darüber hinaus sollten sich Unternehmen darüber im Klaren sein, dass die Entwicklung intelligenter und vernetzter Produkte substanzielle neue Fähigkeiten erfordert, die in „traditionellen" Unternehmen oft nicht vorhanden sind.

Kernaussagen

- Globale Trends, die die gesamte Gesellschaft erfassen, können Auswirkungen auf jegliche Form von Produkten und Leistungen haben, auch wenn es Managern in den jeweiligen Unternehmen schwerfällt, sich das vorzustellen.

- Bestehende Produkte und Leistungen können in ihren Eigenschaften und Funktionen durch Trends erweitert werden und so neuartige Angebote für den (potenziellen) Kunden und Opportunities für das betrachtete Unternehmen darstellen.
- Durchdringen und Aufstocken, Kombinieren und Übersteigen sowie Entgegenwirken und Bestätigen sind drei konkrete Ansätze, um bestehende Produkte entlang ihrer Eigenschaften und Funktionen für den Kunden an große gesellschaftliche Trends anzupassen oder weiterzuentwickeln.
- Im Rahmen von Kombinieren und Übersteigen spielen insbesondere smarte, vernetzte Produkte oder Leistungen, die beispielsweise durch neue Sensortechnologien ermöglicht werden, eine zentrale Rolle.

Fragen zur Wiederholung

1. Erläutern Sie kurz das Produktverständnis, das dem Produkt-Trend-Ansatz zugrunde liegt. Nennen Sie hierzu auch ein praktisches Beispiel.
2. Nennen und erläutern Sie kurz die drei Anknüpfungspunkte des Produkt-Trend-Ansatzes zur Opportunity Recognition.
3. Nennen und erläutern Sie vier konkrete Erweiterungen von Produkten und Lösungen im Anknüpfungspunkt „Kombinieren und Übersteigen" nach Porter und Hempelmann (2014).
4. Erläutern Sie kurz, welche Kriterien ein Trend erfüllen muss, damit er ausreichend relevant für die weitere Betrachtung im Produkt-Trend-Ansatz ist.
5. Nennen Sie Verlauf und Phasen des Gartner Hype Cycle und erläutern Sie diesen kurz, ggf. auch anhand einer einfachen Skizze.

Literatur

Afuah A (2014) Business model innovation. Taylor & Francis, Abingdon

Albrecht-Heider C (2018) Der geniale Schuhverkäufer. https://www.kfw.de/stories/wirtschaft/gruenden/award-gruenden-2018-schuhe24/. Zugegriffen: 9. Febr. 2021

Amann S, Nezik A-K (2016) Mensch Pap, noch ne Wurst? Der Spiegel. https://www.spiegel.de/spiegel/ruegenwalder-muehle-christian-rauffus-und-godo-roeben-im-spiegel-gespraech-a-1109666.html. Zugegriffen: 18. Febr. 2021

Amazon (2020) Annual Report

American Heart Association (2016) Pokémon Go brings video games outside. https://news.heart.org/pokemon-go-brings-video-games-outside/. Zugegriffen: 21. März 2021

Amit R, Zott C (2001) Value creation in E-business. Strategic Manag J 22(6–7):493

Barth D (2009) The bright side of sitting in traffic: crowdsourcing road congestion data. Google Blog. https://googleblog.blogspot.com/2009/08/bright-side-of-sitting-in-traffic.html. Zugegriffen: 10. Febr. 2021

Bell W (2014) The Airbnb entrepreneur: how to earn big profits, even if you don't own a property. AirbnbHackers.com

Bergmann J (2009) Der Talentschuppen. Brand Eins 2009(11):60–65

Bharadwaj A, El Sawy OA, Pavlou PA, Venkatraman N (2013) Digital business strategy: toward a next generation of insights. MIS Q 37(2):471–482

Brandt R (2012) One click: Jeff Bezos and the rise of Amazon.com. Portfolio, New York

Breen B, Robertson D (2013) Brick by brick: how LEGO rewrote the rules of innovation and conquered the global toy industry. Random House Bus, New York

Burgelman RA (1984) Designs for corporate entrepreneurship in established firms. Calif Manag Rev 26(3):154–166

Casadesus-Masanell R, Yoffie D, Mattu S (2002) Intel corporation: 1968–2003. Harvard Business School, Boston (Harvard Business School Case 9-703-427)

Chesbrough H (2007) Business model innovation: it's not just about technology anymore. Strategy Leadersh 35(6):12–17

Chesbrough H (2010) Business model innovation: opportunities and barriers. Long Range Plan 43(2–3):354–363

Chesbrough HW, Appleyard MM (2007) Open innovation and strategy. Calif Manage Rev 50(1):57–76

Comment R, Jarrella GA (1995) Corporate focus and stock returns. J Financ Econ 37(1):67–87

Davenport T (2014) Big data at work: dispelling the myths, uncovering the opportunities. Harvard Business Review Press, Boston

Davenport T, Harris J (2007) Competing on analytics: the new science of winning. Harvard Business Review Press, Boston

Davenport T, Barth P, Bean R (2012) How ‚Big Data‘ is different. MIT Sloan Manag Rev 54(1):43–46

Davenport TH (2013) Analytics 3.0. Harv Bus Rev 91(12):64–72

Davenport TH, Patil DJ (2012) Data scientist: the sexiest job of the 21st century. Harv Bus Rev 90(10):70–76

Dell M, Fredman C (2010) Direct from Dell: strategies that revolutionized an industry. HarperCollins e-books, New York

Der Tagesspiegel (2019) Echte Liebe auch fernab vom Fußball. https://www.tagesspiegel.de/wirtschaft/pokemon-go-fest-in-dortmund-echte-liebe-auch-fernab-vom-fussball/24534834.html. Zugegriffen: 18. Febr. 2021

Deutsche Post AG (2016) Shared Value schaffen durch unser Umweltschutzprogramm GoGreen. http://www.dpdhl.com/de/verantwortung/umweltschutz/gogreen_programm.html. Zugegriffen: 20. Sept. 2016

Drucker P (1998) The next information revolution. Forbes ASAP 1998(Aug):47–58

Dyson (2020) Die Dyson story. https://www.lb.dyson.com/en-LB/community/aboutdyson.aspx. Zugegriffen: 3. Dez. 2020

Jackman M, Reddy M (2020) Analytics at netflix: who we are and what we do. The vetflix tech blog. https://netflixtechblog.com/analytics-at-netflix-who-we-are-and-what-we-do-7d9c08fe6965. Zugegriffen: 10. Febr. 2021

Foerster U (2019) So reagiert Nespresso auf zunehmend umweltbewusste Verbraucher. Horizonte. https://www.horizont.net/marketing/nachrichten/marketingchefin-evelyne-wrobbel-wie-nespresso-auf-zunehmend-umweltbewusste-verbraucher-reagiert-177901. Zugegriffen: 9. Febr. 2021

Fusfeld A (1978) How to put technology into corporate planning. Technol Rev 80(6):51–55

Gadiesh O, Gilbert JL (1998) Profit pools: a fresh look at strategy. Harv Bus Rev 76(3):139–147

Girotra K, Netessine S (2012) Business model innovation is the gift that keeps on giving. https://hbr.org/2012/12/the-gift-that-keeps-giving-bus

Google watch Blog (2019) Google Maps: Diese praktischen Funktionen wären ohne die ständige Standorterfassung nicht möglich. https://www.googlewatchblog.de/2019/06/google-maps-diese-funktionen/. Zugegriffen: 10. Febr. 2021

Govindarajan V, Trimble C (2012) Reverse innovation: create far from home, win everywhere. Harvard Business Review Press, Boston

Griffith E (2018) Peloton's new infusion made It a $4 billion company in 6 years. New York times. https://www.nytimes.com/2018/08/03/technology/pelotons-new-infusion-made-it-a-4-billion-company-in-6-years.html. Zugegriffen: 18. Febr. 2021

Grossarth J (2016) Ein Wurstfabrikant will weg vom Fleisch. https://www.faz.net/aktuell/wirtschaft/unternehmen/ruegenwalder-muehle-will-trend-zur-vegetarischen-wurst-aus-bauen-14527466.html. Zugegriffen: 18. Febr. 2021

Homburg C, Krohmer H (2009) Grundlagen des Marketingmanagements: Einführung in Strategie, Instrumente, Umsetzung und Unternehmensführung, 2. Aufl. Gabler, Wiesbaden

Hopkins MS (2011) Big data, analytics and the path from insights to value. MIT Sloan Manag Rev 52(2):21–22

Johnson MW, Christensen CM, Kagermann H (2008) Reinventing your business model (cover story). Harv Bus Rev 86(12):50–59

Kaplan S (2012) The business model innovation factory: how to stay relevant when the world is changing. Wiley, Hoboken

Khanna P (2019) Fitness gamification: a product managers' review of the Peloton bike (and the leaderboard). https://medium.com/agileinsider/fitness-gamification-a-product-managers-review-of-the-peloton-bike-and-the-leaderboard-53e5aafba1ea. Zugegriffen: 18. Febr. 2021

Kotler P, Bliemel F (2001) Marketing-Management: Analsye, Planung und Verwirklichung, 10. Aufl. Pearson Education, Stuttgart

Kumar V (2014) Making „Freemium" work. Harv Bus Rev 92(5):27–29

Kuratko D, Morris MH, Covin J (2011) Corporate entrepreneurship & innovation, 3. Aufl. Cengage Learning, Mason

Lattin J, Rierson M (2007) Capital one: leveraging information-based marketing. Standford Graduate School of Business, Stanford (case study)

Laurie D, Doz Y, Sheer C (2006) Creating new growth platforms. Harv Bus Rev 85(5):80–90

Ledbetter C (2017) Google maps' mobile app will show you how crowded a restaurant is in real time. Huffington post. https://www.huffpost.com/entry/google-maps-crowded-restaurant_n_588f5706e4b0176377957070?guce_referrer=aHR0cHM6Ly93d3cuZ29vZ2xlLmNvbS8&guce_referrer_sig=AQAAAEel-tcZnmJz-2j_Wwcr148d9-QUsmA8jC7bOaUD5c47JpPLLkJr pHMxKCT7tOXKWSngDmLw5LoxL_zEl2XbCY1zgDGTu41JPpd4egOWbHKA1f5CJqqZ 1CcnkFWJ4xUFjwK3FC-xzteeCanDle0MgcUtKmZ3QUkW6Ajs_Dx31gs2&guccounter=2. Zugegriffen: 10. Febr. 2021

Liebkopf A, Dushkova I (2018) Grundgesamtheiten 2018 Deutschland. Information Resources Inc. https://www.iriworldwide.com/IRI/media/Library/Publications/GG2018_Deutsch.pdf. Zugegriffen: 21. März 2021

Linden A, Fenn J (2003) Understanding gartner's hype cycle. Strategy report R-20-1971. http://www.bus.umich.edu/KresgePublic/Journals/Gartner/research/115200/115274/115274.pdf. Zugegriffen: 4. Jan. 2017

Lu JW, Beamish PW (2004) International diversification and firm performance: the S-curve hypothesis. Acad Manag J 47(4):598–609

Lynch R (2015) Strategic management. Pearson Education, Upper Saddle River

Macrotrends (2021) Peloton interactive revenue 2018–2020 | PTON. https://www.macrotrends.net/stocks/charts/PTON/peloton-interactive/revenue. Zugegriffen: 18. Febr. 2021

Magretta J (2002) Why business models matter. Harv Bus Rev 80(5):86–92

McGahan A (2004) How industries evolve: principles for achieving and sustaining superior performance. Harvard Business Review Press, Boston

McGrath R, MacMillan I (2005) Marketbusters: 40 strategic moves that drive exceptional business growth. Harvard Business Review Press, Boston

McLean B, Urresta L (1997) GE Capital: Jack Welch's secret weapon GE Capital Services powers GE's earnings, drives GE's stock, and scares the hell out of GE's competitors. here's the inside story of how Capital does it. FORTUNE Magazine

Michel J, Hambrick D (1992) Diversification posture and top management team characteristics. Acad Manag J 35(1):9–37

Netflix (2021a) Analytics – driving insights from data. https://research.netflix.com/research-area/analytics. Zugegriffen: 10. Febr. 2021

Netflix (2021b) Machine learning – learning how to entertain the world https://research.netflix.com/research-area/machine-learning. Zugegriffen 10. Febr. 2021

Netflix (2021c) Experimentation & causal inference – letting members make the decisions. https://research.netflix.com/research-area/experimentation-and-causal-inference. Zugegriffen: 10. Febr. 2021

O'Reilly CA, Harreld JB, Tushman ML (2009) Organizational ambidexterity: IBM and emerging business opportunities. Calif Manag Rev 51(4):75–99

Ofek E, Wathieu L (2010) Are you ignoring trends that could shake up your business. Harv Bus Rev 88(7–8):124–131

Osterwalder A, Pigneur Y (2010) Business model generation: a handbook for visionaries, game changers, and challengers. Wiley, Hoboken

Parmar R, Mackenzie I, Cohn D, Gann D (2014) The new patterns of innovation. Harv Bus Rev 92(1–2):86–95

Pearce J, Robinson R (2010) Strategic management: formulation, implementation, and control. McGraw-Hill, New York

Perez S (2019) Google maps can now predict how crowded your bus or train will be. https://techcrunch.com/2019/06/27/google-maps-can-now-predict-how-crowded-your-bus-or-train-will-be/. Zugegriffen: 10 Febr. 2021

Peta (2019) Pressemitteilung veggie food awards 2019: bestes veganes steak. https://www.peta.de/vegan-food-award-2019-bestes-veganes-steak. Zugegriffen: 18. Febr. 2021

Peta (2020) Veggie Food Awards, PETA verleiht den „Vegan Food Award 2020": „Vegane Mühlen Griller" von Rügenwalder Mühle überzeugen in der Kategorie „Beste Fleischalternative". https://www.peta.de/peta-vegan-food-award-2020-ruegenwalder-muehle-gewinnt-kategorie-beste. Zugegriffen: 18. Febr. 2021

Porter M (2000) Wettbewerbsvorteile: Spitzenleistungen erreichen und behaupten, 6. Aufl. Campus, Frankfurt

Porter ME, Heppelmann JE (2014) How smart, connected products are transforming competition. Harv Bus Rev 92(11):64–88

Prahalad C, Hamel G (1990) The core competence of the corporation. Harv Bus Rev 68(3):79–91

Rügenwalder (2020) Pressemitteilung zum Jahresabschluss 2019: Erfolgreichstes Jahr der Firmengeschichte: Rügenwalder Mühle steigert Umsatz um 14 Prozent. https://www.ruegenwalder.de/unternehmenskommunikation-und-social-media/2020/erfolgreichstes-jahr-der-firmengeschichte. Zugegriffen: 18. Febr. 2021

Schier S, Hennes M (2009) Uvex-Gruppe: Mit Qualität gegen die Krise. Handelsblatt, 10. Dezember. http://www.handelsblatt.com/unternehmen/mittelstand/uvex-gruppe-mit-qualitaet-gegen-die-krise/3323274.html. Zugegriffen: 22. Sep. 2016

Schuhe24 (2020) Über uns. https://www.schuhe24.de/UEber-Uns. Zugegriffen: 9. Febr. 2021

Statista (2020) Digital media report 2020 – video-on-demand. https://www.statista.com/study/38346/video-on-demand-2018/. Zugegriffen: 9. Febr. 2021

Terpitz K (2015) Thermomix überholt den Kobold. Handelsblatt. http://www.handelsblatt.com/unternehmen/mittelstand/vorwerk-freut-sich-thermomix-ueberholt-den-kobold/11809408.html. Zugegriffen: 10. Okt. 2015

Terpitz K (2020) Rügenwalder Mühle: Veggie-Fleisch überholt erstmals klassische Wurst. Handelsblatt. https://www.handelsblatt.com/unternehmen/handel-konsumgueter/ceo-michael-haehnel-ruegenwalder-muehle-veggie-fleisch-ueberholt-erstmals-klassische-wurst/26128214.html?ticket=ST-9401838-3XrRzdKchZgaHddbK7R4-ap3. Zugegriffen: 18. Febr. 2021

Wikipedia (2021) Google maps. https://de.wikipedia.org/wiki/Google_Maps. Zugegriffen: 10. Febr. 2021

Yoffie D, Kim R (2011) Apple Inc. in 2010. Harvard Business School, Boston (Harvard Business School Case 9-710-467)

Zollenkop M, Krys M (2011) Dynamik des Wettbewerbs, technologische Trendbrüche, sich ändernde Kundenerwartungen: Geschäftsmodellinnovation als Schlüssel zu neuen Wettbewerbsvorteilen. think: act Content (Roland Berger Strategy Consultants)

Zook C (2007a) Finding your next core business. Harv Bus Rev 85(4):66–75

Zook C (2007b) Unstoppable: finding hidden assets to renew the core and fuel profitable growth. Harvard Business Review Press, Boston

Zook C, Allen J (2010) Profit from the core: a return to growth in turbulent times. Harvard Business Review Press, Boston

Zott C, Amit R, Massa L (2011) The business model: recent developments and future research. J Manag 37(4):1019–1042

Marktbezogene Tools der Opportunity Recognition

3

Kap. 3 stellt fünf Tools zur Opportunity Recognition dar, die sich auf den (potenziellen) Kunden und den Markt des betrachteten Unternehmens beziehen (Abb. 3.1). Abschn. 3.1 erläutert die Konsumkette, die konkretes Kundenverhalten als Ausgangspunkt nimmt und daraus Opportunities ableitet. Abschn. 3.2 stellt Möglichkeiten vor, wie (potenzielle) Kunden beobachtet und aus diesen Beobachtungen Opportunities abgeleitet werden können (empathisches Design). Der Granularitätsansatz, der Opportunities versteckt in bereits bedienten Märkten vermutet, ist Gegenstand von Abschn. 3.3 und 3.4 zeigt den Ansatz der disruptiven Innovationen auf und leitet den Innovation-Mapping-Ansatz als Tool der Opportunity Recognition in auf den ersten Blick wenig attraktiven Segmenten ab. Abschn. 3.5 zeigt abschließend, wie Marktunvollkommenheiten Quellen für Opportunities sein können.

3.1 Konsumkette

Die folgenden Abschnitte widmen sich dem Tool der Konsumkette. Nach einer grundlegenden Vorstellung dieses Ansatzes in Abschn. 3.1.1 folgt im Anschluss eine Darstellung der Ansatzpunkte zur Aufdeckung von Opportunities mithilfe dieses Tools (Abschn. 3.1.2). Abschließend werden konkrete Schritte der Umsetzung beschrieben (Abschn. 3.1.3).

> **Lernziele**
> - Das Konzept der Konsumkette verstehen und nutzen können.
> - Hierzu gilt es,

© Der/die Autor(en), exklusiv lizenziert durch Springer Fachmedien Wiesbaden GmbH, ein Teil von Springer Nature 2021
A. Engelen et al., *Opportunity Recognition*,
https://doi.org/10.1007/978-3-658-34955-4_3

Ansatz	Kernaussage
Konsumkette	Opportunities liegen in Anpassungen der notwendigen Aktivitäten von Kunden bei ihrer Bedürfnisbefriedigung
Empathisches Design	Opportunities liegen in der Beobachtung der Kunden zur Aufdeckung latenter Bedürfnisse
Granularitätsansatz	Opportunities liegen in aktuell möglicherweise noch kleinen, aber zukünftig stark wachsenden Unterindustrien oder Produktkategorien
Innovation Mapping	Opportunities liegen in zum aktuellen Zeitpunkt unattraktiv erscheinenden Segmenten am unteren Ende des Marktes
Marktunvollkom-menheiten	Opportunities liegen in Unvollkommenheiten von Märkten (wie in Informationsvorsprüngen oder -asymmetrien)

Abb. 3.1 Überblick über marktbezogene Tools der Opportunity Recognition. (Eigene Darstellung)

> – zu erkennen, unter welchen Rahmenbedingungen der Einsatz der Konsumkette besonders sinnvoll ist,
> – genau zu verstehen, welche Bedürfnisse die (potenziellen) Kunden eines Unternehmens haben,
> – welches die einzelnen Elemente einer (abgegrenzten) Konsumkette sind,
> • um, durch Umbau einer Konsumkette, Kombination oder Ersetzen einzelner Glieder durch Digitalisierung, Verbesserung von Gliedern, Eliminierung von Zeitverzögerungen in der Konsumkette und/oder Schaffung einer Monopolstellung durch Trigger-Events konkrete Hebel für Opportunities zu schaffen.

3.1.1 Das Konzept der Konsumkette

Im Allgemeinen beschreibt eine Konsumkette „[...] the linked sets of activities customers engage in to meet their needs, incidentally doing something that might generate a need for consuming something you sell" (McGrath und MacMillan 2005, S. 15). Damit stellt eine Konsumkette eine Verkettung von miteinander in Beziehung stehenden Aktivitäten dar, die beschreiben, wie ein Konsument oder Firmenkunde ein bestimmtes Bedürfnis befriedigt. Diese Logik kann sowohl auf B2C -Kontexte als auch auf B2B -Kontexte angewendet werden, wobei im letzteren Fall meistens eine bestimmte Problemstellung im Arbeitsumfeld das zu adressierende Bedürfnis bildet (Bettencourt und Ulwick 2008).

Demnach umfasst eine Konsumkette das Gesamterlebnis eines Kunden mit den Produkten oder Leistungen eines Anbieters. Dabei können die einzelnen Glieder der

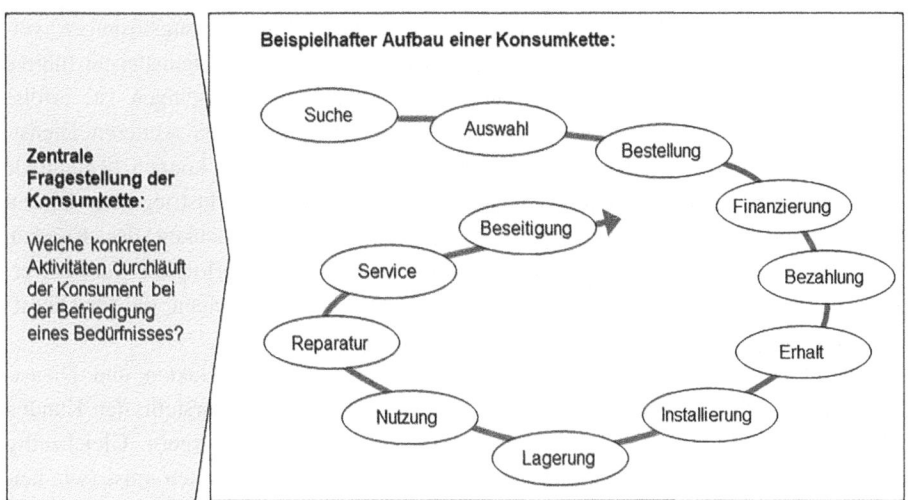

Zentrale Fragestellung der Konsumkette:

Welche konkreten Aktivitäten durchläuft der Konsument bei der Befriedigung eines Bedürfnisses?

Beispielhafter Aufbau einer Konsumkette:

Suche · Auswahl · Bestellung · Finanzierung · Bezahlung · Erhalt · Installierung · Lagerung · Nutzung · Reparatur · Service · Beseitigung

Abb. 3.2 Darstellung einer typischen Konsumkette. (Nach McGrath und MacMillan 2005)

Kette in gewisser Weise als Einzelerlebnisse bzw. Aktivitäten des Kunden verstanden werden. In Kombination determinieren diese Einzelerfahrungen und Erlebnisse die Beziehung zwischen dem Kunden und dem anbietenden Unternehmen. Ziel einer Konsumkettenanalyse ist die Identifizierung der Schritte, die die Kunden durchlaufen, um ihre Bedürfnisse zu befriedigen.

Konsumketten können einfach und kurz, aber auch lang und komplex ausfallen. Je nach Produkt, Branche oder Unternehmen können sich die unterschiedlichsten Ketten ergeben. Eine typische Konsumkette für Industriegüter ist in Abb. 3.2 dargestellt. Zunächst werden sich Kunden zu Beginn der Konsumkette eines bestimmten Bedürfnisses bewusst. Dem folgt die Suche nach und Identifizierung von auf dem Markt vorhandenen Produkten und ihren Alternativen und schließlich die Auswahl des Produkts eines speziellen Anbieters. Dann wird das Produkt bestellt oder gekauft; in diesem Zuge können auch die Verhandlungen über Finanzierungs- und Zahlungsmöglichkeiten eine Rolle spielen. Nach der Auslieferung erfolgt die Installation, der Aufbau oder die sonstige Inbetriebnahme des Produkts, oder die Ware wird beim Kunden gelagert und je nach Bedarf auch transportiert. Aus dem Gebrauch kann auch ein Reparatur- oder Rückabwicklungsbedarf entstehen. Flankiert werden diese Prozesse von sämtlichen Services, die rund um das Produkt aufkommen, sowie von der letztendlichen Entsorgung des Produkts (McGrath und MacMillan 2005).

Eine Konsumkette kann sich auch auf eine Dienstleistung beziehen. Ähnlich wie bei der Konsumkette für physische Produkte werden Kunden sich über ein Bedürfnis bewusst, diesmal jedoch in Bezug auf eine oder mehrere Dienstleistungen. Es folgt die Suche nach Lösungen, die dann in die Auswahl eines geeignet erscheinenden Dienstleistungsanbieters mündet. Statt ein Produkt zu bestellen erfolgt nun die Vereinbarung einer Vertragsabwicklung. Im Anschluss daran werden Finanzierungslösungen verhandelt, welche dann im Idealfall zum Vertragsabschluss bei einem Dienstleister führen. Nachdem die Zahlung des Kunden für die Dienstleistung eingegangen ist, erfolgt eine erste Dienstleistungstätigkeit, eventuell gefolgt von mehreren weiteren Dienstleistungen. Zusätzlich zu der eigentlich gebuchten Dienstleistung können begleitende Nebentätigkeiten anfallen. Anstelle des Reparaturbedarfs bei Industriegütern kommt in der Konsumkette für Dienstleistungsunternehmen die Möglichkeit des Kunden, Beschwerden oder Probleme zu äußern, zum Tragen. Nach erfolgten Vertragsverlängerungen vonseiten des Kunden können Weiterempfehlungen folgen, die für Dienstleistungsunternehmen von enormer Bedeutung sein können.

Gemein haben die beiden Konsumketten von physischen Produkten und Dienstleistungen jedoch, dass jedes Glied in der Kette eine Möglichkeit darstellt, den Kunden zufriedenzustellen, aber auch eine potenzielle Gefahr, ihn zu verärgern. Gleichzeitig stellt jeder Schritt auch dar, was der Kunde genau leisten oder erbringen muss (wie beispielsweise eine Wegstrecke zu einer Filiale, um ein Produkt abzuholen), um sein Bedürfnis zu befriedigen.

Dynamische, schnelllebige Industrien sowie Branchen, die sich im Wandel befinden, nehmen deutlichen Einfluss auf die Konsumkette. Dies geschieht in der Form, dass sich Transformationen der Branche unmittelbar in Veränderungen von Kundenerfahrungen widerspiegeln. So sieht die in Beispiel 3.1 dargestellte traditionelle Konsumkette der Musikindustrie vor der Transformation der Branche hin zur digitalen Musikvermarktung grundlegend anders aus als heutige Varianten der Kundenbedürfnisse rund um die Musik.

Beispiel 3.1: Die traditionelle Konsumkette der Musikindustrie

Vor der Digitalisierung der Musikindustrie basierte das Ertragsmodell der Branche vor allem auf der Vermarktung und dem Verkauf von CDs. Die Konsumkette konnte in fünf Glieder unterteilt werden (McGrath und MacMillan 2005). Ausgangspunkt der Kette war, dass ein Kunde sich eines bestimmten Bedürfnisses bewusst wurde. Dies konnte im Laden beim Durchstöbern von Regalen passieren, aber auch, wenn er über das Radio einen guten Song hörte oder von Freunden auf eine bestimmte CD oder ein Album hingewiesen wurde.

Das zweite Glied der Konsumkette kann als Suche nach Alternativen bezeichnet werden. Hier durchsuchte der Kunde die Ladenregale nach passenden CDs, hörte sich die entsprechenden Discs im Ladengeschäft und/oder bei einem Freund an und holte sich auf diesem Weg weitere Anregungen.

Danach folgte in einem dritten Schritt die Auswahl. Das Kundenerlebnis bestand hier in der Auswahl einer CD mit mehreren Songs. Nach der Auswahl wurde die CD dann klassischerweise an der Kasse des Ladengeschäfts gekauft. Das letzte Glied der Konsumkette beinhaltete den Gebrauch der CD, die vom Kunden in einem entsprechenden Gerät abgespielt wurde. ◄

Während Unternehmen klassischerweise versuchen, einzelne Schritte der Konsumkette zu verbessern, setzt der Ansatz der Konsumkette für eine verbesserte Kunden-
zufriedenstellung an einem weitaus größeren Zusammenhang an. Die spezialisierten
Untereinheiten des Unternehmens – wie etwa die Marketingabteilung für sich allein
– können zwar sehr kundenorientiert arbeiten. Trotzdem kann es vorkommen, dass an
anderer Stelle stattfindende Interaktionen die Kunden verärgern. Sobald in einem Teil
der Kette ein Zustand auftaucht, der beim Kunden Unzufriedenheit oder unakzeptabel
hohen Aufwand verursacht, kann die ganze Kundenbeziehung negativ beeinträchtigt
werden, weil Kunden bewusst oder unbewusst eine Erfahrung bzw. sich ein Bild über
das Unternehmen als Ganzes machen. Zumeist werden einzelne Schritte wie die Ver-
tragsanbahnung, der Zahlungsvorgang und die Kundenberatung nicht einzeln evaluiert,
sondern im Gesamtzusammenhang gesehen. Sollte während der Abhandlung der auf-
geführten Schritte etwas nicht den Anforderungen des Kunden entsprechen, ordnet der
Kunde schnell das ganze Unternehmen als schlechte Erfahrung ein und wendet sich
Konkurrenten zu.

3.1.2 Opportunity Recognition mit der Konsumkette

Im Folgenden soll dargestellt werden, wie die Konsumkette als Tool für das Aufdecken
von Opportunities genutzt werden kann. Hierbei können in jedem Glied der Kette
wichtige Ansatzpunkte zur Entdeckung von Opportunities liegen, es sollte jedoch stets
eine ganzheitliche Sichtweise auf das Gesamtgefüge der Aktivitäten gewahrt bleiben.
Den Ansatzpunkten liegt die Erkenntnis zugrunde, dass Opportunities nicht nur durch
das Kernprodukt oder die Kernleistung geschaffen werden können, sondern durch das
gesamte Erlebnis des Kunden bei der Bedürfnisbefriedigung. Ansatzpunkte für die Aufdeckung neuer Opportunities können nach McGrath und MacMillan (2005) in fünf Kategorien unterteilt werden:

- Umbau der Konsumkette bzw. Ersetzen der ursprünglichen Konsumkette durch eine
  alternative Version
- Kombination oder Ersetzen einzelner Glieder der Kette durch Digitalisierung
- Verbesserung („smarter machen") von Gliedern der Konsumkette
- Eliminierung von Zeitverzögerungen in der Konsumkette
- Schaffung einer Monopolisierung durch ein Trigger-Event

Im Rahmen der ersten Kategorie von Ansatzpunkten, dem Umbau der Konsumkette,
wird nach Opportunities gesucht, die die komplette existierende Konsumkette durch eine
neue ersetzen. Die neu entstandene Kette bietet für den Kunden ein komplett anderes
Erlebnis bzw. eine neue Art der Bedürfnisbefriedigung. Das Beispiel 3.2 verdeutlicht,
wie es eBay gelungen ist, die Konsumkette für Gebraucht- oder seltene Sammlerstücke

neu zu konstruieren, indem es den Flohmarktbesuch (mit allen notwendigen Aktivitäten in der entsprechenden Konsumkette) durch eine weltweite Online-Plattform ersetzt hat.

Beispiel 3.2: Wie eBay die Suche nach Gebraucht- und Sammelgegenständen vereinfacht hat

Während es früher nötig war, für den Erwerb und Verkauf von Gebrauchtgegenständen früh aufzustehen, um auf den örtlichen Flohmärkten oder in Auktionskaufhäusern fündig zu werden, gestaltete eBay dieses Kundenerlebnis komplett neu und strukturierte die Konsumkette für den Markt von Gebrauchtgegenständen vollständig um. So sind seit dem Start des Online-Marktplatzes im Jahr 1995 alle Schritte der Konsumkette vom Aussuchen der Ware über das Bieten und den Verkauf bis hin zur Lieferung online möglich.

Zunächst wurden Online-Auktionen angeboten, die hauptsächlich dem Zweck dienten, Käufer und Verkäufer zusammenzubringen. So war der erste Gegenstand, der erfolgreich über eBay gesucht und verkauft wurde, ein kaputter Laserpointer. Heute bietet der Online-Marktplatz eine Mischung aus Online-Auktionshaus und Kaufhaus, in dem Händler auch Neuware zu Festpreisen anbieten können. Somit stellt eBay neben dem Verkauf von Gebrauchtwaren auch einen zusätzlichen Vertriebsweg für Gewerbetreibende dar. Weiterhin ist es sogar möglich, Immobilien über eBay zum Verkauf oder zur Miete anzubieten (Omidyar 2011).

Das Konzept ist erfolgreich. Heute nutzen weltweit mehr als 180 Mio. Mitglieder (Statista 2020) das Angebot von eBay. Um Kunden das Bieten, Einkaufen und Verkaufen noch bequemer zu machen, werden in einer weiteren Entwicklung zusätzlich mobile Technologien angeboten. Die neue, durch eBay geschaffene Konsumkette bietet eine breitere Auswahl an Produkten und reduziert insbesondere Reise- und Suchkosten, die bei der Suche und dem Kauf seltener Gebrauchtprodukte zuvor notwendig gewesen sind (eBay Inc 2021). ◄

Auch PayPal (Beispiel 3.3) bietet eine komplett neue Art der Online-Bezahlung an und schafft somit eine neu konzipierte Konsumkette.

Beispiel 3.3: PayPal und die neue Art des Bezahlens

Das 1998 gegründete Unternehmen PayPal ermöglicht Kunden eine komplett neue Art der Bezahlung. Durch ein spezielles Online-Bezahlsystem ist es möglich, einen Kauf im Internet nur mithilfe einer E-Mail-Adresse und eines entsprechenden Passworts abzuwickeln. Der Bezahlvorgang wird durch die wenigen Angaben stark vereinfacht und vor allem schneller. Endkunden schätzen diesen Zeitgewinn. Während es bei der vorherigen Bezahlung nötig war, immer wieder Kreditkarteninformationen, Geburtsdaten, Adressen usw. einzugeben, ist der Prozess mit einem PayPal-Konto mit zwei Klicks und der Angabe des Passworts erledigt. Eine weitere Entwicklung, die den Bezahlvorgang für den Kunden noch bequemer macht, ist die Möglichkeit, mit der entsprechenden PayPal-App Bezahlungen auch von unterwegs aus mit dem Handy, Tablet oder sogar einem SmartTV durchzuführen.

Die Bezahlplattform bietet sowohl für Endkunden als auch für Gewerbetreibende Neuerungen in der Konsumkette an. Während Endkunden von dem schnellen Bezahlungsvorgang profitieren, schafft die Nutzung von PayPal neue Vertriebswege für gewerbliche Kunden. Aufgrund des bequemen Bezahlprozesses und der vom Unternehmen versprochenen Sicherheit ist die Zahlung über PayPal eine der beliebtesten Methoden geworden. Täglich werden mehr als 12 Mio. Zahlungen abgewickelt. 2020 PayPal verzeichnet 325 Mio. aktive Kunden die auf über 200 Märkten mit über 100 Währungen Zahlungen abschließen können (PayPal 2020). ◀

In konkreten Situationen können sich Unternehmen folgende Fragen stellen, um Ideen zum Umbau der aktuell dem Kunden angebotenen Konsumkette zu generieren (McGrath und MacMillan 2005):

- Können existierende Glieder der Konsumkette eliminiert oder miteinander verbunden werden?
- Kann man ganze Abfolgen von Gliedern durch andere Abfolgen ersetzen?
- Ist es möglich, die gleiche Bedürfnisbefriedigung beim Kunden mit einer anderen Konsumkette zu erreichen?
- Können Kettenglieder so umstrukturiert werden, dass Kundenerlebnisse verbessert werden?
- Falls Teile der Konsumkette Schwierigkeiten bereiten: Ist es möglich, diese Probleme auf andere Art und Weise zu lösen?
- Ist es möglich, eine komplett neue Lösung zu erarbeiten, um bruchstückhafte Lösungen zu ersetzen?

Ein Beispiel für die erfolgreiche Veränderung der Konsumkette durch sowohl eine Eliminierung als auch eine Umstrukturierung ist das Unternehmen Peloton in Beispiel 3.4.

Beispiel 3.4: Workout at home – Peloton statt Fitnessstudio

Als in den 2010er-Jahren das Thema Spinning als neuer Fitnesstrend aufkam, entstanden neue Fitnessstudios. Beispielsweise Soulfly und Flywheel die sich auf gemeinsame, intensive Spinning-Trainings mit motivierenden Trainern spezialisierten. Doch nicht jeder hatte ein Studio in der Nähe oder konnte die Zeit aufwenden, zum Studio zu fahren, einen Parkplatz zu finden, sich im Studio umzuziehen, auf das Fahrrad zu setzen und danach wieder nach Hause fahren. Diese Lücke schloss 2012 das Unternehmen Peloton mit einem Fahrrad-Hometrainer in Kombination mit einem großen digitalen Display über den man live trainieren oder an aufgezeichneten Fahrradtrainings teilnehmen kann. Der Mehrwert, gefühlt in einer Gruppe zu fahren und von einem Trainer angespornt zu werden, konnte beibehalten werden, allerdings von zu Hause aus. Peloton eliminierte so den Schritt, physisch in ein Studio fahren zu müssen (Khanna 2019). ◄

Die zweite Kategorie von Ansatzpunkten, um Opportunities im Rahmen der Konsumkette aufzufinden, stellt die Digitalisierung dar, mittels derer Glieder einer existierenden Kette kombiniert oder ersetzt werden (McGrath und MacMillan 2005). Hierunter ist insbesondere die Revolutionierung der Art und Weise, wie Geschäfte unter Zuhilfenahme digitaler Technologien gemacht werden, zu verstehen. Doch die Eliminierung oder das Ersetzen einzelner Glieder der ursprünglichen Konsumkette muss nicht unbedingt das einzige Ziel der Digitalisierung sein. Vielmehr können die Erlebnisse des Kunden auch günstiger, einfacher, schneller und bequemer gestaltet werden, indem ihnen neue Services digital angeboten werden. Ein solcher neuer Service kann beispielsweise die Online-Vermittlung von Fahrdiensten wie bei Uber (Beispiel 3.5) oder das Online-Angebot von Immobilien sein (Beispiel 3.6).

Beispiel 3.5: Uber: Der Online-Vermittlungsdienst von Fahrgästen

Das 2009 gegründete Unternehmen Uber bietet Fahrgästen die Vermittlung von Mietwagen mit Fahrer (privat und gewerblich) und Taxen an. Bei diesem Vermittlungsvorgang werden durchgängig digitale Technologien verwendet. Für gewöhnlich wartet der Kunde an einem Bahnhof, Flughafen oder anderen öffentlichen Plätzen auf ein frei werdendes Taxi. Alternativ können Mietwagen und Taxen auch telefonisch angefordert werden. Die Bezahlung nach der Fahrt erfolgt üblicherweise in bar oder mit EC-Karte.

Uber gestaltet den gesamten Prozess mithilfe digitaler Technologien neu: Über die Uber-App können registrierte Nutzer ihren Standort über das GPS ihres Handys übermitteln. Automatisch wird der nächste verfügbare Fahrer benachrichtigt, der die entsprechende Person dann von seinem Standort aus abholt. Die Ankunft des Wagens wird mitsamt den Kontaktdaten des Fahrers per SMS übermittelt. Die Bezahlung erfolgt nicht mit Bargeld, sondern ebenfalls mithilfe der App. Die Fahrpreise richten sich nach einer klaren Preisstruktur, sodass mithilfe der App schon vor Fahrtbeginn ausgerechnet werden kann, wie teuer die Fahrt wird. Nach der Fahrt bekommt der Kunde sowohl die Quittung als auch die Möglichkeit, den Fahrer zu bewerten, per E-Mail zugesendet. Ein weiterer Service für den Kunden ist die Sharing-Option, mit der es möglich ist, den Fahrpreis auch unter mehreren Mitfahrern gerecht aufzuteilen. Dieser Vorgang wird ebenfalls von der App erledigt, welche die hinterlegten Kreditkarten zu gleichen Teilen belastet.

Eine besondere Art, dem Kundenbedürfnis nach Luxus und Bequemlichkeit nachzukommen, ist die Auswahlmöglichkeit, die der Kunden bereits vor der Fahrt hat. Er kann zwischen fünf verschiedenen Varianten wählen, von der Fahrt in einem regulären Taxi über SUVs bis hin zu Luxusautos und Limousinen mit persönlichem Chauffeur (Uber Technologies Inc. 2020). ◄

Beispiel 3.6: Wie Immobilienscout24 die Suche nach Immobilien revolutionierte

Vor einigen Jahren fand die Suche nach einer geeigneten Immobilie noch über Makler, Zeitungsinserate, Anzeigen bei Banken oder Aushänge am Schwarzen Brett in Supermärkten, Universitäten und anderen öffentlichen Stellen statt. Nach der Sichtung einer passenden Anzeige konnte dann ein Termin zur Immobilienbesichtigung arrangiert werden. Informationen über Mietspiegel, Umzugskosten oder ähnliches mussten separat eingeholt werden.

Mithilfe digitaler Technologien revolutionierte Immobilienscout diesen Vorgang, indem es den ganzen Prozess auch online zur Verfügung stellte. Das 1998 gegründete Unternehmen diente ursprünglich als Online-Anzeigenmarkt für Immobilien, der Mieter, Vermieter, Käufer und Verkäufer von Immobilien zusammenbrachte. Heute deckt das Immobilienportal den gesamten Prozess der Immobiliensuche über die Auswahl bis hin zur Finanzierung, Umzugsplanung und Einrichtung ab. Über eine Suchmaske können Kunden detaillierte Angaben über ihre Wünsche machen, wie etwa Zimmeranzahl, Ausstattung und Lage. Es kann u. a. nach Eigentumswohnungen, Wohngemeinschaften, möblierten Wohnungen und sogar Pflegeheimen gesucht werden. Zusätzlich zum Anzeigenmarkt bietet das Online-Portal auch umfangreiche Services und Informationen rund um das Thema Immobilienmarkt an. So kann der Kunde Mietspiegel und Umzugsunternehmen der jeweiligen Region vergleichen, einen Sachverständigen beauftragen oder einen Immobilienwert berechnen. Immobilienscout24, welches sich selbst als „digitaler Lotse" im Immobilienbereich betitelt, macht den Prozess der Wohnungs- und Informationssuche mit der Einführung einer Handy-App noch bequemer. So ist es dem Kunden möglich, auch unterwegs nach passenden Objekten zu suchen oder selbst eine Anzeige aufzugeben (ImmobilienScout24 GmbH 2020). ◄

Unternehmen können sich konkret folgenden Fragestellungen widmen, um Ansatzpunkte für Opportunities im Rahmen der Digitalisierung der Konsumkette zu identifizieren (McGrath und MacMillan 2005):

- Kann die Angebotsbasis eines Unternehmens durch Ersetzen oder Kombinieren von Gliedern der Konsumkette verändert werden?
- Können verbesserte Glieder die Kundenerfahrung besser, billiger oder bequemer machen?
- Entstehen durch die Zuhilfenahme digitaler Technologien sinnvolle Datenerfassungs- und Analysetools über den Markt und über die Services des Unternehmens?
- Führt die Digitalisierung zu einer Verbesserung der Unternehmenslogistik?

- Führt die Digitalisierung zu neuen Gliedern der Konsumkette, für die Kunden zu zahlen bereit sind?
- Können durch die neu gewonnenen Informationen neue Angebote entwickelt werden?

Ein Unternehmen, dass durch Digitalisierung die Konsumkette einfacher und bequemer macht, sowie dabei sinnvoll Daten erfasst und analysiert ist Starbucks mit der Vorbestell- und Liefermöglichkeit über die eigene App (Beispiel 3.7).

Beispiel 3.7: Starbucks – der Kaffee ist schon fertig

Starbucks agiert als physisches Cafe in einem sehr traditionellen Umfeld. Kunden, die einen Kaffee, ein anderes Getränk oder einen Snack möchten, betreten den Laden, bestellen und bezahlen, warten darauf, dass der Kaffee oder Snack fertig ist und konsumieren diesen oder verlassen damit den Laden.

Bereits seit 2015 können Starbucks-Kunden über die eigene Starbucks App (die mit dem Loyalitätsprogramm verbunden ist) vorbestellen und mobil bezahlen. Mittlerweile sogar mit eigenen Abholstationen, sodass die Kunden überhaupt nicht mehr warten müssen. Damit hat Starbucks erfolgreich einen Schritt in der klassischen Konsumkette digitalisiert und sowohl einen Mehrwert durch geringere Wartezeit für die Kunden als auch mehr eigene Planungssicherheit und höhere Kundenbindung geschaffen (Oragui 2018). Neuerdings kann man sich Produkte von Starbucks auch nach Hause oder ins Büro liefern lassen. Damit hat Starbucks die Konsumkette ein weiteres Mal gekürzt (Starbucks 2021).

Mit der Bestellung in der App bekommt Starbucks zusätzlich personalisierte Daten der Kunden zu Ihren Kauf- und Trinkgewohnheiten, die mit Hilfe von Analytics (siehe Abschn. 2.4) zusätzlich zur Personalisierung genutzt werden können (Harvard Business School 2020). ◀

Eine dritte Kategorie von Anknüpfungspunkten zur Generierung von Opportunities im Rahmen der Konsumkette besteht in der Verbesserung einzelner Glieder („smarter machen") der existierenden Konsumkette (McGrath und MacMillan 2005). Spezielle Extraleistungen können das Kundenerlebnis mit Wert anreichern. Diese Verbesserungen bzw. Wertanreicherungen können in Form von mehr Interaktivität, schnellerem Reaktionsvermögen oder situationsspezifischen Kalkulationen erreicht werden.

Der Sinn dieser Möglichkeit zur Opportunity-Erkennung liegt hier vor allem in der Bereitstellung eines Mehrwerts für den Kunden, den er in Form von Extraleistungen, z. B. zusätzlichen Informationen, mit dem Produkt oder dem Service des Unternehmens erwirbt. Diese Informationen können dem Kunden beispielsweise durch eine spezifische Technologie übermittelt werden, etwa wenn der Kunde beim Kauf eines Fitness-Arm-bandes (Beispiel 3.8) durch die Aufzeichnung vielfältiger Informationen über seine Bewegungsaktivitäten einen Mehrwert in Form einer relativ genauen Fitnessanalyse

erhält, welche er andernfalls nur mithilfe mehrerer Geräte oder einer Analyse im Fitnessstudio bekommen hätte.

**Beispiel 3.8: Der „Personal Trainer" befindet sich jetzt am Handgelenk und ist immer
dabei**

Vor kurzem war eine umfassende Fitnessanalyse ohne einen professionellen Trainer
kaum möglich. Der Gang ins Fitnessstudio oder die kostspielige Beschäftigung eines
Personal Trainers war ein notwendiges Übel, wenn das Bedürfnis bestand, genauere
Informationen über das eigene Bewegungsverhalten zu erhalten. Alternativ bestand
nur die Möglichkeit, Spezialgeräte einzusetzen. So gab es zum Beispiel die Möglichkeit, bei körperlicher Betätigung einen Pulsmessgurt anzulegen. Sollten überdies noch
weitere Informationen generiert werden, mussten parallel zusätzliche Hilfsmittel wie
Schrittzähler, MP3-Player und Handys benutzt werden. Diese waren lästig anzu-
bringen und je nach Aktivität auch störend und schwer.

Die neu entwickelten Fitness-Armbänder vereinen alle genannten Hilfsmittel
in einer Art „Personal Trainer" fürs Handgelenk. Je nach Modell erstellen sie
Bewegungsprofile, zählen Schritte und Kalorien, errechnen automatisch, wie viel
Aktivität am Tag fehlt, und beinhalten einen Kalender. Außerdem bieten mehrere
Unternehmen wie etwa Samsung, LG und Huawei auch integrierte Schlafanalysen
und einen Pulscoach in ihren Armbändern an. Ein weiterer Mehrwert für den Kunden
liegt in der Möglichkeit, die Daten des Armbandes mit Mobilgeräten wie Tablets oder
Smartphones zu synchronisieren und aufzubereiten. Hierdurch eröffnen sich auch
Möglichkeiten der Nutzung von GPS und der Höhenmessung. Damit sind die Tätigkeiten, die seitens des Kunden notwendig sind, um sein Bedürfnis, Transparenz über
seinen Gesundheitszustand zu haben, zu befriedigen, deutlich weniger aufwendig
geworden (Zimmer 2015). ◄

Bei der Verbesserung einzelner Glieder der Konsumkette sollte jedes bedeutende Glied
daraufhin untersucht werden, ob digitale Technologien angewendet werden können,
welche das Angebot des Unternehmens müheloser, informativer, abgestimmter, benutzer-
freundlicher und/oder komfortabler machen.

Konkret kann ein Unternehmen sich folgende Fragen stellen (McGrath und
MacMillan 2005):

- Kann die Qualität oder der Komfort von Gliedern der Konsumkette durch die Verbesserungen deutlich erhöht werden?
- Können Mechanismen der digitalen Intelligenz genutzt werden, um große Aufmerksamkeit auf die Leistungen der Angebote zu lenken?
- Können Mechanismen der digitalen Intelligenz genutzt werden, um das Unternehmen
  darüber zu informieren, wann und wie Kunden die Verbesserungen in Anspruch
  nehmen?

Die Eliminierung von Zeitverzögerungen in und zwischen den Gliedern der Konsumkette stellt die vierte Kategorie von Ansatzpunkten zur Generierung von Opportunities dar (McGrath und MacMillan 2005). Zentral ist hier die Einsicht, dass Kunden durchaus gewillt sind, für weniger Zeitaufwand mehr Geld zu bezahlen. Folglich müssen Unternehmen verstehen, wie viel Zeit den Kunden im Zusammenhang mit den einzelnen Gliedern der Konsumkette verloren geht. Im Anschluss daran sollten die Angebote des Unternehmens so verändert werden, dass dieser Zeitaufwand verringert oder ganz eliminiert wird. Weiterhin können Zeitverzögerungen auch durch die Änderung der Abfolge einzelner Glieder der Konsumkette verringert werden. Beispiel 3.9 zeigt für den Dienst Amazon Prime, wie beide Seiten, der Kunde wie auch das anbietende Unternehmen, von Zeitersparnis profitieren können.

Beispiel 3.9: Der Ansatz von Amazon Prime: Eliminierung von Zeitverzögerungen als Mehrwert für bestimmte Kundensegmente

Der vom Online-Versandhändler Amazon angebotene Dienst „Amazon Prime" illustriert gut, wie Zeitverzögerungen innerhalb der Konsumkette eliminiert werden können. Eine Mitgliedschaft bei Amazon Prime garantiert Kunden eine schnelle Lieferung entweder am folgenden Tag oder per Morning- und Evening-Express. Für diese Zeitersparnis muss der Kunde bereit sein, eine jährliche Gebühr zu zahlen. Während es bei Versendungen außerhalb des Dienstes Tage oder sogar Wochen bis zur Auslieferung dauern kann, sichert Amazon Prime den schnellstmöglichen Versand kostenfrei zu.

Zusätzlich zu dieser Zeitersparnis erhalten Kunden einige Zusatzleistungen. So bekommen Mitglieder u. a. unbegrenzten Zugang zum Online-Streaming-Dienst von Filmen und Serien, können kostenlos E-Books ausleihen und erhalten vorzeitigen Verkaufszugang zu Aktionen (Amazon.com 2020). ◀

Bei der Überprüfung einzelner Glieder der Konsumkette auf Opportunities zur Reduzierung von Zeitverzögerung kann sich ein Unternehmen folgende Fragen stellen (McGrath und MacMillan 2005):

- An welcher Stelle existieren Verzögerungen zwischen der Zeit, in der die Nachfrage nach etwas entsteht, und der tatsächlichen „Auslieferung" des Produkts oder Service?
- Sind diese Verzögerungen kostspielig, risikobehaftet oder frustrierend für Kunden?
- Gibt es Wege, um diese Verzögerungen zu verringern, zu eliminieren oder zu kompensieren?
- Gibt es Wege, wie das Unternehmen dem Kunden helfen kann, Zeitverzögerungen zu reduzieren?

Schließlich besteht als fünfte Kategorie von Ansatzpunkten die Möglichkeit, ein Monopol für ein Trigger-Ereignis, also ein auslösendes Moment, aufzubauen. Auslöser oder auslösende Ereignisse sind nach diesem Verständnis Situationen, in denen sich Kunden über einen Bedarf an einem bestimmten Produkt oder Service bewusst werden. Unternehmen können hier ansetzen, indem sie entweder die ersten sind, die von diesem Bewusstwerden des Kunden erfahren (und dementsprechend reagieren können), oder indem sie ein Monopol auf den auslösenden Moment aufbauen.

Ein Ansatz für diese Art der Opportunity-Erkennung kann die Suche nach Mechanismen sein, die sicherstellen, dass das Unternehmen sich in einer guten Position befindet, um wichtige Entscheidungsträger durch auslösende Ereignisse zu beeinflussen. Dies kann in Form der Identifizierung potenzieller Probleme, welche beim Kunden auftreten können, geschehen, oder durch die Analyse möglicher auftauchender Trigger-Ereignisse. Im Anschluss daran ist die Frage zu stellen, wer sich in der Position befindet, voraussichtliche Kunden zu beeinflussen. Andersherum ist es jedoch auch möglich, gleich proaktiv bedarfsauslösende Momente zu kreieren, die sich günstig für das Unternehmen auswirken.

Um im Zusammenhang mit Trigger-Ereignissen Opportunities und damit Kundenbedürfnisse zu generieren, ist es sinnvoll, alle zentralen Auslöser der bestehenden Konsumkette zu analysieren. Während der Analyse können folgende Fragen als Hilfestellung dienen (McGrath und MacMillan 2005):

- Wie kann das Unternehmen sein Angebot so positionieren, dass es in der Lage ist, ein Monopol auf auslösende Momente aufzubauen?
- Kann das Unternehmen das Erste sein, welches Kenntnis von Auslösern erlangt?
- Bringt der Kunde das Unternehmen als erstes mit dem Trigger-Ereignis in Verbindung?
- Ist es möglich, Trigger-Ereignisse selbst zu kreieren, die das Unternehmen und dessen Angebot begünstigen?

Abb. 3.3 fasst die fünf Hebel zur Generierung von Opportunities mithilfe der Konsumkette zusammen.

3.1.3 Anwendung des Konsumketten-Ansatzes

Im Folgenden werden konkrete Schritte zur Anwendung des Konsumketten-Ansatzes dargestellt. Vorab soll diskutiert werden, unter welchen Rahmenbedingungen der Einsatz der Konsumkette besonders vielversprechend ist. In sich schnell wandelnden Umfeldern entstehen heute in vielen Industrien Möglichkeiten, sich vom Wettbewerb durch Veränderung der Konsumkette abzusetzen und so neue Wachstumsmöglichkeiten zu schaffen. Dies dürfte insbesondere der Fall sein, wenn einerseits in der aktuellen Konsumkette eine Reihe von Störfaktoren zu finden sind, die dem Kunden das Leben schwer machen, sei es durch zeitliche Verzögerungen, mangelnde Transparenz über Vorgänge oder durch zu erbringenden Aufwand wie dem Abholen von Gütern oder

Ansatz	Beispielhafte Fragestellungen
Umbau/komplette Ersetzung der Konsumkette	Können Teile der Kette eliminiert werden? Kann das gleiche Produkt mit einer völlig anderen Kette realisiert werden? Können Bestandteile vertauscht werden? Kann eine Komplettlösung mehrere Einzellösungen ersetzen?
Digitalisierung einzelner Schritte	Kann durch IT die Logistik besser gemanagt werden? Kann IT Schritte verbessern, um das Kundenerlebnis besser, billiger oder angenehmer zu machen? Können neue Angebote durch die neu gesammelten Daten geschaffen werden?
Intelligente Verbesserung von Kettenbestandteilen	Kann eine Leistung in einem Bestandteil besser auf den Kunden angepasst werden? Können die einzelnen Schritte für den Kunden informativer gemacht werden?
Eliminierung von Zeitverzögerungen in der Kette	Gibt es in der Kette Momente, in denen Nachfrage und Lieferung auseinanderfallen? Gibt es Möglichkeiten, dem Kunden zu ermöglichen, gegenüber seinem Kunden Verzögerungen zu vermeiden?
Schaffung eines einzigartigen „Trigger-Events"	Kann man sein Angebot so positionieren, dass man als Erstes vom „Trigger-Event" erfährt? Wie kann man der Erste im Kopf des Kunden werden, wenn ein „Trigger-Event" stattfindet?

Abb. 3.3 Ansätze zur Aufdeckung von Opportunities mithilfe des Konsumketten-Ansatzes. (Eigene Darstellung nach McGrath und MacMillan 2005)

ähnlichem. Andererseits bieten technologische Veränderungen, beispielsweise neue Möglichkeiten der mobilen Datenübertragung, Gelegenheiten, dem Kunden eine verbesserte Konsumkette zu ermöglichen. Liegen solche Gegebenheiten vor, bietet es sich an, in fünf Schritten vorzugehen, wie Abb. 3.4 veranschaulicht.

Im ersten Schritt sollte ein Zielsegment an Kunden ausgewählt werden, auf die sich die zu erstellende Kette bezieht. Durch die Ausrichtung der Konsumkette an einer abgegrenzten Kundengruppe kann eine fokussierte, zielgerichtete Darstellung erfolgen. Wichtig ist dabei, die Segmentierung anhand von Bedürfnissen durchzuführen und nicht anhand von demografischen Merkmalen.

In einem zweiten Schritt sollten Mitarbeiter des Unternehmens identifiziert werden, die mit Kunden aus dem Zielsegment in Verbindung stehen. Durch die bereits bestehenden Kontakte zur Zielgruppe besitzen diese Mitarbeiter in der Regel gute Kenntnisse über deren Verhaltensweisen, Vorlieben, Probleme und Strategien. Diese Erfahrungen können bei der zielgerichteten Konstruktion der Konsumkette von großem Vorteil sein, so dass die aktuelle Art und Weise der Bedürfnisbefriedigung der Kunden in einzelnen Schritten abgebildet werden kann. Als Ergebnis dieses zweiten Schrittes erhält das Unternehmen den aktuellen Status der Konsumkette aus Unternehmenssicht.

Im dritten Schritt erfolgt die Einbindung der Kunden. Der erste Zweck besteht darin, die im zweiten Schritt hergeleitete Konsumkette aus Kundensicht zu validieren und einzelne Elemente der Kette zu schärfen. Der zweite Zweck besteht darin, aus Kundensicht erste Ideen zur Verbesserung der Konsumkette zu generieren. Hierbei ist vor allem wichtig, Kundeninput auf die richtige Art und Weise in das Erstellen der Konsum-

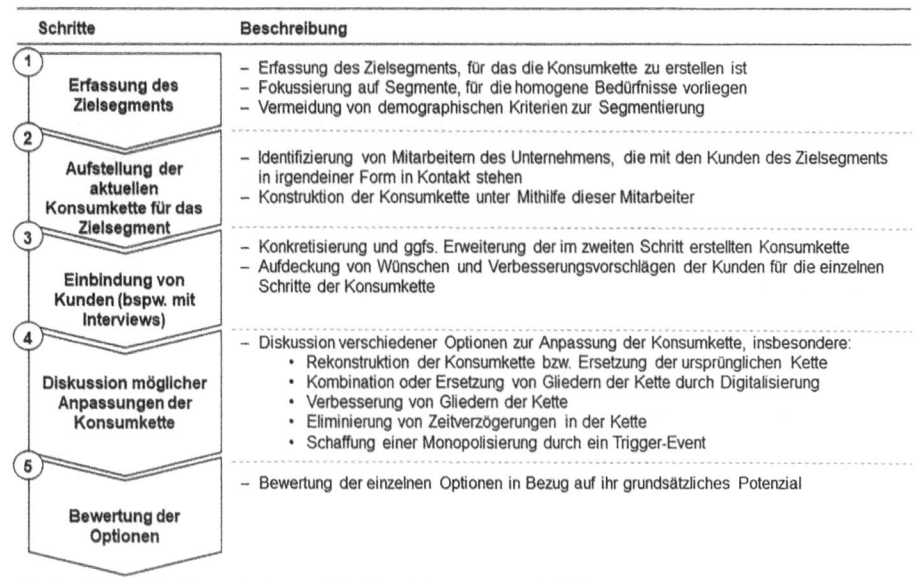

Schritte	Beschreibung
1 **Erfassung des Zielsegments**	– Erfassung des Zielsegments, für das die Konsumkette zu erstellen ist – Fokussierung auf Segmente, für die homogene Bedürfnisse vorliegen – Vermeidung von demographischen Kriterien zur Segmentierung
2 **Aufstellung der aktuellen Konsumkette für das Zielsegment**	– Identifizierung von Mitarbeitern des Unternehmens, die mit den Kunden des Zielsegments in irgendeiner Form in Kontakt stehen – Konstruktion der Konsumkette unter Mithilfe dieser Mitarbeiter
3 **Einbindung von Kunden (bspw. mit Interviews)**	– Konkretisierung und ggfs. Erweiterung der im zweiten Schritt erstellten Konsumkette – Aufdeckung von Wünschen und Verbesserungsvorschlägen der Kunden für die einzelnen Schritte der Konsumkette

4 **Diskussion möglicher Anpassungen der Konsumkette**	– Diskussion verschiedener Optionen zur Anpassung der Konsumkette, insbesondere:
	  • Rekonstruktion der Konsumkette bzw. Ersetzung der ursprünglichen Kette
	  • Kombination oder Ersetzung von Gliedern der Kette durch Digitalisierung
	  • Verbesserung von Gliedern der Kette
	  • Eliminierung von Zeitverzögerungen in der Kette
	  • Schaffung einer Monopolisierung durch ein Trigger-Event

5 **Bewertung der Optionen**	– Bewertung der einzelnen Optionen in Bezug auf ihr grundsätzliches Potenzial

Abb. 3.4 Konkrete Schritte zur Identifizierung von Opportunities mithilfe des Konsumketten-Ansatzes. (Eigene Darstellung)

kette miteinzubeziehen. Dabei greifen traditionelle Kundenbefragungen zu kurz, um Opportunities und damit letztendlich Innovationen zu erzielen. Bei traditionellen Kundenbefragungen, die die Kunden nach Anregungen fragen, geben die befragten Kunden typischerweise bereits fertige Lösungen an. Verlässt ein Unternehmen sich auf diese Schilderungen, liegt auf der Hand, dass wirklich bahnbrechende Innovationen nicht hervorgebracht werden können. Das Unternehmen kann sich aber bei der Kunden-befragung statt auf Lösungen auf die Wünsche des Kunden fokussieren, die er an ein neues Produkt oder einen Service hat. Mit diesen gewünschten Resultaten ist es dann im weiteren Verlauf möglich, Kundenbedürfnisse explizit einzuschätzen und dement-sprechend zu reagieren.

Im vierten Schritt erfolgt dann – aufbauend auf dem Status quo der Konsumkette und ersten von Kunden geäußerten Wünschen – eine Diskussion, wie die Konsumkette angepasst werden kann, wie also das zugrunde liegende Bedürfnis des Kunden auf eine überlegene Art und Weise befriedigt werden kann. Dabei kommen die im vorherigen Abschnitt beschriebenen Ansatzpunkte in Betracht, und zwar:

• Umbau der Konsumkette bzw. Ersetzen der ursprünglichen Konsumkette durch eine alternative Version
• Kombination oder Ersetzen der Glieder einer Kette durch Digitalisierung
• Verbesserung („smarter machen") von Gliedern der Konsumkette

- Eliminierung von Zeitverzögerungen in der Konsumkette
- Schaffung einer Monopolisierung durch ein Trigger-Event

Das durchführende Unternehmen kann dazu die im vorherigen Abschnitt formulierten Fragestellungen zur Aufdeckung von Opportunities anwenden. Im finalen fünften Schritt erfolgt eine Bewertung der in den vorhergehenden Schritten abgeleiteten alternativen Konsumketten.

Kernaussagen

- Opportunities können entstehen, wenn Unternehmen Kunden nach ihren Bedürfnissen und den Aufgaben, die sie erledigen müssen, segmentieren. Dazu ist ein genaues Verständnis der Bedürfnisse der (potenziellen) Kunden notwendig.
- Aus diesen Bedürfnissen wird eine Konsumkette generiert, die die einzelnen Schritte zur Adressierung des Bedürfnisses bzw. zur Erledigung des Jobs aufzeigt.
- Durch die Zerlegung des Bedürfnisses bzw. des Jobs erhält ein Unternehmen verschiedenste Anknüpfungspunkte zur Verbesserung des Kundenerlebnisses und damit zur Generierung von Wachstumschancen.
- Umbau einer Konsumkette, Kombination oder Ersetzen einzelner Glieder durch Digitalisierung, Verbesserung von Gliedern, Eliminierung von Zeitverzögerungen in der Konsumkette und Schaffung einer Monopolisierung durch ein Trigger-Event sind konkrete Hebel für Opportunities auf Basis der Konsumkette.

Aufgaben zur Wiederholung

1. Erläutern Sie das Konzept der Konsumkette.
2. Welches ist die zentrale Fragestellung der Konsumkette?
3. Skizieren Sie eine typische Konsumkette, am Beispiel des Kaufs einer Waschmaschine.
4. Worin unterscheiden sich die Konsumketten von Industriegütern und Dienstleistungen und was haben sie gemein?
5. Unter welchen Rahmenbedingungen bzw. für welche Industrien eignet sich die Konsumkette besonders für Opportunity Recognition?
6. Erläutern Sie kurz, warum es für die Kundenzufriedenheit wichtig ist, die gesamte Konsumkette im Blick zu haben.
7. Nennen Sie die fünf Ansatzpunkte für Opportunity Recognition mithilfe der Konsumkette und erläutern Sie diese kurz. Nennen Sie für jeden Ansatz drei Fragen, die sich Unternehmen konkret stellen können.
8. Erläutern Sie stichpunktartig, wie der Konsumkettenansatz konkret genutzt werden kann. Nutzen Sie hier eine 5-Schritte-Logik.

3.2 Empathisches Design

Im Folgenden wird der Ansatz des empathischen Designs zur Generierung von Opportunities vorgestellt. Er basiert auf der Einsicht, dass klassische Marktforschungsansätze (wie das Verschicken standardisierter Fragebögen) zwar zu inkrementellen und vorhersehbaren Verbesserungen von Produkten oder Leistungen durch Kundenfeedback führen können, Innovationen, die außerhalb des aktuellen Vorstellungsvermögens von Kunden liegen, allerdings nicht generiert werden. Bei diesen weiß der (potenzielle) Kunde zumeist noch nicht mal, dass er das Bedürfnis, das die Innovation befriedigen kann, überhaupt hat. Man spricht von latenten Bedürfnissen. Hier setzt der Ansatz des empathischen Designs an, der in latenten Bedürfnissen Opportunities vermutet und Ansatzpunkte entwickelt, wie Innovationsideen, die der Kunde sich noch nicht vorstellen kann, generiert werden können. Einführend wird in Abschn. 3.2.1 das Konzept der latenten und der kommunizierten Bedürfnisse dargelegt. Abschn. 3.2.2 zeigt dann Ansatzpunkte auf, um latente Bedürfnisse zu identifizieren, bevor Abschn. 3.2.3 eine Anleitung der zu durchlaufenden Schritte enthält.

Lernziele
- Das Konzept des empathischen Designs verstehen und nutzen können.
- Hierzu gilt es,
    - zu erkennen, für welche Zwecke und in welchen Situationen sich das empathische Design (in Abgrenzung zu klassischen Marktforschungsmethoden) empfiehlt,
    - festzustellen, dass empathisches Design in erster Linie durch Beobachtung erfolgt,
    - zu verstehen, dass es fünf Anknüpfungspunkte der Beobachtung zur Aufdeckung von neuen Opportunities im empathischen Design gibt,
- um durch genaues Festlegen der Beobachtungstaktik, die Durchführung der Beobachtung, die weitere Diskussion und Vertiefung der Beobachtungsergebnisse neue Opportunities aufzudecken und zu bewerten.

3.2.1 Das Konzept der latenten Bedürfnisse

Eine häufig in der Produktentwicklung geforderte Vorgehensweise ist es, „nah am Kunden zu sein" oder „konkreten Kundenbedürfnissen zu folgen" (Bonner 2010). Problematisch ist hierbei jedoch, dass Kunden nur auf Basis ihrer Erfahrungen oder ihrer Vorstellungskraft Verbesserungsvorschläge oder innovative Produkte kommunizieren und entwickeln können. Die Frage, die sich stellt, ist: Wie können auch die latenten, also unbewussten Bedürfnisse von Kunden aufgedeckt und für die Entwicklung neuer Opportunities genutzt werden?

Klassische Marktforschungsmethoden nutzen häufig standardisierte Fragebögen, führen Befragungen durch oder beobachten in Laborumgebungen. Diese Methoden sind hilfreich, wenn es darum geht, Produkte oder Leistung, die der Kunde bereits kennt, zu verbessern, oder Präferenzen hinsichtlich verschiedener Ausführungen festzustellen. Entwickelt ein Unternehmen jedoch ein völlig neues Produkt, zu dem der Konsument aufgrund der mangelnden Erfahrung keinerlei Beziehung hat, wird es ihm schwer fallen, ein Bedürfnis zu formulieren oder eine Lösung vorzuschlagen (Schindehutte et al. 2008), wie in Beispiel 3.10 für die Radiotechnologie dargestellt.

Beispiel 3.10: Nutzung der Radiotechnologie für Unterhaltungs- und Informationszwecke

Anfang des 20. Jh. wurde die Radiotechnologie erfunden und zu diesem Zeitpunkt für die Übertragung von Morsezeichen zwischen zwei Institutionen oder Personen genutzt. Erst nachdem David Sarnoff 1915 vorschlug, diese Technologie auch für die Übertragung von Nachrichten in Privathaushalte zu nutzen, war die Grundlage für die Radiotechnologie geboren (Leonard und Rayport 1997). Privatpersonen hatten nie nach so einem Angebot gefragt, alleine deswegen, weil ihnen die Vorstellungskraft für eine solche technologische Lösung fehlte. Wie die Nutzung der Radiotechnologie nach ihrer Einführung aber zeigte, bestand sehr wohl ein (latentes) Bedürfnis nach aktuellen Informationen in den Privathaushalten, das die Radiotechnologie befriedigen konnte. ◄

Leonard und Rayport (1997) beschreiben, dass insbesondere das Beobachten von (potenziellen) Kunden in ihrer eigenen Umgebung und ihrer normalen Routine ein Schlüssel zum Erkennen latenter Bedürfnisse sein kann. Beobachtungen haben gegenüber Befragungen einige Vorteile: Individuen können nicht nach Dingen fragen, die sie sich nicht vorstellen können oder von denen sie nicht wissen, dass sie technisch überhaupt möglich sind. Gut gewählte Beobachter haben einen Einblick in die Fähigkeiten des Unternehmens, inklusive der technischen Expertise. Auch können Individuen ihr eigenes Verhaltens schlecht beschreiben, Beobachter hingegen betrachten tatsächliches Verhalten. Individuen geben zudem häufig sozial erwünschte Antworten, Beobachter können nonverbale Hinweise auswerten, z. B. durch Körpersprache und spontane, unverlangte Kommentare. Individuen werden sich im Nachhinein bei einer Befragung weniger an ihre Gefühle hinsichtlich immaterieller Charakteristika erinnern, wohingegen ein Beobachter entsprechende Kommentare und Reaktionen während der Nutzung eines Produkts oder eines Service aufnehmen kann. Auch sind Individuen gefangen in ihren eigenen Erinnerungen und Erfahrungen und bewerten neue Dinge auf ebendieser Basis; erfahrene und technisch versierte Beobachter hingegen können Lösungen für unartikulierte Bedürfnisse sehen. Fragen sind häufig voreingenommen, wohingegen mehrere Beobachter ihre Vorurteile gegenseitig ausschließen. Individuen während einer Tätigkeit oder Nutzung eines Produkts durch Fragen zu unterbrechen, stört deren natürliches Handeln; Beobachtungen stören weniger als Fragen. Fragen können ein Individuum auch daran hindern, eigene Innovationen vorzuschlagen, wohingegen Beobachter häufig Nutzerinnovationen beobachten und diese dann für den Rest des Marktes noch verbessern können (Leonard und Rayport 1997).

Mit klassischen Marktforschungsmethoden wie Befragungen können also eher inkrementelle Verbesserungsvorschläge aufgenommen werden, die der Kunde äußert (Herrmann und Homburg 2000). Mit Marktforschungsmethoden, die auf Beobachtungen basieren, können hingegen auch latente Bedürfnisse der Kunden aufgedeckt werden, mit deren Erkennen proaktiv Märkte geschaffen und gestaltet werden können.

Im Folgenden werden wir auf Anknüpfungspunkte zur Generierung von Opportunities durch empathisches Design eingehen. Es handelt sich um eine Methode, die auf Beobachtungen basiert und für das Aufdecken latenter Bedürfnisse konzipiert ist.

3.2.2 Opportunity Recognition mit empathischem Design

Wenn Kunden ein Produkt oder eine Leistung sehr gut verstehen, bieten traditionelle Marktforschungsmethoden etablierte Ansätze, nützliche Informationen von Kunden zu gewinnen und deren Kaufentscheidungen zu beeinflussen.

Oft sind Kunden jedoch so stark an den Status quo gewöhnt, dass sie nicht darüber nachdenken, welche Wünsche sie an neue Produkte haben, selbst wenn grundsätzlich ein Bedürfnis besser adressiert werden könnte (Narver et al. 2004). Das kann daran liegen, dass dem (potenziellen) Kunden neue oder überlegene technologische Möglichkeiten zur Befriedigung des Bedürfnisses gar nicht bewusst sind.

Wie kann ein Unternehmen Bedürfnisse von Kunden feststellen, von denen diese noch gar nicht wissen, und daraus Opportunities ableiten? Gerade die Identifizierung dieser latenten Bedürfnisse kann die Grundlage besonders erfolgversprechender Innovationen sein. Der Ansatz des empathischen Designs basiert auf der Beobachtung von Kunden und Konsumenten in ihrer alltäglichen Umgebung. Im Prozess des empathischen Designs geht es darum, Informationen durch Feldforschung zu generieren, diese zu analysieren und dann Lösungen anzuwenden. Empathisches Design kann für Unternehmen eine wichtige Quelle für neue Produktideen sein und für die technologischen Fähigkeiten von Unternehmen neue Märkte eröffnen.

Häufig sind die technischen Fähigkeiten zu latenten Kundenbedürfnissen in den Unternehmen vorhanden. Ein wichtiger Unterschied zwischen Beobachtungen und Befragungen ist, dass bei der Beobachtung die visuellen Informationen ausgewertet werden. Diese können auch auf Video aufgezeichnet und später in größerer Besetzung wiederholt und ausgewertet werden. Empathisches Design erfordert auch hinsichtlich der Teamzusammensetzung ungewöhnliche Fähigkeiten, z. B. eine kreative Interaktion zwischen Teammitgliedern in interdisziplinären Teams. Grundsätzlich ist empathisches Design jedoch ein relativ kostengünstiges und risikoarmes Tool zur Informationsgewinnung.

Ansatz	Beispielhafte Fragestellungen
Konkrete Nutzungs-auslöser („trigger of use")	– Beobachtung von Nutzern, unter welchen Umständen Produkte oder Leistungen genutzt werden – Identifizierung von Opportunities, falls Produkte/Leistungen anders als vorhergesehen oder bisher angenommen genutzt werden
Interaktion mit der Umwelt des Nutzers	– Beobachtung der Nutzung von Produkten/Leistungen in spezifischer Umwelt des Nutzers – Klärung, ob Änderungen von Produkten/Leistungen diese für Nutzer deutlich attraktiver machen könnten
Anpassungen bisheriger Angebote durch Nutzer	– Beobachtung, ob Nutzer Produkte/Leistungen nutzen wie vom Hersteller gedacht, oder diese verändern, anpassen oder mit anderen Produkten/Leistungen kombinieren
Immaterieller Nutzen („intangible attributes of the product")	– Beobachtung, ob Produkte/Leistungen dem Nutzer immateriellen Nutzen oder periphere Attribute bieten – Nutzung dieser Attribute als mögliche Opportunities
Unartikulierte Nutzerbedürfnisse	– Beobachtung, um derzeitige oder zukünftige Bedürfnisse des Konsumenten wahrzunehmen

Abb. 3.5 Ansätze zur Aufdeckung von Opportunities mithilfe des empathischen Designs. (Eigene Darstellung nach Leonard und Rayport 1997)

Im Rahmen der Anwendung des empathischen Designs bestehen fünf konkrete Anknüpfungspunkte, um latente Bedürfnisse zu identifizieren, die traditionelle Marktforschungsmethoden nicht bieten (Abb. 3.5) (Leonard und Rayport 1997).

Der erste Anknüpfungspunkt besteht darin, konkrete Nutzungsauslöser („trigger of use") zu beobachten. Durch Beobachtung kann festgestellt werden, unter welchen Umständen Kunden ein Produkt oder eine Leistung nutzen und ob diese zu den erwarteten Zeitpunkten und auf die vorgesehene Art und Weise genutzt werden. Sollte dies nicht der Fall sein, liegt hier möglicherweise eine neue Opportunity vor.

Der zweite Anknüpfungspunkt besteht in der Beobachtung der Interaktion mit der Umwelt des Nutzers („interaction with the user's environment"). Beobachtungen können Aufschluss darüber geben, wie ein Produkt oder eine Leistung in die spezifische Umwelt des Nutzers passt. Dies können Haushaltsroutinen sein, Bürovorgänge oder Produktionsabläufe. Diese Beobachtungen können dann auch erklären, wo kleine Änderungen diese Routinen für den Konsumenten deutlich attraktiver machen und einen Wettbewerbsvorteil sichern. Beispiel 3.11 zeigt, wie Danone durch Anpassungen an die speziellen Gegebenheiten in Indien für die Konsumenten attraktiver wurde und wie diese Vorteile auch in andere Märkte übertragen werden konnten.

Beispiel 3.11: Erfahrungen aus der Interaktion mit der Umwelt der Danone-Grameen-Kooperation

Danone ist ein internationales Unternehmen mit Hauptsitz in Frankreich, das Milchprodukte, Trinkwasser in Flaschen und andere Lebensmittelprodukte herstellt. 1996 tat sich Danone mit der Grameen Stiftung zusammen und eröffnete eine Joghurtfabrik in Bangladesch. Zunächst lag der Fokus darauf, technische Probleme zu beseitigen und Milch zu beschaffen. Im Verlauf des Projektes stellte sich jedoch durch die Beobachtung der Umgebung heraus, dass andere Themen deutlich wichtiger waren: Heute wird der Joghurt in kleinen Gemeinschaftsfabriken dezentral aus lokaler Milch hergestellt, da man so Transportkosten spart und die Kühlkette weniger intensiv sein muss. Zu letzterem Zweck werden auch spezielle Enzyme genutzt. Auch haben die Joghurts eine besondere, nährstoffreiche Rezeptur, die hilft, den typischen Ernährungsdefiziten von Kindern in Bangladesch entgegenzuwirken. Erkenntnisse aus der Zusammenarbeit und den Veränderungen und Verbesserungen für den speziellen Markt in Bangladesch helfen Danone, auch in anderen, ähnlichen Märkten Fuß zu fassen (Battarbee et al. 2014). ◄

Ein dritter Anknüpfungspunkt kann die Beobachtung von Anpassungen der bislang angebotenen Produkte oder Leistungen durch den Nutzer („user customization") sein. Die Beobachtungen zeigen auf, ob die Nutzer das Produkt so verwenden wie vom Hersteller vorgesehen oder ob sie dem Produkt eigene Merkmale und Besonderheiten hinzufügen, damit es besser einzusetzen ist. Auch zeigen die Beobachtungen auf, wenn ein Nutzer verschiedene Produkte kombiniert, um den gewünschten Effekt zu erreichen. So sahen zum Beispiel die Gründer von Boxine, dass Eltern ihre Kinder gerne Hörspiele hören lassen, die Kinder aber mit den meisten Medien überfordert sind (wie mit CD Playern) oder unkontrolliert verwenden (wenn diese auf einem Tablett Hörspiele hören und so immer weiter klicken können). Sie entwickelten mit der Toniebox ein Abspielgerät für Hörspiele das so einfach gestaltet ist, dass selbst Kleinkinder dies sicher bedienen können. Damit eröffnete das Unternehmen mit einer konsequenten Anpassung an Bedürfnisse und Anforderungen der Kundengruppe der Eltern von Kleinkindern einen ganz neuen Markt und konnte bisher schon mehr als 20 Mio. Tonieboxen verkaufen(Boxine GmbH 2021).

Als vierter Anknüpfungspunkt kann das Beobachten des immateriellen Nutzens („intangible attributes of the product"), den ein Kunde aus einem Produkt oder Leistung zieht, interessante Einsichten liefern (Leonard und Rayport 1997). Beobachtungen können Aufschluss darüber geben, welche immateriellen oder peripheren Attribute ein Produkt oder eine Dienstleistung besitzt. Kunden haben diese Attribute bei Befragungen selten im Fokus, sie können aber eine Art emotionaler Faktor sein, der wiederum eine Opportunity darstellt. Das Wissen um diese immateriellen Faktoren kann Unternehmen enorme Wettbewerbsvorteile sichern, wie in Beispiel 3.12 dargestellt.

Beispiel 3.12: Hochziehwindeln als emotionaler Faktor für Eltern

Beobachter von Kimberly-Clark, einem weltweit führenden Hersteller von Hygiene-produkten aus den USA mit einem jährlichen Umsatz von 15 bis 20 Mrd. US$, stellten bei ihren Kundenbeobachtungen fest, dass die Hochziehwindeln von Huggies nicht nur einen funktionalen Wert für den Kunden darstellten, sondern auch einen fast ebenso großen emotionalen Wert (Leonard und Rayport 1997). Die Hochziehwindeln wurden als Teil der Kleidung angesehen, und die Eltern der Kinder sahen es als Schritt in Richtung „groß werden" an, dass ihre Kinder nun Hochziehwindeln trugen. Mit dem Wissen um diesen emotionalen Wert konnte Kimberly-Clark seine Produkte deutlich stärker mit diesem emotionalen Faktor bewerben und das Produkt an latente Bedürfnisse des Kunden anpassen. ◄

Ein fünfter Anknüpfungspunkt im Rahmen des empathischen Designs besteht darin, durch die Beobachtung von (potenziellen) Kunden unartikulierte Nutzerbedürfnisse („unarticulated user needs") aufzuspüren. Dies können derzeitige oder zukünftige Bedürfnisse sein, über die sich der Kunde bisher noch nicht im Klaren ist oder die er gar nicht als Problem ansieht, wie das Beispiel von Hewlett-Packard (HP) zeigt (Bei-spiel 3.13). Unartikulierte Bedürfnisse können selbst dann auftreten, wenn eine adäquate technologische Lösung bereits existiert, diese aber durch neue Ansätze verbessert werden kann, wie das Beispiel von Nissan zeigt (Beispiel 3.14).

Beispiel 3.13: Was HP im Operationssaal beobachten konnte …

Eine Produktentwicklerin von Hewlett-Packard beobachtete während einer Operation, dass der Chirurg die Schnittführung seines Skalpells überprüfte, indem er die Projektion auf einem Bildschirm verfolgte (Leonard und Rayport 1997). Die Krankenschwestern, die sich im Raum bewegten, verdeckten den Bildschirm von Zeit zu Zeit für einige Sekunden. Niemand beschwerte sich, dem Produktentwickler von HP jedoch kam die Idee, dass man einen leichten Helm bauen könnte, der die Projektion der Operation direkt vor die Augen des Operateurs projizieren könnte. Die Technologie, um ein solches Produkt zu entwickeln, hatte Hewlett-Packard bereits. Der Operateur selbst hätte nie daran gedacht, nach einem derartigen Produkt zu fragen. Die Arbeit wird damit jedoch präziser und entsprechend erleichtert – und adressiert damit ein latentes Bedürfnis des Chirurgen. ◄

Beispiel 3.14: Nissans einklappbare Rücksitze als Antwort auf eine Beobachtung des Chefdesigners

Der Chefdesigner von Nissan, Jerry Hirshberg, beobachtete während einer Autofahrt, wie eine Familie versuchte, eine neu gekaufte Couch im Minivan eines Wettbewerbers zu verstauen. Das gelang ihnen erst, als sie die Sitze komplett ausgebaut hatten (Leonard und Rayport 1997). Auf Nachfrage sagten sie, dass sie genau für solche

Situationen einen Minivan gekauft hatten, beschwerten sich aber nicht, dass sie extra die Sitze ausbauen mussten. Jerry Hirshberg kam daraufhin die Idee, dass man Sitze auch einfach zusammenklappen und zur Seite schieben können müsste. Er erkannte so eine wertvolle Opportunity für Nissan. ◄

Unternehmen, die ihre Produkte in der virtuellen Welt anbieten, können mit empathischem Design sogar noch schneller und gezielter auf Kundenbedürfnisse eingehen, da sie viele Nutzer zu jeder Zeit im Cyberspace beobachten und Trends erkennen können, sobald diese aufkommen. Google bietet Kunden z. B. noch nicht komplette Beta-Versionen des Chrome-Browsers mit neuesten Funktionen an und hat so die Möglichkeit, die Nutzung dieser Funktionen zu beobachten (Belsky 2016). So kommen nur vorab von Kunden getestete Versionen des Chrome-Browsers an die große Masse der Kunden.

Wichtig zu beachten ist, dass empathisches Design klassische Marktforschung nicht ersetzen kann, sondern lediglich eine Ergänzung in der Entstehungsphase neuer Produktideen ist. Diese sollten zunächst weiter getestet werden, bevor sich ein Unternehmen auf einen kompletten Produktentwicklungsprozess einlässt.

3.2.3   Anwendung des empathischen Designs

In diesem Abschnitt soll diskutiert werden, unter welchen Umständen Ansätze des empathischen Designs eingesetzt werden können und welche Schritte zur konkreten Anwendung zu durchlaufen sind. Grundsätzlich gibt es keinen besonderen Anlass zur Anwendung von empathischem Design. Leonard und Rayport (1997) legen dar, dass neben der klassischen Marktforschung (beispielsweise mittels Fragebögen) auch Beobachtungen als Ansatz zur Generierung von Ideen für Opportunities regelmäßig durchzuführen sind.

Die konkrete Anwendung lässt sich in fünf Schritte unterteilen, die in Abb. 3.6 veranschaulicht werden. In einem ersten Schritt geht es darum, die Beobachtungstaktik festzulegen. Dabei sind drei Fragen zu beantworten:

- Wer soll beobachtet werden? Leonard und Rayport (1997) führen aus, dass nicht nur aktuelle Kunden oder Kunden von Kunden beobachtet werden sollten, sondern auch Nicht-Kunden. Aus dem Verhalten Letzterer können Rückschlüsse gezogen werden, warum die Nicht-Kunden Nicht-Kunden sind und welche veränderten Produkte oder Lösungen sie zu Kunden machen könnten.
- Wer soll beobachten? Leonard und Rayport (1997) empfehlen, dass ein Team aus Individuen verschiedenster Expertise und Erfahrung die Beobachtung übernimmt. Ein Teammitglied sollte Expertise in Verhaltensbeobachtungen aufweisen, um auch Details zu bemerken und interpretieren zu können. Ein Teammitglied sollte mit den technologischen Fähigkeiten und zukünftigen Möglichkeiten des Unter-

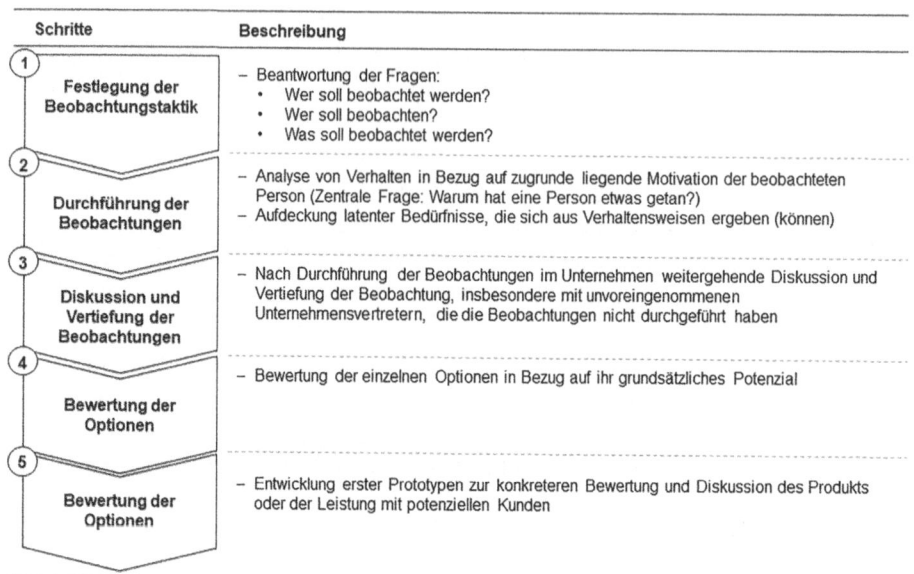

Schritte	Beschreibung
1 **Festlegung der Beobachtungstaktik**	– Beantwortung der Fragen: • Wer soll beobachtet werden? • Wer soll beobachten? • Was soll beobachtet werden?
2 **Durchführung der Beobachtungen**	– Analyse von Verhalten in Bezug auf zugrunde liegende Motivation der beobachteten Person (Zentrale Frage: Warum hat eine Person etwas getan?) – Aufdeckung latenter Bedürfnisse, die sich aus Verhaltensweisen ergeben (können)
3 **Diskussion und Vertiefung der Beobachtungen**	– Nach Durchführung der Beobachtungen im Unternehmen weitergehende Diskussion und Vertiefung der Beobachtung, insbesondere mit unvoreingenommenen Unternehmensvertretern, die die Beobachtungen nicht durchgeführt haben
4 **Bewertung der Optionen**	– Bewertung der einzelnen Optionen in Bezug auf ihr grundsätzliches Potenzial
5 **Bewertung der Optionen**	– Entwicklung erster Prototypen zur konkreteren Bewertung und Diskussion des Produkts oder der Leistung mit potenziellen Kunden

Abb. 3.6 Konkrete Schritte zur Identifizierung von Opportunities mithilfe des Ansatzes des empathischen Designs. (Eigene Darstellung nach Leonard und Rayport 1997)

nehmens vertraut sein, um mit diesem Wissen während der Beobachtung unmittelbar Anwendungsmöglichkeiten aufspüren zu können.

• Was soll beobachtet werden? Die zu beobachtenden Personen sollten idealerweise ihre normale Routine durchspielen, beispielsweise beim Spielen, Essen, Entspannen, bei der Arbeit, zu Hause oder am Arbeitsplatz. Gute Beobachtungsverfahren minimieren die Beeinträchtigung der Beobachteten.

Sind diese drei Fragen als zentraler Inhalt des ersten Schritts geklärt, werden in einem zweiten Schritt Daten aus der Beobachtung generiert. Dabei handelt es sich nicht um Daten, wie man sie aus der klassischen Umfragemethodik in der Marktforschung kennt, sondern vielmehr um Antworten auf Fragen wie „Warum hat die beobachtete Person das so getan?" oder „Auf welche Probleme stößt die Person bei der beobachteten Tätigkeit?" Solche Fragen können im Nachhinein mit den beobachteten Personen diskutiert oder aus Foto- und Videoaufnahmen gewonnen werden. Auch werden viele Daten aus visuellen, auditiven und sensorischen Hinweisen generiert, die die Beobachter während ihrer Observierung wahrnehmen.

Im dritten Schritt, der Reflexion und Auswertung, erfolgt eine tief gehende Analyse der gewonnenen Beobachtungen und Daten. Leonard und Rayport (1997) empfehlen, Mitarbeiter des Unternehmens hinzuzuziehen, die bislang noch nicht zu dem Beobachtungsteam gehört haben, um neue, unvoreingenommene Eindrücke zu generieren.

Im vierten Schritt werden die Beobachtungen und ihre Interpretationen in grafisch dargestellte Lösungen überführt. Dieser Schritt wird häufig unterschätzt. Er sollte strukturiert und diszipliniert stattfinden, auf den vorherigen Beobachtungen aufbauen und auch „wilde" Ideen anregen. Hilfreich für einen erfolgreichen Brainstormingprozess ist eine unterstützende Infrastruktur, z. B. mit White Boards, die alle niedergeschriebenen Ideen speichern.

Im fünften Schritt werden zunächst Prototypen für mögliche Lösungen erstellt, da es umso schwieriger ist, sich Aussehen, Funktionsweise und Nutzbarkeit vorzustellen, je radikaler eine neue Idee ist. Auch wenn dieser Schritt nicht einzigartig für empathisches Design ist, enthält er viele Vorteile: Abklärung des Konzepts im Entwicklungsteam, Vorstellung des Konzepts vor Individuen, die nicht Teil des Entwicklungsteams sind, und Anregung von Diskussionen im Team und von Reaktionen potenzieller Kunden.

Kernaussagen

- Opportunities können durch das Erkennen latenter Kundenbedürfnisse entstehen, also solcher Bedürfnisse, die dem Kunden selbst nicht bewusst sind und die er daher in Befragungen oder ähnlichen Marktforschungsmethoden auch nicht mitteilen kann.
- Der Ansatz des empathischen Designs zielt darauf ab, durch Beobachtung der (potenziellen) Kunden in ihrem gewohnten Alltag Rückschlüsse auf latent bestehende Bedürfnisse zu ziehen.
- Nutzungsanlässe, Interaktionen des (potenziellen) Kunden mit seiner Umwelt, gezwungene Anpassungen des Produkts oder der Lösung durch den Kunden, immaterieller Nutzen für den Kunden durch das Produkt oder die Leistung sowie nicht artikulierte Kundenbedürfnisse sind fünf konkrete Anknüpfungspunkte für Opportunities.

Aufgaben zur Wiederholung

1. Erläutern Sie das Konzept der latenten Bedürfnisse, auch in Abgrenzung zu traditionellen Marktforschungsmethoden.
2. Benennen und erläutern Sie Vorteile der Methode der Beobachtung gegenüber klassischen Marktforschungsmethoden, die eher auf Fragen basieren.
3. Nennen Sie die fünf Ansätze des empathischen Designs zum Aufdecken von neuen Opportunities und erläutern Sie diese kurz.
4. Erläutern Sie kurz, wann, wofür und in welchem Umfeld empathisches Design genutzt werden sollte.

3.3   Granularitätsansatz

Im Folgenden wird der Granularitätsansatz zur Erkennung von Opportunities vorgestellt. Er beruht auf der Grundidee, dass Unternehmen in einer ganzen Reihe von Märkten aktiv sind, die kleinere, granulare Untereinheiten (wie Unterindustrien und Produktkategorien) enthalten. Diese Untereinheiten wachsen zum Teil überproportional und stellen damit bei entsprechender Bearbeitung Opportunities dar. Dabei existieren diese wachsenden, granularen Untereinheiten auch in Märkten, die auf aggregierter Ebene nur ein schwaches oder gar kein Wachstum aufweisen[1]. Im Folgenden wird dieser Ansatz vorgestellt. Zunächst werden in Abschn. 3.3.1 die Grundlagen des Granularitätsansatzes anhand der Konzepte der Wachstumstreiber und des Branchenlebenszyklus umrissen. Der dann folgende Abschn. 3.3.2 erarbeitet, wie der Granularitätsansatz auf Basis dieser Grundlagen genutzt werden kann, um Opportunities zu identifizieren. Der abschließende Abschn. 3.3.3 legt die konkreten Schritte zur Anwendung dieses Ansatzes dar.

Lernziele
- Das Konzept des Granularitätsansatzes verstehen und nutzen können.
- Hierzu gilt es,
  - zu akzeptieren, dass Unterindustrien und Regionen sehr unterschiedlich wachsen und deren genaue Kenntnis notwendig ist, um Wachstumssegmente und -regionen zu identifizieren,
  - die beiden zugrunde liegenden Konzepte – Konzept der Wachstumstreiber und Konzept des Branchenlebenszyklus – zu verstehen,
  - zu erkennen, dass es drei zentrale Wachstumstreiber gibt, Portfolio-Momentum, Fusionen bzw. Übernahmen und Marktanteilgewinn,
  - zu verstehen, dass insbesondere in der Wachstumsphase befindliche Märkte interessant für Unternehmenswachstum sind,
  - zu erkennen, dass die Granularität der notwendigen Informationen zum Erkenntnisgewinn von Industrie zu Industrie unterschiedlich ist,
- um mithilfe eines Dashboards die aktuell bearbeiteten Industrien nach Regionen und Unterindustrien herunterzubrechen, attraktive Wachstumsfelder aufzudecken und Ressourcen von wenig attraktiven Feldern zu attraktiveren Feldern zu reallokieren.

---

[1] Der Gedanke von attraktiven, wachsenden Märkten ist auch in der Risikokapital-Geber-Welt fest verankert. So sagte der Gründer von Sequoia Capital, einem der angesehensten Venture Capital Firmen im Silicon Valley, Don Valentine einmal, dass er es besonders mag in Märkte zu investieren „big enough that even management cannot get in its way" (Homem de Mello und Francisco 2014).

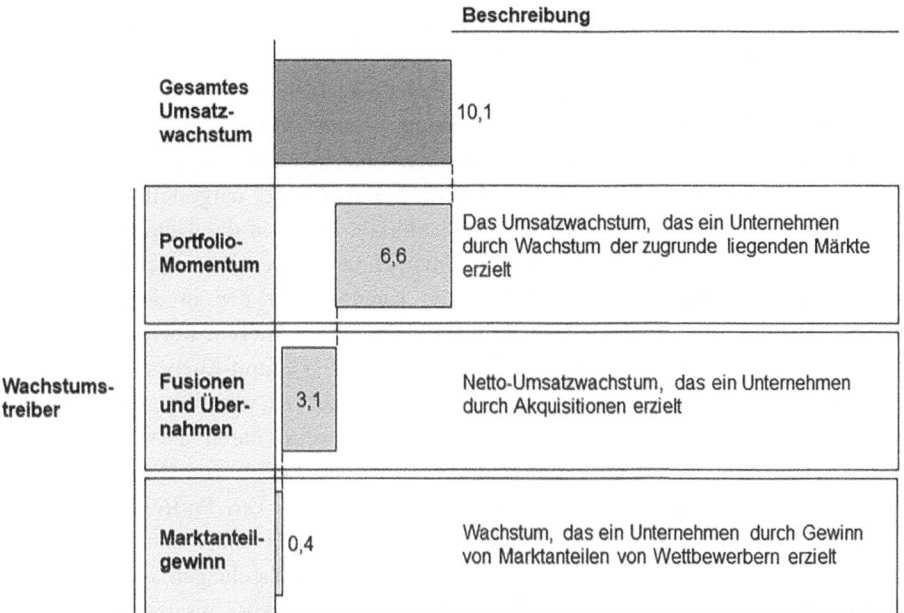

Beschreibung

Gesamtes Umsatzwachstum — 10,1

Portfolio-Momentum — 6,6 — Das Umsatzwachstum, das ein Unternehmen durch Wachstum der zugrunde liegenden Märkte erzielt

Wachstumstreiber

Fusionen und Übernahmen — 3,1 — Netto-Umsatzwachstum, das ein Unternehmen durch Akquisitionen erzielt

Marktanteilgewinn — 0,4 — Wachstum, das ein Unternehmen durch Gewinn von Marktanteilen von Wettbewerbern erzielt

Abb. 3.7 Übersicht über die drei zentralen Wachstumstreiber – durchschnittliches Umsatzwachstum (CAGR in Prozent). (Nach Viguerie et al. 2008)

3.3.1 Grundlagen des Granularitätsansatzes

Der Granularitätsansatz betrachtet kleine Markteinheiten, z. B. Unterindustrien oder Produktkategorien, um daraus Opportunities abzuleiten. Für den granularen Blick auf einen Markt ist es zunächst wichtig zu verstehen, wo ein Markt wächst und in welchem Entwicklungsstadium er sich befindet, um zu entscheiden, in welchem Markt ein Unternehmen wachsen kann. Der Granularitätsansatz basiert daher auf zwei grundlegenden Konzepten, die Märkte zu betrachten: zum einen auf dem Konzept der Wachstumstreiber, das zunächst Unterindustrien nach deren Wachstum analysiert und die Suche nach Portfoliowachstum zum Ziel hat; zum anderen auf dem Konzept des Branchenlebenszyklus, das Industrien dahin gehend untersucht, in welchem Entwicklungsstatus sich eine Branche befindet. Zunächst wird das Konzept der Wachstumstreiber vorgestellt, danach das Konzept des Branchenlebenszyklus.

Wissenschaftliche Studien haben gezeigt, dass Wachstum für Unternehmen ein zentrales Ziel ist (Covin et al. 1990; Morgan et al. 2009). Unternehmen, die sich frühzeitig und auf Kosten von Wachstum Profitabilität als primäres Ziel setzen, haben im weiteren Verlauf ein deutlich höheres Risiko, ihre Marktposition zu verlieren oder sogar komplett vom Markt zu verschwinden. Viguerie et al. (2008) zeigen, dass Unternehmen, deren Umsatz schwächer wächst als die nationale Wirtschaft, ein fünfmal höheres Risiko haben, in Folgeperioden vom Markt zu verschwinden. Auch das Übernahmerisiko durch andere Unternehmen ist deutlich höher.

So stellt sich die Frage, was die Treiber hinter Unternehmenswachstum – beispielsweise auf das Wachstum des Umsatzes bezogen – sind. Viguerie et al. (2008) haben 100 große US-Unternehmen aus 17 Sektoren untersucht und konnten das Unternehmenswachstum durch drei Treiber erklären, die in Abb. 3.7 dargestellt sind. Erstens kann das Wachstum der zugrunde liegenden Märkte, in denen das Unternehmen aktiv ist, zu Umsatzwachstum der betrachteten Unternehmen führen. In diesem Fall wächst der Markt, die Nachfrage durch bestehende Kunden oder neu in den Markt eintretende Kunden steigt und das Unternehmen profitiert von diesem wachsenden Markt. Die angenehme Situation ergibt sich daraus, dass der „Gesamt-Kuchen" als Bild für den Markt wächst und es jährlich neue „Kuchenstücke" zu verteilen gibt, ohne dass Konkurrenten „Kuchenstücke" wegnehmen, beispielsweise durch aufwendige Preis- oder andere Marketingkämpfe (Park et al. 2002). Diesen Treiber von Umsatzwachstum bezeichnen Viguerie et al. (2008) als Portfolio-Momentum. Das Portfolio-Momentum ist somit wesentlich von Entscheidungen geprägt, die in der Unternehmensgeschichte durchaus länger zurückliegen können, nämlich von den Entscheidungen, in diese Märkte einzutreten. Zweitens wird das Unternehmenswachstum von den Umsatzverschiebungen durch F&Ü-Aktivitäten bestimmt. Drittens kann ein Unternehmen seinen Umsatz dadurch steigern, dass es in einem gegebenen Markt anderen Unternehmen, beispielsweise durch aggressive Werbe- und Preismaßnahmen, Umsatz wegnimmt, also seinen Marktanteil steigert.

In ihrer empirischen Analyse zeigen Viguerie et al. (2008), dass US-amerikanische Unternehmen zwischen 1999 und 2006 ein durchschnittliches Umsatzwachstum von 10,1 % pro Jahr erzielt haben. Von diesem Wachstum sind im Schnitt 6,6 Prozentpunkte auf das Marktwachstum zurückzuführen, 3,1 Prozentpunkte auf F&Ü-Aktivitäten und verschwindend geringe 0,4 Prozentpunkte auf das Wachstum über Marktanteile. Diese Zahlen mögen überraschen, widmen doch Top-Manager einen substanziellen Teil ihrer Zeit und Energie auf organisches Wachstum über Marktanteile. Dabei ist die Frage, in welchen Märkten Unternehmen aktiv sein sollten, deutlich wichtiger als die Frage, wie Unternehmen in ihren bestehenden Märkten Wettbewerber schlagen können. Beispiel 3.15 beschreibt dies detailliert am Beispiel des Marktes mit verpackten Lebensmitteln.

Beispiel 3.15: Bei verpackten Lebensmitteln ist das Marktwachstum der größte Treiber von Wachstum

Abb. 3.8 zeigt, dass vor allem Marktwachstum das Wachstum von Unternehmen in der Industrie für verpackte Lebensmittel vorantreibt. Historisch betrachtet waren für den Erfolg in dieser Industrie vor allem die strategischen Entscheidungen für bestimmte regionale Märkte und gewählte Produktkategorien von Bedeutung. Die Unternehmen, die in der Industrie für verpackte Lebensmittel das größte Wachstum aufweisen, sind nur in wenigen Ländern (vor allem Schwellenländern) aktiv und

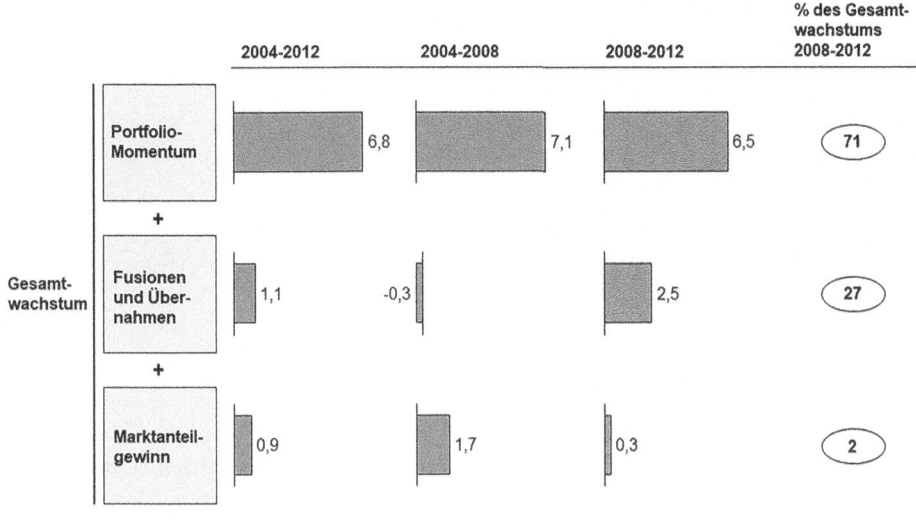

Abb. 3.8 Das Portfolio-Momentum als stärkster Wachstumstreiber bei verpackten Lebensmitteln. (Nach Atsmon et al. 2014)

konzentrieren sich auf wenige starke Wachstumsprodukte. Hier handelt es sich in der Regel um kleinere Marktteilnehmer. Größere Marktteilnehmer (großer Umsatz) bedienen in der Regel viele Märkte mit vielen Produkten und weisen ein geringeres Wachstum auf. Interessanterweise sind Unternehmen, die gut darin sind, die richtigen Wachstumsmärkte auszuwählen (Portfolio-Momentum), auch gut darin, Wachstum aus Fusionen und Übernahmen zu generieren (Atsmon et al. 2014). ◀

Das S-Kurven-Modell für einen Industrielebenszyklus stellt die zweite theoretische Grundlage für den Granularitätsansatz dar (Cohen und Whang 1997; Hanks et al. 1993). Diesem liegt die Idee zugrunde, dass alle Industrien zu einem bestimmten Zeitpunkt entstehen, beispielsweise durch eine technologische Entwicklung, und von diesem Zeitpunkt der Entstehung an einem bestimmten Muster der Entwicklung folgen. Dieses Muster sieht, wie in Abb. 3.9 dargestellt, vier Phasen vor.

Die erste Phase wird als Entstehungsphase bezeichnet (Pearce und Robinson 2010). Durch eine technologische Innovation und neu entstandene Kundenbedürfnisse kann eine neue Industrie entstehen. Es gibt noch keine Spielregeln im Wettbewerb. Standards für Produktqualität existieren ebenfalls noch nicht. Die Industrie ist noch sehr fragmentiert, es herrscht insgesamt sehr wenig Transparenz. Die Nachfrage steigt langsam an, auch wenn sich die (potenziellen) Kunden einer Unsicherheit über das Potenzial des Produkts oder der Leistung gegenübersehen.

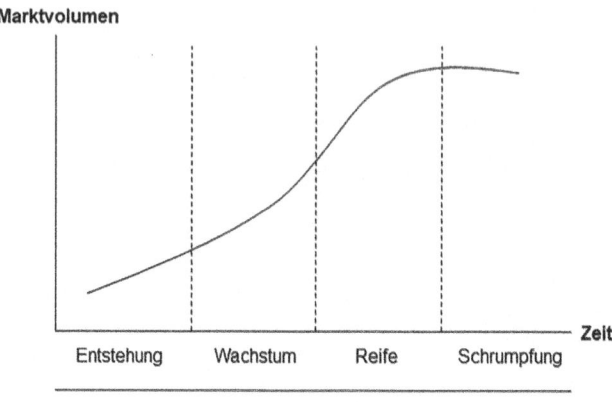

Abb. 3.9 Typischer Verlauf eines Industrielebenszyklus. (Nach Pearce und Robinson 2010)

Bewährt sich die technologische Innovation und bestehen die Kundenbedürfnisse weiter oder weiten sich sogar aus, geht die Industrie in eine Wachstumsphase über (Cohen und Whang 1997; Lumpkin und Dess 2001). Währenddessen nimmt der Gesamtumsatz, den die Industrie generiert, weiter zu. Mehr und mehr Kunden fragen größere Mengen des angebotenen Produkts oder der Leistung nach. Bei den Anbietern bilden sich ein oder mehrere Unternehmen heraus, deren Produkte oder Leistungen zum Standard werden. Eins der Hauptprobleme der agierenden Unternehmen besteht darin, die Produktionskapazitäten entsprechend der stetig wachsenden Nachfrage auszuweiten.

Ab einem gewissen Punkt nimmt das Wachstum des Gesamtumsatzes ab und die Industrie geht in eine Reifephase über (Pearce und Robinson 2010). Die Kunden im relevanten Markt haben das neu angebotene Produkt oder die neu angebotene Leistung erworben und fragen nur noch Ersatzprodukte nach. Die Wachstumsrate schrumpft, der Wettbewerb um die bestehenden Kunden wird intensiver. Unternehmen können nur noch wachsen, wenn sie anderen Unternehmen – beispielsweise über Preiskämpfe oder andere aggressive Marketingaktivitäten – Umsatz wegnehmen. Die Kunden sind ihrerseits informierter und anspruchsvoller als noch in den früheren Phasen. Zumeist wächst in solchen Phasen der Wettbewerb durch internationale Anbieter, die kostengünstiger produzieren können.

Liegen ab einem gewissen Zeitpunkt sogar negative Wachstumsraten vor, befindet sich die Industrie in einer Schrumpfungsphase. Neue technologische Entwicklungen außerhalb der eigenen Industrie können die Industrie obsolet machen, ebenso können demografische Verschiebungen oder Änderungen in Kundenbedürfnissen dazu führen, dass der Markt schrumpft. Unternehmen versuchen in solchen Phasen, inkrementelle Effizienzgewinne zu erzielen.

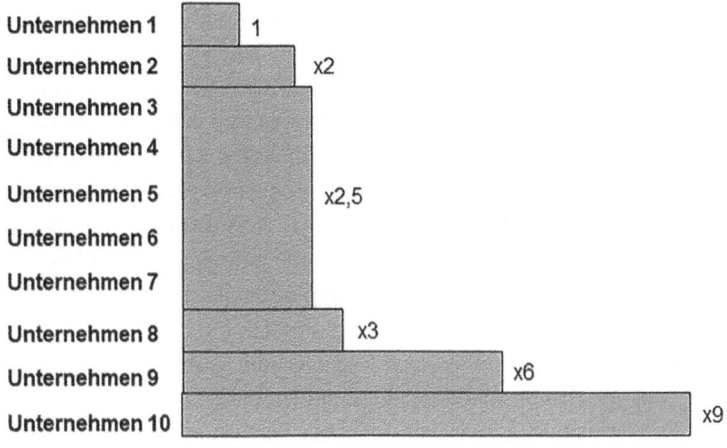

⁴ ausgedrückt als Vielfaches von Unternehmen 1

Abb. 3.10 Verteilung von Marktwachstumsraten für zehn europäische Telekommunikationsunternehmen (1999–2005). (Nach Viguerie et al. 2008)

3.3.2 Opportunity Recognition mit dem Granularitätsansatz

Aus Abschn. 3.3.1 zu den Grundlagen haben wir gelernt, dass die Wahl des Marktes, in dem ein Unternehmen aktiv ist, wesentlich zu seinem Wachstum beiträgt. Wie wählt ein Unternehmen nun seine Märkte idealerweise aus? Das Konzept des Industrielebenszyklus aus dem vorherigen Abschnitt verdeutlicht, dass sich Industrien in unterschiedlichen Phasen befinden können. Kombiniert man die Erkenntnisse, dass das Marktwachstum zentral für das Wachstum des Unternehmens ist und dass sich Märkte in verschiedenen Phasen befinden, so lässt sich schlussfolgern, dass Unternehmen genau die Märkte auswählen sollten, für die ein überdurchschnittliches Wachstum zu erwarten ist. Eine sorgsame Auswahl der Märkte, die ein Unternehmen mit seinen Produkten und Leistungen adressiert, bietet damit potenzielle Opportunities. Aber wie sollen Manager nun Märkte auswählen?

Die Grundidee des Granularitätsansatzes besteht darin, dass Manager auf der Suche nach neuen Opportunities eine granulare Sicht auf ihre Märkte einnehmen und davon Abstand nehmen, verallgemeinernde Urteile über Märkte (wie: „Der Telekommunikationsmarkt wächst nicht mehr") zu treffen (Baghai et al. 2007). Sogar in Industrien, die insgesamt auf aggregierter Ebene niedrige Wachstumsraten aufweisen, kann es Segmente geben, die sehr stark wachsen. Gleichzeitig kann es in sehr breit definierten Industrien, die allgemein als Wachstumsindustrien gelten (wie die Hightech-Industrie), Segmente geben, die kaum wachsen oder sogar schrumpfen. Auf das im vorherigen Abschnitt beschriebene Modell des Industrielebenszyklus bezogen bedeutet dies, dass nicht breit definierte Industrien (wie der Telekommunikationsmarkt) im Fokus der Betrachtung liegen sollten, sondern vielmehr Untereinheiten dieser Industrien.

Die Erkenntnis, dass es in breit definierten Industrien verschiedene Unterindustrien gibt, die deutlich unterschiedliches Wachstum aufweisen können, spiegelt sich auch darin wider, dass innerhalb einer Industrie Unternehmen substanziell unterschiedliche Wachstumsraten haben, wie Abb. 3.10 für zehn große europäische Telekommunikations-unternehmen zeigt (Viguerie et al. 2008). Die Verwendung von Begriffen wie „Wachstumsindustrien" oder „reife Industrien" sollte auf aggregiertem Niveau demnach vermieden werden; vielmehr ist eine Aufsplittung in durchschnittliche Wachstumsraten, die Industrien zugeordnet werden, notwendig.

Welchen Granularitätslevel sollten sich Manager nun ansehen, wenn es darum geht, ein Portfolio von Wachstumsmärkten zu identifizieren? Dazu untersuchen Viguerie et al. (2008) die Korrelationen zwischen Industrie-Wachstumsraten und Unternehmens-Wachstumsraten auf fünf Ebenen, die sie mit G0 bis G4 bezeichnen (Baghai et al. 2007). Der Granularitätslevel G0 bezieht sich auf die ganze Welt. Auf dieser Betrachtungsebene gibt es somit eine relevante Wachstumsrate: das globale Wachstum des Bruttoinlands-produkts. Dieses lag in den letzten zwanzig Jahren jährlich bei etwa sieben Prozent.

Der Granularitätslevel G1 betrachtet die Einteilung der Welt in Industriesektoren wie Energie oder Automobil. Hier verwenden Viguerie et al. (2008) die Klassifizierung des „Global Industry Classification Standard" (GICS) und identifizieren 24 Sektoren mit einer durchschnittlichen Marktgröße von 3,5 Billionen US\$. Die Wachstumsraten der Industriesektoren liegen zwischen zwei und 16 %, auf Unternehmensebene ergibt sich eine Bandbreite von −13 bis 48 %. Der Plot in einem Diagramm, das auf der einen Achse das Wachstum der Unternehmen und auf der anderen Achse das Wachstum der zugehörigen Sektoren abbildet, zeigt keinen systematischen Zusammenhang. Dieses Ergebnis verdeutlicht die Grundannahme des Granularitätsansatzes, dass Portfolio-Ent-scheidungen nicht auf der Basis aggregierter Industrien getätigt werden sollten.

Auf dem Granularitätslevel G2 sehen sich Viguerie et al. (2008) der GICS-Klassifizierung entsprechend 151 Industrien an, z. B. die Getränke- oder Tabak-industrie. Während diese Industrien granularer sind als die Sektoren auf Ebene G1, sind die zugrunde liegenden Märkte mit einer durchschnittlichen Größe von 500 Mrd. US\$ immer noch sehr groß. Unternehmens- und Industriewachstum hängen stärker zusammen als auf G1, aber immer noch kaum erkennbar.

Ein deutlicher Erklärungsgewinn wird auf dem Granularitätslevel G3 erzielt. Auf diesem Level werden nach Viguerie et al. (2008) Tausende verschiedener Unterindustrien untersucht. In der Food-Industrie können dies beispielsweise Dressings oder Tiefkühl-kost sein. Zudem wird eine Unterscheidung nach Ländern und Regionen vorgenommen. Eine Unterindustrie hat zumeist ein Volumen von einer Milliarde bis 20 Mrd. US\$. Die Wachstumsraten dieser Unterindustrien erklären fast 65 % des organischen Umsatz-wachstums von Unternehmen. Diese Zahl verdeutlicht, dass es für Unternehmen wichtig ist, auf Ebene der Unterindustrien die „richtige" Portfolio-Zusammensetzung zu finden.

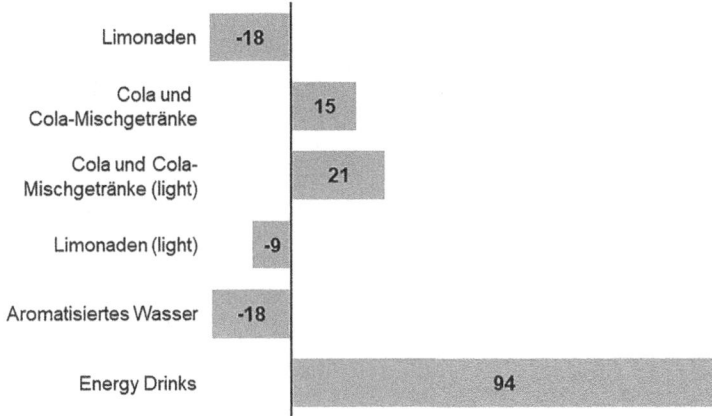

Abb. 3.11 Konsumwachstum von Erfrischungsgetränken in Deutschland 2012–2019, nach Getränkesorte (in Prozent). (Eigene Darstellung nach wafg 2020)

Viguerie et al. (2008) untersuchen zudem einen Level G4 von Produktkategorien, wozu aber meist interne Daten von Unternehmen notwendig sind. Dies können beispielsweise einzelne Kundensegmente in Unterindustrien sein, in der Food-Industrie etwa Snacks mit einer geringen Anzahl an Kalorien. Auf diesem Level gibt es weltweit Millionen von Kategorien, die jeweils eine Größe von 50 Mio. bis 200 Mio. US$ haben. Viguerie et al. (2008) finden heraus, dass auf diesem Granularitätslevel Wachstum von Unternehmen noch besser erklärt werden kann als auf G3. Dies zeigt sich an exemplarisch in den Märkten für Softdrinks und Kaufhäuser in Beispiel 3.16.

Beispiel 3.16: Wachsende Nischen in insgesamt stagnierenden Märkten – Softdrinks und Kaufhäuser

Dass die Betrachtung von Produktkategorien wachsende Märkte aufzeigen kann, verdeutlichen zwei Beispiele.

Der Gesamtmarkt für Softdrinks ist schrumpfend, aber die Analyse der Entwicklung der Produktkategorien in Abb. 3.11 zeigt, dass es durchaus Wachstumsfelder gibt: der Bereich der Energy Drinks hat sich von 2012 bis 2019 fast verdoppelt, während klassische Limonaden und aromatisierte Wasser einen Rückgang verzeichneten (wafg 2020).

Auch regional können Unterindustrien unterschiedlich stark wachsen und damit unterschiedlich attraktiv sein. Beispielsweise entwickeln sich die Umsätze in Kaufhäusern in verschiedenen Ländern Westeuropas keineswegs homogen (siehe Abb. 3.12). Während die Kaufhäuser in Deutschland, Italien und dem Vereinigten

Abb. 3.12 Umsatzwachstum der Kaufhäuser in Westeuropa 2012–2017, nach Ländern (in Prozent). (Eigene Darstellung nach Statista 2018)

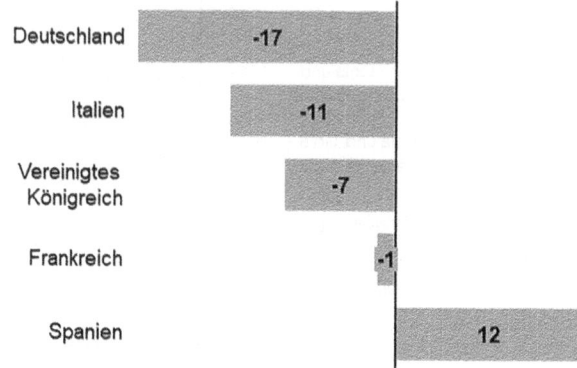

Abb. 3.13 Der Gesamtmarkt der Chemie und Unterindustrien: Wachstumsraten zwischen 2004 und 2008 im Vergleich. (Eigene Darstellung nach DeStatis und OECD)

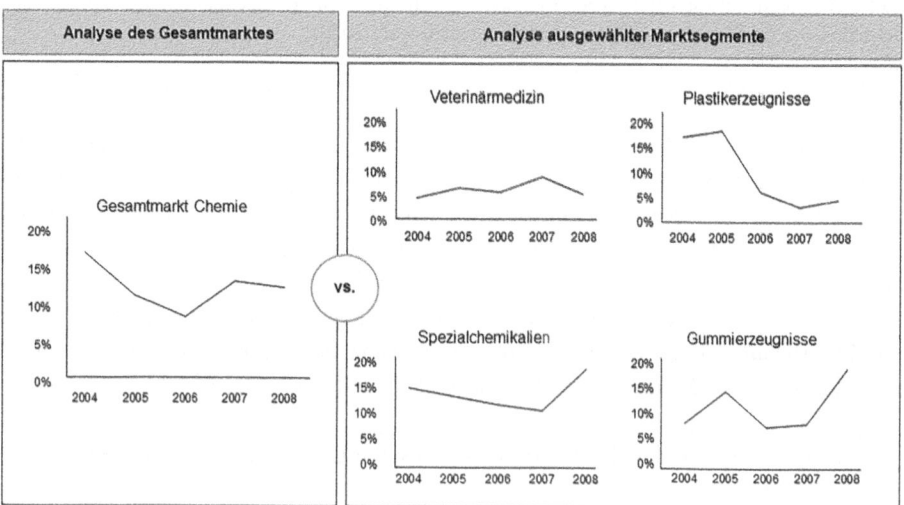

Königreich teilweise signifikante Umsatzrückgänge verzeichneten, wuchsen die Umsätze in spanischen Kaufhäusern von 2012 bis 2017 im Durchschnitt um 12 % (Statista 2018). ◄

Aus dieser Analyse folgt, dass Unternehmen auf den Ebenen G3 (Unterindustrien) und G4 (Produktkategorien) entscheiden müssen, in welchen Feldern sie aktiv sein wollen. Damit ist es unerlässlich, dass Unternehmen Einsichten über die relevanten

Unterindustrien und Kategorien erhalten. Sie sind die relevanten Einheiten bei der Zusammenstellung von Portfolios strategischer Aktivität. Opportunities liegen damit möglicherweise bereits im bestehenden Geschäft – versteckt hinter Durchschnitten aggregierter Industrie-Wachstumszahlen.

Ein weiteres Beispiel zur Veranschaulichung, wie durch das Aufsplitten von Gesamt-märkten Erkenntnisse gewonnen werden können, bietet Abb. 3.13. In der Abbildung werden zum einen die Wachstumsraten des weltweiten Chemiemarktes von 2004 bis 2008 dargestellt. Diese schwanken etwa zwischen zehn und fünfzehn Prozent jährlich. Die Aufsplittung in vier Unterindustrien zeigt, dass einige Unterindustrien in diesem Zeitraum ein deutlich abflachendes Wachstum gezeigt haben (wie Plastikerzeugnisse), während andere in ihren Wachstumsraten deutlich zugelegt haben (wie Spezial-chemikalien und Gummierzeugnisse). Eine Aussage auf Ebene der Chemieindustrie hätte damit zu falschen Rückschlüssen in Bezug auf einzelne Unterindustrien geführt.

Im Wesentlichen entstehen auf Basis des Wissens über die Potenziale einzelner Unter-industrien und Kategorien zwei Anknüpfungspunkte zur Generierung von Opportunities. Erstens können Unternehmen Ressourcen verschieben. Dazu muss das Unternehmen Transparenz darüber haben, welche Unterindustrien und Produktkategorien zukünftig wachsen werden. Zweitens kann Momentum eingekauft werden. Unternehmen sollten bei Akquisitionsentscheidungen das Wachstumspotenzial von Unterindustrien und Kate-gorien im Blick haben. In Beispiel 3.17 werden beide Anknüpfungspunkte (Ressourcen-verschiebungen und F&Ü-Aktivitäten) von Procter & Gamble dargelegt.

Beispiel 3.17: Procter & Gamble: Dekomposition als Treiber des Unternehmenserfolgs

Als A. G. Lafley im Jahre 1999 den Vorstandsvorsitz von Procter & Gamble über-nahm, kündigte er eine umfassende Restrukturierung an, um das kriselnde Unter-nehmen wieder auf Wachstumskurs zu bringen. In den folgenden Jahren erzielte er eine überdurchschnittliche jährliche Wachstumsrate von 6,9 % und steigerte seinen Umsatz von 38 Mrd. US$ auf mehr als 57 Mrd. US$ (Brown und Anthony 2011). Mehr als 50 % dieses Wachstums resultierte aus Portfolio-Momentum (3,5 %) – welches sich über die Jahre zu einem immer stärkeren Treiber für das Unternehmens-wachstum entwickelte. Abb. 3.14 zeigt eine Aufgliederung der drei Wachstumstreiber Portfolio-Momentum, F&Ü und Marktanteilsgewinne entlang von fünf Unter-industrien (Haushalt, Baby/Familie, Schönheit, Gesundheit, Ernährung). Eine Ana-lyse der drei Wachstumstreiber entlang der P&G-Produktkategorien bekräftigt die Bedeutung des Portfolio-Momentums über die Produktkategorien hinweg sowie die Bedeutung der Fokussierung auf erfolgsversprechende Produktkategorien (Zook und Allen 2010). Allein die Produktkategorie Schönheitspflege trug über 60 % des Umsatzwachstums von US$ 18,6 Mrd. bei, davon 4,1 Mrd. US$ über Portfolio-Momentum und 6,6 Mrd. US$ über Akquisitionen (Wella und Clairol). Abb. 3.15 zeigt, wie sich dieses Wachstum über mehrere Jahre hinweg in veränderten Umsatz-anteilen widerspiegelt. ◄

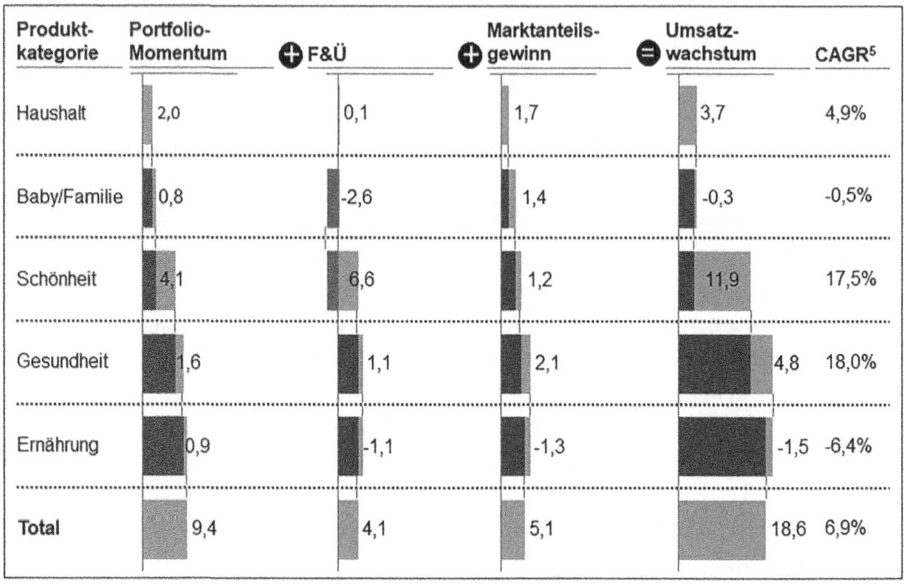

Produkt-kategorie	Portfolio-Momentum	⊕ F&Ü	Marktanteils-⊕ gewinn	Umsatz-⊜ wachstum	CAGR[5]
Haushalt	2,0	0,1	1,7	3,7	4,9%
Baby/Familie	0,8	-2,6	1,4	-0,3	-0,5%
Schönheit	4,1	6,6	1,2	11,9	17,5%
Gesundheit	1,6	1,1	2,1	4,8	18,0%
Ernährung	0,9	-1,1	-1,3	-1,5	-6,4%
Total	9,4	4,1	5,1	18,6	6,9%

[5] Compound Annual Growth Rate = Durchschnittliche jährliche Wachstumsrate

Abb. 3.14 Das Wachstum von Procter & Gamble von 1999 bis 2005 nach Unterindustrien und Wachstumstreibern (in Mrd. US-Dollar). (Nach Viguerie et al. 2008)

Während diese Darstellungen und auch das Beispiel von Procter & Gamble sich in erster Linie mit Industrien und ihren Untereinheiten beschäftigen, lassen sich Märkte auch in Nationen untergliedern. Dazu liefern Khanna und Rivkin (2001) eine Analyse, die die Bedeutung einer granularen Betrachtung auf Nationenebene unterstreicht. Sie analysieren, ob Industrien (wie die Versicherungsindustrie oder die Nahverkehrsindustrie) über Nationen hinweg systematisch unterschiedliche Profitabilität aufweisen. Im Falle substanziell unterschiedlicher Profitabilität und möglicherweise auch Wachstumsraten würde eine Aufsplittung von Märkten nach Nationen notwendig. So würde eine Aussage wie „Der asiatische Markt ist für uns hochattraktiv" zu sehr verallgemeinern und möglicherweise interessante granulare Erkenntnisse verschleiern. Khanna und Rivkin (2001) zeigen auf Basis öffentlich zugänglicher Daten für weltweit etwa 95.000 Unternehmen aus 43 Nationen, dass Profitabilitäten zwischen Industrien im Nationenvergleich nur sehr schwach bis gar nicht korrelieren, wie auch Abb. 3.16 für einen Ausschnitt von Nationen grafisch veranschaulicht. So gehören beispielsweise Industrien, die in Deutschland vergleichsweise hohe Profitabilität haben, in Thailand oder Chile nicht zu den Top-Industrien. Demnach sind Industrien nicht allgemein auf globaler Ebene zu bewerten; stattdessen ist eine granulare Sicht – „Industrie in einer bestimmten Nation" – notwendig. Positive signifikante Korrelationen bestehen nur in sehr entwickelten Nationen. Hier sind Industrien zumindest in einigen Fällen ähnlich attraktiv.

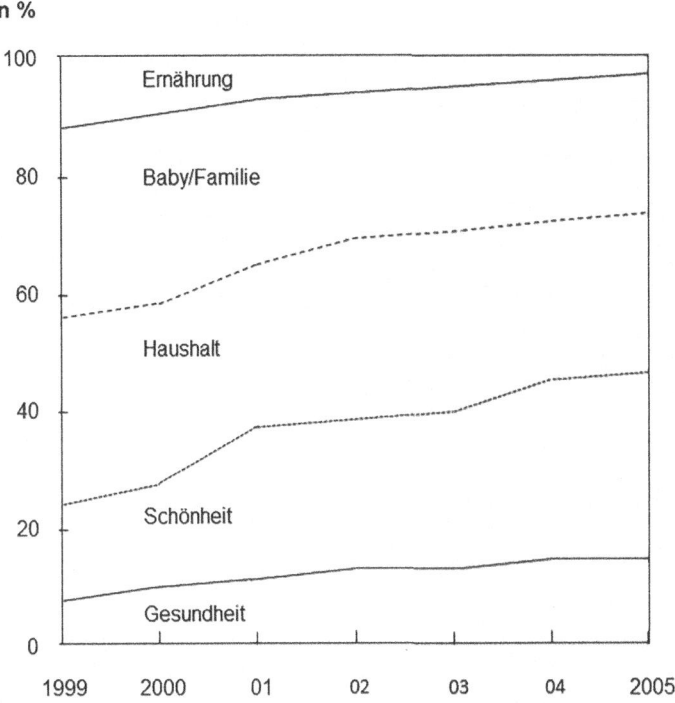

Abb. 3.15 Entwicklung der Umsatzverteilung bei Procter & Gamble von 1999 bis 2005. (Nach Viguerie et al. 2008)

3.3.3 Anwendung des Granularitätsansatzes

Im Folgenden wird diskutiert, unter welchen Umständen Unternehmen vom Granularitätsansatz profitieren können und welche konkreten Schritte bei der Anwendung zu durchlaufen sind. Grundsätzlich bietet sich der Granularitätsansatz insbesondere dann an, wenn Unternehmen in – typischerweise breit definierten – Industrien operieren, die nur ein sehr geringes oder gar kein Wachstum generieren. Der Granularitätsansatz legt in solchen Situationen nahe, nicht das aktuelle Geschäft aufzugeben und in völlig neue Umfelder zu gehen, sondern die aktuell bearbeiteten Industrien genauer anzusehen und auf diese Weise versteckte Wachstumsmöglichkeiten zu identifizieren.

Die konkrete Vorgehensweise zur Identifizierung von Opportunities auf Basis des Granularitätsansatzes gliedert sich in fünf Schritte, die in Abb. 3.17 zusammengefasst werden.

In einem ersten Schritt müssen Unternehmen sich einen Überblick über ihre aktuellen Spielfelder in Form von Unterindustrien oder sogar Produktkategorien verschaffen. In diesem Schritt sollen Unternehmen von generellen Aussagen wie „Asien ist unser

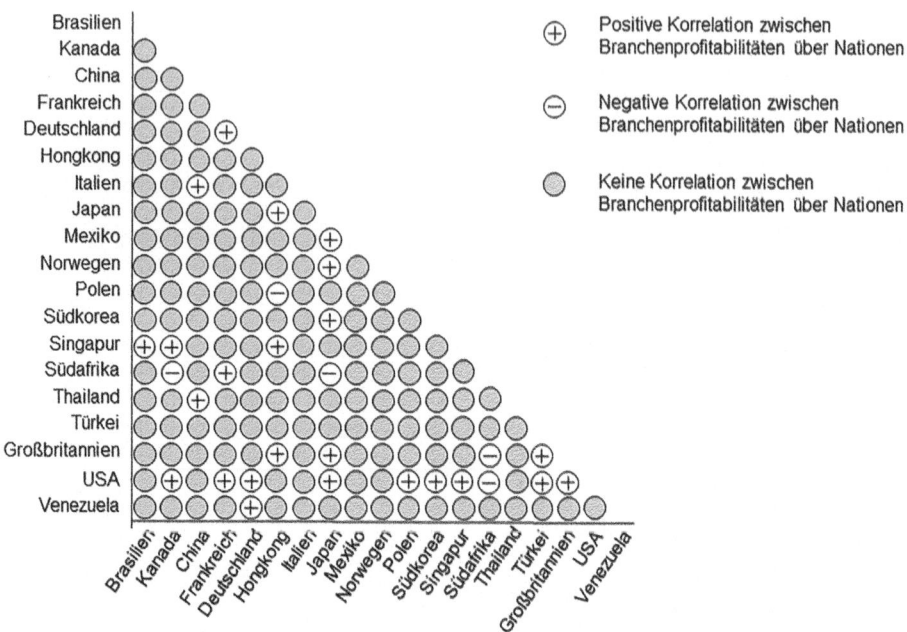

Abb. 3.16 Korrelationen zwischen Branchenprofitabilitäten über Nationen. (Nach Khanna und Rivkin 2001)

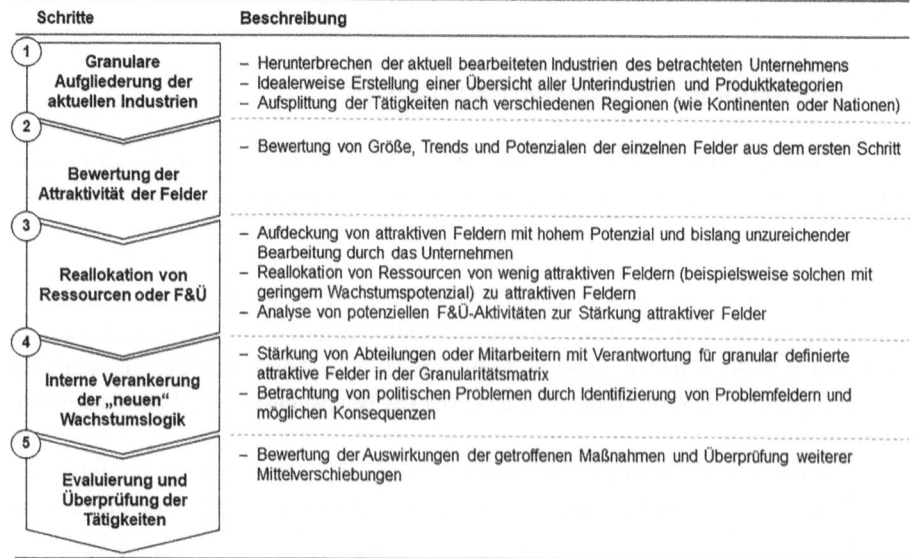

Abb. 3.17 Konkrete Schritte zur Anwendung des Granularitätsansatzes zur Identifizierung von Opportunities. (Eigene Darstellung)

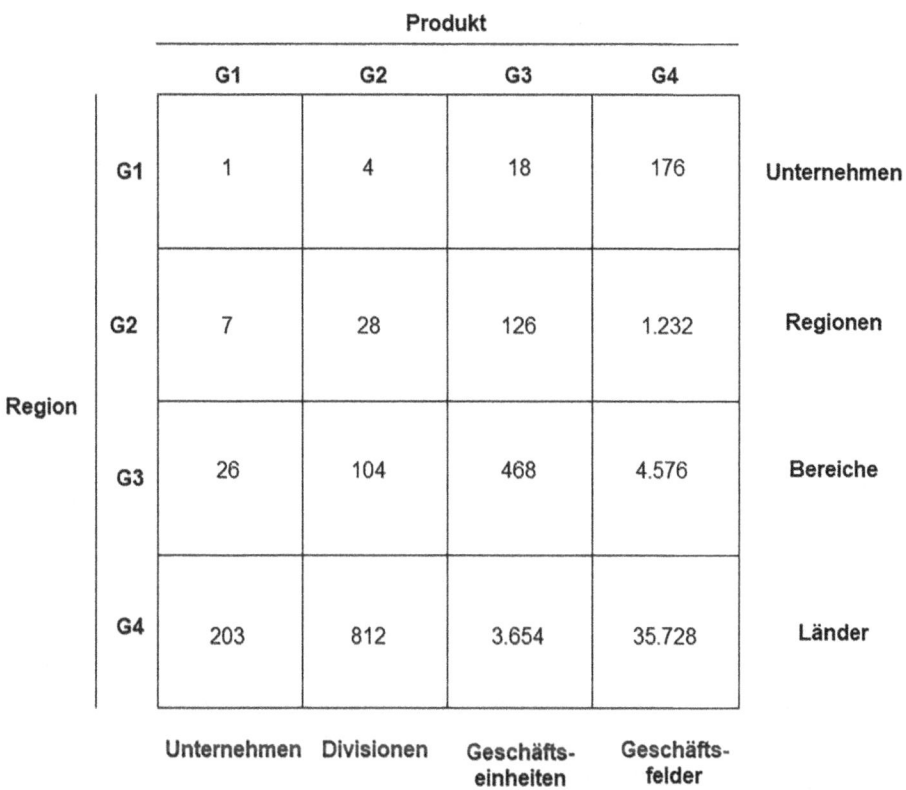

Abb. 3.18 Anzahl der Spielfelder in Abhängigkeit vom Granularitätslevel auf den Dimensionen Region und Produkt. (Eigene Darstellung nach Viguerie et al. 2008)

Wachstumsmarkt" oder „Der Reisemarkt liegt am Boden" Abstand nehmen und stattdessen ein granulareres Verständnis für ihre aktuellen Märkte erlangen. Beim Herunterbrechen der Spielfelder, beispielsweise entlang von Produkten und geografischen Regionen, kann theoretisch eine sehr große Anzahl an zu betrachtenden Feldern entstehen. Abb. 3.18 zeigt eine beispielhafte Rechnung für ein Unternehmen. Die Anzahl der Felder kann schnell auf über 35.000 ansteigen, wenn man einzelne Produktkategorien (hier 176) mit Nationen (hier 203) kombiniert und davon ausgeht, dass rein theoretisch jede Produktkategorie in jeder Nation vertrieben werden kann.

Hinzu kommt, dass die Verankerung eines Granularitätsansatzes im Unternehmen zu mehr Komplexität führt. Diesen Zusammenhang stellt Abb. 3.19 dar. Mit zunehmender Granularität nimmt der zusätzliche Nutzen ab, insbesondere wenn eine Betrachtung bereits auf Ebene G3 oder G4, wie im vorherigen Abschnitt dargestellt, durchgeführt wird. Die Komplexitätskosten zunehmender Granularität steigen progressiv an, insbesondere, weil durch steigende Granularität der Daten- oder Abstimmungsbedarf zwischen dann installierten Organisationseinheiten übermäßig ansteigt. In Bezug auf

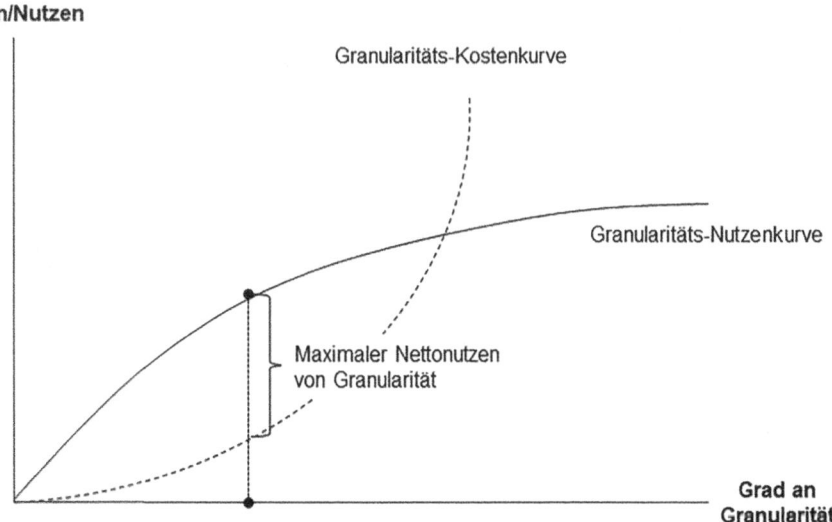

Abb. 3.19 Kosten- und Nutzenabwägungen verschiedener Grade an Granularität. (Nach Viguerie et al. 2008)

den Datenbedarf ist ab einem gewissen Granularitätsgrad eine Explosion zu erwarten, da für sehr kleine Einheiten sowohl intern als auch extern kaum Informationen mit vertretbarem Aufwand verfügbar sein werden. Rein mathematisch ergibt sich ein Optimum, wenn die beiden Kurven betragsmäßig die gleiche Steigung aufweisen. Die Komplexitätskostenkurve kann eine Verschiebung erfahren, wenn aktuelle Entwicklungen der digitalen Transformation das Management von Granularität vereinfachen, sodass sich das Optimum in Form des maximalen Nettonutzens von Granularität in Abb. 3.19 nach rechts verschiebt.

In einem zweiten Schritt werden die einzelnen Felder aus dem ersten Schritt in Bezug auf ihre Attraktivität für zukünftiges Wachstum bewertet. Dazu müssen Trends und Potenziale in den einzelnen Feldern analysiert und verstanden werden, beispielsweise mithilfe der zu Beginn dieses Abschnitts dargestellten Lebenszykluskurve.

Als Ergebnis der ersten beiden Schritte erhält das Unternehmen ein Dashboard wie in Abb. 3.20 dargestellt, welches die gewünschte Granularität durch die Kombination von zwei Dimensionen (Region und Umsatz) beinhaltet. In dem konkreten Beispiel fällt auf, dass in Nationen, in denen das (fiktive) Unternehmen noch einen relativ geringen Umsatzanteil generiert, die größten Wachstumschancen (beispielsweise in Lateinamerika für Produktkategorie A) liegen.

Goedhart et al. (2013) empfehlen darüber hinaus, in dieses Dashboard die eingesetzten Kapitalmittel inklusive Marketingausgaben, Forschungs- und Entwicklungsausgaben etc. mit aufzunehmen. So können sowohl Wachstumsoptionen als auch

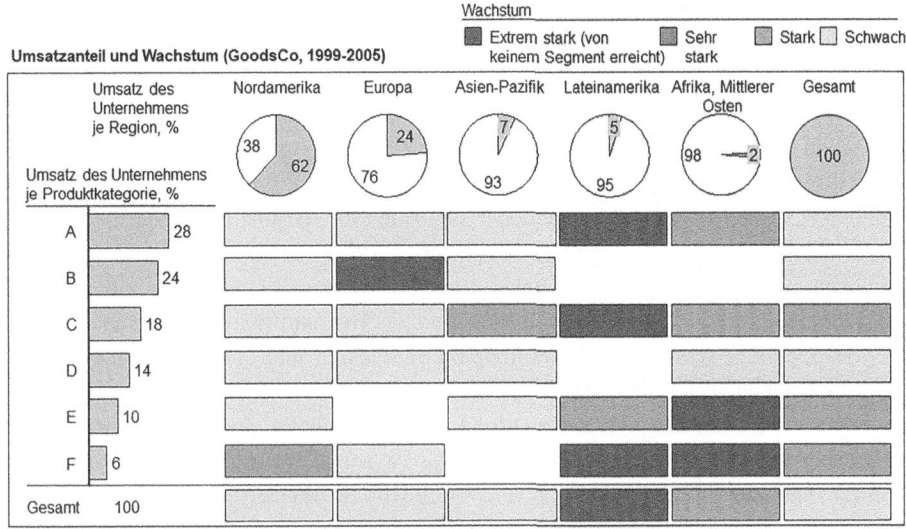

Abb. 3.20 Beispielhaftes Dashboard. (Eigene Darstellung)

Ressourcenbedarf und -rendite dargestellt werden. Dies gibt Entscheidungsträgern die nötige Transparenz über Zielkonflikte und Abwägungen zwischen verschiedenen Aktivitäten und Initiativen; insbesondere bei Umschichtung von Ressourcen in den Geschäftsbereichen starker Führungskräfte.

Der dritte Schritt zielt, aufbauend auf den ersten beiden Schritten, darauf ab, diejenigen Spielfelder zu stärken, die attraktive Wachstumsmöglichkeiten bieten, aber zurzeit vom Unternehmen noch nicht mit der notwendigen Intensität bearbeitet werden. Dies kann durch interne Ressourcenumschichtungen oder durch F&Ü- Aktivitäten erfolgen. Es empfiehlt sich, Ressourcen in einem festgelegten Zeitraum (beispielsweise jährlich) komplett neu zuzuweisen, zum Beispiel im Rahmen eines Zero-Based-Budgeting-Prozesses. So wird verhindert, dass Mittelzuweisungen aus Vorjahren Einfluss nehmen und als Grundlage für zukünftige Mittelzuweisungen dienen, wenn die Budgets unvoreingenommen auf Basis des Granularitätsansatzes und des Wachstumsgedankens zugeteilt werden sollten.

Hall et al. (2012) führen aus, dass es sinnvoll ist, die Korrelation zwischen dem Anteil an den eingesetzten Ressourcen, den ein Spielfeld in den vorherigen Jahren erhalten hat, und dem Anteil, den es im letzten Jahr erhalten hat, zu errechnen. Häufig ist dieser Wert über 90 % (90 % der Ressourcen werden wieder an gleiche Empfänger verteilt, was zeigt, dass ein großer Anteil wie gewohnt verteilt wird) und ist ein guter Indikator zur Beobachtung, ob ein Unternehmen tatsächlich bereit ist, seine Ressourcen neu zu verteilen.

Auch kann es sinnvoll sein, in den Ressourcenallokationsprozess eine gewisse Flexibilität zu verankern. Opportunities zeigen sich häufig genau dann, wenn der jährliche Allokationsprozess gerade abgeschlossen ist – egal ob ein existierendes Geschäft plötzlich zusätzliches Kapital braucht oder sich eine tolle Akquisitionsgelegenheit bietet. Ein großer Energiekonzern behält z. B. seinem Vorstandsvorsitzenden fünf Prozent der jährlichen Investitionsausgaben zu dessen eigener Disposition ein, oder ein Biotech-Unternehmen erarbeitet zwei verschiedene Budgets (rot und blau): Eines für den Fall, dass das Geschäft sich wie vorher antizipiert entwickelt, und eines, falls sich größere klinische Studien positiv entwickeln. Auch ein separates „rollendes" Budget, das über das Jahr nach Ermessen eingesetzt werden kann (und nicht zu einem bestimmten Stichtag), bietet Flexibilität. Eine solche Flexibilität ist vor allem in volatilen, wachsenden Märkten und in zyklischen Industrien von Vorteil (Bryan 2009).

Der vierte Schritt betrifft die interne Verankerung der neuen granularen Wachstumslogik im Unternehmen. Eine granulare Sicht auf bereits lange Zeit bearbeitete Industrien kann dazu führen, dass politische Machtverhältnisse im Unternehmen zumindest ins Wanken gebracht werden. Gut möglich, dass sich hinter Industriedurchschnitten auch weniger attraktive Spielfelder verstecken. Werden diese durch eine granulare Sicht auf das Portfolio transparent gemacht und entsprechende Ressourcenallokationen durchgeführt, so kann dies bestehende Beziehungen oder Positionen einzelner Entscheidungsträger nachhaltig schwächen. Gleichzeitig können durch eine granulare Sicht auf die Spielfelder des Unternehmens Wachstumsoptionen, auf die das Unternehmen bislang kaum Aufmerksamkeit richtete, transparent gemacht werden, so dass diese dann eine prominentere organisatorische Verankerung finden. Ein weiterer relevanter Aspekt ist, dass das Management von Portfolios auf aggregierter Ebene den einzelnen Entscheidungsträgern oder Mitarbeitern die Möglichkeit bietet, sich hinter breit definierten Industrien zu verstecken. Bezieht sich die Anstrengung eines Entscheidungsträgers oder Mitarbeiters auf eine Unterindustrie, so zahlte bislang seine Anstrengung auf höher liegenden Einheiten ein. Dadurch wurde diese Anstrengung intransparent und „free riding" gefördert. Durch die Installation einer granularen Sicht werden die Auswirkungen der Anstrengungen deutlich transparenter. Entscheidungsträger und Mitarbeiter werden so deutlich stärker in die Pflicht genommen. Es ist daher notwendig, die Zustimmung insbesondere der Top-Mitarbeiter zu erlangen und die Motivation zur Mitarbeit zu erzeugen. Beispiel 3.18 zeigt, wie Solvay seine Top-Mitarbeiter breit einbindet und ihnen so die Chance bietet, sich selbst ebenfalls umfassend einzubinden (Barbeyrac und Verhoeven 2013).

Beispiel 3.18: Wie Solvay sich auf sein Chemie-Geschäft konzentrierte und seine 300 Top-Führungskräfte als Corporate Assets betrachtet

Solvay ist ein belgisches Familienunternehmen in der chemischen Industrie mit Hauptsitz in Brüssel, das sich 2010 für 5,2 Mrd. EUR von seinem Pharmageschäft trennte und diese Mittel 2011 in den Kauf des französischen Konkurrenten Rhodia investierte. Solvay hatte nicht die Größe oder das Innovationspotenzial, um im Pharmabereich zu expandieren, aber die Grundlagen, um im Chemiebereich weiter-zuwachsen. Rhodia komplettierte die Chemie-Aktivitäten von Solvay und verschaffte Solvay darüber hinaus ein substanzielles China-Geschäft. Solvay ist seit dem Kauf zu je etwa einem Drittel in Europa, Asien und Nordamerika aktiv und somit in einer einzigartigen Position in der globalen Chemieindustrie. Nach der Akquisition von Rhodia entwickelte Solvay einen 5-Jahres-Strategieplan, der jährlich aktualisiert wird. Jeder der 17 globalen Geschäftsbereiche entscheidet neu, wie er seine Ressourcen allokieren will, und diese Vorschläge werden dann diskutiert. Manchmal führt das zu einer komplett neuen Strategieplanung, manchmal zu einer einfachen Aktualisierung.

Solvay betrachtet seine 300 Top-Führungskräfte als Corporate Assets, was bedeutet, dass deren Weiterentwicklung aus einer Gesamtunternehmensperspektive diskutiert wird und nicht aus einer Geschäftsbereichperspektive. Den Mitarbeitern werden Rollen angeboten, die am besten zu ihrer persönlichen Weiterentwicklung passen; ihnen wird dadurch die Möglichkeit eröffnet, Know-how in verschiedenen Bereichen zu erwerben und sich in unterschiedlichsten Bereichen zu engagieren (Barbeyrac und Verhoeven 2013). ◀

Im fünften Schritt steht die Evaluierung der vorgenommenen Allokationen von Mitteln oder der F&E-Aktivitäten. So müssen die Auswirkungen der vorgenommenen Aktivi-täten bewertet werden und es muss entschieden werden, ob ausreichend Mittel in die identifizierten Wachstumsspielfelder geflossen sind. Wie in Beispiel 3.18 beschrieben, trennte sich Solvay nach erfolgter Evaluierung von seinem Pharma-Geschäft und konzentrierte sich auf seine Chemie-Aktivitäten.

Kernaussagen

- Opportunities können in allen Industrien entstehen. Es gibt keine per se attraktiven oder unattraktiven Industrien. Durch Aufhebung von Aggregationen und Einnahme einer granularen Perspektive können in fast allen Industrien wachsende Unter-industrien oder Produktkategorien mit überdurchschnittlichem Wachstum identi-fiziert werden.
- Opportunities können dann genutzt werden, wenn diese Wachstumssegmente konsequent besetzt und Segmente mit geringem oder gar keinem Wachstum depriorisiert werden.

- Die Aufstellung einer Matrix nach Produktsegmenten und nationalen Segmenten erlaubt eine detaillierte Sicht auf die Attraktivität von Untersegmenten und so das Aufdecken von Opportunities für neues Wachstum. Wachstum entsteht durch das konsequente Suchen und Bearbeiten von Segmenten mit überdurchschnittlichen Wachstumsraten.

Aufgaben zur Wiederholung

1. Erläutern Sie jeweils kurz das Konzept der Wachstumstreiber. Nennen Sie hier vor allem die drei zentralen Wachstumstreiber und beschreiben Sie diese.
2. Erläutern Sie kurz das Konzept des Industrielebenszyklus, illustrieren Sie diesen und benennen Sie die Hauptphasen.
3. Erläutern Sie eine Methode, um zu erkennen, wann es sinnvoll ist, Regionen/ Länder differenziert zu betrachten.
4. Nennen Sie die fünf Schritte zur Anwendung des Granularitätsansatzes und beschreiben Sie jeden Schritt kurz.
5. Erläutern Sie kurz die Kosten- und Nutzenabwägung verschiedener Grade an Granularität und illustrieren Sie diese. Erläutern Sie anhand der Grafik, was ein Auslöser für die Verschiebung der Granularitätskostenkurve sein kann.
6. Erklären Sie kurz das Konzept des Zero-Based-Budgeting.

3.4   Innovation Mapping

Der nachfolgende Abschnitt stellt dar, wie mit dem Tool des Innovation Mapping Opportunities im Markt identifiziert werden können, insbesondere in solchen Marktsegmenten, die auf den ersten Blick nicht sehr attraktiv erscheinen. Innovation Mapping zielt also darauf ab, Opportunities dort zu suchen, wo man sie nicht unbedingt vermuten würde. Zunächst wird das dem Innovation Mapping zugrunde liegende Konzept der disruptiven Innovationen dargestellt (Abschn. 3.4.1). Abschn. 3.4.2 stellt vor, welche konkreten Anknüpfungspunkte zur Aufdeckung von Opportunities im Innovation Mapping auf Basis des Konzepts der disruptiven Innovationen vorhanden sind. Abschn. 3.4.3 erläutert dann die konkreten Schritte zum Einsatz des Innovation Mapping.

Lernziele
- Das Konzept des Innovation Mapping verstehen und nutzen können.
- Hierzu gilt es,
  - das zugrunde liegende Konzept der disruptiven Innovationen von Clayton Christensen zu verstehen,
  - zu erfassen, was disruptive Innovationen ausmacht,

– zu erkennen, wann das Tool des Innovation Mapping sich anbietet, um neue Opportunities für ein Unternehmen zu erschließen,

• um mit Hilfe des Innovation Mapping aktuelle Nicht-Konsumenten zu identifizieren und zu bedienen, aktuell unattraktive Kundengruppen/-segmente zu identifizieren und zu bedienen und aktuell nicht adressierte Probleme/Jobs von Kunden zu identifizieren und zu bedienen.

3.4.1 Das Konzept der disruptiven Innovationen

Innovation Mapping beruht auf dem Konzept der disruptiven Innovationen von Clayton Christensen, Professor an der Harvard Business School, das dieser mit seinem bahnbrechenden Werk „The Innovator's Dilemma" in den 1990er-Jahren begründet hat (Christensen 1997; Hart und Christensen 2002). Er wurde aufgrund seiner Arbeiten zu disruptiven Innovationen von Forbes 2011 als „one of the most influential business theorists of the last 50 years" bezeichnet (Whelan 2011). Christensens grundlegende Beobachtung beruht darauf, dass im konkreten Markt für Disketten und Festplatten mit jeder neuen, substanziellen Entwicklungsstufe eine Wachablösung in Bezug auf den Marktführer stattgefunden hat. Viele Unternehmen, die vorherige Entwicklungsstufen in diesem Markt beherrschten, spielten bei neuen Generationen (wie bei der Einführung der 3,5 Zoll-Diskette) keine Rolle mehr.

Solche Entwicklungen lassen sich in vielen anderen Industrien und auch in der Geschichte einzelner Unternehmen beobachten (Christensen 1997). Beispielsweise bei IBM. Obwohl IBM den Markt für Großrechner dominierte, verpasste „Big Blue" den Trend zum Minicomputer – und das, obwohl letztere weitaus simplere Produkte darstellten als Großrechner. Im Handel verschlief Sears, Roebuck and Company, obwohl Vorreiter für viele Innovationen in diesem Bereich, die Trends im Handel und büßte seine prominente Stellung ein, wie Beispiel 3.19 verdeutlicht (Christensen 1997). Die großen Fluglinien wie Britisch Airways und KLM Royal Dutch Airlines sind seit Mitte der 1990er-Jahre unter starkem Druck der Low-Cost-Carrier und haben immer noch keine Antwort darauf gefunden.

Beispiel 3.19: Aufstieg und Abstieg von Sears, Roebuck and Company

Sears, Roebuck and Company wurde 1886 von Richard Warren Sears und Alvah Curtis Roebuck gegründet. Das US-amerikanische Handelsunternehmen erwirtschaftete teilweise bis zu zwei Prozent des gesamten US-Handelsumsatzes und ging als Vorreiter in vielen Innovationsthemen im Handel in die Geschichte ein. Von der Supply Chain Excellence über die Etablierung von Handelsmarken und den Versandhandel bis hin zur Ausgabe von Kundenkreditkarten hatte Sears, Roebuck and Company seine Finger im Spiel. In den 1960er-Jahren hatte das Unternehmen den

Höhepunkt seines Erfolgs erreicht und war marktdominierend. 1974 setzte es sich selbst ein Denkmal durch die Errichtung des 110 Stockwerke hohen Sears Tower in Chicago, der als neuer Firmensitz diente und bei der Einweihung das größte Gebäude der Welt war. Von da an erlebte das Unternehmen einen schrittweisen Abstieg. Ab 1989 war es nicht mehr die größte Einzelhandelskette in den USA – Sears, Roebuck und Company wurde von Walmart überholt. Das Unternehmen hatte wesentliche Innovationen im Handel – wie den Discounter-Trend und das Aufkommen von Baumärkten – verschlafen und seine marktbeherrschende Position völlig eingebüßt. 2005 wurde Sears, Roebuck and Company von der US-amerikanischen Discounter-Kette Kmart übernommen (Parker 2016). ◄

Eigentlich hätten marktbeherrschende Unternehmen mit all ihren Ressourcen und all ihrer Markenbekanntheit die besten Voraussetzungen, um neue Entwicklungen voranzutreiben (Anthony 2012). Allerdings fokussieren sie sich dabei auf evolutionäre Technologien, also auf die schrittweise Weiterentwicklung ihrer bestehenden Produkte oder Leistungen entsprechend den Kundenwünschen, und konzentrieren sich dabei zumeist auf die angeblich wertvollsten Kunden am oberen Ende des Marktes (King und Baatartogtok 2015). Diesen Kunden hören die marktbeherrschenden Unternehmen besonders gut zu und orientieren die Weiterentwicklung ihrer Produkte und Leistungen an ihnen.

Es sind nicht die evolutionären Technologien schrittweise stattfindender, kleiner Verbesserungen an Kerneigenschaften eines Produkts (wie die Geschwindigkeit oder Sicherheit eines Autos), die etablierten, marktbeherrschenden Unternehmen Probleme bereiten (Schmidt und Druehl 2008). Intel hat jede neue Generation von Pentium-Prozessoren beherrscht. Jede neue Generation (wie der Pentium III, der Ende 1998 den Pentium II abgelöst hat) hat die alte kannibalisiert und eine Verbesserung der Kerneigenschaft des Produkts, der Rechenleistung, herbeigeführt, ohne dabei Intels Vormachtstellung zu gefährden.

Vielmehr sind es disruptive Innovationen, die diesen Unternehmen ihre marktbeherrschende Stellung nehmen. Disruptive Innovationen sind Innovationen, die existierende Märkte transformieren, indem sie einfachere, praktischere, zugänglichere oder günstigere Lösungen in Märkten anbieten, in denen bislang Komplexität und hohe Kosten für Kunden vorherrschten (Anthony et al. 2008). Disruptive Innovationen sind keine „Breakthrough"-Technologien, die ein gutes Produkt auf einer Kerneigenschaft substanziell verbessern, sondern Innovationen, die Produkte und Leistungen zugänglicher, praktischer und günstiger machen und daher für eine größere Gruppe verfügbar werden. Die bisherigen Kerneigenschaften des Produkts oder der Leistung müssen dabei weiterhin gut genug sein, zumindest für das untere Ende des Marktes, andere Eigenschaften des Produkts oder der Leistung (wie der Preis oder die Bequemlichkeit des Zugangs) müssen aber überlegen sein (Charitou und Markides 2003). Dieser Sachverhalt lässt sich an der disruptiven Innovation, die Wikipedia in den Markt für Nachschlagewerke gebracht hat, verdeutlichen. Wikipedia wurde als Nachschlagewerk und

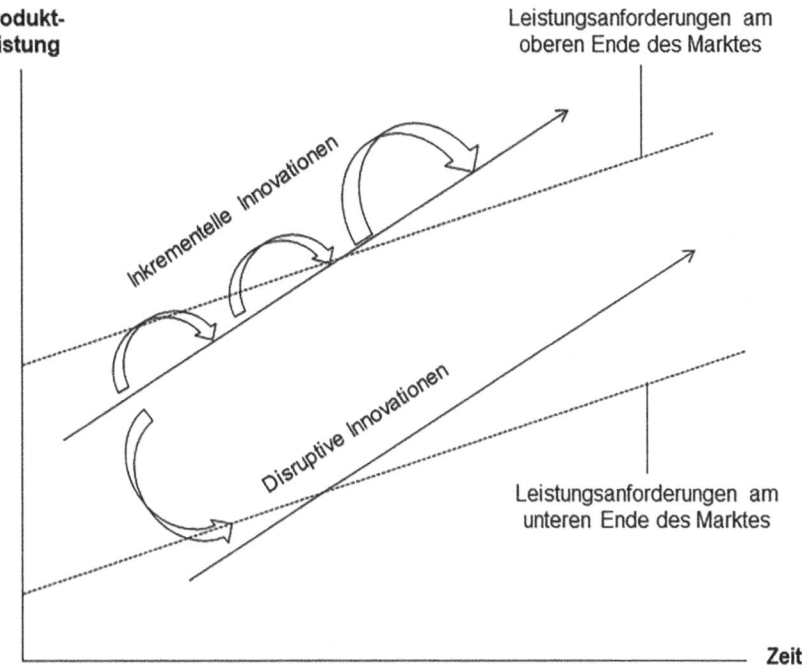

Abb. 3.21 Disruptive Innovationen im Vergleich zu inkrementellen Innovationen. (Nach Christensen 1997)

als Alternative für gedruckte Lexika relevant, als ausreichende Qualität und Quantität der Beiträge sichergestellt war, selbst wenn etablierte, gedruckte Lexika in einzelnen Beiträgen immer noch eine höhere Qualität aufwiesen. Wikipedia hat aber den entscheidenden Vorteil, kostenlos benutzt werden zu können. Zudem kann Wikipedia als Online-Nachschlagewerk praktisch von überall aus verwendet werden.

Warum nun verpassen marktbeherrschende Unternehmen häufig disruptive Innovationen? Diese Unternehmen arbeiten eng mit ihren Kunden zusammen und orientieren sich vor allem am oberen Ende des Marktes (Christensen 1997). Dabei entwickeln diese Unternehmen ihre Produkte und Leistungen, wie durch den oberen Pfeil in Abb. 3.21 angedeutet, evolutionär weiter und verbessern die Kerneigenschaften, die diese Kundengruppe am oberen Ende des Marktes schätzt. Dies kann die Grafikauflösung bei Spielekonsolen sein oder die Genauigkeit von Navigationssystemen in Autos. Eine Zeit lang funktioniert dies auch, aber ab einem gewissen Leistungsniveau sind Kunden, möglicherweise mit Ausnahme des obersten Endes des Marktes, nicht mehr bereit, die zusätzlichen Leistungsverbesserungen entsprechend zu vergüten. In Abb. 3.21 ist dies der Zeitpunkt, in dem die Leistungsfähigkeit des Produkts, dargestellt durch den oberen Pfeil, die gestrichelte Linie der Leistungsanforderungen am oberen Ende des Marktes durchbricht. Demnach lohnen sich die Investitionen des Unternehmens in erhöhte Leistungsfähigkeit ihrer Produkte und Leistungen nicht mehr. Gleichzeitig produziert das Unternehmen aber bereits Produkte und Leistungen, die für die große Gruppe der Mainstream-Kunden zu gut sind.

Dieses „Überschießen" („Overshooting") können andere Unternehmen ausnutzen, indem sie einfachere und günstigere Lösungen anbieten. Kunden, die für ihre Aufgaben einen Mainframe-Computer von IBM kauften, bemerkten einige Zeit später, dass auch ein Desktop-PC mit weniger Funktionen für ihre Zwecke ausgereicht hätte – den jedoch Apple auf den Markt brachte.

Aus Sicht des marktbeherrschenden Unternehmens scheint es unattraktiv, den Disrupter (d. h. das Unternehmen, das disruptive Innovationen treibt) am unteren Ende des Marktes oder im Mainstream-Markt anzugreifen, haben disruptive Innovationen doch vor allem zu Beginn oft geringe Margen, adressieren wenig attraktive Kunden und kleinere Zielmärkte (Anthony et al. 2008). Zudem würde ein Verfolgen dieser sich anbahnenden disruptiven Innovation mit den aktuell bestehenden Ressourcen und Fähigkeiten des marktbeherrschenden Unternehmens, beispielsweise in Bezug auf Aktivitäten in Forschung und Entwicklung und in Bezug auf die Kostenstruktur, nicht zusammenpassen. Die sich anbahnende disruptive Innovation ist inkompatibel mit den bestehenden Unternehmen, deren Organisationsstrukturen und Ressourcen. Die existierenden Unternehmen im Markt müssten ihr gesamtes Kerngeschäft praktisch aufgeben (Charitou und Markides 2003).

Der Disrupter entwickelt seine Produkte und Leistungen aber kontinuierlich weiter (wie der untere Pfeil in Abb. 3.21 zeigt), bis diese – mit allen anderen Vorteilen wie Einfachheit und Kostengünstigkeit – auch auf den bisherigen Kerneigenschaften ein Leistungsniveau erreicht haben, dass für Kunden akzeptabel ist und die Produkte und Leistungen des Disrupters interessant macht, wie Beispiel 3.20 für das Entstehen des PC-Marktes zeigt (Schmidt und Druehl 2008). Genau dadurch, dass der Disrupter einen viel größeren Markt bedient, den er eigentlich erst schafft, kann er mit geringeren Margen pro Produkt oder Leistung leben. Kunden, die lange im Fachhandel Produkte aufgrund der Qualität und Sortimentsbreite erstanden haben, sind heute mit Angeboten eines Discounters zufrieden. Damit hat das marktbeherrschende Unternehmen die Tür für den Disrupter aufgemacht, indem es seine Produkte in Bezug auf die zentrale Leistungseigenschaft zu eng an den Kunden am oberen Ende des Marktes weiterentwickelt hat. Ist der Disrupter erst einmal etabliert, dann hat das vormals marktbeherrschende Unternehmen seine Stellung verloren und das disruptierende Unternehmen steht mit seiner Marke als Inbegriff des neuen Produkts oder der neuen Leistung fest.

Beispiel 3.20: Entwicklung der Computerindustrie – vom teuren Mini-Computer zum erschwinglichen PC

Vor der Einführung von PCs waren Großrechner und Mini-Computer die vorherrschenden Produkte der Computerindustrie. Sie kosteten mindestens 200.000 US$ und man brauchte eine umfangreiche Ausbildung, um sie bedienen zu können. Ende der 1970er-Jahre fing Apple an, erste PCs zu verkaufen – jedoch als Kinderspielzeug. Zu diesem Zeitpunkt waren die Apple-Produkte nicht annähernd so gut und leistungsfähig wie Mini-Computer, aber den Apple-Kunden war das nicht wichtig; sie zweckentfremdeten das Kinderspielzeug. Sie wären nicht annähernd in der Lage gewesen, Mini-Computer zu kaufen oder zu bedienen, da diese sehr komplex und teuer waren. Das Apple-Produkt war deutlich besser als die Alternative, keinen Computer zu haben. Nach und nach verdrängte die disruptive Innovation PC den Mini-Computer, da sie – auch in Bezug auf die eigentlichen Kerneigenschaften des Mini-Computers – immer besser wurde. Schließlich eliminierte sie eine gesamte Industrie (Schmidt und Druehl 2008). ◄

Was macht nun eine disruptive Innovation aus? Christensen (2015) fasst folgende Kriterien zusammen:

- Die Innovation muss Kunden adressieren, die bislang nicht adäquat oder gar nicht bedient wurden, also keinen Zugang zu einem Produkt oder einer Leistung haben, die sie aber benötigen.
- Die Innovation muss in Bezug auf die Kerneigenschaften bisher marktbeherrschender Produkte oder Leistungen gerade gut genug sein oder in absehbarer Zeit die Kerneigenschaft entsprechend verbessern können, um Mindestanforderungen auch am unteren Ende des Marktes zu befriedigen.
- Die Innovation muss den Kunden neben den bisherigen Kerneigenschaften eine zusätzliche Leistung (wie einen günstigen Preis oder die Einfachheit der Bedienung) bieten.
- Die Innovation muss aus Sicht der marktbeherrschenden Unternehmen zum Eintritt der Innovation in den Markt inkompatibel zum bisherigen Geschäftsmodell sein (z. B. zur bisherigen Kostenstruktur) und auch ansonsten unattraktiv (z. B. durch zu geringe Margen oder zu geringe Marktgröße). Dieses Kriterium verdeutlicht Beispiel 3.21 für den Gesundheitsmarkt in den USA und den Eintritt von MinuteClinic.

Beispiel 3.21: Die MinuteClinic – eine disruptive Innovation im US-Gesundheitsmarkt

MinuteClinic wurde im Jahr 2000 als eine Division von CVS, einem US-amerikanischen Einzelhändler mit etwa 8000 Läden, gegründet. MinuteClinic bietet kleine Ambulanzen in den Läden von CVS an, in denen Krankenschwestern und Ärzte in Ausbildung leichtere Krankheiten wie Bronchitis, Bindehaut- oder Mandelentzündung diagnostizieren und behandeln, Impfungen verabreichen oder auch wichtige medizinische Daten wie Blutdruck oder Blutzucker messen. Seit der Eröffnung haben bereits 20 Mio. Patienten diese Dienste in Anspruch genommen und dabei sehr hohe Zufriedenheitswerte berichtet. Eine Diagnose steht fast immer in weniger als 15 min fest (Reddy 2014). Sollten die Krankenschwestern oder Ärzte in Ausbildung eine schlimmere Krankheit vermuten, verweisen sie unmittelbar an

Abb. 3.22 Beispiele für
disruptive Innovationen. (Nach
Christensen et al. 2011)

Etablierte Technologie	Disruptive Technologie
Enzyklopädie	Wikipedia
Festnetztelefonie	Mobilfunktelefonie
Analoge Filmkamera	Digitalkamera
Klassische Fluglinie	Low-Cost-Airline
Musik-CD	Mp3
Stationärer Handel, Kataloghandel	Online-Handel
Universalbanken	Direktbanken
Telefon	Voice-Over-IP

Fachärzte. Das Konzept von MinuteClinic weist einige Charakteristika disruptiver
Innovationen auf. Der Zielkunde sucht eine neue Dienstleistung, weil die bestehenden
wie niedergelassene Ärzte oder Kliniken (insbesondere in den USA) zu teuer sind und
sehr lange Wartezeiten mit sich bringen. Die Lösung ist gut genug, da die behandelten
Krankheiten einfach zu diagnostizieren und die angebotenen Services unkompliziert
durchzuführen sind. Schnelligkeit und geringer Preis sind neu hinzugekommene
Leistungsdimensionen, die für den Kunden einen Wert haben. Das dahinterliegende
Geschäftsmodell hat geringe Overhead-Kosten und ermöglicht es, auch in kleinen
Märkten niedrige Preise zu bieten. Schließlich ist es unwahrscheinlich oder sogar
auszuschließen, dass bestehende Spieler im Markt (wie niedergelassene Ärzte oder
Kliniken) ein ähnliches Modell verfolgen werden. Ihre Kostenstrukturen, beispiels-
weise mit hohen Fixkosten für die Bereithaltung von Betten und Medikamenten oder
hohen Gehältern von Fachärzten, machen das Angebot eines Konkurrenzprodukts zu
MinuteClinic unmöglich. ◀

Disruptive Innovationen sind dabei nicht nur Unternehmen mit technologischen
Produkten vorbehalten, sondern können grundsätzlich in allen Industrien vorkommen.
In vielen Industrien hat durch disruptive Innovationen sogar eine Wachablösung stattgefunden. Einige Beispiele sind in Abb. 3.22 aufgeführt. Gleichzeitig gilt, dass nicht
jede größere technologische Innovation automatisch eine disruptive Innovation ist, wie
die Diskussion, ob Teslas Elektroautos disruptiven Charakter haben, in Beispiel 3.22
verdeutlicht. Beispiel 3.23 diskutiert, ob Uber eine disruptive Innovation auf den Markt
gebracht hat.

Beispiel 3.22: Warum Teslas Produkte keine disruptiven Innovationen darstellen

Tesla hat seit 2003 aus dem Silicon Valley heraus etwa 60.000 Elektroautos verkauft, die meisten zu Preisen von über 100.000 US$. Der hohe Preis deutet laut Christensen (2015) schon darauf hin, dass es keine klassische disruptive Innovation sein kann, sondern eher eine inkrementelle Innovation, die im Vergleich zu bestehenden Angeboten eine bessere Leistung zu einem höheren Preis bietet. Christensen (2015) bezieht sich auf Automobilexperten, die herausgefunden haben, dass etablierte Spieler im Markt den Elektroautos nur deshalb so wenig Aufmerksamkeit schenken, weil die Nachfrage noch so unglaublich gering ist. Wäre es eine disruptive Innovation, dann müssten etablierte Spieler im Markt der neuen Entwicklung recht hilflos gegenüberstehen und keine Antwort auf die Entwicklung haben, ohne ihr eigenes bestehendes Geschäft aufzugeben. Genau dies ist nicht der Fall, zumal Unternehmen wie Nissan (konkret mit dem Nissan Leaf, der 2014 höhere Verkaufszahlen hatte als Tesla) bereits ähnliche Angebote neben ihren bestehenden Produkten haben. Damit ist eine weitere Voraussetzung für das Vorliegen einer disruptiven Innovation nicht gegeben. Experten glauben zudem, dass etablierte Spieler wie Toyota ihre Kapazitäten sehr zügig Richtung Elektroauto verlagern könnten, sollte die Nachfrage nach Elektroautos dramatisch ansteigen. ◄

Beispiel 3.23: Stellt Uber eine disruptive Innovation dar?

Wie in Beispiel 3.4 beschrieben, bietet das Unternehmen Uber, das erst 2009 gegründet wurde und heute in Hunderten Städten in mehr als 60 Ländern aktiv ist, eine App an, die Privatleute verbindet und Mitfahrgelegenheiten vermittelt. Damit steht Uber in direkter Konkurrenz zu traditionellen Taxiunternehmen. In der letzten Finanzierungsrunde wurde ein Unternehmenswert von etwa 50 Mrd. US$ ermittelt. Aber ist Uber eine disruptive Innovation? Christensen et al. (2015) sagen Nein, da Uber zwei wesentliche Kriterien einer disruptiven Innovation nicht erfüllt. Disruptive Innovationen bedienen ein Segment am unteren Ende des Marktes, das bislang von existierenden Anbietern im Markt nicht bedient wurde, oder machen Nicht-Konsumenten zu Konsumenten. Beides ist bei Uber nicht gegeben. Uber wurde in San Francisco gestartet, die ersten Kunden waren solche, die bislang traditionelle Taxis verwendet haben. Ein Überschießen am oberen Ende des Marktes konnte von bestehenden Taxiunternehmen ebenfalls nicht beobachtet werden. Das zweite Kriterium, das Uber nicht erfüllt, ist, dass disruptive Innovationen bei ihrer Markteinführung eine niedrigere Leistungsfähigkeit aufweisen als bestehende Lösungen im Markt, ihre Leistung aber mit der Zeit steigt und schließlich für den Mainstream-Markt relevant wird. Auch das trifft nicht auf Uber zu, da die angebotene Transportleistung mittels der Nutzung benutzerfreundlicher Apps bestehenden Taxiunternehmen zwar nicht überlegen, zumindest aber gleichwertig ist. Diese Argumente lassen Christensen et al. (2015) schließen, dass Uber nicht die Kriterien einer disruptiven Innovation erfüllt. ◀

3.4.2 Opportunity Recognition mit Innovation Mapping

Das im vorhergehenden Abschnitt beschriebene Konzept der disruptiven Innovationen bietet Anknüpfungspunkte zur Erkennung von Opportunities sowohl für Unternehmen, die bereits in einem betrachteten Markt tätig sind und gerade Gefahr laufen, zu „überschießen", als auch für neu eintretende Unternehmen, die von außen beobachten, dass disruptive Innovationen in einem bestimmten Marktsegment möglich sein könnten. Anthony et al. (2006) argumentieren, dass sich die Möglichkeiten, Opportunities im Rahmen disruptiver Innovationen zu erkennen, sehr gut strukturieren lassen, und führen dazu den Ansatz des Innovation Mapping ein. Auf Basis ihrer Analysen disruptiver Innovationen in verschiedenen Industrien sehen sie drei wesentliche Ansätze, um Opportunities zu identifizieren:

- Identifizierung und Bedienung aktueller Nicht-Konsumenten („Bottleneck Buster – Democratize a Limited Market")
- Identifizierung und Bedienung aktuell unattraktiver Kundengruppen, wenn marktbeherrschende Spieler überschießen („Extreme Makeover – Make an Ugly Business Attractive")
- Identifizierung und Bedienung unerledigter Jobs in einzelnen Kundengruppen („The Back-Scratcher – Scratch an Unscratched Itch")

Der erste Ansatz im Innovation Mapping zielt darauf ab, aktuelle Nicht-Konsumenten zu identifizieren und diesen den Konsum eines Produkts oder einer Leistung zu ermöglichen, indem bestehende Einschränkungen für den potenziellen Konsumenten beseitigt werden (Anthony et al. 2008). Anthony et al. (2006) sprechen von einer „Demokratisierung eines beschränkten Marktes", an dem durch die disruptive Innovation jeder teilnehmen können soll. Dieser Ansatz steht im Gegensatz zur typischen Verhaltensweise eines aktuell marktbeherrschenden Unternehmens, sich auf zahlungskräftige Kunden am oberen Ende des Marktes zu konzentrieren, und er mag auf den ersten Blick kontraintuitiv erscheinen. Disruptive Innovationen zielen aber darauf ab, Nachfrage – am unteren Ende des Marktes startend – in einem Markt substanziell zu vergrößern.

Anthony et al. (2008) führen vier Arten von Einschränkungen auf, die es aktuellen Nicht-Konsumenten unmöglich machen, das jeweilige Produkt oder die jeweilige Leistung zu beziehen. Ein Aufheben solcher Einschränkungen kann ein Anknüpfungspunkt für eine Opportunity sein, sowohl für Unternehmen, die bereits im Markt aktiv sind, als auch für neu eintretende Unternehmen. Einen Überblick über diese Einschränkungen liefern die konkreten Beispiele in Abb. 3.23. Eine erste Einschränkung können fehlende Fähigkeiten aufseiten des potenziellen Konsumenten sein, wie bei der

Einschränkung	Beschreibung	Analyse zur Identifizierung	Beispiele
Fähigkeiten	Fehlende Fähigkeiten der Individuen bei der Problemlösung	Aufsetzen einer Konsumkette und Identifizierung von Stellen, an denen Individuen Fähigkeiten fehlen	• Fotografie im späten 19. Jh. • Nutzung von Computern in den 1970er-Jahren
Finanzielle Mittel	Existierende Lösungen sind zu teuer und die Nutzung damit wohlhabenden Individuen vorbehalten	Aufsetzen einer Konsumpyramide und Überprüfung, ob untere Schichten ein Problem nicht lösen können, da Lösungen der oberen Schichten zu teuer sind	• Flugreisen bis in die 1970er-Jahre • Individualisierte Werbung vor der Erfindung von „Search Advertising" wie Google AdWords
Zugang	Konsum nur in bestimmten Kontexten oder beschränkte Anzahl von Lösungen	Analyse von Gelegenheiten, in denen Konsumenten eine Leistung nicht in Anspruch nehmen können	• Telefonie vor der Verbreitung von Mobilfunk
Zeit	Zu lange Dauer von Konsum	Analyse von Aussteigern, die aufgehört haben, eine Leistung zu konsumieren; Überprüfung, ob Zeit Grund für Aussteigen	• Kaufen und Verkaufen von Gebrauchtgegenständen vor dem Livegang von eBay

Abb. 3.23 Einschränkungen von Nicht-Konsumenten. (Nach Anthony et al. 2008)

Fotografie im späten 19. Jh. oder bei der Nutzung von Computern in den 1970er-Jahren. Jeweils waren Fähigkeiten notwendig, die ohne eine besondere Schulung oder Ausbildung bei den Konsumenten kaum zu erwarten sein konnten. Ein Anknüpfungspunkt für eine Opportunity könnte nun sein, Produkte oder Leistungen zu entwickeln, für die weniger komplexe Fähigkeiten zur Bedienung oder zum Konsum notwendig sind. Wie lassen sich solche Opportunities identifizieren? Hierfür eignet sich die in diesem Buch in Abschn. 3.1 vorgestellte Konsumkette. Ausgehend von einem Bedürfnis, das ein Konsument hat und befriedigen will, können verschiedene Wege aufgezeichnet und Glieder in der Konsumkette, an denen besondere Kenntnisse oder Fähigkeiten notwendig sind, identifiziert werden.

Eine zweite Einschränkung kann in fehlenden finanziellen Mitteln liegen, wodurch es potenziellen Konsumenten unmöglich ist, das Produkt oder die Leistung nachzufragen (Anthony et al. 2006). Ein Beispiel sind Flugreisen in den 1970er-Jahren, die sehr wohlhabenden Individuen vorbehalten waren. Ein anderes Beispiel ist die weltweite individualisierte Werbung, die Unternehmen sich vor der Erfindung von „Search Advertising" (wie Google AdWords) nicht leisten konnten. Heute ist es das umsatzstärkste Segment von Google. Eine Konsumpyramide kann helfen, solche Opportunities aufzudecken. Eine solche Konsumpyramide stellt verschiedene Schichten potenzieller Konsumenten nach ihrer Kaufkraft dar, wobei oben die wenigen sehr kaufkräftigen Konsumenten eingezeichnet werden, unten die große Gruppe weniger kaufkräftiger Konsumenten. Ein Anknüpfungspunkt für eine disruptive Innovation über die Eliminierung finanzieller Barrieren könnte vorliegen, wenn unteren Schichten aufgrund fehlender finanzieller Mittel eine Problemlösung, die auf oberen Ebenen bereits zum Einsatz kommt, nicht zugänglich ist.

Fehlender örtlicher Zugang kann eine dritte Einschränkung sein, und zwar dann, wenn ein Produkt oder eine Leistung in bestimmten Kontexten gar nicht oder nur in einer sehr geringen Anzahl von Varianten zur Verfügung steht. Im Flugzeug zu telefonieren und im Internet zu surfen unterliegt (zumindest in den meisten Fällen) heutzutage noch einer Einschränkung. Werden für solche Einschränkungen Lösungen gefunden, kann dies ein Anknüpfungspunkt für eine Opportunity sein.

Schließlich kann fehlende Zeit eine Einschränkung für den Konsum von Produkten oder Leistungen sein. Als Beispiel kann eBay gelten: Während vor dem Internet-Zeitalter Sammler durch das ganze Land fahren mussten, in der Hoffnung, auf Flohmärkten seltene Sammlerstücke zu erwerben, reichen heute einige Klicks bei eBay. Hier wurde ein völlig neuer Markt geschaffen, der es überflüssig macht, für ein sehr vergleichbares Produkt enorme Reiseanstrengungen mit der entsprechenden zeitlichen Belastung auf sich zu nehmen. Wie können solche Anknüpfungspunkte aufgedeckt werden? Eine Analyse von Aussteigern in einem Marktsegment, also Individuen, die früher eine Leistung konsumiert haben, das heute aber nicht mehr tun, kann Aufschluss geben, insbesondere wenn eine Prüfung ergibt, dass fehlende Zeit (beispielsweise wegen Familiengründung oder erhöhter Einbindung im Job) der Grund für das Aussteigen war.

Während dieser erste Ansatz im Innovation Mapping darauf abzielt, Nicht-Konsumenten zu Konsumenten zu entwickeln, besteht der zweite darin, ein bisher unattraktives Geschäftsfeld am unteren Ende des Marktes attraktiv zu machen. Anthony et al. (2006) sprechen im Englischen vom „ugly business". Die Möglichkeit, dieses attraktiv zu machen, ergibt sich zumeist, wenn existierende, möglicherweise sogar marktbeherrschende Unternehmen mit ihren aktuellen Produkten und Leistungen zum „Überschießen" („Overshooting") tendieren, Konsumenten gar nicht mehr wissen, wie sie mit noch komplexeren Produkten umgehen sollen und entsprechend auch nicht bereit sind, dafür höhere Preise zu zahlen. Wie im vorhergehenden Abschnitt dargelegt, ist „Überschießen" ein wesentlicher Teil des Ansatzes der disruptiven Innovationen. Dieses „Überschießen" schafft Raum für Disruptoren, mit bisher vom marktbeherrschenden Unternehmen ignorierten neuen Produkteigenschaften wie Preis, Bequemlichkeit, Einfachheit oder Flexibilität erfolgreich zu sein.

Wie können Unternehmen nun ein „Überschießen" diagnostizieren? Hierzu schlagen Anthony et al. (2006) drei Wege vor:

- Direkte Interaktion mit den Kunden: Wenn Kunden auf neue Produkte, die das anbietende Unternehmen als besser und leistungsfähiger einschätzt, nur mit Preisreduktionswünschen antworten, ist dies ein Zeichen, dass das Unternehmen dabei ist zu „überschießen". Insbesondere Vertriebsmitarbeiter können aus der direkten Interaktion mit den Kunden solche Eindrücke gewinnen.
- Sinkende Margen, Preise und Marktanteile: Wenn Margen und Preise in einem Kundensegment sinken und Wettbewerber, die eigentlich das untere Ende des Marktes bedienen, in der Mitte oder am oberen Ende des Marktes Kunden gewinnen, kann dies ein Zeichen für eine anstehende disruptive Innovation sein. Unternehmen sind

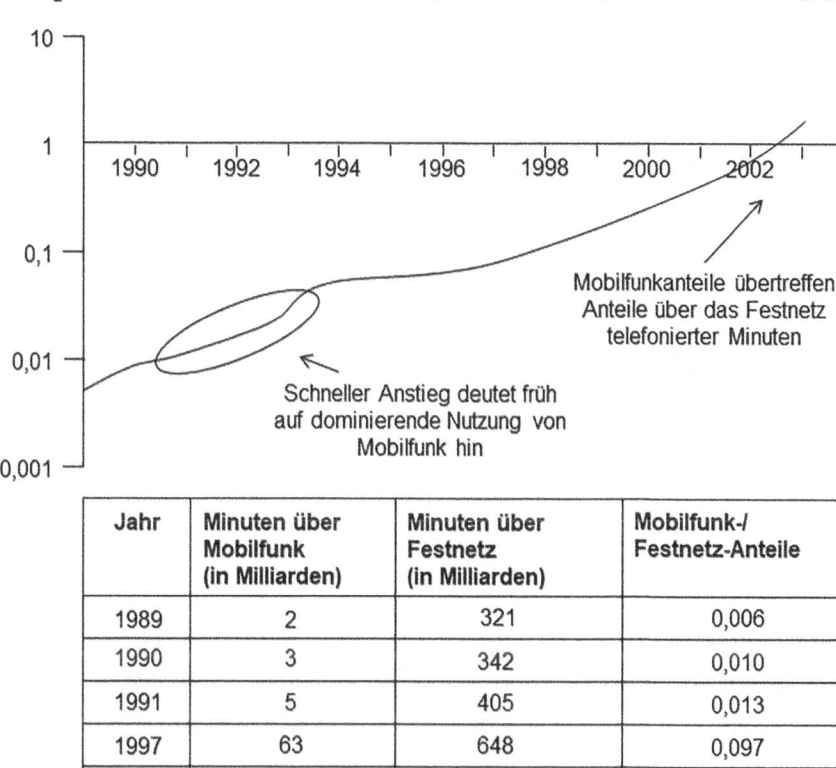

Log-Skala über US-amerikanische Marktanteile zwischen Mobilfunk und Festnetz

Jahr	Minuten über Mobilfunk (in Milliarden)	Minuten über Festnetz (in Milliarden)	Mobilfunk-/ Festnetz-Anteile
1989	2	321	0,006
1990	3	342	0,010
1991	5	405	0,013
1997	63	648	0,097
2003	830	613	1,354

Abb. 3.24 Substitutionskurve für den US-amerikanischen Telekommunikationsmarkt. (Nach Anthony et al. 2008)

dann oft überrascht, und eigentlich ist es in diesem Augenblick bereits zu spät zum Reagieren. Ein Tool, das helfen kann, solche Entwicklungen vorab einzuschätzen, ist die Substitutionskurve, wie sie in Abb. 3.24 in einem Beispiel dargestellt wird. Die Abszisse bildet die Zeit ab, typischerweise in Jahren auf einer arithmetischen Skala. Die Ordinate erfasst die Quotienten aus Marktanteil der neuen Lösung und Marktanteil der alten Lösung auf einer logarithmierten Skala. Ein Wert von 1 bedeutet auf dieser Skala, dass die neue Lösung bereits einen Marktanteil von 50 % hat. Ein Wert von 0,1 bedeutet, dass die neue Lösung etwa neun Prozent Marktanteil hat. Wenn zwei oder drei Beobachtungen aus den ersten Jahren vorliegen, kann diese Linie weitergeführt werden, um einen hypothetischen Zeitpunkt zu erhalten, an dem die neue Lösung – bei Schneiden der Abszisse – einen Marktanteil von 50 % hat. Die Substitutionskurve ermöglicht damit eine grobe Abschätzung des Einflusses potenziell disruptiver Innovationen auf bestehende Produkte und Lösungen im Markt in sehr frühen Stadien.

- Analyse von Neuprodukteinführungen: Insbesondere in Industrien, in denen Neuprodukteinführungen große mediale Aufmerksamkeit erfahren, können Testberichte oder Kommentare, beispielsweise in Fachzeitschriften oder Blogs, verwendet werden, um Hinweise auf ein mögliches „Überschießen" zu erhalten. Wenn ein „Überschießen" einsetzt, werden Testberichte und Kommentare typischerweise weniger euphorisch sein als in vorherigen Fällen von Produkteinführungen.

Liegt ein solcher Fall von „Überschießen" vor, sollten Unternehmen – sowohl wenn sie ihre marktbeherrschende Stellung verteidigen als auch wenn sie in die Industrie eintreten wollen – auf andere Produktdimensionen als die, auf denen das „Überschießen" gerade stattfindet, ausweichen. Zumeist ist es möglich, auf Kriterien wie günstiger Preis (wie im Beispiel 3.24 für den Discounter Aldi und seinen Marktantritt beschrieben), Bequemlichkeit oder Einfachheit auszuweichen. Auch völlig andere, von Konsumenten geschätzte Eigenschaften können hervorgehoben werden, wie das Beispiel 3.25 zur Nintendo Wii Mitte der 2000er-Jahre verdeutlicht.

Beispiel 3.24: Wachstum durch Anpassung an das untere Ende des Marktes – Aldis Erfolgsgeschichte

Als die Brüder Albrecht in den 1960er-Jahren das Produktsortiment im Supermarkt auf die wichtigsten Produkte reduzierten und diese nur noch auf Paletten statt in Regale eingeräumt anboten, revolutionierten sie die Supermarktindustrie in Deutschland. Die Brüder reagierten auf das Bedürfnis ihrer Kunden, gute Lebensmittel zu sehr günstigen Preisen einzukaufen, und reduzierten diejenigen Dienstleistungen, die von den Kunden nicht nachgefragt wurden, also Produktvielfalt und Produkte in Regalen (Brandes 1998). Somit konnten sie qualitativ hochwertige Lebensmittel zu sehr günstigen Preisen verkaufen. Die Discounter-Idee war geboren. Im Weiteren entwickelten sie viele Eigenmarken, die sie statt der bisherigen Markenprodukte ins Sortiment übernahmen. Auch hier boten sich Sparmöglichkeiten für den Kunden. Mit diesem einfachen Prinzip ist Aldi weltweit extrem erfolgreich, und weitere Discount-Konzepte folgten dem Beispiel der Brüder Albrecht. ◄

Beispiel 3.25: Nintendo und die Eroberung des unteren Endes des Marktes durch die Wii

Im Laufe der 1990er- und frühen 2000er-Jahre wurden immer neue Spielekonsolen mit immer besserer Grafikleistung, stärkerer Rechenleistung und komplexeren Spiele entwickelt (Fahroomand 2009). Alle fünf bis sechs Jahre führten die drei großen Anbieter in diesem Markt, Microsoft, Sony und Nintendo, neue Produkte ein, die sich in diesen Kerneigenschaften überbieten sollten. Microsoft und Sony verfolgten diesen Weg weiter und adressierten so den „Hardcore-Gamer" am oberen Ende des Marktes. Nintendo hingegen entschied sich Ende 2006 für einen anderen Ansatz. In der Annahme, dass die Spiele mit hoch performanter Grafik den Mainstream-Nutzer und das große Segment der aktuellen Nicht-Spieler zu überfordern begannen, führte Nintendo Spiele mit einfacheren Bedienmöglichkeiten ein, die zudem in der Gruppe gespielt werden konnten. Die Spiele wurden generell vereinfacht, so dass auch Nicht-Experten die Anwendung schnell lernen konnten. Durch den Fokus auf bis dahin ignorierte Leistungsdimensionen (Einfachheit der Nutzung und Bedienung) anstelle „überschießender" Leistungsdimensionen (Grafikleistung, Rechnerleistung, Komplexität von Spielen) sorgte Nintendo für eine disruptive Innovation im Spielekonsolenmarkt. Bisherige Kunden der Wettbewerber konnten gewonnen werden, aber auch bisherige Nicht-Spieler fanden an dem neuen Produkt gefallen. Bis September 2007 hatte sich Nintendo nach Toyota zum zweitwertvollsten japanischen Unternehmen entwickelt und seinen Marktwert seit der Einführung der Wii verdreifacht. ◄

Im Rahmen des dritten Ansatzes („unerledigten Job adressieren") nimmt Innovation Mapping eine Kundenperspektive ein und untersucht, warum (potenzielle) Kunden gewisse Dinge so tun, wie sie sie tun. Dahinter liegt die Einsicht von Christensen, dass Kunden Produkte kaufen, um einen Job zu erledigen. Dadurch geht der Ansatz über die reine Beobachtung, was Kunden tun, hinaus.

Konkret hilft es dabei nach Anthony et al. (2008), folgenden Satz durch Ausfüllen der Satzteile in den eckigen Klammern zu vervollständigen: „[Kunden] wollen in [dieser bestimmten Situation] [ein Problem lösen]". Eine Möglichkeit könnte sein, dass der vollständige Satz lautet: „Kunden wollen in Flugzeugen im Internet surfen". Wichtig ist hierbei, auf die bestimmte Situation einzugehen, weil sich aus situationsabhängigen Möglichkeiten oder Nicht-Möglichkeiten, Dinge zu tun, Ansätze für disruptive Innovationen ergeben können. Einen weiteren Hinweis darauf, dass Individuen einen Job erledigen wollen oder ein nicht adressiertes Bedürfnis haben, liefert das Kompensationsverhalten, wenn Konsumenten Produkte oder Leistungen zweckentfremden. Das ist ein Signal, dass die Kunden bisher keinen Zugang zu einem idealen Produkt haben. Häufig nutzen Kunden überanspruchsvolle Produkte, um einfache Dinge zu erledigen. Einfache, aber ausreichende Produkte anstelle der überanspruchsvollen Produkte für diese Kunden zu finden und zu entwickeln, kann Opportunities mit Wachstumsmöglichkeiten bieten. Unternehmensziel sollte hierbei sein, neue Produkte und Dienstleistungen zu kreieren, die für Kunden einfacher und bequemer sind. Beispiel 3.26 beschreibt, wie Procter & Gamble mit Swiffer -Produkten das Bedürfnis nach einfachem Saubermachen revolutionierte.

Beispiel 3.26: Procter & Gambles disruptive Innovation in der Reinigungswelt

Procter & Gamble hat mit seinen Swiffer-Produkten die Welt des Saubermachens neu definiert. Bisher musste ein Kunde hierzu größere Geräte wie Staubsauger, Besen,

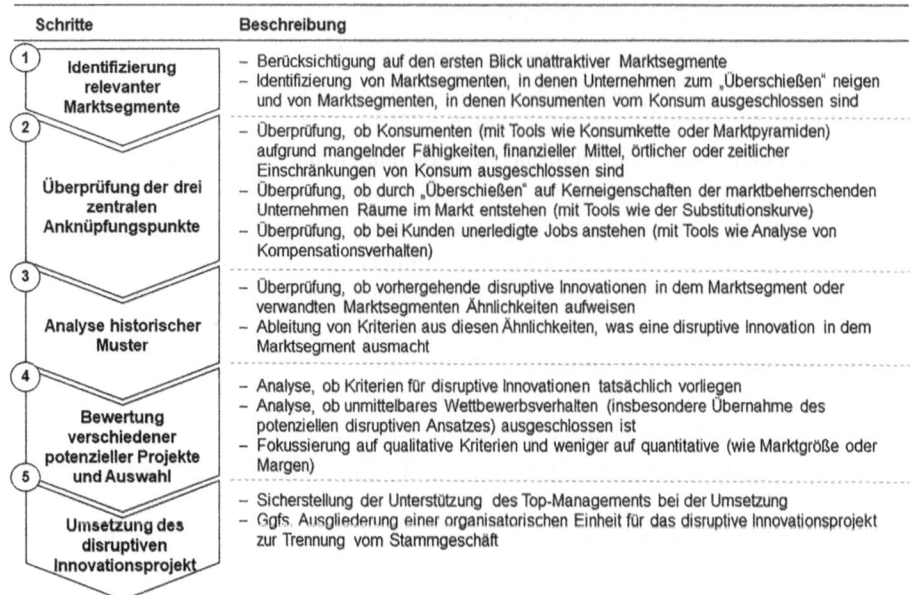

Schritte	Beschreibung
① Identifizierung relevanter Marktsegmente	– Berücksichtigung auf den ersten Blick unattraktiver Marktsegmente – Identifizierung von Marktsegmenten, in denen Unternehmen zum „Überschießen" neigen und von Marktsegmenten, in denen Konsumenten vom Konsum ausgeschlossen sind
② Überprüfung der drei zentralen Anknüpfungspunkte	– Überprüfung, ob Konsumenten (mit Tools wie Konsumkette oder Marktpyramiden) aufgrund mangelnder Fähigkeiten, finanzieller Mittel, örtlicher oder zeitlicher Einschränkungen von Konsum ausgeschlossen sind – Überprüfung, ob durch „Überschießen" auf Kerneigenschaften der marktbeherrschenden Unternehmen Räume im Markt entstehen (mit Tools wie der Substitutionskurve) – Überprüfung, ob bei Kunden unerledigte Jobs anstehen (mit Tools wie Analyse von Kompensationsverhalten)
③ Analyse historischer Muster	– Überprüfung, ob vorhergehende disruptive Innovationen in dem Marktsegment oder verwandten Marktsegmenten Ähnlichkeiten aufweisen – Ableitung von Kriterien aus diesen Ähnlichkeiten, was eine disruptive Innovation in dem Marktsegment ausmacht
④ Bewertung verschiedener potenzieller Projekte und Auswahl	– Analyse, ob Kriterien für disruptive Innovationen tatsächlich vorliegen – Analyse, ob unmittelbares Wettbewerbsverhalten (insbesondere Übernahme des potenziellen disruptiven Ansatzes) ausgeschlossen ist – Fokussierung auf qualitative Kriterien und weniger auf quantitative (wie Marktgröße oder Margen)
⑤ Umsetzung des disruptiven Innovationsprojekt	– Sicherstellung der Unterstützung des Top-Managements bei der Umsetzung – Ggfs. Ausgliederung einer organisatorischen Einheit für das disruptive Innovationsprojekt zur Trennung vom Stammgeschäft

Abb. 3.25 Konkrete Schritte zur Identifizierung von Opportunities mithilfe des Innovation-Mapping-Ansatzes. (Eigene Darstellung)

Mopp und Eimer vorrätig haben (Huston und Sakkab 2006). Das Bedürfnis einer Kundengruppe war es aber eigentlich, nur kleine Flächen ohne größere Investitionen sauber zu halten. Mit den Einweg-Swiffer-Produkten entfallen diese Investitionen für die Kunden. Procter & Gamble konnte sich einen komplett neuen Markt erschließen. ◀

3.4.3　Anwendung des Innovation Mapping

Wann bietet sich das Innovation Mapping als Tool zur Identifizierung von Opportunities für Unternehmen an? Innovation Mapping zielt darauf ab, neue Märkte zu schaffen oder bestehende substanziell zu verändern. Innovation Mapping ist besonders erfolgversprechend, wenn die Voraussetzungen für die im vorherigen Abschnitt dargelegten Ansätze gegeben sind, d. h. wenn Kundengruppen vom Konsum eines Produkts oder einer Leistung aufgrund von Einschränkungen ausgeschlossen sind, wenn aktuell ein „Überschießen" auf einer Kerneigenschaft stattfindet oder wenn Produktneueinführungen durch bestehende Unternehmen weniger positives Feedback in der Öffentlichkeit auf sich ziehen als bei vorherigen Einführungen.

Wie kann Innovation Mapping konkret angewendet werden? Abb. 3.25 stellt fünf aufeinander aufbauende Schritte dar, die bei der Anwendung des Innovation Mapping durchlaufen werden sollten. In einem ersten Schritt, so stellen Anthony et al. (2006)

dar, bietet es sich an, eine Fokussierung auf ein Marktsegment vorzunehmen, um sich nicht in der Suche nach potenziellen Opportunities zu verlieren. Beispielhafte Segmente können sein:

- Eine Kundengruppe wie berufstätige Mütter
- Eine geografische Region wie Südamerika
- Ein Trend wie Elektroautos in der Automobilindustrie

Wichtig ist, dass man sich in diesem ersten Schritt nicht von auf den ersten Blick unattraktiv wirkenden Marktsegmenten abschrecken lässt. Disruptive Innovationen entstehen häufig gerade in diesen Segmenten, und ein Ziel disruptiver Innovationen kann es ja sein, auf den ersten Blick unattraktive Segmente attraktiv zu machen (Anthony et al. 2008).

Ist ein (oder mehrere) Marktsegment(e) definiert, können in einem zweiten Schritt die im vorherigen Abschnitt erarbeiteten drei Ansatzpunkte auf dieses Segment angewendet werden. Zur Identifizierung aktueller Nicht-Konsumenten können Konsumketten, Marktpyramiden, die Analyse von Situationen mangelnden örtlichen Zugangs und die Analyse von Aussteigern aus einem Marktsegment verwendet werden. Unternehmensprodukte, die gerade „überschießen", können mittels intensiver Gespräche mit Kunden identifiziert werden, indem auf Signale wie eine mangelnde Bereitschaft, erhöhte Preise zu akzeptieren, geachtet wird. Die Substitutionskurve kann ebenfalls angewendet werden, um das Aufkommen disruptiver Innovationen sehr früh zu erkennen. Unerledigte Jobs aktuell unattraktiver Kundengruppen können insbesondere anhand des Kompensationsverhaltens von Kunden, die komplexe Produkte für einfache Aufgaben verwenden, identifiziert werden.

Nachdem in einem Marktsegment ein oder mehrere konkrete(r) Anknüpfungspunkt(e) identifiziert wurde(n) (beispielsweise indem angestrebt wird, Nicht-Konsumenten durch Eliminierung von Einschränkungen zu adressieren), steht im nächsten Schritt an, konkrete Tätigkeiten zur Umsetzung zu erarbeiten. Hierzu bietet es sich an, vergangene disruptive Innovationen in der jeweiligen Industrie oder dem Marktsegment zu identifizieren und Gesetzmäßigkeiten aufzudecken. Christensen (1997) zeigt in seinem Standardwerk, dass disruptive Innovationen in der Disketten- und Festplattenindustrie immer nach einem bestimmten Muster abgelaufen sind. Existiert ein solches Muster auch in dem eigenen betrachteten Marktsegment? Anthony et al. (2008) empfehlen, mindestens zehn solcher vergangener disruptiver Innovationen im eigenen Marktsegment oder in der Nähe des eigenen Marktsegments in die Betrachtung mit aufzunehmen.

Im vierten Schritt steht die Bewertung der im dritten Schritt ausgewählten konkreten Konzepte an. Besteht nur eines, muss bewertet werden, ob dieses tatsächlich verfolgt werden soll. Sind mehrere Konzepte vorhanden, muss eine Auswahl getroffen werden. Anthony et al. (2008) schlagen vor, folgende Fragen durchzuspielen:

- Ist die identifizierte Aufgabe wichtig für den potenziellen Kunden?

- Sind bisherige Lösungen zu teuer, zu schwierig zu nutzen oder nicht an allen Orten verfügbar?
- Ist die angedachte disruptive Innovation in ihren bisherigen Kerneigenschaften, über die Konkurrenten aktuell im Wettbewerb stehen, gut genug?
- Kann schnell mit überschaubaren Investitionen ein Fuß in die Tür des relevanten Marktsegments gesetzt werden?
- Stehen potenzielle Partner bereit, die die Entwicklung und Vermarktung der Innovation unterstützen?
- Sind Wettbewerber unmotiviert, sofort zu antworten (beispielsweise aufgrund geringer Margen oder geringer Marktgrößen)?
- Benötigt die disruptive Innovation Fähigkeiten, die die meisten Wettbewerber nicht besitzen?

Es können Kriterien hinzukommen, die aus erfolgreichen vorherigen disruptiven Innovationen in dem Marktsegment abgeleitet wurden. Während diese Kriterien angewendet werden sollen, um das Potenzial disruptiver Innovationen zu bewerten, weisen Anthony et al. (2008) darauf hin, dass es einige klassische Kriterien zur Bewertung „normaler" Innovationen gibt, die bei der Bewertung disruptiver Innovationen keine Anwendung finden sollten. Dies ist insbesondere die erwartete Marktgröße. Vor allem zu Beginn der Verbreitung einer disruptiven Innovation sind die relevanten Marktsegmente sehr klein und es dauert einige Zeit, möglicherweise Jahre, bis sich eine disruptive Innovation vom unteren Ende des Marktes nach oben gekämpft und schließlich einen großen Markt geschaffen hat. Die Anwendung typischer Marktgrößenbewertungsansätze könnte zu Fehlbewertungen und einem Abbruch disruptiver Innovationsprojekte führen, wie es Beispiel 3.27 für Microsoft und den Markt bezahlter Klicks zeigt.

Beispiel 3.27: Microsofts Ungeduld im Paid-Search-Geschäft

Noch bevor Google 2002 Google AdWords – also das Schalten bezahlter Werbeanzeigen rechts neben den eigentlichen Suchergebnissen zu einer Anfrage – hochfuhr, hatte Microsoft 2000 für seine MSN-Website bereits ein ähnliches Modell entwickelt (Guth 2009). Werbetreibende konnten für einen bestimmten Betrag Werbeplätze auf der Seite kaufen. Derjenige, der die höchste Summe für einen bestimmten Suchbegriff geboten hatte, wurde angezeigt. Microsofts Anstrengungen brachten erste positive Erfolge und waren profitabel, brachten aber lediglich einen Umsatz von etwa einer Million US-Dollar. Zu wenig für Microsoft. Bedenkt man die Größe des Paid-Search-Marktes heute, den Umsatz, den Google in den letzten Jahren mit diesem Geschäft gemacht hat, und wie ganz allgemein dieses Produkt den ganzen Werbemarkt revolutioniert hat, dann hatte Microsoft eine ganz große Gelegenheit in seinen Händen – und ließ sie fallen. Microsoft hatte nicht verstanden, dass es einige Zeit dauert, bis sich ein solches Geschäft entwickelt, und machte den Fehler, das Geschäft

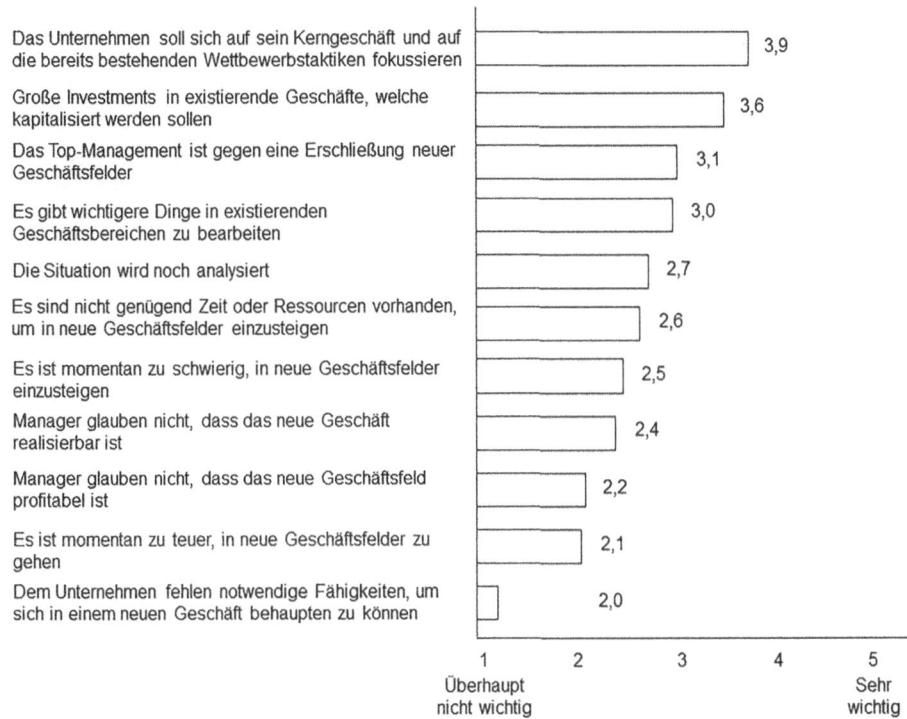

Abb. 3.26 Ergebnisse einer Umfrage zu häufigen Scheitergründen von disruptiven Innovations-projekten. (Nach Charitou und Markides 2003)

bereits zu einem ganz frühen Zeitpunkt am Umsatz zu messen. Steve Ballmer, damals Vorstandsvorsitzender von Microsoft, fasste die Situation wie folgt zusammen: „The biggest mistakes I claim I've been involved with is where I was impatient – because we didn't have a business yet in something, we should have stayed patient." ◄

Im fünften Schritt kommt es schließlich zur Umsetzung eines ausgewählten disruptiven Innovationsprojekts. Um Fehler wie zu langes Festhalten an unrentablen Projekten oder nicht rechtzeitiges Anpassen der Strategie zu verhindern, sollten Unternehmen Innovationsbudgets rigoros an die jeweilige Sachlage anpassen. Erste Investments sollten sich zunächst auf das Reduzieren von Unsicherheiten in ausgewählten Innovations-projekten beziehen. Dies kann zum Beispiel durch Piloten oder Experimente erfolgen. Hat das Unternehmen dadurch erstes Wissen und Erfahrung aufbauen können, sollten sich anschließende Investments auf die Durchführung passender weiterer Piloten und Experimenten fokussieren. Im Folgenden gibt es vier Optionen für die weitere Heran-gehensweise.

Falls die generierten Informationen auf ein gewinnbringendes Projekt hinweisen, kann weiter daran festgehalten werden. Falls einige Teile des Projekts Erfolg versprechen, bei anderen Teilen jedoch noch Unklarheit herrscht, sollte weiter in Piloten und Experimente investiert werden. Falls Analysen ergeben, dass die bisher eingeschlagene Richtung nicht erfolgsversprechend scheint, ist es ratsam, die Strategie anzupassen und Piloten und Experimente in eine andere Richtung zu lenken. Gibt es für ein Projekt keine klare Tendenz, sollte zunächst an anderen Projekten weitergearbeitet werden, bis sich eventuell Änderungen ergeben.

Im Schritt der Umsetzung kommen dem Top-Management und dem Umgang mit dem bestehenden Kerngeschäft eine besondere Rolle zu. Abb. 3.26 zeigt die Ergebnisse einer Umfrage unter 98 US-amerikanischen Unternehmen verschiedenster Industrien, welches die größten Hürden bei der Umsetzung potenzieller disruptiver Innovationsprojekte sind (Charitou und Markides 2003). Das Management muss dem disruptiven Innovationsprojekt genügend Ressourcen zuweisen. Es muss Projekte vor innovationshemmenden Aspekten schützen und dem Innovationsteam als Diskussionspartner zur Verfügung stehen. Gelangen innovative, aber eventuell noch nicht ausgereifte Ideen in die Entscheidungsgewalt des Managers, liegt es an ihm, das Projekt nicht einfach zu stoppen oder durchzuwinken, sondern sich aktiv an der Lösung von Problemen zu beteiligen.

Einige Autoren hinterfragen, ob eine disruptive Innovation, die durchaus das eigene Kerngeschäft kannibalisieren kann, überhaupt in der Stammorganisation verfolgt werden kann oder ob eigene Einheiten – fernab der Stammorganisation – gebildet werden müssen, in denen die disruptive Innovation von eigenen Mitarbeitern getrieben wird. Eine eigene organisatorische Einheit bietet sich an, wenn das Geschäftsmodell der disruptiven Innovation auf Kostenstrukturen und Fähigkeiten beruht, die mit dem Stammgeschäft nicht in Einklang zu bringen sind. In solchen Fällen sehen es viele Autoren als fast unmöglich an, das Stammgeschäft und das disruptive Innovationsprojekt in einer Einheit zu führen. Als extrem kann die Reaktion von Reed Hastings, dem Gründer von Netflix, gelten, wie Beispiel 3.28 darlegt.

Beispiel 3.28: Wie Netflix disruptive Innovationen umsetzt

Anfangs bot Netflix den Service an, Leih-DVDs per Post an Kunden zu versenden (Shih und Kaufman 2014). 2011 entschied das Unternehmen, sich von diesem Geschäft zu trennen und sich voll auf das Streaming-Geschäft zu fokussieren. Als der Netflix-Gründer Reed Hastings am 18. September 2011 die Entscheidung erklärte, legte er dar, warum es in den vergangenen Jahren seine größte Sorge gewesen war, ob Netflix den Sprung vom Leih-DVD-Service zum Streaming-Portal schaffen würde: Selbst großartige Unternehmen würden es selten schaffen, sich erfolgreich einem neuen Geschäft zu widmen (wie im Falle von Netflix dem Streaming-Angebot), wenn dabei Rücksicht darauf genommen werden muss, dass das alte Geschäft nicht in Mitleidenschaft gezogen oder gar zerstört wird (wie im Falle von Netflix der Leih-DVD-Service). Hastings sah nur eine Chance: Das initiale Stammgeschäft, das langfristig nicht zu retten war, musste abgestoßen werden. Nur so war für Hastings die volle und kompromisslose Konzentration auf das Streaming-Geschäft möglich. Hätte Netflix beim Aufbau des Streaming-Geschäfts auf den Leih-DVD-Service Rücksicht nehmen müssen, so Hastings Vermutung, hätte Netflix niemals eine Führungsposition im Streaming-Geschäft übernehmen können, weil Wettbewerber fokussierter und konsequenter hätten agieren können. ◄

Kernaussagen

- Opportunities können dort entstehen, wo Unternehmen sie möglicherweise am wenigsten vermuten: am unteren Ende des Marktes (d. h. in unattraktiven Kundensegmenten) bzw. bei aktuellen Nicht-Konsumenten eines Produkts oder einer Leistung.
- Marktführer öffnen eine Tür für neu eintretende Unternehmen, indem sie sich zu sehr auf „Vorzeigekunden" am oberen Ende des Marktes konzentrieren und dabei mit inkrementellen Innovationen in Bezug auf die Kerneigenschaft eines Produkts oder einer Leistung über das Ziel hinausschießen.
- Unternehmen können dann das bisherige Produkt oder die bisherige Leistung gerade gut genug anbieten, dabei aber mit anderen Eigenschaften, die bislang nicht im Fokus standen, punkten (wie geringer Preis oder Bequemlichkeit), und so disruptive Innovationen generieren.
- Identifizierung und Bedienung aktueller Nicht-Konsumenten, Identifizierung und Bedienung aktuell unattraktiver Kundengruppen sowie Identifizierung und Bedienung unerledigter Jobs in einzelnen Kundengruppen sind die drei wesentlichen Anknüpfungspunkte für disruptive Innovationen.

Fragen zur Wiederholung

1. Erläutern Sie kurz das Konzept der disruptiven Innovationen anhand eines praktischen Beispiels.
2. Definieren Sie disruptive Innovationen in einem Satz.
3. Welches sind die vier Kriterien, die nach Christensen disruptive Innovationen ausmachen? Erläutern Sie diese kurz.
4. Skizzieren Sie disruptive Innovationen im Vergleich zu inkrementellen Innovationen und erläutern Sie anhand der Skizze das „Überschießen" („Overshooting")
5. Nennen Sie die drei wesentlichen Ansätze, um mit Hilfe des Innovation Mapping neue Opportunities zu erkennen, und erläutern Sie diese jeweils kurz.
6. Diskutieren Sie kurz, wann sich das Innovation Mapping als Tool zur Identifizierung von Opportunities eignet.
7. Diskutieren Sie kurz, warum disruptive Innovationen häufig nicht von marktbeherrschenden Unternehmen kommen.

3.5 Marktunvollkommenheiten

Im Folgenden werden Marktunvollkommenheiten als Quelle möglicher Opportunities dargestellt. Opportunities entstehen, weil Märkte nicht so perfekt funktionieren, wie es idealtypisch der Fall sein könnte. Im einleitenden Abschn. 3.5.1 erfolgt eine Darlegung möglicher Arten von Marktunvollkommenheiten. Abschn. 3.5.2 diskutiert darauf aufbauend, wie diese Unvollkommenheiten zur Generierung von Ideen verwendet werden können. Abschließend stellt Abschn. 3.5.3 einen Prozess zur Anwendung dieses Ansatzes vor.

Lernziele

- Das Konzept der Marktunvollkommenheiten verstehen und nutzen können.
- Hierzu gilt es,
  - zu verstehen, in welchen konkreten Marktsituationen das Konzept der Marktunvollkommenheiten sinnvoll genutzt werden kann,
  - zu erkennen, in welchen Punkten die Realität von den Idealvorstellungen der neoklassischen Theorie der Volkswirtschaftslehre von vollkommenen Märkten abweicht,
- um durch die Nutzung von Informationsasymmetrien, die Ausnutzung von Externalitäten, das Aufbrechen von Monopolsituationen und die Privatisierung von öffentlichen Gütern neue Opportunities zu erkennen und wahrzunehmen.

3.5.1 Das Konzept der Marktunvollkommenheiten

In der Volkswirtschaftslehre unterscheidet man zwischen vollkommenen und nicht-vollkommenen Märkten (Mankiw und Taylor 2012). In einem vollkommenen Markt betreiben die Akteure Nutzenmaximierung und verhalten sich rational. Ein vollkommener Markt weist folgende vier Eigenschaften auf:

- Es liegt vollkommene Markttransparenz für alle Akteure vor.
- Es liegen keine räumlichen, persönlichen, zeitlichen oder sachlichen Präferenzen vor.
- Es liegt Homogenität der gehandelten Güter vor.
- Es liegt eine unendlich schnelle Reaktionsgeschwindigkeit aller Akteure auf Veränderungen (wie Preisveränderungen) vor.

Die neoklassische Theorie in der Volkswirtschaftslehre basiert auf dieser Annahme vollkommener Märkte und bildet Angebots- und Nachfragekurven zur Ableitung von Gleichgewichtspreisen (Cohen und Winn 2007). In der Realität kommen allerdings nur sehr wenige Märkte dem Idealbild des vollkommenen Markts sehr nahe. Ein Beispiel wäre der Aktienmarkt, der einem vollkommenen Markt noch am nächsten kommt.

Viele andere Märkte weichen von den Annahmen des vollkommenen Marktes deutlich ab. So haben die handelnden Akteure kognitive Begrenzungen, die es unmöglich machen, alle theoretisch zur Verfügung stehenden Informationen zu akquirieren und zu verarbeiten (Tversky und Kahneman 1992). Das Konzept des vollkommenen Marktes übersieht die Existenz von Transaktionskosten, beispielsweise für das Suchen und Bewerten divergierender unklarer Qualitäten von Produkten oder Dienstleistungen. Darüber hinaus sind Akteure sozial eingebunden. Bestehende Kundenbeziehungen, kulturelle Eigenheiten oder soziale Verpflichtungen können dazu führen, dass sich Akteure nicht für die objektiv beste, d. h. aus ihrer individuellen Sicht nutzenmaximierende Lösung, entscheiden.

Eine Reihe wissenschaftlicher Arbeiten in der Entrepreneurship-Forschung betrachtet Unvollkommenheiten von Märkten als Quellen für unternehmerische Ideen. Eine unternehmerische Idee ist ein Ansatz zur Vermeidung oder Reduzierung von Unvollkommenheiten in einem unvollkommenen Markt, in der Absicht, dass (potenzielle) Kunden dies honorieren werden (Zacharakis et al. 2011; Timmons 1999). Alternativ kann eine Unvollkommenheit (wie ein Informationsvorsprung eines Akteurs) ausgenutzt werden, um Produkte oder Lösungen vor dem Wettbewerb auf den Markt zu bringen. Je unvollkommener der Markt ist, desto weiter ist er von seinem Gleichgewicht entfernt und desto mehr unternehmerische Ideen existieren.

3.5.2 Opportunity Recognition mit dem Marktunvollkommenheiten-Ansatz

Wenn unvollkommene Märkte potenzielle Quellen für unternehmerische Ideen und Opportunities sind, stellt sich die Frage, welche konkreten Anknüpfungspunkte es gibt, um diese Ideen und Opportunities zu generieren. Es gibt insgesamt vier Anknüpfungspunkte zur Nutzung von Marktunvollkommenheiten für neue Opportunities: Informationsasymmetrien, Externalitäten, Monopolsituationen und öffentliche Güter.

Der erste Anknüpfungspunkt zur Generierung von Opportunities in unvollkommenen Märkten besteht darin, Informationsasymmetrien zu identifizieren (Cohen und Winn 2007; Shane und Venkataraman 2000). Während die neoklassische Theorie davon ausgeht, dass in vollkommenen Märkten keine Informationsasymmetrien herrschen und jegliche Information unmittelbar verarbeitet werden kann, entspricht dies nicht der Realität der allermeisten Märkte. Kein Akteur in einem Markt ist allwissend, und selbst Unternehmen, denen alle oder zumindest sehr viele Informationen vorliegen, sind kaum in der Lage, diese Informationen unmittelbar oder auch zeitversetzt zu verarbeiten. Solche Informationsasymmetrien können Quellen für unternehmerische Ideen und Opportunities sein (Hills und LaForge 1992; Zahra et al. 2002).

Auf Basis asymmetrischer Informationen ergeben sich Möglichkeiten, Opportunities zu generieren. Somit haben Akteure, die einen Informationsvorsprung haben, die Möglichkeit, aus diesem Informationsvorsprung eine Opportunity zu formen, wie es Fred Smith als Gründer von FedEx (Beispiel 3.29) und Bill Gates als Gründer von Microsoft (Beispiel 3.30) getan haben. Insbesondere wenn es Veränderungen in Technologien, sozialen Präferenzen oder der Regulation, beispielsweise durch Regierungsvorgaben, gibt, ergeben sich neue Möglichkeiten, Informationsvorteile aufzubauen und somit potenziell eine Basis für eine Opportunity zu schaffen (Dean und McMullens 2002; Eckhardt und Shane 2003).

Beispiel 3.29: Wie FedEx aus einem Informationsvorsprung des Gründers entstanden ist

Während seiner Studienzeit in Yale flog Fred Smith Charterflüge von New Haven aus, um sich so sein Studium zu finanzieren. Das Fliegen hatte er während seiner Zeit beim Militär gelernt. Am Flughafen von New Haven bemerkte er, dass große Unternehmen der Elektro- und Computerindustrie wie IBM oder Xerox Ersatzteile, weil sie regelmäßig und zügig in den lokalen Niederlassungen benötigt wurden, mit eigenen Flugzeugen dorthin brachten (Birla 2005). Auf Basis seiner Beobachtungen schrieb Fred Smith 1965 in Yale eine Praxisarbeit zu diesen Themen und stellte fest, dass die damals existierenden Transportansätze nicht ausreichend waren und vielmehr damals noch nicht existierende Nachtflüge zum Transport der Ersatzteile in den USA notwendig wären. Die aktuell angebotenen Transportlösungen schafften es nicht, Produkte so schnell zu transportieren wie nötig. Entsprechend kam es zu Verzögerungen.

Obwohl der bewertende Professor in Yale die Idee nicht nachvollziehen konnte und ihr keine Erfolgschancen gab, nutzte Fred Smith seinen Informationsvorsprung und verfolgte seine Idee, Übernachtflüge in verschiedene Orte der USA anzubieten und die Ersatzteile für die Unternehmen zu transportieren. Er kaufte eine kleine lokale Fluggesellschaft mit 14 Flugzeugen und nahm 1971 den Service auf, von seinem Heimatflughafen aus 25 verschiedene US-Städte zu bedienen. Federal Express, später zu FedEx umbenannt, war geboren (Frock 2012). Durch diverse weitere Regulierungen in dieser Zeit wurde die Nachfrage von Konsumenten nach einer Versandmöglichkeit von Paketen über Nacht von A nach B in den USA schlagartig größer. Ebenso die Bereitschaft, dafür einen Premium-Preis zu bezahlen. Federal Express griff diese Nachfrage ab. Die existierenden, teilweise staatlich geschützten Unternehmen wie UPS und US Postal Service waren nicht in der Lage, auf den neu eintretenden Wettbewerber zu reagieren. FedEx hob richtig ab und durchbrach 1983 als erstes US-amerikanisches Unternehmen ohne Akquisitionen, rein aus eigenem Wachstum, die Umsatzgrenze von einer Milliarde US-Dollar. Heute erzielt FedEx jährliche Umsätze von über 40 Mrd. US$, beschäftigt weltweit 290.000 Mitarbeiter und ist die größte Frachtfluggesellschaft der Welt. Basis für den Erfolg war der Informationsvorsprung, den der Gründer im Rahmen eines Jobs während des Studiums durch die Beobachtung der Transporttätigkeiten von IBM und Co. erzielt hat. ◄

Beispiel 3.30: Es begann mit einem Informationsvorsprung von Bill Gates

1980 benötigte der 24 Jahre alte Programmierer Tim Patterson – angestellt bei Seattle Computer Products – etwa vier Monate, um das 86-DOS Betriebssystem zu programmieren. Zur selben Zeit war Bill Gates auf der Suche nach einem Betriebssystem, weil er wusste, dass IBM ein solches für seine Computer benötigte, und er wollte IBM mit Microsoft Lizenzen verkaufen. Paul Allen, Gates' Mitgründer von Microsoft, kannte Tim Patterson aus vorherigen Projekten. Bill Gates eiste das Betriebssystem von Seattle Computer Products los und zahlte dafür den lächerlich erscheinenden Betrag von 50.000 US$, ohne dabei zu kommunizieren, dass IBM sein Abnehmer sein würde (Pearce und Robinson 2010). Gates lizenzierte das Betriebssystem an IBM, und der Softwareriese begann seine Reise. Tim Patterson wurde 1981 Mitarbeiter bei Microsoft und verbrachte dort mit mehreren Unterbrechungen insgesamt über zehn Jahre. 2010 war Microsoft 254 Mrd. US$ wert. Seattle Computer Products klagte vor Gericht, bekam aber in einem Vergleich lediglich eine Million US-Dollar von Microsoft. Bill Gates hatte Informationen, die Seattle Computer Products nicht hatte, nämlich über den Bedarf an einem Betriebssystem, den technologische Veränderungen in der Hardware-Industrie hervorgerufen hatten. Diesen Informationsvorsprung nutzte er aus und baute auf Basis dieser Information sein Software-Imperium auf (Pearce und Robinson 2010). ◄

Eine weitere Möglichkeit, auf Basis vorherrschender asymmetrischer Informationen in einem Markt eine Opportunity zu generieren, besteht darin, die Informationsasymmetrie zu reduzieren. Dem liegt die Annahme zugrunde, dass durch das Reduzieren von Ineffizienzen in einem Markt für das durchführende Unternehmen ein Geschäft entstehen kann, das die Marktteilnehmer honorieren, wie es im Fall von Skyscanner (Beispiel 3.31) beobachtet werden kann.

Beispiel 3.31: Wie Skyscanner den Markt für Flüge revolutioniert hat

Skyscanner wurde 2001 von drei Freunden in Glasgow gegründet: Gareth Williams, Barry Smith und Bonamy Grimes. Ursprünglich wollten die drei in den Skiurlaub fliegen, waren aber frustriert, dass es so aufwendig und schwierig war, Flüge verschiedener Airlines zu vergleichen. Die drei beschlossen, eine Website zu bauen, die auf verschiedene Datenbanken von Airlines zugreift und für eine Sucheingabe alle möglichen auf dem Markt verfügbaren Flüge anzeigt, sodass der Nutzer innerhalb kürzester Zeit einen vollständigen Überblick über den Markt, seine Anbieter und Preise hat. 2019 generiert Skyscanner etwa 311 Mio. GBP (Statista 2021a) Umsatz mit einem EBITDA von über 67 Mio. GBP (Statista 2021b) und hat über 180 Mitarbeiter in Büros in Singapur, Peking, Shenzhen, Sofia, Budapest, Miami und Barcelona. Aktuell hat Skyscanner 100 Mio. monatliche Nutzer (Skyscanner Ltd 2021); die Website ist in über 30 Sprachen verfügbar. Im Kern besteht das Geschäftsmodell von Skyscanner darin, einen fragmentierten, unübersichtlichen Markt transparent zu machen und so den Nutzern in kürzester Zeit zu einem kompletten Überblick über verschiedene Angebote zu verhelfen. Nutzer wertschätzen diesen Dienst und buchen unmittelbar über Skyscanner, wodurch Skyscanner eine Provision am Umsatz erhält (Skyscanner Ltd 2021). Der Erfolg dieses Ansatzes wird auch dadurch bestätigt, dass es mittlerweile einige andere Unternehmen gibt, die einen ähnlichen Ansatz verfolgen, wie beispielsweise Swoodoo, Trivago und Kayak. ◀

Ein zweiter Anknüpfungspunkt zur Generierung von Opportunities in unvollkommenen Märkten besteht darin, Externalitäten auszunutzen. Externalitäten, die im neoklassischen Modell nicht vorgesehen sind, beziehen sich auf (positive oder negative) Effekte für dritte Akteure beim Konsum oder bei der Produktion eines Gutes oder einer Leistung (Mankiw und Taylor 2012). Eine positive Externalität liegt vor, wenn dritte Akteure von der Produktion oder dem Konsum eines Produkts oder einer Leistung profitieren, ohne eine Gegenleistung erbringen zu müssen. Als Beispiel kann der Deichbau dienen. Baut ein Eigentümer eines Grundstücks, das sehr nah am Fluss oder Meer liegt, einen Deich, so trägt er die Kosten dafür. Dahinterliegende Grundstücke genießen jedoch ebenfalls diesen Schutz (Cohen und Winn 2007). Eine negative Externalität liegt vor, wenn ein dritter Akteur die negativen Effekte des Konsums oder der Produktion anderer Akteure erfahren muss, ohne dafür entschädigt zu werden. Die Existenz von Externalitäten ermöglicht Opportunities auf zwei Wegen. Erstens kann angestrebt werden, negative Externalitäten zu vermeiden und dabei die negativen Folgen einer bereitgestellten Dienstleistung oder eines Produkts zu mindern. So reduzieren beispielsweise Luft-filteranlagen die von Autos ausgestoßenen Abgase und damit die Umweltbelastung. Zweitens kann bei der Existenz positiver Externalitäten angestrebt werden, für diese einen Markt zu schaffen, der Opportunities bietet. Dies kann dadurch geschehen, dass Unternehmen sich ihre eigenen positiven Externalitäten bewusst machen. Als Beispiel kann IKEA dienen, das als Möbelunternehmen die Flächen rings um seine Einrichtungs-häuser kauft und seine eigene Anziehungskraft dafür nutzt, diese Flächen nach dem Bau der Einrichtungshäuser aufgewertet weiterzuverkaufen oder zu vermieten. In diesem Fall verhindert IKEA positive Effekte für andere Akteure und macht sich diese durch den frühen Erwerb der Flächen selbst zu eigen. Eine weitere Möglichkeit besteht darin, Externalitäten messbar zu machen, aufzudecken und dann zu handeln. Ein Beispiel wäre hier der Handel mit CO_2-Zertifikaten. Hierbei wird mit der negativen Externalität Luft-verschmutzung gehandelt. Unternehmen, die die Luft weniger verschmutzen, als ihnen zugestanden wird, können ihre Luftverschmutzungsrechte an andere Unternehmen, die die Luft mehr verschmutzen, als ihnen zugestanden wird, verkaufen und damit Geld ver-dienen.

Ein dritter Anknüpfungspunkt für die Generierung von Opportunities in unvoll-kommenen Märkten besteht darin, Monopolsituationen aufzubrechen. In Monopol-situationen kommt es zu einer Unterversorgung oder Überbepreisung von Gütern und Leistungen (Mankiw und Taylor 2012). Ein wesentlicher Grund für die Entstehung von

Monopolen sind die positiven Skaleneffekte, wenn ein Unternehmen bei steigender Produktion sinkende Grenzkosten erzielt, so dass kleine Unternehmen im Markt bei sonst gleichen Voraussetzungen nicht wettbewerbsfähig anbieten können. Solche Situationen lassen sich aufbrechen, indem Technologien entwickelt werden, die auch bei sehr kleinen Mengen eine wettbewerbsfähige Produktion erlauben, wie es Nucor in der US-amerikanischen Stahlproduktion (Beispiel 3.32) geschafft hat, oder wenn sich wettbewerbsrechtliche Rahmenbedingungen ändern, wie in Beispiel 3.33 gezeigt wird.

Beispiel 3.32: Die Zerschlagung des Monopols in der Stahlindustrie durch die Nucor Corporation

Die Nucor Corporation mit Hauptsitz in Charlotte gehört zu den größten Produzenten von Stahl in den USA. Im Jahr 2014 hat Nucor über 21 Mio. t Stahl hergestellt. Von 1987 bis 2005 stiegen die Umsätze von Nucor von 852 Mio. US$ auf über 11,3 Mrd. US$. Der Marktwert legte um 975 % zu, der Marktwert anderer großer Stahlhersteller in den USA im gleichen Zeitraum nur um etwa 97 % (Collins 2001). Erst 1968 entschied sich Nucor, in die Stahlproduktion einzusteigen, die bis dahin in den USA eine monopolähnliche Form hatte. Mit sogenannten Mini Mills – Elektrolichtbogenöfen, die Schrott zu neuem Stahl verschmelzen – begann Nucor als damals sehr kleiner Anbieter, den großen Spielern im Markt Konkurrenz zu machen, die bis dahin vornehmlich die konventionelle Hochofentechnologie verwendeten. Bei dieser Technologie werden in den ersten Schritten der Stahlproduktion Koks, Kalkstein und Eisen bei über 3000° F kombiniert (Christensen 1997). Die Elektrolichtbogenöfen hingegen nutzten Schrottstahl, der zu diesem Zeitpunkt in den USA aufgrund der seit einem halben Jahrzehnt in Massenproduktion hergestellten und genutzten Automobile in rauen Mengen verfügbar war. Während diese Technologie zunächst als unterlegen in der Qualität angesehen wurde, verbesserte Nucor die Produktionsanlagen und konnte bald durch geringere Fix- und variable Kosten den etablierten Spielern Konkurrenz machen und die Monopolsituation auflösen. ◄

Beispiel 3.33: Wie FlixBus das Monopolgeschäft der Deutschen Bahn angreift

Der Markt für die Personenbeförderung war in Deutschland durch das Personenbeförderungsgesetz (PBefG) von 1935 stark reglementiert. So konnten zum Beispiel neue Buslinien nicht genehmigt werden, wenn dieselbe Verkehrsleistung bereits durch andere Verkehrsmittel (insb. Eisenbahn) in befriedigendem Umfang erbracht wurde. Da dies zunehmend als Einschränkung des Wettbewerbs und als politischer Schutz der Deutschen Bahn gesehen wurde, wurde das Gesetz 2012 überarbeitet. Nachdem im Jahr 2013 das so genannte „Bahnmonopol" fiel, standen einige große Unternehmen, aber auch Start-ups in den Startlöchern, um der Deutschen Bahn auf der Straße Konkurrenz zu machen. Durch die Änderung des Gesetzes bot sich eine ganz neue Geschäftsnische. Doch nicht alle hatten Erfolg in diesem Markt. FlixBus schaffte es mit einer Kombination aus Technologie-Start-up, Internetunternehmen und klassischem Verkehrsbetrieb, zum europäischen Marktführer heranzuwachsen. 2017 hatte FlixBus bereits einen Marktanteil von circa 93 % im deutschen Markt für Busreisen (Heide und Merten 2017). Das Unternehmen bietet im Kern Busreisen für wenig Geld an. Dies schafft FlixBus mit einem effizienten Buchungs- und Ticketingsystem über App und Internet, einem dynamischen Preismanagement, kostenlosem WiFi an Bord der Busse und einer smarten Netzplanung. Mittlerweile hat FlixBus einige Konkurrenten übernommen, betreibt mit FlixTrain auch eine Bahnlinie und expandiert international (FlixMobility GmbH 2021). ◄

Ein vierter Anknüpfungspunkt besteht darin, öffentliche Güter zu privatisieren und dabei Güter und Leistungen, die bislang von allen Akteuren ohne Gegenleistung genutzt werden konnten, exklusiv zu machen und so eine Abrechnung zu ermöglichen. Eine solche Aktion kann das bis dahin allgemein genutzte Gut der Regulation entziehen und durch Exklusivität höhere Preise erzielen, die wiederum in eine bessere oder zielgerichtete Qualität für einzelne Kundensegmente münden kann. Im letzteren Fall wird öffentliches Gut durch private Akteure bereitgestellt. Ein Beispiel hierfür ist die Privatisierung von Autobahnteilabschnitten. Die vormals durch öffentliche Mittel bereitgestellte Autobahn wird von privaten Anbietern gebaut oder saniert, und die Einkünfte aus der Lkw-Maut der nächsten Jahre kommen den privaten Anbietern als Entlohnung zugute.

3.5.3   Anwendung des Marktunvollkommenheiten-Ansatzes

Wann bietet sich nun die Anwendung des Marktunvollkommenheiten-Ansatzes an? Immer dann, wenn Unvollkommenheiten in einem Markt durch Informationsasymmetrien, Externalitäten, Monopolsituationen oder öffentliche Güter vorliegen. Ebenso sind technologische Innovationen, die beispielsweise erlauben, Informationsasymmetrien zu durchbrechen oder zu reduzieren oder Monopolsituationen aufzubrechen, Treiber für die Existenz von Opportunities durch Marktunvollkommenheiten. Damit kann grundsätzlich kein Umfeld ausgeschlossen werden, in dem solche Opportunities nicht entstehen könnten.

Welche konkreten Schritte sind bei der Anwendung zu durchlaufen? Abb. 3.27 zeigt die Schritte auf, die ein Unternehmen anwenden kann, um systematisch auf Basis dieses Ansatzes Opportunities zu identifizieren. In einem ersten Schritt steht die Analyse an, ob in einem bestimmten Markt eine Unvollkommenheit vorherrscht, die potenziell Quelle für Opportunities sein könnte. Dabei sind für die vier grundsätzlichen Arten von Marktunvollkommenheiten verschiedene Analysen notwendig.

Zum einen sind Informationsasymmetrien besonders in fragmentierten Märkten wahrscheinlicher, d. h. in Märkten mit vielen kleinen Anbietern eines Produkts oder einer Leistung. In fragmentierten Märkten fällt es einem (potenziellen) Kunden schwerer, Angebote zu vergleichen und vollständige Markttransparenz zu erhalten, als in

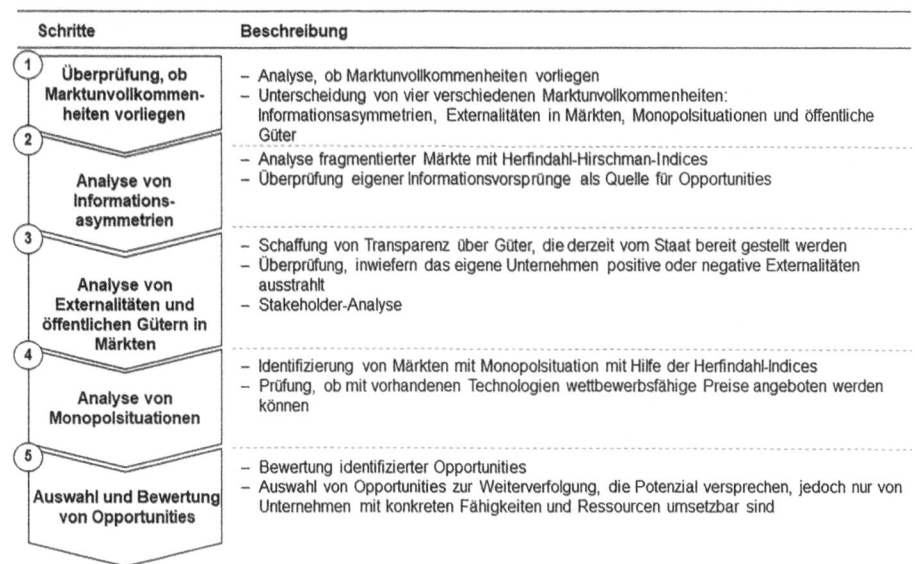

Schritte	Beschreibung
1 Überprüfung, ob Marktunvollkommenheiten vorliegen **2**	– Analyse, ob Marktunvollkommenheiten vorliegen – Unterscheidung von vier verschiedenen Marktunvollkommenheiten: Informationsasymmetrien, Externalitäten in Märkten, Monopolsituationen und öffentliche Güter
Analyse von Informationsasymmetrien **3**	– Analyse fragmentierter Märkte mit Herfindahl-Hirschman-Indices – Überprüfung eigener Informationsvorsprünge als Quelle für Opportunities
Analyse von Externalitäten und öffentlichen Gütern in Märkten **4**	– Schaffung von Transparenz über Güter, die derzeit vom Staat bereit gestellt werden – Überprüfung, inwiefern das eigene Unternehmen positive oder negative Externalitäten ausstrahlt – Stakeholder-Analyse
Analyse von Monopolsituationen **5**	– Identifizierung von Märkten mit Monopolsituation mit Hilfe der Herfindahl-Indices – Prüfung, ob mit vorhandenen Technologien wettbewerbsfähige Preise angeboten werden können
Auswahl und Bewertung von Opportunities	– Bewertung identifizierter Opportunities – Auswahl von Opportunities zur Weiterverfolgung, die Potenzial versprechen, jedoch nur von Unternehmen mit konkreten Fähigkeiten und Ressourcen umsetzbar sind

Abb. 3.27 Konkrete Schritte zur Identifizierung von Opportunities mithilfe des Marktunvollkommenheiten-Ansatzes. (Eigene Darstellung)

konzentrierten Märkten mit wenigen großen Anbietern. Zur Messung der Konzentration von Märkten bietet sich der sogenannte Herfindahl-Hirschman-Index, auch kurz Herfindahl-Index genannt, als prominenteste Kennzahl zur Konzentrationsmessung an. Der Herfindahl-Index geht davon aus, dass sich der Umsatz in einem Markt auf eine bestimmte Anzahl an Unternehmen aufteilt, jedoch nicht gleichmäßig auf alle Unternehmen. Nach einer Umrechnung liegt der Herfindahl-Index typischerweise zwischen 0 und 1. Je näher der Wert für einen konkreten Markt an 1 liegt, desto größer ist die Konzentration des Umsatzes in diesem Markt auf eine geringe Anzahl von Unternehmen. Mit anderen Worten: Je näher der Wert an 1 liegt, desto konzentrierter ist der Markt. Im Falle eines Monopols nimmt der Herfindahl-Index den Wert 1 an. In einigen Fällen erfolgt zur besseren Lesbarkeit und Interpretierbarkeit eine Multiplikation dieses Wertes mit 1000. Potenziell interessanter sind damit für unseren Zweck Märkte mit Herfindahl-Indices, die kleiner ausfallen. Abb. 3.28 gibt einen Überblick über einige Herfindahl-Indices US-amerikanischer Märkte. Abb. 3.29 zeigt uns anhand der US-Lebensmittelindustrie, wie stark diese Werte innerhalb von Unterindustrien schwanken.

Neben der Reduktion von Informationsasymmetrien als Kern des Geschäfts können bestehende Informationsasymmetrien auch genutzt werden, wenn das betrachtete Unternehmen selbst den Informationsvorsprung hat. Dazu muss sich das Unternehmen ganz konkret fragen: Wo wissen wir mehr als unsere Wettbewerber? Haben wir in irgendeiner Form Zugriff auf proprietäres Wissen, das uns Opportunities aufzeigen kann, die andere Unternehmen nicht sehen können? Solche Informationen können in der Umwelt

Industrien nach NAICS Code 2012	Herfindahl-Hirschmann-index (HHI) für die jeweils 50 größten Unternehmen
Lebensmittelherstellung	110,7
Getränke und Tabakprodukte	578,0
Bekleidungsherstellung	54,0
Lederherstellung und verwandte Produkte	236,9
Holzprodukteherstellung	42,6
Papierherstellung	310,6
Mineralöl und Kohleprodukte	722,8
Chemieprodukte	107,5
Maschinenbau	90,9
Computer und elektrische Produkte	71,5
Transportequipmentherstellung	296,3
Möbel und verwandte Produkte	73,5

Abb. 3.28 Herfindahl-Hirschman-Index der US-Produktionsindustrien in 2012. (Nach Economic Census of the United States 2015)

Industrien nach NAICS Code 2012	Herfindahl-Hirschmann-index (HHI) für die jeweils 50 größten Unternehmen
Lebensmittelherstellung (zusammengefasst)	110,7
- Tierfutterherstellung	376,6
- Korn- und Ölsamenvermahlung	839,0
- Zucker- und Süßwaren	369,8
- Früchte- und Gemüsekonservierung und Speziallebensmittelherstellung	211,4
- Milchprodukte	263,2
- Tierschlachtung und - verarbeitung	579,9
- Meeresfrüchteverarbeitung und -verpackung	252,6
- Bäckereien und Tortillaherstellung	226,9

Abb. 3.29 Herfindahl-Hirschman-Index der US-Produktionsindustrien in 2012. (Nach Economic Census of the United States 2015)

des Unternehmens liegen, aber auch intern im Unternehmen schlummern. Um die Unternehmensumwelt systematisch zu analysieren, bietet sich eine Unterteilung in verschiedene Bereiche wie die technologische, ökologische, makroökonomische, demografisch-gesellschaftliche und rechtliche Situation an. Hat ein Unternehmen in einem dieser Bereiche einen Informationsvorsprung (wie in Bezug auf eine technologische Entwicklung, die gerade an einer mit dem Unternehmen kooperierenden Universität entwickelt wird), so kann diese Information möglicherweise Quelle für eine Opportunity sein. Solche Informationen können auch im Unternehmen vorliegen. Auch diese kann

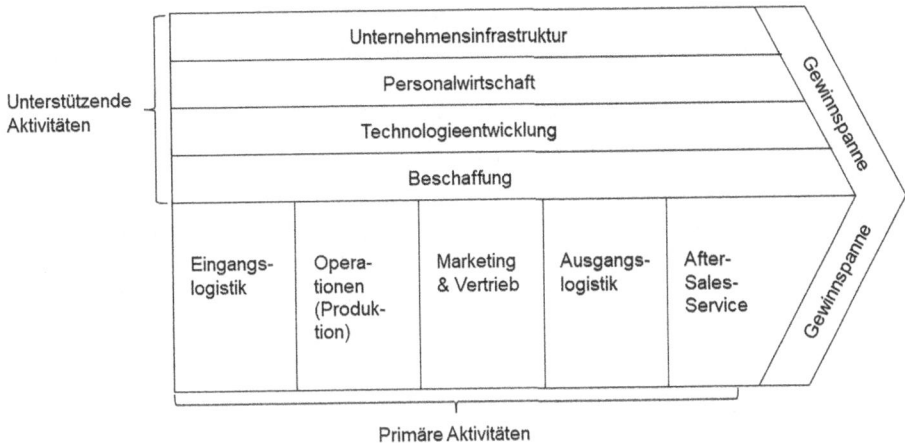

Abb. 3.30 Wertschöpfungskette als Beschreibung der gesamten Primär- und Sekundärprozesse, die in einem Unternehmen Mehrwert erzielen. (Nach Porter 1985)

man strukturiert darstellen und alle Unternehmensaktivitäten auf solche proprietären Informationen untersuchen. Zur strukturierten Untersuchung des Unternehmens bietet sich insbesondere die Wertschöpfungskette von Porter an, die in Abb. 3.30 dargestellt wird und zwischen primären und sekundären Aktivitäten unterscheidet. Primäre Aktivitäten (Eingangslogistik, Produktion, Ausgangslogistik, Marketing, Kundenservice) betreffen das zu erstellende Produkt oder die zu erstellende Lösung unmittelbar. Das Produkt oder die Lösung durchlaufen, möglicherweise sogar physisch, diese Schritte entlang der Wertschöpfung. Ergänzt werden diese primären Aktivitäten durch sekundäre Aktivitäten, die nicht unmittelbar einzelne Schritte der Wertschöpfungskette betreffen, sondern übergreifenden und unterstützenden Charakter für die primären Aktivitäten haben. Insbesondere die Unternehmensführung und -organisation, das Technologiemanagement, das Personalmanagement und die Informationstechnologie zählen zu diesen sekundären Aktivitäten. In all diesen primären und sekundären Aktivitäten können Informationen liegen, die nur dieses Unternehmen, beispielsweise aufgrund von Erfahrung oder Kundeninteraktion, besitzt.

Drittens kann überprüft werden, ob Externalitäten oder öffentliche Güter in Märkten Quellen für Opportunities bieten. Zur Aufdeckung solcher Quellen bietet es sich an, ein Verständnis dafür zu schaffen, welche Aktivitäten, die zurzeit der Staat übernimmt oder die zurzeit öffentliche Güter darstellen, in Opportunities überführt werden können. Ebenfalls sollte überprüft werden, inwiefern das eigene Unternehmen positive oder negative Externalitäten ausstrahlt. Hierzu bietet sich eine Stakeholder-Analyse an, die aufführt, welche externen und internen Anspruchsgruppen des Unternehmens positiv oder negativ vom Unternehmen profitieren, ohne dafür eine Gegenleistung erbringen zu müssen oder zu erhalten.

Als dritte Alternative können Monopolsituationen eine Quelle von Opportunities sein. In Monopolsituationen werden Nachfrager des Produkts oder der Leistung nicht optimal versorgt und zahlen zu hohe Preise. Somit besteht, sofern ein Eintritt in einen solchen Markt gelingt, die Möglichkeit, durch verbesserte Bedienung dieser Kunden einen Wettbewerbsvorteil zu erzielen. Zur Identifizierung von Monopolen oder Märkten mit einer kleinen Anzahl von Spielern bietet sich – wie bereits oben zur Identifizierung fragmentierter, intransparenter Märkte – der Herfindahl-Index an; hier, um sehr konzentrierte Märkte, also solche mit hohen Werten, zu identifizieren. Sind diese aufgefunden, muss überprüft werden, ob Technologien verfügbar sind, mit denen man in diesen Märkten auch mit geringen Produktionsmengen wettbewerbsfähige Preise anbieten kann.

Sind durch diese drei Alternativen Opportunities identifiziert worden, steht im fünften Schritt die Bewertung dieser Ideen an, welche schließlich in die Auswahl von Opportunities münden, die Potenzial versprechen und vom Unternehmen mit seinen konkreten Fähigkeiten und Ressourcen umsetzbar sind.

Kernaussagen

- Unternehmerische Gelegenheiten können durch Marktunvollkommenheiten (in Form von Informationsasymmetrien, Externalitäten, Monopolsituationen) entstehen.
- Durch ein Ausnutzen von Marktunvollkommenheiten (wie eines Informationsvorsprungs) oder durch die Beseitigung von Marktunvollkommenheiten (wie durch das Schaffen von Vergleichsmöglichkeiten für verschiedene Angebote), die Marktteilnehmer honorieren, können neue Geschäfte für das betrachtete Unternehmen entstehen.
- Fragmentierte Märkte bieten eher Informationsasymmetrien, in konzentrierten Märkten können Monopolsituationen Ansätze für Opportunities darstellen.

Fragen zur Wiederholung

1. Definieren Sie einen vollkommenen Markt anhand von vier Eigenschaften.
2. Erläutern Sie, warum Märkte in der Realität nicht vollkommen sind.
3. Nennen Sie die vier Anknüpfungspunkte für Opportunity Recognition bei Anwendung des Markunvollkommenheiten-Ansatzes und erläutern Sie diese jeweils stichpunktartig.
4. Erläutern Sie kurz, wann der Einsatz des Marktunvollkommenheiten-Ansatzes sinnvoll ist.
5. Beschreiben Sie kurz den Herfindahl-Hirschman-Index und erklären Sie, wie dieser helfen kann, neue Opportunities zu erkennen.
6. Nennen Sie verschiedene Bereiche, in denen Informationsvorsprünge ungerecht verteilt sein und potenzielle Opportunities in diesen Informationsvorsprüngen liegen können.

Literatur

Amazon.com I (2020) Amazon Prime-Vorteile. https://www.amazon.de/amazonprime. Zugegriffen: 3. Dez. 2020 (Juni 2016)

Anthony S, Johnson M, Sinfield J, Altman E (2008) The innovator's guide to growth – putting disruptive innovation to work. Harv Bus Press, Boston

Anthony SD (2012) The new corporate garage. Harv Bus Rev 90(9):44–53

Anthony SD, Eyring M, Gibson L (2006) Mapping your innovation strategy. Harv Bus Rev 84(5):104–113

Atsmon Y, Hirose R, Kelly G, Kopka U, Martinez A, Moulik S (2014) Growth in the packed-food industry: insights from our research. http://www.mckinsey.com/industries/consumer-packaged-goods/our-insights/growth-in-the-packaged-food-industry. Zugegriffen: 19. Mai 2016

Baghai M, Smit S, Viguerie P (2007) The granularity of growth. McKinsey Q 2007(3):41–51

Barbeyrac H de, Verhoeven R (2013) Tilting the global balance: an interview with the CEO of Solvay. The Belgian company is reshaping its portfolio to focus harder on fast-growing markets. McKinsey Q 2013(4) http://www.mckinsey.com/business-functions/strategy-and-corporate-finance/our-insights/tilting-the-global-balance-an-interview-with-the-ceo-of-solvay. Zugegriffen: 4. Jan. 2017

Battarbee K, Suri JF, Howard SG (2014) Empathy on the edge: scaling and sustaining a human-centered approach in the evolving practice of design. http://www.ideo.com/images/uploads/news/pdfs/Empathy_on_the_Edge.pdf

Belsky S (2016) The beta principle: skip perfection & launch early. The lure of perfection can stifle innovation. We look at the practical and psychological benefits of „launching in beta." 99U Q 2016. http://99u.com/articles/6313/the-beta-principle-skip-perfection-launch-early. Zugegriffen: 20. Juni 2016

Bettencourt LA, Ulwick AW (2008) The customer-centered innovation map. Harv Bus Rev 86(5):109–114

Birla M (2005) FedEx delivers: how the world's leading shipping company keeps innovating and outperforming the competition. Wiley, Hoboken

Bonner JM (2010) Customer interactivity and new product performance: moderating effects of product newness and product embeddedness. Ind Mark Manag 39(3):485–492

Boxine GmbH (2021) Die Idee. https://tonies.de/die-idee/. Zugegriffen: 23. Febr. 2021

Brandes D (1998) Konsequent einfach: Die Aldi-Erfolgsstory. Campus, Frankfurt a. M.

Brown B, Anthony S (2011) How P&G tripled its innovation success rate. Harv Bus Rev 89(6):64–72

Bryan L (2009) Dynamic management: better decisions in uncertain times. McKinsey Q 2009(Dez):12–18

Charitou CD, Markides CC (2003) Responses to disruptive strategic innovation. MIT Sloan Manag Rev 44(2):55–63

Christensen C (2015) Teslas's not as disruptive as you might think. Harv Bus Rev 93(5):22–23

Christensen C, Eichen S, Matzler K (2011) The Innovators Dilemma: Warum etablierte Unternehmen den Wettbewerb um bahnbrechende Innovationen verlieren. Vahlen, München

Christensen CM (1997) The innovator's dilemma: the revolutionary book that will change the way you do business. Harvard Business Press, Cambridge

Christensen CM, Raynor M, McDonald R (2015) What is disruptive innovation? Harv Bus Rev 93(12):44–53

Cohen B, Winn MI (2007) Market imperfections, opportunity and sustainable entrepreneurship. J Bus Ventur 22(1):29–49

Cohen M, Whang S (1997) Competing in product and service: a product life-cycle model. Manag Sci 43(4):535–543

Collins J (2001) Good to great: why some companies make the leap…and others don't. Harper Business, New York

Covin J, Slevin D, Covin T (1990) Content and performance of growth-seeking strategies: a comparison of small firms in high- and low-technology industries. J Bus Ventur 5:391–412

de Mello H, Francisco S (2014) Hacking the startup investor pitch: what Sequoia capital's business plan framework can teach you about building and pitching your company. Ajax Books, Ontario

Dean T, McMullens J (2002) Market failure and entrepreneurial opportunity. Academy of Management Proceedings & Membership Directory: F1–F6. doi:https://doi.org/10.5465/APBPP.2002.7516617

eBay Inc (2021) Our company.https://www.ebayinc.com/company/. Zugegriffen: 22. Febr. 2021

Eckhardt JT, Shane SA (2003) Opportunities and entrepreneurship. J Manag 29(3):333–349

Economic Census of the United States 2012 (2015) Manufacturing: subject series: concentration ratios: share of value of shipments accounted for by the 4, 8, 20, and 50 largest companies for industries: 2012. http://factfinder.census.gov/faces/tableservices/jsf/pages/productview.xhtml?pid=ECN_2012_US_31SR2&prodType=table. Zugegriffen: 30. Mai 2016

Fahroomand A (2009) Nintendo's disruptive strategy: implications for the video gamie industry. Asia Case Research Center – University of Hong Kong HKU, Hong Kong

FlixMobility GmbH (2021) Über FlixMobility. https://www.flixbus.de/unternehmen/ueber-flixbus. Zugegriffen: 2. März 2021

Frock R (2012) Changing how the world does business: FedEx's incredible journey to success – the inside story. Berrett-Koehler, San Francisco

Goedhart M, Smit S, Veldhuijzen A (2013) Unearthing the sources of value hiding in your corporate portfolio. McKinsey Q 2013(Dez):1–8

Guth R (2009) Microsoft bid to beat google builds on a history of misses. http://online.wsj.com/news/articles/SB123207131111388507?mg=reno64-wsj.html

Hall S, Lovallo D, Musters R (2012) How to put your money where your strategy is. McKinsey Q 2012(März):1–11

Hanks S, Watson C, Jansen E, Chandler G (1993) Tightening the life-cycle construct: a taxonomic study of growth stage configurations in high-technology organizations. Entrepreneursh Theory Pract 18(2):5–29

Hart SL, Christensen CM (2002) The great leap. MIT Sloan Manag Rev 44(1):51–56

Harvard Business School (2020) Starbucks: winning on rewards, loyalty, and data. https://digital.hbs.edu/platform-digit/submission/starbucks-winning-on-rewards-loyalty-and-data/. Zugegriffen: 22. Febr. 2021

Heide D, Merten M (2017) Monopol oder nicht?. https://www.handelsblatt.com/politik/deutschland/flixbus-monopol-oder-nicht/19655614.html?ticket=ST-8195732-xVXM9sBpsT0r7W0R60f9-ap3. Zugegriffen: 2. März 2021

Herrmann A, Homburg C (Hrsg) (2000) Marktforschung, 2. Aufl. Gabler, Wiesbaden

Hills G, LaForge R (1992) Research at the marketing interface to advance entrepreneurship theory. Entrepreneursh Theory Pract 16(3):33–59

Huston L, Sakkab N (2006) Connect and develop: inside procter & gamble's new model for innovation. https://hbr.org/2006/03/connect-and-develop-inside-procter-gambles-new-model-for-innovation

ImmobilienScout24 GmbH (2020) Das Unternehmen. http://www.immobilienscout24.de/unternehmen/immobilienscout24.html#j-immobilienscout24. Zugegriffen: 3. Dez. 2020

Khanna T, Rivkin J (2001) The structure of profitability around the world. Harvard Business School Working Paper

Khanna P (2019) Fitness gamification: a product managers' review of the Peloton bike (and the leaderboard). https://medium.com/agileinsider/fitness-gamification-a-product-managers-review-of-the-peloton-bike-and-the-leaderboard-53e5aafba1ea. Zugegriffen: 18. Febr. 2021

King A, Baatartogtok B (2015) How useful is the theory of disruptive innovation? MIT Sloan Manag Rev 57(1):77–90

Leonard D, Rayport J (1997) Spark innovation through emphatic design. Harv Bus Rev 75(6):102–113

Lumpkin G, Dess G (2001) Linking two dimensions of entrepreneurial orientation to firm performance: the moderating role of the environment and industry life cycle. J Bus Ventur 16(5):429–451

Mankiw G, Taylor M (2012) Grundzüge der Volkswirtschaftslehre. Schäffer-Poeschel, Stuttgart

McGrath R, MacMillan I (2005) Marketbusters: 40 strategic moves that drive exceptional business growth. Harvard Business Review Press, Boston

Morgan NA, Vorhies DW, Mason CH (2009) Market orientation, marketing capabilities, and firm performance. Strateg Manag J 30(8):909–920

Narver J, Slater S, MacLachlan D (2004) Responsive and proactive market orientation and new-product success. J Prod Innov Manag 21(5):334–347

Omidyar P (2011) How i did it: eBay's founder on innovating the business model of social change. Harv Bus Rev 89(9):41–44

Oragui D (2018) The success of starbucks app: a case study. https://themanifest.com/mobile-apps/success-starbucks-app-case-study. Zugegriffen: 22. Febr. 2021

Park SH, Chen R, Gallagher S (2002) Firm resources as moderators of the relationship between market growth and strategic alliances in semiconductor start-ups. Acad Manag J 45(3):527–545

Parker T (2016) The history and future of Sears. http://www.investopedia.com/financial-edge/0112/the-history-and-future-of-sears.aspx. Zugegriffen: 19. Sept. 2016

PayPal (2020) Über PayPal. https://www.paypal.com/de/webapps/mpp/about. Zugegriffen: 27. Nov. 2020

Pearce J, Robinson R (2010) Strategic management: formulation, implementation, and control. McGraw-Hill, Columbus

Porter ME (1985) The competitive advantage: creating and sustaining superior performance. Free Press, New York

Reddy S (2014) Drugstores play doctor: physicals, flu diagnosis, and more. The Wall Street Journal, 24. Februar

Schindehutte M, Morris MH, Kocak A (2008) Understanding market-driving behavior: the role of entrepreneurship. J Small Bus Manag 46(1):4–26

Schmidt GM, Druehl CT (2008) When is a disruptive innovation disruptive? J Prod Innov Manag 25(4):347–369

Shane S, Venkataraman S (2000) The promise of entrepreneurship as a field of research. Acad Manag Rev 25(1):217–226

Shih W, Kaufman S (2014) Netflix in 2011. Harvard Bus Sch Cases (9-615-007)

Skyscanner Ltd (2021) Über uns. https://www.skyscanner.de/ueber-uns. Zugegriffen: 2. März 2021

Starbucks (2021) Starbucks delivers. https://www.starbucks.de/starbucks-delivers. Zugegriffen 22. Febr. 2021

Statista (2018) Sales growth of department stores in Western Europe from 2012 to 2017, by country. https://www.statista.com/statistics/911107/department-store-sales-growth-western-europe/. Zugegriffen: 23. Febr. 2021

Statista (2020) Number of eBay's total active buyers from 1st quarter 2010 to 4th quarter 2020. https://www.statista.com/statistics/242235/number-of-ebays-total-active-users/. Zugegriffen: 22. Febr. 2021

Statista (2021a) Annual revenue of skyscanner Limited from 2011 to 2019. https://www.statista.com/statistics/954844/skyscanner-turnover/. Zugegriffen: 2. März 2021

Statista (2021b) Earnings before interest, tax, depreciation, and amortization of Skyscanner Limited from 2012 to 2019. https://www.statista.com/statistics/954870/skyscanner-ebitda/. Zugegriffen: 2. März 2021

Timmons J (1999) New venture creation: entrepreneurship for the 21st century, 5. Aufl. McGraw-Hill, Boston

Tversky A, Kahneman D (1992) Advances in prospect theory: cumulative representation of uncertainty. J Risk Uncertain 5(4):297–323

Uber Technologies Inc (2020) Our trip history. https://www.uber.com/our-story/. Zugegriffen: 3. Dez. 2020

Viguerie P, Smit S, Baghai M (2008) The granularity of growth: how to identify the sources of growth and drive enduring company performance. Wiley, Hoboken

wafg (Wirtschaftsvereinigung Alkoholfreie Getränke e. V.) (2020) Entwicklung des pro Kopf Verbrauchs von Alkoholfreien Getränken nach Getränkeart. https://www.wafg.de/fileadmin/dokumente/pro-kopf-verbrauch_2020.pdf. Zugegriffen: 18. Okt. 2021

Whelan D (2011) Clayton Christensen: the survivor. http://www.forbes.com/forbes/2011/0314/features-clayton-christensen-health-care-cancer-survivor.html. Zugegriffen: 22. Sept. 2016

Zacharakis A, Spinelli S, Timmons J (2011) Business plans that work. McGraw-Hill, New York

Zahra S, Neubaum D, El-Hagrassey G (2002) Competitive analysis and new venture performance: understanding the impact of strategic uncertainty and venture origin. Entrepreneursh Theory Pract 27(1):1–28

Zimmer O (2015) Welches Fitnessarmband ist das beste? Sie zählen unsere Schritte, messen unseren Puls und ermuntern uns zum Sport: Ole Zimmer hat sieben Fitnessarmbänder im Alltag getestet. Frankfurter Allgemeine Zeitung, 6. Januar

Zook C, Allen J (2010) Profit from the core: a return to growth in turbulent times. Harvard Bus Rev Press, Boston

Umweltbezogene Tools der Opportunity Recognition

4

Nachdem in Kap. 2 unternehmensbezogene Tools und in Kap. 3 marktbezogene Tools der Opportunity Recognition dargelegt wurden, widmet Kap. 4 sich den Tools, die aus der den eigenen Markt überschreitenden Umwelt Opportunities generieren. Eine Übersicht bietet Abb. 4.1. Abschn. 4.1 stellt den Reverse-Innovation-Ansatz dar, der Opportunities in weniger entwickelten Nationen und deren besonderen Rahmenbedingungen vermutet. Abschn. 4.2 hat den Interpreter-Ansatz zum Gegenstand, der Opportunities in neuen Bedeutungen von Produkten und Leistungen sieht, die mit Hilfe von Experten aus fremden Fachbereichen entdeckt werden können. Innovation-Crowdsourcing in Abschn. 4.3 ist das dritte Tool dieses Kapitels. Es legt dar, wie eine große Anzahl von Menschen außerhalb des Unternehmens eine Quelle für Opportunities sein kann. Abschn. 4.4 diskutiert, wie eine bestimmte Gruppe von Individuen als Lead User durch visionäre Fähigkeiten zukünftige Entwicklungen, beispielsweise technologischer Art, vorhersehen kann. Abschn. 4.5 legt den Market-Space-Ansatz dar, der Opportunities zwischen Märkten vermutet oder annimmt, dass Opportunities durch Neudefinitionen von Marktgrenzen entstehen können.

4.1 Reverse-Innovation-Ansatz

Der Reverse-Innovation-Ansatz ist das erste Tool zur Generierung von Opportunities in der Umwelt des Unternehmens. Dieser Ansatz geht davon aus, dass Opportunities in weniger entwickelten Nationen zu finden sind. Diese Nationen bieten Rahmenbedingungen, über bestehende Produkte und Leistungen komplett neu nachzudenken und sie anders zu positionieren – in den meisten Fällen zu deutlich geringeren Preisen. Der Reverse-Innovation-Ansatz geht davon aus, dass auf diese Weise nicht nur Märkte in weniger entwickelten Nationen erobert werden können, sondern auch Opportunities im

A. Engelen et al., *Opportunity Recognition*,
https://doi.org/10.1007/978-3-658-34955-4_4

Ansatz	Kernaussage
Reverse-Innovation-Ansatz	Opportunities liegen in den Rahmenbedingungen von weniger entwickelten Nationen und Entwicklungsländern
Interpreter-Ansatz	Opportunities liegen in neuen Bedeutungen von Produkten durch den Input von Interpretern
Innovation-Crowd-sourcing	Opportunities liegen versteckt in einer große Massen von Menschen, die nicht zum Unternehmen gehören
Lead-User-Ansatz	Opportunities liegen in Lead Usern, die in ihren Präferenzen dem Gesamtmarkt vorauseilen
Market-Space-Ansatz	Opportunities liegen in der Aufweichung etablierter Grenzziehungen von Märkten, Kunden und Produkten

Abb. 4.1 Überblick über umweltbezogene Tools der Opportunity Recognition. (Eigene Darstellung)

Heimatmarkt in bislang nicht oder nur unzureichend bearbeiteten Segmenten entstehen können. Abschn. 4.1.1 legt zunächst die Grundlagen dieses Ansatzes dar. Abschn. 4.1.2 zeigt konkrete Ansatzpunkte auf, wie Opportunities mithilfe dieses Tools identifiziert werden können, bevor Abschn. 4.1.3 einen fünfschrittigen Prozess der konkreten Anwendung präsentiert.

Lernziele
- Das Konzept des Reverse-Innovation-Ansatzes verstehen und nutzen können.
- Hierzu gilt es,
  - zu erkennen, dass der Reverse-Innovation-Ansatz nur für Unternehmen interessant ist, die bereits international tätig sind oder es innerhalb eines akzeptablen Zeitrahmens werden können,
  - festzustellen, dass der Reverse-Innovation-Ansatz nicht ressourcenarm und flexibel auf Workshop-Basis durchgeführt werden kann, sondern ernsthafte Investments voraussetzt,
  - die Notwendigkeiten des Paradigmenwechsels zu akzeptieren, dass Innovationen nicht unbedingt aus dem Mutterland eines Unternehmens kommen, sondern auch in Tochtermärkten in Entwicklungsländern entstehen können,
- um durch die Allokation von Forschungs- und Entwicklungsbudgets in weniger entwickelte Länder radikale Innovationen zu befördern, um den dortigen Markt zu entwickeln und bestenfalls mit Innovationen aus neuen Märkten auch neue Kundenschichten in den traditionellen Märkten anzusprechen.

4.1.1   Das Konzept der Reverse-Innovation

Unternehmen entwickeln innovative Produkte zumeist nicht nur für ihren Heimatmarkt. Auch wenn diese in einem ersten Schritt auf dem Heimatmarkt ausgetestet und vermarktet werden, so werden sie doch zumeist in weiteren Schritten in andere Länder getragen, um auch dort den Umsatz, den das innovative Produkt ermöglicht, abzugreifen (Holtbrügge und Welge 2010; Hill 2010). Gründe für die Internationalisierung eines Produkts oder einer Leistung gibt es viele. Dies kann ein Nachfragesog aus dem Ausland sein, oder auch die Notwendigkeit, aufgrund hoher Entwicklungskosten einen größeren Markt als den Heimatmarkt zu bedienen. Klassischerweise vermarkten deutsche Unternehmen ihre Produkte zunächst in Deutschland und erschließen in einem nächsten Schritt andere, ähnlich entwickelte Nationen, wie Frankreich, das Vereinigte Königreich oder die USA. Werden Produkte dann zu Commodities oder in der Herstellung deutlich günstiger, etwa durch Massenproduktion, sind in Deutschland entwickelte Produkte auch attraktiv für sich entwickelnde Nationen mit geringerer Kaufkraft. Historisch lässt sich für die Verbreitung von Innovationen genau dieses Muster wiederfinden (Vernon 1966): Innovationen kommen aus entwickelten Nationen, werden anschließend zunächst in andere, ähnlich entwickelte Nationen gebracht, und später dann, mit einigem zeitlichem Verzug, in ärmere, sich entwickelnde Länder getragen. Die in Beispiel 4.1 beschriebene Geschichte des VW Käfer nach dem Zweiten Weltkrieg zeigt diese zeitliche Abfolge auf.

Beispiel 4.1: Die Reise des VW Käfer nach dem Zweiten Weltkrieg

Der VW Käfer ist mit mehr als 21 Mio. verkauften Exemplaren nach dem VW Golf das meistverkaufte Automobil der Welt. 1945 wurde der erste VW Käfer in Deutschland produziert. Der Käfer war dahin gehend eine Innovation, als er das erste Auto darstellte, das vier Personen in einem Kleinwagen transportieren konnte. Aufgrund der zunächst recht geringen Nachfrage, begründet durch die Kriegsschäden und den daraus resultierenden Geldmangel, wurde der Käfer schon früh nach Produktionsstart in andere Länder exportiert. 1954 wurde zudem eine Produktionsstätte in Belgien errichtet (Holtbrügge und Welge 2010). Von Deutschland und Belgien aus wurden die wesentlichen Märkte wie Deutschland, Benelux und Frankreich bedient, in kleinerem Maße auch weniger entwickelte Nationen. Mit zunehmender Standardisierung der Bauteile wurden weitere Auslandsniederlassungen in weniger entwickelten Nationen errichtet, wie in Mexiko, Brasilien oder Nigeria, oft mit alten, abgebauten Produktionsstätten aus Deutschland. Ab Ende der 1970er-Jahre, auch begründet durch den Erfolg des VW Golf, wurde die rückläufige Nachfrage aus dem deutschen Markt durch Importe aus Mexiko und Brasilien bedient. In Deutschland wurde der Käfer dann nicht mehr produziert. ◄

In der Praxis lässt sich häufig beobachten, dass Unternehmen mit hochpreisigen, komplexen und technologieintensiven Produkten außerhalb der hoch entwickelten

Nationen wie Deutschland, Frankreich oder den USA nur eine sehr geringe Nachfrage generieren können. In sich entwickelnden Nationen oder in Entwicklungsländern
existiert nur eine sehr kleine Ober- und Mittelschicht, die die finanziellen Mittel auf-
bringen kann, um solche Produkte zu erstehen (Prahalad und Lieberthal 2003). Aus
diesem Grund scheitert der Ansatz vieler multinationaler Unternehmen, ihre im westlichen Kontext entwickelten, innovativen, aber auch hochpreisigen Produkte ohne oder
nur mit geringen Anpassungen in weniger entwickelten Nationen zu verkaufen (Immelt
et al. 2009).

Zwischen den Rahmenbedingungen entwickelter Nationen und Entwicklungsländern
sowie sich entwickelnden Ländern existieren fünf Lücken, wie Govindarajan (2012) sie
nennt, die erklären, warum sich für innovative Produkte oft andere Situationen ergeben.
Die erste Lücke ergibt sich in Bezug auf die Leistung eines Produkts. Aufgrund des
geringeren Einkommens sind Konsumenten in weniger entwickelten Ländern bereit,
deutliche Abstriche bei der Leistung eines Produkts zu machen. Govindarajan (2012)
beobachtet, dass erfolgreich internationalisierende Unternehmen eine 50-%-Leistung
zu 15 % des Preises des äquivalenten Produkts in entwickelten Nationen anbieten.
Zweitens ergibt sich eine Lücke in Bezug auf die Infrastruktur, welche in weniger entwickelten Ländern erst im Aufbau oder noch gar nicht vorhanden ist. Entsprechend
benötigen Konsumenten in weniger entwickelten Nationen Produkte, die nicht auf
zuverlässige Infrastruktur angewiesen sind. So brauchen z. B. Autos in sich entwickelnden Ländern zumeist einen robusteren Motor, da der im Vergleich zu entwickelten Ländern schlechtere Gütegrad des Kraftstoffes vor Ort die hochentwickelten
Motoren schnell beschädigt. Drittens besteht eine Lücke in der Bedeutung der Nach-
haltigkeit. Arme Länder stehen den schlimmsten Nachhaltigkeitsproblemen gegenüber, wie beispielsweise im Umweltschutz, sodass umweltfreundliche Lösungen eine
besondere Rolle spielen. Viertens gibt es Unterschiede in Bezug auf die regulatorischen
Rahmenbedingungen, die in weniger entwickelten Nationen oft nur gering ausgeprägt
sind. Fünftens unterscheiden sich Nationen in unterschiedlichen Geschmäckern und
Präferenzen (Engelen und Tholen 2014). Die Unterschiede sind in Tab. 4.1 zusammengefasst.

Während Unternehmen aus entwickelten Ländern Probleme haben, ihre Produkte in
Entwicklungsländern und sich entwickelnden Ländern in großer Stückzahl zu verkaufen,
lässt sich beobachten, dass Innovationen, die weltweit erfolgreich sind, mehr und mehr
aus Entwicklungsländern und sich entwickelnden Ländern kommen. Der Economist hält
bereits 2010 fest: „The emerging world, long a source of cheap labor, now rivals the rich
countries for business innovation" (S. 16). Dabei sind Innovationen aus diesen Nationen
nicht unbedingt große technologische Durchbrüche, sondern oft nur die Kombination
aus bestehendem Wissen und Technologien, die lokale Probleme lösen, aber oft auch für
Kunden in entwickelten Ländern relevant sind. Zu nennen sind hier beispielsweise die
Innovationserfolge von Embraer aus Brasilien und Godrey & Boyce aus Indien, die in
Beispiel 4.2 und 4.3 dargestellt werden.

Tab. 4.1 Unterschiede zwischen Rahmenbedingungen entwickelter und weniger entwickelter Nationen. (Nach Govindarajan und Trimble 2012)

Lücke	Beschreibung	Implikation
Leistung	• Aufgrund des geringen Einkommens und Lebensstandards sind Konsumenten bereit, deutliche Abstriche bei der Leistung zu machen	• Angebot einer 50-%-Leistung zu 15 % des Preises in entwickelten Nationen
Infrastruktur	• Infrastruktur in Entwicklungsländern ist noch im Aufbau oder nicht vorhanden	• Konsumenten in armen Ländern benötigen Leistungen, die nicht auf zuverlässiger Infrastruktur basieren • Infrastruktur-Planer in Entwicklungsländern können neueste Lösungen integrieren
Nachhaltigkeit	• Arme Länder stehen den schlimmsten Nachhaltigkeitsproblemen (wie Umweltschutz) gegenüber	• Arme Nationen legen besonderen Wert auf umweltfreundliche Lösungen
Regulation	• Regeln und Gesetze sind in Entwicklungsländern weniger entwickelt	• Neue Produkte passieren regulatorische Hürden in Entwicklungsländern früher
Präferenzen	• Jede Nation hat unterschiedliche Geschmäcker und Präferenzen	• Innovationsaktivitäten müssen kulturelle Unterschiede in Betracht ziehen

---

Beispiel 4.2: Innovationen aus Entwicklungsländern und sich entwickelnden Nationen – der Fall Embraer

Embraer ist ein brasilianischer Flugzeughersteller mit Sitz in Sao José des Campos. Embraer ist nach Boeing, Airbus und Bombardier der viertgrößte Flugzeugbauer der Welt. 2005 hat Embraer ein neues Produkt auf den Markt gebracht, das den Namen EMB-202 A Ipanema trägt. Dabei handelt es sich um ein einmotoriges Landwirtschaftsflugzeug, das mit Ethanol betrieben werden kann. Damit war dies das erste Flugzeug weltweit, das nur mit Biotreibstoff fliegen kann. Brasilien hat für diesen Kraftstoff bereits ein nationenweites Tankstellennetz für ähnlich betriebene Kraftfahrzeuge etabliert, so dass der Betrieb dieses Flugzeugs in der Praxis auch tatsächlich möglich ist.

Das Ipanema-Flugzeug hat einige Vorteile gegenüber anderen Flugzeugen ähnlichen Typs. So ist Ethanol 25 % preiswerter als gewöhnlicher Treibstoff. Der CO_2-Ausstoß ist deutlich vermindert. Allerdings ist das Flugzeug nur für Kurzstrecken geeignet. Bis Oktober 2014 wurden 269 Flugzeuge dieses Typs verkauft, weitere 205 wurden von der Vorgängerversion auf diesen neuen Typ aufgerüstet. Dabei ist aber eine wachsende Nachfrage zu verzeichnen: Wurden 2011 noch 58 Flugzeuge dieses Typs verkauft, so betrug die Zahl 2012 schon 66, 2013 sogar 70 Flugzeuge (Böcking 2014). ◄

Beispiel 4.3: ChotuKool Kühlschränke – aus der Not heraus autark gebaut, jetzt für die Freizeit im Einsatz

Der ChotuKool ist ein Kühlschrank, der 2010 vom indischen Unternehmen Godrey & Boyce auf den indischen Markt gebracht wurde (Govindarajan und Trimble 2012; Markides 2012). Es handelt sich um einen 45 L fassenden Plastikcontainer, der Lebensmittel mit einer 12-V-Batterie auf etwa acht bis zehn Grad Celsius kühlen kann. Das Kühlsystem baut nicht auf einer Kompressor-Technologie auf, sondern nutzt ein thermoelektrisches Kühlungssystem. Der Kühlschrank hat zudem keine gewöhnliche Tür, sondern wird von der Oberseite aus geöffnet, um beim Öffnen so viel kühle Luft wie möglich im Container zu halten.

Zielgruppe des ChotuKool sind Landbewohner, die nur sehr begrenzten Zugang zu Elektrizität und klassischen Kühlschränken haben. Insgesamt besitzen um 2010 nur etwa 18 % der indischen Bevölkerung überhaupt einen Kühlschrank. Der ChotuKool verbraucht deutlich weniger Energie als klassische Kühlschränke und ist schon mit umgerechnet etwa einem US-Dollar Elektrizitätskosten pro Monat zu betreiben. Das Gerät wird zudem nicht über den Handel vertrieben, sondern per Post für umgerechnet etwa 69 US-$ direkt an der Tür ausgeliefert (Govindarajan und Trimble 2012). Bereits im zweiten Verkaufsjahr wurden 100.000 ChotuKool-Kühlschränke abgesetzt. 2014 erfolgten erste Weiterentwicklungen, die die verschiedensten Möglichkeiten der Anwendung vorsahen, wie im Büro oder beim Picknick. Die Zielgruppe für Weiterentwicklungen sind nun auch wohlhabende Kunden. ◄

Einige Beobachter sehen in diesen Entwicklungen der letzten Jahre eine Parallele zum Aufstieg einiger japanischer Unternehmen vor einigen Jahrzehnten, wie Nippon Steel, Toyota, Sony und Canon, mit allen Konsequenzen für westliche Unternehmen in ihren Märkten. Die japanischen Unternehmen haben nach ihrem Eintritt in westliche entwickelte Märkte zunächst günstige Produktalternativen am unteren Ende der jeweiligen Märkte angeboten. Als dann die Leistungsfähigkeit und die Qualität der jeweiligen Produkte gesteigert werden konnte, wurden diese Unternehmen ernsthafte Konkurrenz in gehobenen Marktsegmenten. In einigen Märkten wurden westliche Konkurrenten ganz verdrängt (Markides 2012).

Einige Zahlen untermauern diese Entwicklung: So haben chinesische und indische Unternehmen ihre Forschungs- und Entwicklungsausgaben von 2007 bis 2012 mehr als verdoppelt (Brunke 2012). Für einige chinesische und indische Unternehmen ist dieser Entwicklungspfad bereits Realität, wie Abb. 4.2 zeigt. So gehört das chinesische Unternehmen BYD bereits zu den weltweit innovativsten Unternehmen im Bereich der Batterietechnik und ist in westlichen Märkten ein wesentlicher Spieler.

Damit ergibt sich für westliche Unternehmen folgende Situation: Einerseits haben diese Unternehmen, insbesondere bei höherwertigen Produkten, das Problem, in Entwicklungsländern und sich entwickelnden Nationen nur geringe Absatzmengen zu

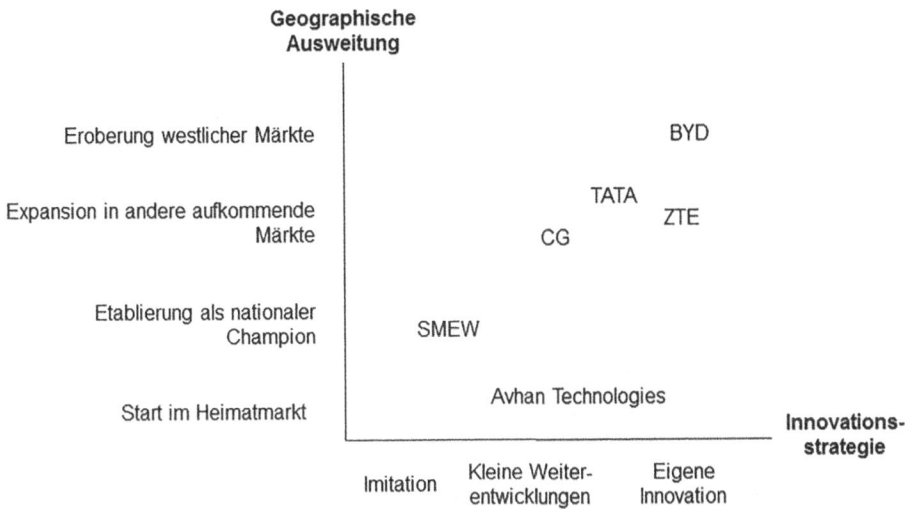

Abb. 4.2 Innovative chinesische und indische Unternehmen in westlichen Märkten. (Nach Brunke 2012)

realisieren. Andererseits werden immer mehr Unternehmen, insbesondere aus China und Indien, innovativer, treten mit ihren innovativen Produkten in entwickelte Länder ein und konkurrieren mit westlichen Unternehmen.

Um in diesem Umfeld wettbewerbsfähig zu bleiben, haben einige Unternehmen, wie beispielsweise General Electric, in den letzten Jahren einen neuen Ansatz verfolgt, um Innovationen zu entwickeln und mit diesen Unternehmen zu konkurrieren (Immelt et al. 2009). Das traditionelle Vorgehen westlicher Unternehmen war, Innovationen im Heimatmarkt oder in anderen entwickelten Ländern zu entwerfen und dann, mit kleinen Anpassungen, in Entwicklungsländer zu übertragen. Der neue Ansatz nimmt eine andere Perspektive ein und beginnt mit Innovationstätigkeit in Entwicklungsländern, also fernab des entwickelten Heimatmarktes. Dieses Vorgehen wird – aufgrund der Änderung der klassischen Reihenfolge der Bearbeitung von Nationen unterschiedlichen Entwicklungstands mit innovativen Produkten – als Reverse-Innovation bezeichnet. Die beiden grundsätzlichen Sichtweisen sind in Abb. 4.3 grafisch zusammengefasst.

Bei Reverse-Innovationen entwickeln westliche Unternehmen mit lokalen Teams Innovationen in Entwicklungsländern unabhängig von vorhergehenden Innovationstätigkeiten in entwickelten Nationen. Dabei erhalten die Unternehmen eine völlig neue, unvoreingenommene Sicht auf ihre Produkte und darauf, wie diese technisch umgesetzt und weiterentwickelt werden können. Wichtig ist dabei festzustellen, dass Reverse-Innovation die traditionelle Sicht auf Innovationen in multinationalen Unternehmen nicht ersetzt. Vielmehr setzen erfolgreiche Unternehmen beide Vorgehensweisen komplementär ein.

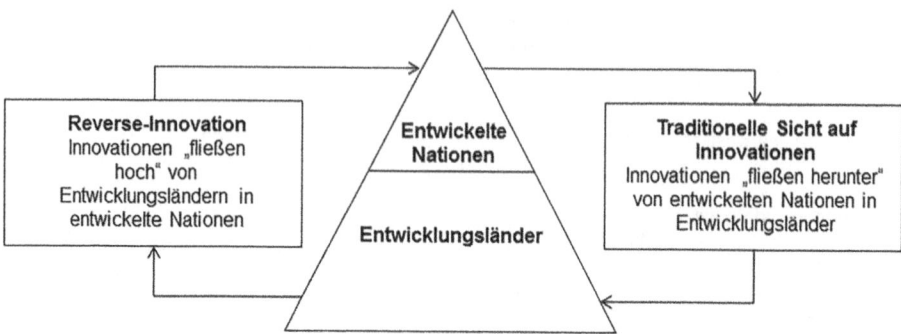

Abb. 4.3 Traditionelle Sicht auf internationale Innovationstätigkeit und Reverse-Innovation. (Nach Govindarajan und Ramamurti 2011)

4.1.2 Opportunity Recognition mit Reverse-Innovation

Wie kann nun das Konzept der Reverse-Innovation verwendet werden, um Opportunities aufzudecken? Wie das Beispiel von General Electric gezeigt hat, bietet der Ansatz durchaus Potenzial, neues Wachstum sowohl in Entwicklungsländern als auch in entwickelten Ländern zu identifizieren. Zunächst wird es aber in vielen Unternehmen so sein, dass die Implementierung eines Reverse-Innovation-Ansatzes zu Konflikten führt (Govindarajan und Ramamurti 2011; Jha et al. 2016). Insbesondere etablierte Innovationseinrichtungen in den Stammländern werden einen Reverse-Innovation-Ansatz als Bedrohung für ihre Stellung, ihre Bedeutung und ihre Budgets ansehen.

Govindarajan (2012) betont, dass solche Konflikte beim Start einer Reverse-Innovation-Implementierung praktisch unausweichlich sind. Er stellt daher einige Hebel heraus, die ein Unternehmen nutzen sollte, um diesen Konflikt zu vermeiden:

- Herausstellung, dass Reverse-Innovation den vorherrschenden Ansatz, Innovationen aus entwickelten Ländern in Entwicklungsländer zu tragen, nicht ersetzt, sondern ergänzt
- Schaffung der Möglichkeit, dass etablierte Innovationseinheiten in zumeist westlichen Kontexten die Reverse-Innovation-Prozesse mit Ressourcen und Wissen unterstützen, um sie so zum Teil der Reverse-Innovation zu machen
- Schaffung von Anreizen bei Führungskräften, so dass diese sowohl etablierte Innovationseinheiten als auch neue Reverse-Innovation-Ansätze unterstützen
- Besetzung der Reverse-Innovation-Einheiten mit international sehr gut vernetzten Mitarbeitern aus dem Unternehmen, die so die Reverse-Innovation-Einheit prominent im Unternehmen platzieren und verkaufen können

Jha et al. (2016) beschreiben drei Schlüsselfaktoren, die den Erfolg von Innovationen in Tochtergesellschaften multinationaler Unternehmen ermöglichen. Sie beschreiben erstens, dass die lokale Forschungsabteilung gut entwickelte Kenntnisse aufweisen sollte. Meist haben die lokalen Forschungsabteilungen bereits einige Jahre als günstigere, verlängerte Werkbank der Forschungsabteilung der Muttergesellschaft gearbeitet und somit Erfahrungen gesammelt. Zweitens sollte der lokale Markt eine ausreichend große Opportunity bieten (z. B. Deregulierung eines bisher staatlichen Monopols), die gleichzeitig aber auch für den Markt einzigartige Kundenbedürfnisse aufweist. Drittens brauchen die lokalen Forschungseinheiten die Unterstützung durch ranghohe Manager des Unternehmens, sowohl in der lokalen Tochtergesellschaft als auch in der Unternehmenszentrale. Eine Innovationsbemühung aus der Forschungsabteilung einer Tochtergesellschaft heraus zu treiben, verlangt von vielen Unternehmensmitgliedern, bekannte Pfade zu verlassen. Dies kann einige Herausforderungen mit sich bringen, bei denen es hilft, prominente Unterstützung zu haben.

Gelingt es einem Unternehmen auf diese Weise, eine Reverse-Innovation-Einheit angemessen im Unternehmen zu verankern, dann ergeben sich im Wesentlichen sechs Ansatzpunkte für Opportunities zur Generierung von Wachstum (Govindarajan 2012).

Ein erster Ansatzpunkt besteht darin, mithilfe der aus Reverse-Innovation resultierenden Produkte und Leistungen die Märkte in Entwicklungsländern und sich entwickelnden Ländern erstmalig zu erschließen. Vor dem Hintergrund, dass insbesondere China und Indien sehr große potenzielle Absatzmärkte sind, oft mit deutlich höheren Wachstumsraten als die westlichen Heimatländer großer internationaler Unternehmen, bestehen so sicherlich in vielen Fällen sehr attraktive Opportunities.

Ein zweiter Ansatzpunkt, dem die Einsicht zugrunde liegt, dass Produkte und Leistungen aus Reverse-Innovation-Ansätzen nicht nur in Entwicklungsländern Opportunities darstellen können, besteht darin, dass mit diesen Innovationen Märkte in entwickelten Nationen erschlossen werden können. Dabei ist es möglich, insbesondere solche Märkte zu adressieren, die in ärmeren Schichten bestehen und bislang keinen Zugang zu den Premium-Innovationen der jeweiligen Unternehmen hatten. Die Grameen Bank aus Bangladesch, die Armen Mikrokredite zur Verfügung stellt, dient als Beispiel für ein solches Unternehmen (Beispiel 4.4).

> **Beispiel 4.4: Grameen Bank – von Kleinstunternehmern in ländlichen Entwicklungsländern in die USA übertragen**
>
> 1983 gründete Muhammad Yunus in Bangladesch die Grameen Bank. Übersetzt heißt sie so etwas wie „Ländliche Bank", besser bekannt ist sie aber als „Bank für die Armen". Der Gründer erhielt für dieses Projekt 2006 den Friedensnobelpreis (Govindarajan und Trimble 2012). Die Bank vergibt in armen Staaten Afrikas und Südamerikas sowie in Bangladesch und seinen Nachbarstaaten Kleinstkredite. Dies ohne klassische Sicherheiten, sondern durch Gruppendruck, den Kredit irgendwann zurückzahlen zu können, da die Grameen Bank ihre Kunden zu Eigentümern der Bank macht und diese so von jedem erfolgreichen Kredit profitieren. Statistiken besagen, dass das Kreditausfallrisiko sehr niedrig ist; so wurden bislang 98,35 % der

vergebenen Kredite auch tatsächlich zurückgezahlt. Darüber hinaus werden weitere Finanzdienstleistungen, wie Sparverträge oder Versicherungen, an Menschen verkauft, die zu arm sind, um Zugang zu kommerziellen Banken zu erhalten. Mit dem durch Kleinstkredite verfügbaren Geld sollen sich die Kreditnehmer mit einer kleinen Geschäftsidee selbstständig machen und auf diese Weise den Weg aus der Armut finden. Inzwischen ist das Mikrokreditgeschäft weltweit etwa 70 Mrd. US$ schwer. Das Konzept funktioniert sogar in den USA: 2008 hat die Grameen Bank in New York an etwa 500 Frauen mit Kleinunternehmen etwa 1,5 Mio. US$ verliehen. ◀

Als dritter Ansatzpunkt zur Generierung von Opportunities können Reverse-Innovation-Ansätze es ermöglichen, substanzielle Kosten- und Preisreduktionen von 70 bis 90 % zu erzielen, die die Nachfrage im Heimatmarkt nach den entsprechenden Produkten steigern.

Viertens besteht die Möglichkeit, dass Produkteigenschaften, die eigentlich speziell für Entwicklungsländer entwickelt wurden (wie die Transportierbarkeit von Produkten und Energieeffizienz), neue Märkte auch in entwickelten Nationen schaffen (Govindarajan und Trimble 2012). Hier ist es der generelle Reverse-Innovation-Ansatz, der mögliche „westliche Innovationsblindheit" ausgeglichen und durch den Blick auf Entwicklungsländer oder sich entwickelnde Ländern neue kreative Lösungen ermöglicht hat. Erst als diese Lösungen fertig durchdacht und vermarktet wurden, bemerkten einige Unternehmen – wie General Electric und das für Indien entwickelte EKG (wie in Beispiel 4.5 beschrieben) –, dass auch im entwickelten Heimatmarkt für diese Produkte durchaus ein Markt bestand.

Beispiel 4.5: General Electrics und sein EKG im indischen Markt

Ein wesentlicher Geschäftsbereich von General Electric ist das Medizingerätegeschäft. 2001 begann das Unternehmen damit, in Indien Elektrokardiogramme (EKGs) zu produzieren und den indischen Markt zu erschließen. EKGs erlauben zentrale Untersuchungen der Herzaktivität. Mitarbeiter von General Electric in Indien zeigten sich mit den erzielten Umsätzen unzufrieden und besuchten einige Arztpraxen, um das Problem zu verstehen. Dabei realisierten sie, dass in den meisten Arztpraxen Konkurrenzprodukte genutzt wurden. Lediglich in den besten Krankenhäusern des Landes waren die Premiumprodukte von General Electric in Betrieb. Denn die Produkte von General Electric, die dem aktuellsten Stand der Technik entsprachen, waren mit Preisen von 3000 US$ bis 10.000 US$ einfach viel zu teuer für Arztpraxen in ländlichen Gegenden Indiens (Govindarajan 2012).

Diese Situation frustrierte das indische Team von General Electric und man beschloss, beim Management für die Entwicklung eines eigens auf den indischen Markt zugeschnittenen EKG-Geräts zu werben, mit der Begründung, dass keines der aktuellen Geräte die große und unbefriedigte Nachfrage des indischen Marktes bedienen konnte. Das Team bekam eine Finanzierung der Muttergesellschaft in den

USA und entschied, dass das neue EKG-Gerät von Grund auf neu entwickelt werden musste. Die Transportierbarkeit des Geräts wurde als wichtig erachtet, da in den ländlichen Gebieten Indiens die Ärzte oft zu den Patienten kommen und nicht umgekehrt. Die nicht immer zuverlässige Stromversorgung machte es erforderlich, dass das Gerät auch mittels Batterien betrieben werden konnte. Zudem sollte es einfach zu bedienen sein, damit auch weniger geschulte Fachkräfte es würden anwenden können. Das Ziel des Teams war es, ein Gerät für unter 800 US-$ anbieten zu können. Daher wurde im Entwicklungsprozess sichergestellt, dass einfache Standardchips verwendet wurden, ebenso einfache Drucker, auf Displays wurde sogar vollends verzichtet. Statt auf Dollars wurde nun bei der Entwicklung auf Cents geachtet.

2007 brachte das lokale Team den MAC 400 auf den Markt, der nur etwa 1,3 kg wog (Govindarajan und Trimble 2012; Govindarajan 2012), mit Batterien betrieben wurde und daher leicht transportabel war. Nun kostete ein EKG einen Patienten in ländlichen Gegenden umgerechnet nur noch einen US-Dollar. Beim Premium-Modell von General Electric waren es noch bis zu 20 US$ gewesen. 2010 wurde ein Downgrade dieser einfachen Version auf den Markt gebracht, so dass ein EKG die indische Landbevölkerung weniger als eine Flasche Wasser kostete. General Electric lernte dabei, dass Produkte und Leistungen, die in den USA für 100 US$ verkauft werden, in städtischen Gebieten Indiens maximal zehn US-Dollar kosten dürfen, in ländlichen sogar nur einen US-Dollar.

Diese Produkte erlaubten es General Electric, im indischen Medizingerätemarkt Fuß zu fassen. Allerdings wurde General Electric von einer Beobachtung überrascht: Die Hälfte des Umsatzes dieser Produkte wurde nicht in Indien, sondern in Europa generiert – die Geräte stellten sich als perfekte Lösung für niedergelassene Ärzte heraus, die sich keine Premiumgeräte leisten können. ◄

Fünftens besteht die Möglichkeit, dass Technologien, die im Augenblick der Markteinführung in Entwicklungsländern oder sich entwickelnden Ländern für diesen Markt ausreichend gut sind, sich über die Zeit weiterentwickeln, möglicherweise mit Lerneffekten aus der Anwendung in diesen Ländern, und zu einem späteren Zeitpunkt zu High-End-Anwendungen in entwickelten Nationen werden.

Als sechster Ansatzpunkt können Entwicklungsländer und sich entwickelnde Länder für Reverse-Innovation-Ansätze ein geeigneter Kontext sein, um Produktlösungen unmittelbar für neueste Technologien zu entwickeln, ohne auf bereits vorhandene Technologien Rücksicht nehmen zu müssen. Oft gibt es in Entwicklungsländern oder sich entwickelnden Nationen weniger regulatorische Rahmenbedingungen, die in entwickelten Ländern die Einführung neuer Technologien behindern oder zumindest verzögern können. In einigen Entwicklungsländern wurde Wireless Banking eingeführt, ohne dass es jemals etabliertes Filialbanking gegeben hat. Somit konnten Banken das Wireless Banking einführen und entwickeln, ohne auf ein bestehendes Filialnetz mit entsprechenden Interessen im Unternehmen Rücksicht nehmen zu müssen.

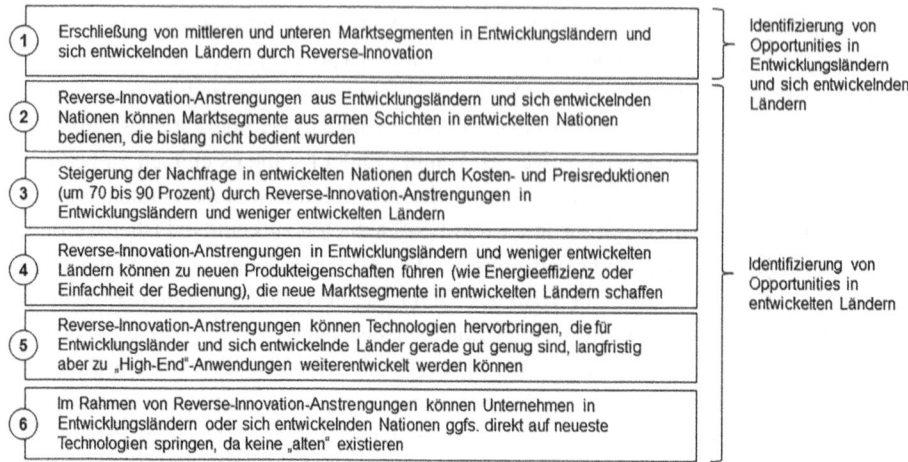

Abb. 4.4 Ansatzpunkte zur Entwicklung von Opportunities mithilfe des Reverse-Innovation-Ansatzes. (Nach Govindarajan und Ramamurti 2011)

Abb. 4.4 gibt einen Überblick über die sechs Möglichkeiten, Opportunities im Rahmen von Reverse-Innovation zu generieren.

Betrachtet man diese sechs Ansatzpunkte zur Generierung von Opportunities durch Reverse-Innovation, so lässt sich eine chronologische Abfolge der Quellen von Opportunities ableiten, wie Abb. 4.5 aufzeigt. In einem ersten Schritt stellt die Entwicklung eines ersten Produkts oder einer ersten Leistung in einem Entwicklungsland oder sich entwickelnden Land die erste Opportunity dar. Hier macht es Sinn, sich auf eines der größeren Entwicklungsländer oder sich entwickelnden Länder, wie China oder Indien, zu fokussieren, um unmittelbar von einem potenziell großen Markt zu profitieren. In einem zweiten Schritt ist es Erfolg versprechend, das erstellte Produkt oder die Leistung in ein weiteres, kulturell und vom Entwicklungsstand ähnliches Land

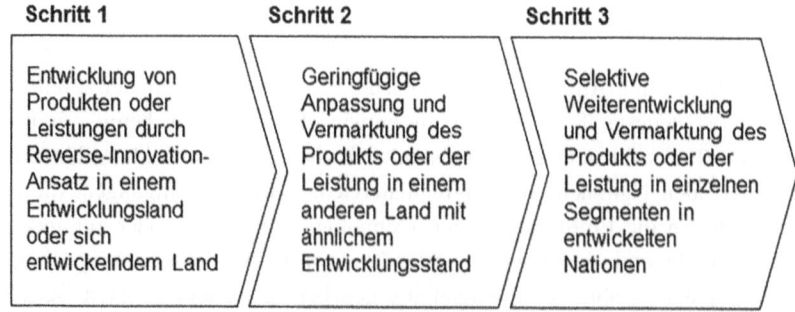

Abb. 4.5 Quellen von Opportunities bei Reverse-Innovation in zeitlicher Abfolge. (Eigene Darstellung nach Govindarajan und Ramamurti 2011)

zu bringen. Im dritten Schritt können die entwickelten Produkte und Leistungen dann selektiv, ggfs. mit einigen Anpassungen, in entwickelte Länder getragen werden.

In Beispiel 4.6 wird übergreifend der Reverse-Innovation-Ansatz von Harman International beschrieben.

Beispiel 4.6: Reverse-Innovation bei Harman International

Ein Beispiel für eine erfolgreiche Reverse-Innovation-Implementierung stellt das US-amerikanische Unternehmen Harman International dar. Harman International produziert und verkauft hochwertige Lautsprecher, Audiogeräte und Infotainmentsysteme für Automobile und positioniert sich traditionell am oberen Ende des Marktes. Das Unternehmen ist mit dieser Strategie sehr erfolgreich und hat in entwickelten Ländern teilweise Marktanteile von über 70 %, damit aber auch ein beschränktes Potenzial für weiteres Wachstum.

Harman International hatte bereits einige Male versucht, in Entwicklungsländern und sich entwickelnden Ländern Fuß zu fassen, und dabei die hochwertigen und hochpreisigen Produkte leicht angepasst. Da diese Versuche alle ohne Erfolg geblieben waren, beschloss der Vorstandsvorsitzende Dinesh Paliwal 2007, dass ein grundlegend anderer Ansatz zur Bearbeitung dieser Länder notwendig sei. Harman International beschloss, von Grund auf neue Produkte für diese Länder zu entwickeln

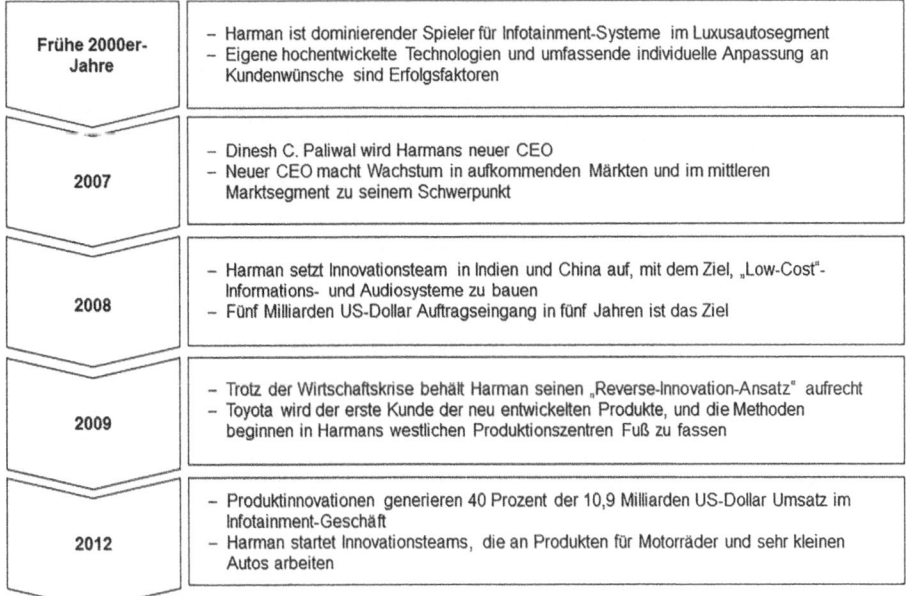

Abb. 4.6 Quellen von Opportunities im Rahmen von Reverse-Innovation-Ansätzen in zeitlicher Abfolge bei Harman International. (Nach Govindarajan 2012)

und nicht auf bestehenden, technologisch hochwertigen Plattformen westlicher Innovationsbemühungen aufzubauen, wie Abb. 4.6 verdeutlicht (Govindarajan 2012). Dazu bildete Harman International zwei kleine Teams in China und Indien. Die Teams bestanden nur aus Mitarbeitern, die mit den sich entwickelnden Märkten eng vertraut waren. Das ambitionierte Ziel bestand darin, ein Produkt für diese Märkte zu entwickeln, das den Funktionalitäten der westlichen Produkte von Harman International durchaus nahekam, aber zu der Hälfte des Preises verkauft und zu einem Drittel der Kosten hergestellt werden konnte. Der Produktionsprozess sollte schlank sein. Einfachheit, Modularität und Standardteile von Drittanbietern waren zentrale Ziele. Auf aufwendige After-Sales-Anpassungen und eigene Teile sollte weitestgehend verzichtet werden. In weniger als einem Jahr gelang es den beiden Teams, ein Infotainment-System zu entwickeln, das viele Funktionalitäten des westlichen Pendants aufwies, gleichzeitig aber die ehrgeizigen Kosten- und Preisziele erfüllen konnte.

Große Prominenz konnte das Revers-Innovation-Projekt bei Harman International intern dadurch erreichen, dass es gelang, mit den neuen Produkten Lieferant von Toyota zu werden, ein Unterfangen, das mit den traditionellen westlichen Produkten über Jahre hinweg gescheitert war. Weitere Automobilhersteller in sich entwickelnden Ländern konnten gewonnen werden. 18 Monate nach dem Start hatte Harman International mit den neuen Produkten mehr als drei Milliarden US-Dollar Umsatz erzielt. Der Aktienkurs stieg von 2009 bis 2011 um das Vierfache.

Schließlich begann Harman International damit, das neue modulare Produktdesign in westliche Märkte zu bringen und dort zu vermarkten (Govindarajan 2012; Govindarajan und Ramamurti 2011). Durch die neuen, einfachen Produktdetails ergab sich für Harman International eine weitere interessante Opportunity: der Motorad-Markt. Harman International ist dabei, die Produkte aus dem Reverse-Innovation-Ansatz weiterzuentwickeln, sodass sie in Motorrädern genutzt werden können und dabei die Rechenleistung des Mobiltelefons des Fahrers nutzen. In Indien soll dieses Produkt für nur etwa 20 US$ auf den Markt kommen. ◄

4.1.3 Anwendung des Reverse-Innovation-Ansatz

Schließlich soll untersucht werden, unter welchen Umständen der Reverse-Innovation-Ansatz ein geeignetes Tool sein kann, um Opportunities zu identifizieren, und welche Schritte konkret zu durchlaufen sind. Reverse-Innovation als Ansatz zur Generierung von Opportunities bietet sich zunächst nur für Unternehmen an, die bereits international tätig sind oder dies in einem akzeptablen Zeitrahmen umsetzen können. Der Reverse-Innovation-Ansatz setzt voraus, dass das betrachtete Unternehmen Tätigkeiten in Entwicklungsländern oder sich entwickelnden Ländern bereits durchführt und bereit ist, darauf aufzubauen. Im Gegensatz zu einigen anderen bereits vorgestellten Tools (wie der Technologie-Anwendungsmatrix) kann der Reverse-Innovation-Ansatz kaum in einem reinen Workshop-Format durchgeführt werden. Gerade die Auseinandersetzung mit lokalen Problemstellungen in Entwicklungsländern und sich entwickelnden Ländern ist notwendig, um Opportunities auch für entwickelte Länder zu identifizieren. Damit ist dieses Tool nicht so flexibel und ressourcenarm einsetzbar wie einige andere in diesem Buch vorgestellte Tools.

Erfüllt ein Unternehmen diese Voraussetzung, so stellt sich die Frage, was es nun konkret tun muss, um von den potenziellen Opportunities aus einer Reverse-Innovation zu profitieren? Abb. 4.7 veranschaulicht fünf Schritte, die ein Unternehmen dazu durchlaufen muss. In einem ersten Schritt ist es sinnvoll, dass das Unternehmen den Status quo der internationalen Innovationstätigkeit erfasst. Hier bietet es sich an, eine Übersicht zu erstellen, die darlegt, welche Umsätze und Marktanteile das Unternehmen in verschiedenen Ländern hat, kategorisiert nach Entwicklungsländern bzw. sich entwickelnden Ländern und entwickelten Ländern. Neben diesen Daten kann das Unternehmen die Verteilung der aktuellen Innovationsaktivitäten (beispielsweise in Form von Mitarbeitern, die sich primär um Innovationsthemen kümmern) über diese Länder legen. Besonders interessant sind dann die Entwicklungsländer und sich entwickelnden Länder, in denen das Unternehmen bislang nur geringe Umsätze und Marktanteile erzielen konnte und keine oder kaum Innovationsaktivitäten lokal verankert hat. In solchen Ländern, vor allem, wenn sie eine gewisse Größe und in den nächsten Jahren ein zu erwartendes Wachstum aufweisen, haben Unternehmen wie General Electric oder Harman International ihre Reverse-Innovation-Aktivitäten angesetzt.

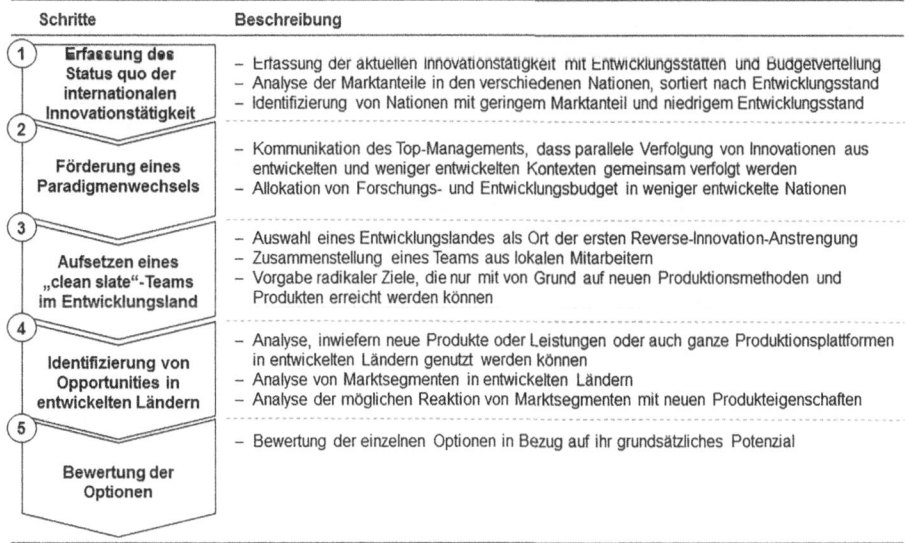

Abb. 4.7 Konkrete Schritte zur Identifizierung von Opportunities mithilfe des Reverse-Innovation-Ansatzes. (Eigene Darstellung)

Ergeben sich aus diesem ersten Schritt Ansatzpunkte für Reverse-Innovation-Aktivitäten, ist im zweiten Schritt die Förderung eines Paradigmenwechsels durch das Top-Management notwendig. Ab jetzt muss das Unternehmen zwei parallele Schritte verfolgen, um Innovationstätigkeiten voranzutreiben: Einerseits bleibt der Ansatz, aus entwickelten Ländern (insbesondere dem Heimatmarkt) Innovationen in den Rest der Welt zu bringen. Andererseits erfolgt die Ergänzung um Reverse-Innovation-Aktivitäten, beispielsweise durch die Allokation von Forschungs- und Entwicklungsbudgets in diese Länder. Konkrete Erfolgsfaktoren auf Top-Management-Ebene sind (Govindarajan und Trimble 2012; Jha et al. 2016):

- Verlagerung von Macht und kritischen Positionen in Entwicklungsländer: Reverse-Innovation-Initiativen müssen im Unternehmen eine gewisse Macht erhalten, die es den Initiativen überhaupt ermöglicht, Produktentwicklungen voranzutreiben. Wichtig ist, dass diese Mitarbeiter, mit relevanter Macht ausgestattet, auch vor Ort in den Entwicklungsländern arbeiten, um keine Ablenkung von anderen Themen des Stammhauses zu haben. Die unmittelbare Nähe ermöglicht es zudem, die konkreten Probleme der lokalen Konsumenten zu verstehen und maßgeschneiderte Lösungen zu entwickeln.
- Erhöhung des Anteils von Forschungs- und Entwicklungsausgaben in Entwicklungsländern: Das Top-Management kann ein Zeichen setzen, indem es einen substanziellen Anteil der Forschungs- und Entwicklungsbudgets in Entwicklungsländern und sich entwickelnden Ländern allokiert, um die Wichtigkeit der lokalen Reverse-Innovation-Anstrengungen zu betonen. Um neue Produkte und Leistungen von Grund auf aufzubauen zu können, müssen die notwendigen Mittel verfügbar sein.
- Aufbau von Wissen und Erfahrung über Entwicklungsländer: Um später Reverse-Innovation-Produkte auch in entwickelten Kontexten weiterentwickeln und vermarkten zu können, ist es ratsam, Führungskräften aus entwickelten Ländern die Möglichkeit zu geben, Wissen und Erfahrungen mit Reverse-Innovation-Initiativen in Entwicklungsländern und sich entwickelnden Ländern zu sammeln, beispielsweise im Rahmen zeitlich begrenzter Auslandsaufenthalte.
- Reduzierung der Angst vor interner Kannibalisierung: Das Top-Management muss dem Unternehmen vermitteln, dass klassische westliche Innovationsprozesse und Reverse-Innovation keine interne Konkurrenz darstellen, sondern vielmehr als komplementäre Ansätze zu sehen sind. Zumeist bedienen die Ansätze entlang aller bearbeiteten Länder unterschiedliche Marktsegmente.

Im dritten Schritt erfolgt die konkrete Umsetzung einzelner Projekte, indem ein unbeschriebenes Team („clean slate") in einem ausgewählten Entwicklungsland oder sich entwickelnden Land aufgesetzt wird. Auf Projektebene sind folgende Erfolgsfaktoren wichtig (Govindarajan und Trimble 2012; Jha et al. 2016):

- Etablierung radikaler Ziele: Durch radikale Ziele (wie Reduktion der Produktions-kosten um 70 % im Vergleich zum westlichen High-End-Produkt) werden Reverse-Innovation-Teams gezwungen, alle Prozesse zur Herstellung des Produkts oder der Leistung vollständig zu überdenken und so als selbstverständlich Angenommenes über Bord zu werfen. So werden komplett neue Ansätze erst angedacht.
- Praktizierung eines „jungfräulichen" Ansatzes („clean slate"): Nur die Infrage-stellung aller Elemente bestehender Produktionssysteme und Produkte ermöglicht es, komplett neue Lösungen zu entdecken. Nur dann ist es möglich, sich von bestehenden Lösungen (wie Produktionsplattformen aus westlichem Kontext) zu lösen.
- Nutzung globaler Ressourcen: Lokale Reverse-Innovation-Teams sollen Zugriff auf globale Ressourcen haben, etwa auf Entwicklungslabors oder Produktionskapazitäten. Gerade das unterscheidet das lokale Reverse-Innovation-Team von Start-ups in den jeweiligen Entwicklungsländern und sich entwickelnden Ländern, die wirklich von Grund auf neu starten müssen.

Im vierten Schritt erfolgt nun – nach der Entwicklung eines Produkts, einer Lösung oder einer komplett neuen Produktionsplattform – die Überlegung, wie die Ergebnisse aus dem Reverse-Innovation-Team in weiteren Ländern vermarktet werden können. Zunächst bieten sich Länder an, die einen ähnlichen Entwicklungsstand haben wie das initial ausgewählte Land. Aber auch die Fragestellung, wie die neuen Lösungen in entwickelten Ländern vermarktet werden können, ist in diesem vierten Schritt von Bedeutung. Folgende Fragen können die Diskussion leiten:

- Gibt es in entwickelten Ländern Marktsegmente in ärmeren Schichten, die bearbeitet werden können?
- Kann die Nachfrage in entwickelten Ländern durch deutliche Preissenkungen, bei-spielsweise ermöglicht durch neue Produktionsmethoden, angekurbelt werden?
- Sind bei den Reverse-Innovation-Anstrengungen Produkteigenschaften entwickelt worden, die bislang in entwickelten Ländern nicht bedacht wurden, aber durchaus relevant sein können für einzelne Marktsegmente?
- Können „gerade gut genug"-Technologien, die in Reverse-Innovation-Initiativen ent-wickelt wurden, für entwickelte Länder weiter verbessert werden?
- Sind Technologien aus Reverse-Innovation-Initiativen den in entwickelten Ländern bestehenden Technologien möglicherweise sogar überlegen und können daher in ent-wickelten Ländern einen Innovationsvorsprung für das Unternehmen bedeuten?

Im finalen fünften Schritt werden die abgeleiteten Ansatzpunkte, die in Schritt vier dis-kutiert wurden, bewertet.

Kernaussagen

- Im Rahmen des Reverse-Innovation-Ansatzes werden Opportunities im Kontext weniger entwickelter Nationen erwartet.
- Kundenbedürfnisse in weniger entwickelten Nationen zu verstehen und darauf aufbauend Produkte oder Lösungen zu entwickeln schafft Ergebnisse, die nicht durch bisherige Produkte oder Lösungen in entwickelten Nationen beeinflusst sind. Reverse Innovation ermöglicht es damit, bei Null anzufangen und als selbstverständlich Angenommenes infrage zu stellen.
- Opportunities können im entwickelten Heimatmarkt insbesondere in weniger kaufkräftigen Segmenten oder bei potenziellen Kunden entstehen, die mit weniger performanten Produkten oder Lösungen als den bestehenden zufrieden sind bzw. dann erst dieses Produkt oder diese Lösung erwerben.

Aufgaben zur Wiederholung

1. Skizzieren Sie die traditionelle Sicht auf internationale Innovationstätigkeit im Gegensatz zu Reverse Innovation. Erläutern Sie beides und die jeweiligen Unterschiede.
2. Erläutern Sie kurz die Unterschiede zwischen den Rahmenbedingungen in entwickelten und weniger entwickelten Nationen.
3. Erläutern Sie kurz die Herausforderungen bei der Implementierung des Reverse-Innovation-Ansatzes und beschreiben Sie die vier Hebel, um Konflikte zu vermeiden.
4. Beschreiben Sie kurz die drei Schlüsselfaktoren, die den Erfolg von Reverse Innovation ermöglichen.
5. Nennen und beschreiben Sie die sechs Ansatzpunkte einer Reverse-Innovation-Einheit.
6. Beschreiben Sie die chronologische Reihenfolge, in der im Rahmen des Reverse-Innovation-Ansatzes Opportunities generiert werden können.
7. Nennen und erläutern Sie kurz die vier Erfolgsfaktoren für Reverse Innovation auf Top-Management-Ebene.

4.2   Interpreter-Ansatz

Der Interpreter-Ansatz stellt ein weiteres Tool dar, mit dem aus der Umwelt des Unternehmens heraus, konkret durch Experten aus verwandten Fachbereichen, Opportunities identifiziert werden können. Abschn. 4.2.1 stellt das Konzept der inkrementellen und radikalen Innovationen dar und ordnet die Möglichkeiten, durch neue Designs Innovationen zu schaffen, in dieses Konzept ein. Abschn. 4.2.2 zeigt, welche konkreten Ansatzpunkte zur Generierung von Opportunities durch neue Designs im Rahmen des

Interpreter-Ansatzes bestehen. Die notwendigen Schritte zur Umsetzung werden in Abschn. 4.2.3 präsentiert.

Lernziele
- Das Konzept des Interpreter-Ansatzes verstehen und nutzen können.
- Hierzu gilt es,
  - zu erkennen, für welche Unternehmen und unter welchen Umständen der Interpreter-Ansatz für Opportunity Recognition hilfreich sein bzw. Opportunity Recognition unterstützen kann,
  - zugrunde zu legen, dass radikaler Wandel sowohl mittels einer radikal neuen Technologie stattfinden kann als auch durch den Gewinn einer vollkommen neuen Bedeutung,
  - ein Verständnis dafür zu entwickeln, dass der Blick derzeitiger Kunden (aber auch Unternehmensmitarbeiter) auf ein Produkt/eine Technologie beschränkt ist und eher zu inkrementellen Innovationen führt,
  - zu verstehen, dass unterschiedliche Professionen und Charaktere für unterschiedliche Blickwinkel auf gleiche Situationen sorgen können und damit Opportunity Recognition unterstützen können,
- um Experten aus anderen Disziplinen (wie Design oder Medizin) in die Entwicklung von Produkten oder Leistungen zu integrieren und radikale Innovationen durch substanzielle Weiterentwicklung der Technologie, aber auch der Bedeutung von Produkten oder Leistungen zu generieren.

4.2.1 Das Konzept der inkrementellen und radikalen Innovationen

In der Innovationspraxis und der wissenschaftlichen Innovationsforschung unterscheidet man grundlegend zwischen zwei verschiedenen Typen von Innovationen: den inkrementellen und den radikalen Innovationen (Brettel et al. 2011; O'Connor und DeMartino 2006). Inkrementelle Innovationen sind solche, die sich auf eine kleine Weiterentwicklung eines bestehenden Produkts oder einer Leistung beziehen. Dies kann eine Reduktion der Kosten eines Produkts sein, aber auch eine kleine Verbesserung der Leistungsfähigkeit, z. B. durch längere Haltbarkeit oder höhere Geschwindigkeit. Unternehmen, die inkrementelle Innovationen verfolgen, bauen ihre Innovationstätigkeit zumeist auf bestehendem Wissen auf und entwickeln dieses schrittweise weiter. Die Unsicherheit über die Erfolgsaussichten inkrementeller Innovationsprojekte ist begrenzt, entsprechend werden in der Literatur auch geringe Scheiterraten (zehn bis 25 %) berichtet (Kuratko et al. 2011). Inkrementelle Innovationen sind zumeist absehbare Weiterentwicklungen, die die Kunden sogar häufig selbst nachfragen. Die Kunden sind also in der Lage, sich die Innovation vorzustellen und sie zu beschreiben. Ein Unternehmen, das eine erfolgreiche inkrementelle Innovation verfolgt, gewinnt im bestehenden Markt in der Regel an Wettbewerbsfähigkeit gegenüber seinen Konkurrenten. In vielen Fällen ist ein solcher Vorteil durch eine inkrementelle Innovation von begrenzter zeitlicher Relevanz, da es Konkurrenten häufig gelingt, die kleinen Schritte durch eigene inkrementelle Innovationen nachzubilden oder den kurzfristig entstandenen Nachteil anderweitig auszugleichen.

Radikale:radikale Innovationen verfolgen einen anderen Ansatz: Sie zielen darauf ab, neue Produkte oder Leistungen auf den Markt zu bringen, die bisherige Produkte oder Leistungen vollständig ablösen können und Bedürfnisse bei potenziellen Kunden adressieren, die ihnen zu diesem Zeitpunkt noch nicht einmal bewusst sind („latente Bedürfnisse"). Radikale Innovationen können komplett neue Branchen schaffen und andere ablösen (Kumar et al. 2000). Unternehmen können sich mit radikalen Innovationen einen wesentlichen Wettbewerbsvorteil verschaffen, den Wettbewerber kurz- und mittelfristig kaum aufholen können. Dieses höhere Potenzial ist allerdings mit deutlich höheren durchschnittlichen Scheiterraten (von bis zu 95 %) verbunden. Radikale Innovationen basieren auf neuem Wissen und bringen einen Bruch mit bestehendem Wissen mit sich. Kunden sind zumeist nicht in der Lage, sich zukünftige radikale Innovationen vorzustellen oder sie auch nur zu erahnen.

Der Unterschied zwischen beiden Typen von Innovationen kann durch das in Abb. 4.8 dargestellte Bild zweier Berge von unterschiedlicher Höhe veranschaulicht werden (Verganti 2011). Auf der Abszisse sind Gestaltungsparameter eingetragen. Auf der Ordinate befindet sich die Produktqualität, die den Mehrwert einer Produktlösung für ein von potenziellen Kunden geäußertes Problem beschreibt. Wenn wir davon ausgehen, dass

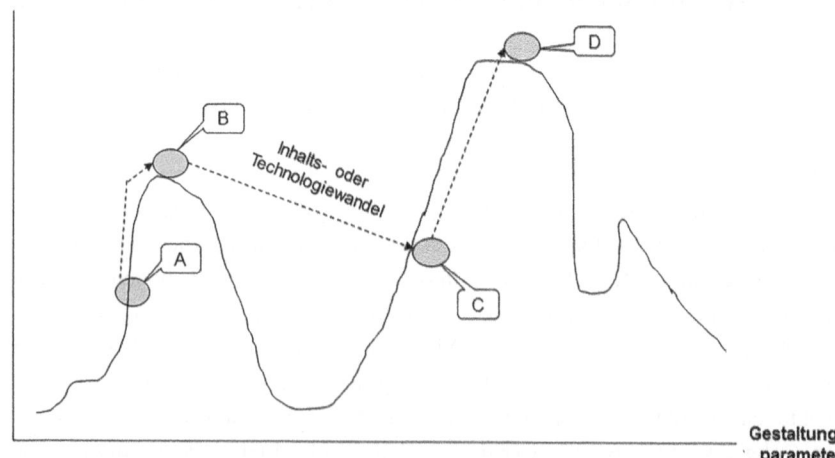

Abb. 4.8 Inkrementelle und radikale Innovationen im Vergleich. (Eigene Darstellung nach Norman und Verganti 2014)

ein Unternehmen aktuell am Punkt A steht, dann kann es diesen Berg (d. h. die aktuell vorherrschende Produktlösung) weiterentwickeln und so inkrementelle Innovationen erzielen, bis es auf der Spitze des Berges angekommen ist (Punkt B) und kaum noch Weiterentwicklungen möglich sind. Das Besteigen dieses Berges ist mit geringem Risiko verbunden. Allerdings lässt man beim Verfolgen dieser Route außer Acht, dass es einen weiteren Berg geben kann, der eine überlegene Lösung zulässt. In diesem Bild bedeutet das Erklimmen des neuen Berges, eine radikale Innovation zu verfolgen, die eine bisherige Produktlösung komplett ablösen kann. Allerdings bringen radikale Innovationen zwei Schwierigkeiten mit sich: Erstens ist zumindest zu Beginn ihrer Entwicklung die Produktqualität gegenüber der bestehenden Lösung unterlegen (Punkt C in der Abbildung). Zweitens kann man beim Verfolgen der radikalen Innovationen vorab nicht wissen, welches Potenzial sie überhaupt bieten oder, um beim Bild zu bleiben, wie hoch der neue Berg tatsächlich ist (Punkt D in der Abbildung). Erklimmt man jedoch erfolgreich den neuen Berg der radikalen Innovation, so sticht das so innovierende Unternehmen alle bisherigen Produktlösungen aus (d. h. es erklimmt den höchsten Berg).

Wie schafft es ein Unternehmen nun, eine radikale Innovation zu verfolgen? Was ist notwendig, damit ein Unternehmen – in der Sprache der Abb. 4.8 – einen höheren Berg findet? In der Vergangenheit war es zumeist so, dass eine grundlegend neue Technologie dafür notwendig war. Selbstfahrende Autos verfügen technisch über ganz andere Grundlagen als aktuelle Autos. Digitalkameras funktionieren völlig anders als analoge Kameras. Da die Entwicklung grundlegend neuer Technologien in den meisten Branchen nur alle paar Jahre oder sogar noch viel seltener überhaupt stattfindet, sind auch radikale Innovationen in den meisten Branchen selten.

Von der Unterscheidung zwischen radikalen und inkrementellen Innovationen sowie von der Einsicht ausgehend, dass grundlegend neue Technologien radikale Innovationen ermöglichen, entwickelte sich in den letzten zwei Jahrzehnten eine Designschule in der Innovationslehre (Verganti 2009). Die Vertreter dieser Schule argumentieren, dass radikale Innovationen nicht nur als grundlegend neue Technologien entwickelt werden können, sondern auch dadurch, dass man das Design der Produkte oder Leistungen bzw. der grundlegenden Technologien ändert und den Produkten oder Leistungen damit eine neue Bedeutung gibt (Verganti 2008). Damit wird die Unterscheidung zwischen radikalen und inkrementellen Innovationen, die auf dem Neuigkeitsgrad der Technologie basiert, um radikale Innovationen durch Design- und damit Bedeutungsänderung erweitert.

Ein erstes Beispiel zur Veranschaulichung des Konzepts sind die Produkte von Bang & Olufsen, die ab Beginn der 1970er-Jahre Musikabspielgeräte von reinen elektronischen Geräten in Einrichtungsgegenstände weiterentwickelt haben, die Musik in hervorragender Qualität abspielen konnten (Verganti 2009). Die grundlegende Idee von Apple bei der Einführung des ersten Macintosh war, dass Computer nicht nur dazu dienen sollten, eine Arbeit zu erledigen, sondern auch Hobby oder Spielzeug sein konnten. Dies ist ein zweites Beispiel für eine Innovation, die designbezogene Elemente enthält. Die veränderte Bedeutung des Produkts „Computer" kann als Ursprung der Benutzerfreundlichkeit durch eine grafische Oberfläche gelten. Als weitere prominente

Beispiele können die norditalienischen Unternehmen illy und Alessi dienen, deren designgetriebene Innovationsansätze in Beispiel 4.7 bzw. Beispiel 4.8 diskutiert werden.

Beispiel 4.7: Illys Weg aus der Commodity-Falle: Kaffee bekommt eine neue Bedeutung

Illy ist eine Kaffeemarke aus Triest in Norditalien. Bis in die 1990er-Jahre litt die Kaffeeindustrie Jahrzehnte lang unter der Entwicklung hin zu einem reinen Commodity-Produkt. 1992 begann man in Triest damit, dem Standard-Kaffeeprodukt weitere Bedeutungen zu verleihen und aus dem Kaffeetrinken ein zentrales soziales und schönes Ereignis des Tages zu machen (Battistella et al. 2012). 1992 begann illy damit, eine Reihe von Designertassen unter dem Titel „Kunst und Handwerk" zu produzieren. Dies stellte den Startpunkt einer engen Beziehung illys mit der Kunstwelt dar. Ein Buch über die Leidenschaft des Kaffeetrinkens wurde von illy veröffentlicht, weltweit wurden elf Weiterbildungszentren aufgebaut, die die Leidenschaft in Seminaren vermitteln sollten. Für die illy-eigenen Cafés wurden kleine Bücher verfasst und kostenlos verteilt. Diese können Kaffeetrinker lesen, während sie den illy-Kaffee genießen. Dabei geht es ebenfalls um Kunst und Kulturelles, wodurch Kaffeetrinken eine neue Bedeutung bekam. Über den reinen Akt des Trinkens hinaus ist es ein horizonterweiterndes Ereignis geworden. ◄

Beispiel 4.8: Alessi und der Design-Ansatz: Haushaltswaren sind mehr als Gebrauchsgegenstände

Alessi ist eine italienische Designfabrik im Piemont, die ein umfangreiches Produktprogramm aus Küchen- und Badartikeln führt, jährlich mehr als 100 Mio. € umsetzt und in mehr als 70 Länder exportiert, mit Deutschland als wichtigstem Auslandsmarkt. Alessi hat in den letzten Jahrzehnten einige der beliebtesten und exklusivsten Produkte im Bereich der Haushaltswaren auf den Markt gebracht. Der Ansatz, so erklärt der aktuelle Geschäftsführer Alberto Alessi, bestand und besteht dabei darin, alltägliche Produkte (wie einen Brotkorb oder einen einfachen Löffel), die zunächst nur die Bedeutung haben, einfache Haushaltsgegenstände zu sein, zu ästhetischen und einzigartigen Einrichtungsgegenständen zu machen. Zu besonderer Berühmtheit sind die in den 1990er-Jahren auf den Markt gebrachten Korkenzieher gelangt, die nicht nur ein Werkzeug zum Öffnen von Weinflaschen darstellen, sondern durch die Integration menschlicher Figuren mit lachenden Gesichtern in das Design quasi zum Leben erweckt werden. Aus diesem Grund wird Alessi auch gerne als „Traumfabrik der Haushaltswaren" bezeichnet und ist zum Inbegriff einzigartig designter Einrichtungsgegenstände geworden. Um dies zu erreichen, hat Alessi ein Netzwerk aus mehr als 200 externen Designern aufgebaut, darunter nicht nur Produktdesigner, sondern auch Architekten. Ein Teekessel von Frank Gehry und eine Vase von Zaha Hadid sind zwei Produkte, die aus diesen Netzwerken entstanden sind (Alessi Spa 2016). ◄

Grundlegend lassen sich damit vier Typen von Innovationen unterscheiden, wie in Abb. 4.9 veranschaulicht (Verganti 2009). Diese vier Typen können entlang von zwei Dimensionen klassifiziert werden. Zum einen entlang der Technologie: Bietet diese nur eine inkrementelle oder eine radikale Verbesserung? Zum anderen entlang der Bedeutung von Produkt oder Leistung: Behalten Produkt oder Leistung durch die Innovation ihre grundsätzliche Bedeutung bei oder wird eine neue Bedeutung geschaffen? Inkrementelle Innovationen bewegen sich innerhalb der existierenden Bedeutung des Produkts oder der Leistung für den Kunden, vielleicht werden sie sogar unmittelbar vom Kunden gefordert. Radikale Innovationen bewegen sich ebenfalls innerhalb der grundlegenden Bedeutung von Produkt oder Leistung für den Kunden, bauen aber auf einer grundlegend neuen Technologie auf. Designgetriebene Innovationen können in Bezug auf die Technologie inkrementelle oder radikale Verbesserungen bieten, entscheidend für die Klassifizierung als designgetriebene Innovation ist jedoch, dass dem Produkt oder der Leistung eine neue Bedeutung für den Kunden gegeben wird (Battistella et al. 2012).

Designgetriebene Innovationen schaffen neue Gründe, warum das neue Produkt oder die neue Leistung gekauft werden sollten – Gründe, die über das hinausgehen, was bestehende Produkte oder Leistungen bislang boten (Liedtka 2015). Dabei kann eine radikal neue Technologie zum Einsatz kommen, jedoch nicht zwangsläufig. So hat etwa der Minirock in den 1960er- und 1970er-Jahren in einzelnen politischen und gesellschaftlichen Bewegungen eine völlig neue Bedeutung („Freiheitssymbol") erhalten, ohne dass dazu die Technologie des Produkts grundlegend verändert werden musste.

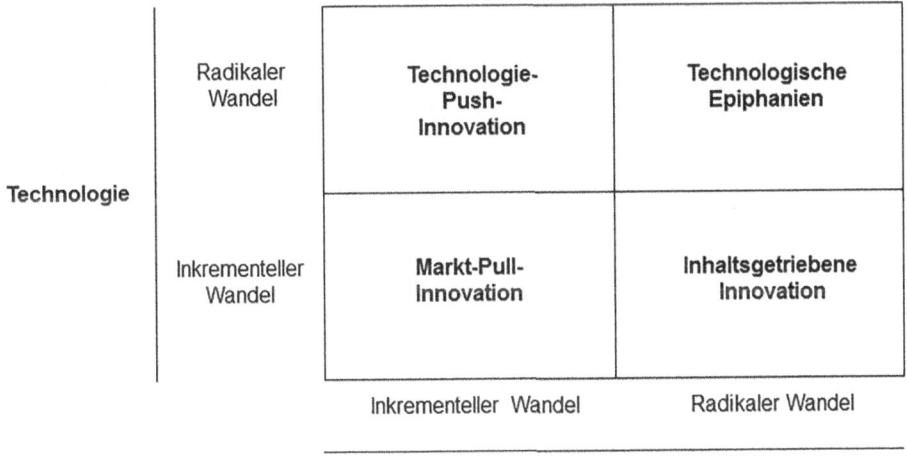

Abb. 4.9 Systematisierung von Innovationen nach Technologie und Bedeutung. (Nach Verganti 2009)

4.2.2 Opportunity Recognition mit dem Interpreter-Ansatz

Die Darstellungen aus dem vorherigen Abschnitt haben verdeutlicht, dass design-getriebene Innovationen das Potenzial haben, Anknüpfungspunkte für neue Opportunities zur Generierung von Wachstum zu sein. Nun stellt sich die Frage, wie Unternehmen von dieser Option profitieren können. Gibt es systematische Vorgehens-weisen, um Produkten oder Leistungen – mit oder ohne radikaler Weiterentwicklung der zugrunde liegenden Technologie – eine neue oder weitere Bedeutung zu geben?

Die wissenschaftliche und praxisnahe Literatur bietet hier den sogenannten Inter-preter-Ansatz (Verganti 2009). Diesem liegt die Einsicht zugrunde, dass Unternehmen und insbesondere ihre Produktentwicklungs- und Marketingabteilungen in ihren Produkt- und Leistungskategorien gefangen sind und sich aufgrund ihrer Ausbildung und beruflichen Erfahrung nur schwer vorstellen können, welche weitere Bedürfnisse eine Weiterentwicklung des Produkts oder der Leistung befriedigen könnte (Birkinshaw und Gibson 2004). Gleiches gilt für den Kunden selbst: Man kann nicht erwarten, dass Kunden in klassischen Marktforschungssituationen, etwa durch Befragungen, auf mög-liche weitere Bedeutungen der jeweiligen Produkte oder Leistungen kommen. Auf diesen Einsichten aufbauend besagt der Interpreter-Ansatz, dass das jeweilige Unter-nehmen, insbesondere die Produktentwicklungs- und Marketingabteilungen, kreative Unterstützung benötigen, und zwar durch Personen aus anderen Fachrichtungen, die den Kunden grundsätzlich auch studieren, jedoch aus anderen Blickwinkeln. Bei-spiel 4.9 stellt dar, wie Designer einer Kunsthochschule und Zahnärzte gemeinsam dem österreichischen Unternehmen MAM geholfen haben, eine neue Bedeutung für das Standardprodukt Schnuller zu finden, dessen Aufgabe bis dahin lediglich war, Babys und Kleinkinder zu beruhigen. Bei der Entwicklung neuer Computertomografen (CTs) und Magnetresonanztomografen (MRTs) bei Philips waren Forscher zu Angstsituationen und Architektur hilfreich, um den Produkten eine neue Bedeutung zu geben, die Philips bis dahin nicht wahrgenommen hatte (Beispiel 4.10).

Beispiel 4.9: MAMs Innovationen für Babys

Die MAM Babyartikel GmbH ist ein österreichisches Unternehmen mit Haupt-sitz in Wien, das unter der Marke MAM eine ganze Reihe von Babyartikeln wie Schnuller, Esslernprodukte und Beißringe vertreibt. Heute werden etwa 50 Mio. Babyartikel pro Jahr weltweit verkauft. Das Besondere an MAM, und so grenzt sich das Unternehmen auch vom Wettbewerb ab, ist die Positionierung im Design-und Lifestyle-Segment im Markt der Babyartikel. Ab Mitte der 1970er-Jahre hat MAM dieses Segment überhaupt erst selbst kreiert. Die innovative Gründungsidee des Unternehmens bestand darin, einem Markt, der bis dahin eher durch schlichtes, zweckmäßiges Design in Standardformen und Standardfunktionen charakterisiert war, durch neuartiges Design eine völlig neue Bedeutung zu geben. Die Produkte von

MAM sehen nicht nur anders aus als die der Konkurrenz, sondern wurden mit der Einstellung entwickelt, praktische Produkte zu sein und dabei noch gut auszusehen. So wurde der erste Schnuller zusammen mit Ärzten auf der einen Seite und der Hochschule für angewandte Kunst in Wien auf der anderen Seite entwickelt – ein Ansatz, der in der Babyartikel-Branche bis dahin völlig unbekannt war. Durch den Input von Zahnärzten und Designern wurden Schnuller in unterschiedlichen Größen entwickelt, der Schnuller liegt so immer perfekt im Mund. Die innovative anatomische Form stellt sicher, dass es zu keinen Kieferfehlstellungen kommt. Bis heute hat MAM etwa 60 Patente angemeldet und eine ganze Reihe von Preisen für innovative Produkte erhalten. Der Erfolg von MAM lässt sich darauf zurückführen, dass ein an sich unspektakuläres Produkt wie der Schnuller technisch und designmäßig weiterentwickelt und ihm auf diese Weise eine neue Bedeutung gegeben wurde. Statt nur ein zweckmäßiger Beruhiger zu sein, ist es heute ein Produkt in verschiedensten Formen und Designs. Dabei geholfen haben die Einsichten der Interpreter-Gruppen Ärzte und Designer (MAM Babyartikel GesmbH 2016). ◄

Beispiel 4.10: Philips und die Radiologie: Untersuchungen sind mehr als nur Untersuchungen

In der Radiologie herrschen seit den 1970er-Jahren CTs, seit den 1980er-Jahren MRTs vor (Verganti 2011). Im Laufe der Zeit wurden die ersten Maschinen von diversen Anbietern technisch weiterentwickelt, so dass beispielsweise die Rotationsgeschwindigkeit verdoppelt werden konnte. Anfang der 2000er-Jahre merkte Philips, dass die Weiterentwicklungen immer inkrementeller wurden und immer mehr Wettbewerber aufholten. Aus diesem Grund machte man sich bei Philips darüber Gedanken, wie eine Abgrenzung in Zukunft möglich sein könnte. Als Ausgangspunkt diente die Beobachtung, dass bei der Nutzung der CTs und MRTs von Philips viele Patienten, insbesondere Kinder, aus Angst vor und während der Untersuchung sediert werden mussten. Das war den bisherigen Entwicklern bei Philips zwar bewusst gewesen, bislang aber als notwendiges Übel der Untersuchung hingenommen worden. Für Philips stellte diese Beobachtung allerdings einen wichtigen Baustein in der Weiterentwicklung der Geräte dar. Wenn eine neue Produktgestaltung die Angst vor und während der Untersuchung nehmen könnte, würde man sowohl den Krankenhäusern als auch den Patienten einen Mehrwert liefern.

Philips setzte dazu ein Projekt auf, das sich des Interpreter-Ansatzes bediente (Verganti 2011). Es wurden Personen innerhalb und außerhalb des Unternehmens gesucht, die sich mit Angstthemen und Untersuchungen generell beschäftigten, aber nicht unmittelbar mit CT- oder MRT-Geräten. Personen mit Kenntnissen in Interaktionsdesign, Architektur, Innenausstattung, Soziologie und Anthropologie wurden hinzugezogen. Auch wurden Verbindungen zu anderen Projekten von Philips gesucht.

Ein Projekt mit dem Namen „Noahs Arche" beschäftigte sich zu der Zeit mit dem Gesamterlebnis des Ins-Bett-Gehens von Kindern. Es wurde ein Experiment durchgeführt, bei dem das Kind interaktiv Wolken, Bilder und Gedichte an die Decke des Schlafraums projizieren konnte. Ein anderes Philips-Projekt beschäftigte sich damit, inwiefern das Erzählen von Geschichten zur Kindererziehung beiträgt. Durch das Zusammenbringen der Interpreter und der Erkenntnisse aus diesen anderen, parallel laufenden Projekten konnte eine ganze Reihe von Erkenntnissen in die Weiterentwicklung von CTs und MRTs fließen, die in die Markteinführung des AEH mündeten.

Diese Geräte schaffen eine entspannte Atmosphäre durch die Nutzung mehrerer Technologien (wie LED-Displays, Videoanimation, RFID und Sound-Control-Technologien), die auf die Vorschläge der Interpreter zurückzuführen waren. Kinder dürfen nun im Wartezimmer ein Tier auswählen, das – mit RFID gesteuert – eine Geschichte per Audiosystem auslöst, wenn sich das Kind der Maschine nähert. Dazu werden thematisch passende Lichter eingeschaltet und Videoanimationen gezeigt. Diese und ähnliche Weiterentwicklungen hatten durchschlagenden Erfolg: In Krankenhäusern, in denen diese Technologie verfügbar ist, gingen die notwendigen Sedierungen um 30 bis 40 % zurück.

Im Kern ist ein bestehendes Produkt durch das Hinzuziehen von Interpretern weiterentwickelt worden. Dem Produkt wurde eine weitere Bedeutung gegeben: Es war nicht mehr nur ein Produkt, das bestimmte medizinische Bilder macht, sondern auch eines, das insbesondere Kindern Angst nehmen kann. Was vor dem eigentlichen Vorgang der Bildaufnahme geschieht, wurde in die Weiterentwicklung und das Feedback der Interpreter entsprechend miteinbezogen. ◄

Die grundlegende Annahme ist, dass einzelne Produkte oder Leistungen historisch auf eine einzelne oder beschränkte Bedeutung, d. h. aus Sicht des Kunden auf die Befriedigung eines einzelnen Bedürfnisses oder einer beschränkten Anzahl von Bedürfnissen, ausgerichtet sind. Der Konsum oder die Nutzung eines Produkts ist aber in einen größeren Rahmen von Aktivitäten des Kunden eingebettet. Der Kunde beschäftigt sich sowohl vorab als auch danach mit bestimmten Tätigkeiten. Er steht weiteren Bedürfnissen, Problemen oder Ängsten gegenüber, die mit dem Konsum des Produkts oder der Leistung in einem Zusammenhang stehen. Des Weiteren hat der Kunde generell, unabhängig von der betrachteten Produktkategorie, Bedürfnisse und Probleme. Interpreter aus anderen Fachrichtungen kennen diese Bedürfnisse und Probleme besser als die auf das Produkt oder die Leistung fokussierten Produktentwicklungs- und Marketingabteilungen.

Dabei gilt: Je heterogener die Gruppe der Interpreter, desto größer die Wahrscheinlichkeit, dass grundlegend neue, relevante Bedeutungen erkannt werden. Die Interpreter können aus anderen Abteilungen des Unternehmens kommen, aber auch von extern, beispielsweise Wissenschaftler von Universitäten. Die in diesem Abschnitt aufgezeigten Unternehmensbeispiele zeigen bereits eine ganze Reihe möglicher Interpreter: Forscher,

Designer, Ärzte, Architekten oder Soziologen. Abb. 4.10 zeigt eine Vielzahl möglicher Interpreter-Gruppen.

Die Erkenntnis, dass Interpreter aus anderen Fachrichtungen einen wesentlichen Beitrag zu Innovationen leisten können, spiegelt sich im sogenannten Medici-Effekt in der wissenschaftlichen Literatur wider (Johansson 2006). Der Medici-Effekt beruht auf der historischen Begebenheit, dass die Medici-Familie eine Vielzahl von Künstlern verschiedenster Herkunft und Fachrichtungen nach Florenz einlud und durch deren Austausch letztlich der Grundstein für die Renaissance gelegt wurde. Dieser Grundgedanke findet sich in vielen wissenschaftlichen Schriften zur Nutzung heterogener Teams zur Generierung von Innovationen wider. Auch der Interpreter-Ansatz baut grundsätzlich auf diesem Austausch verschiedener Fachrichtungen auf. Die Besonderheit des Interpreter-Ansatzes liegt darin, dass explizit neue Bedeutungen für ein Produkt oder eine Lösung gesucht werden und die ausgewählten Interpreter ein grundsätzliches Vorwissen über den betrachteten Kunden haben.

4.2.3 Anwendung des Interpreter-Ansatzes

Wie kann nun konkret der Interpreter-Ansatz angewendet werden? Wie im vorhergehenden Abschnitt dargelegt, besteht der Kern dieses Ansatzes darin, die Bedeutung von Produkten zu ändern. Dies kann mit oder ohne radikale technologische Innovation erfolgen. Grundsätzlich kann ein solcher Ansatz immer angewendet werden, er ist

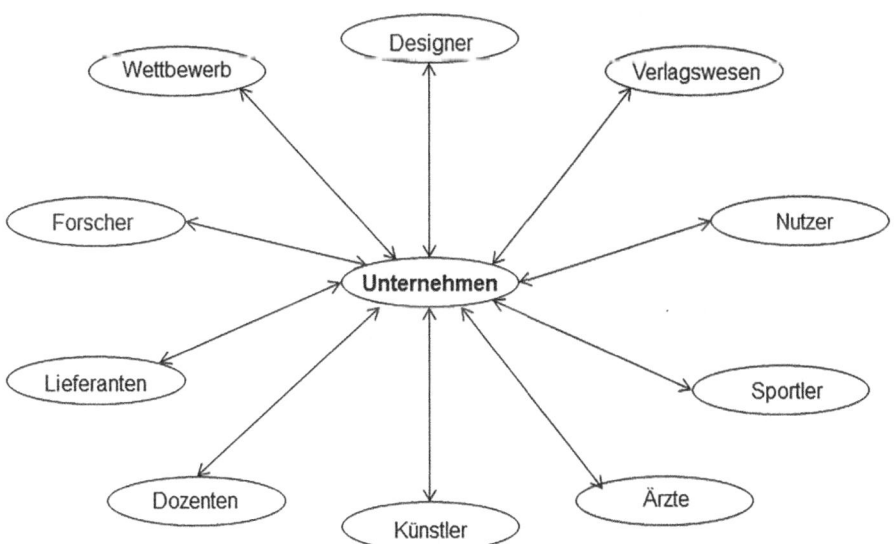

Abb. 4.10 Übersicht über mögliche Interpreter zur Aufdeckung designgetriebener Innovationen. (Nach Verganti 2009)

nicht an bestimmte Ereignisse gebunden, auch wenn davon auszugehen ist, dass neue Bedeutungen für Produkte nicht am laufenden Band produziert werden können. Verganti (2009) stellt heraus, dass eine Suche nach neuen Bedeutungen für Produkte und Leistungen immer dann besonders erfolgversprechend ist, wenn gleichzeitig auch radikale technologische Innovationen verfolgt werden. Unternehmen, denen es gelungen ist, ihre radikalen technologischen Innovationen mit Bedeutungsänderungen zu kombinieren, waren historisch besonders erfolgreich.

Die Anwendung des Interpreter-Ansatzes kann in fünf Schritte gegliedert werden, die in Abb. 4.11 dargestellt sind.

In einem ersten Schritt bietet es sich an, die aktuelle Bedeutung des angebotenen Produkts oder der angebotenen Leistung zu ermitteln. Nach der Erfassung des Status quo sollte in einem zweiten Schritt der Kontext des aktuellen Gebrauchs oder der Verwendung des Produkts oder der Leistung erweitert werden. Dazu bieten sich zum Beispiel folgende Fragestellungen an:

- Was macht der Kunde vor und nach dem Gebrauch des Produkts oder der Leistung?
- In welchem größeren Kontext findet der Gebrauch des Produkts oder die Leistung statt?
- Welche Probleme, Aufwände oder Schmerzen entstehen im Zusammenhang mit dem Gebrauch des Produkts oder der Leistung?

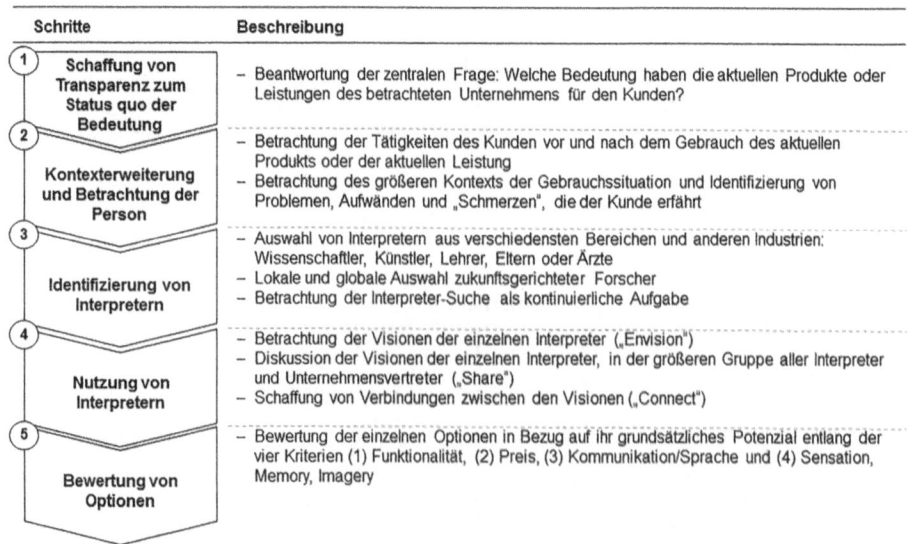

Abb. 4.11 Konkrete Schritte zur Identifizierung von Opportunities mithilfe des Interpreter-Ansatzes. (Eigene Darstellung)

In einem dritten Schritt werden auf Basis dieser erweiterten Sicht Interpreter aus-gewählt, und zwar unter Berücksichtigung des erweiterten Kontexts des Menschen, der das Produkt gebraucht oder die Leistung bezieht. Dabei sollten grundsätzlich alle in Abb. 4.10 dargestellten Gruppen von Interpretern betrachtet werden. Folgende Hinweise gibt Verganti (2009) zu deren Auswahl:

- Bringen Sie Interpreter aus verschiedenen Bereichen (wie Fachrichtungen) zusammen und fördern Sie einen Austausch zwischen ihnen.
- Suchen Sie Forscher, die sich mit zukunftsorientierten Themen beschäftigen und nicht solche, die sich mit der Vergangenheit oder Gegenwart beschäftigen.
- Suchen Sie lokale und globale Interpreter.
- Ziehen Sie Interpreter an, indem Sie selbst als Interpreter bei anderen Unternehmen unterstützten.
- Hören Sie nie auf, nach neuen Interpretern zu suchen.

In einem vierten Schritt kommt es zur tatsächlichen Arbeit mit den Interpretern. Dazu schlägt Verganti (2009) drei Unterschritte vor:

- „Envision": Jeder Interpreter stellt vor den anderen Interpretern und den Unter-nehmensvertretern seine Forschung und Erkenntnisse der letzten Jahre vor. In der Gruppe werden diese Erkenntnisse auf die Aufgabenstellung des Unternehmens über-tragen. Dieser Schritt kann mehrere Wochen oder sogar Monate dauern.
- „Share": Die im ersten Schritt erarbeiteten Erkenntnisse werden vor einer größeren Gruppe (möglicherweise mit weiteren Interpretern) diskutiert und verfeinert.
- „Connect": In weiteren Workshops werden die Visionen und Ideen der Interpreter auf mögliche Verbindungen hin diskutiert.

Aus diesem vierten Schritt erhält das Unternehmen im Idealfall eine Liste von Optionen, die das Potenzial haben, radikale Innovationen durch eine neue Produkt- oder Leistungs-bedeutung zu schaffen, wie z. B. Nintendo Computerspielen durch neue Technologien eine neue Bedeutung gegeben hat (Beispiel 4.11).

Beispiel 4.11: Technologische und designgetriebene Innovationen in der Computerspiele-Industrie

Abb. 4.12 zeigt in einer Matrix Technologie- und Bedeutungsänderungen von Computerspielen im Zeitablauf (Battistella et al. 2012). Zu Beginn ihrer Vermarktung vor einigen Jahrzehnten handelte es sich zumeist um einfache Spiele, die auf einer Konsole mit einer einfachen grafischen Oberfläche gespielt werden konnten. Diese ersten Generationen von Computerspielen hatten die einfache Bedeutung, ein Spiel zu sein und für einzelne Personen einen Zeitvertreib darzustellen. Schnellere Prozessoren und High-Speed-Internet ermöglichten bessere Grafiken und Rollenspiele.

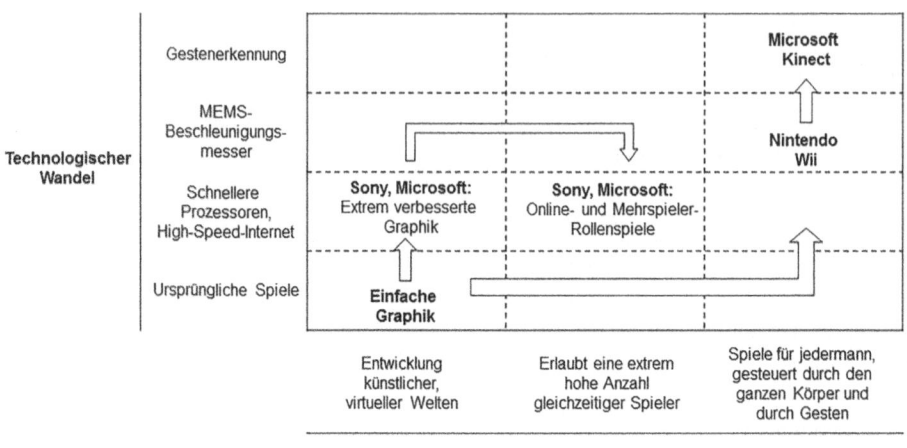

Abb. 4.12 Technologischer und inhaltlicher Wandel von Computerspielen. (Nach Battistella et al. 2012)

MEMS-Accelerometers waren die nächste technologische Weiterentwicklung, mit der Computerspiele eine radikale technologische Veränderung erfuhren. Schließlich ermöglichten es weitere neue Technologien, Gesten zu erkennen und darüber Computerspiele zu steuern. Den jeweiligen Marktführern in den einzelnen Phasen ist es darüber hinaus gelungen, diesen neuen Technologien neue Bedeutungen zu geben. Es lässt sich beobachten, dass immer, wenn radikale neue Technologien auch mit neuen, erweiterten Bedeutungen von Unternehmen verknüpft wurden, diese Unternehmen besonders erfolgreich waren. Firmen wie Sony und Microsoft beispielsweise nutzten schnellere Prozessoren und das Internet, um Computerspielen eine weitere Bedeutung zu geben und Gruppenevents über Netzwerkspiele zu ermöglichen. Schließlich nutzten Unternehmen wie Nintendo die nächste Generation von Technologien, um Computerspiele als sportliche Aktivität im eigenen Heim zu positionieren, womit sich Computerspiele endgültig weit von ihrer ursprünglichen Bedeutung entfernt entwickelt hatten. ◄

Im fünften Schritt erfolgt die Bewertung der einzelnen Ideen. Verganti (2009) schlägt dazu vier Kriterien vor, nach denen die Ideen beurteilt werden können. Diese Kriterien stammen aus einer konkreten Anwendung des italienischen Unternehmens Alessi, wie in Abb. 4.13 beschrieben. Die ersten beiden Kriterien sind recht intuitiv und unterscheiden sich nicht sonderlich von gewöhnlichen Innovationsprozessen; es wird zum einen die Funktion des neuen Produkts oder die neue Leistung beurteilt, zum anderen der Preis, den ein Kunde bezahlen muss. Zwei weitere Kriterien, die sich konkret auf den Kontext designorientierter Innovationen beziehen, sind folgende:

Punkte	Kommunikation/ Sprache	Empfinden/Vor- stellungs- vermögen	Funktion	Preis
5	Erleuchtend	Spannend	Brillant	„Ich nehme zwei!"
4	„in"	Attraktiv	Sehr praktisch	Profitabel
3	Akzeptabel	Neutral	Standard	Akzeptabel
2	Zweifelhaft	Unklar	Fragwürdig	Teuer
1	„out"	Unangenehm	Unnatürlich	(zu) teuer

Abb. 4.13 Alessis Erfolgsformel bei der Bewertung erfolgsversprechender Ideen. (Nach Verganti 2009)

- Kommunikation/Sprache:
  - Verbessern Produkt oder Leistung die Interaktion des Kunden mit den Mitmenschen?
  - Adressieren Produkt oder Leistung Bedürfnisse der Selbstverwirklichung?
  - Verleihen Produkt oder Leistung sozialen Status?
  - Beziehen sich Produkt oder Leistung auf zentrale Werte und Überzeugungen der Kunden?
- Empfinden/Vorstellungsvermögen:
  - Stimulieren Produkt oder Leistung das Vorstellungsvermögen des Kunden?
  - Rufen Produkt oder Leistung Begeisterung und vielleicht sogar intensive Emotionen hervor?
  - Stimulieren Produkt oder Leistung die Sinne?

Unternehmen wie Alessi wählen Optionen aus, die entweder auf allen vier Kriterien beste Ausprägungen aufweisen, also in Abb. 4.13 Punktewerte von fünf oder nahe fünf auf den vier Dimensionen aufweisen. In einzelnen Fällen kann es auch sinnvoll sein, so Verganti (2009), Optionen zu verfolgen, die auf drei Kriterien vorteilhafte Ausprägungen aufweisen und auf einem Kriterium schwach ranken.

Kernaussagen

- Opportunities können mit bestehenden Produkten oder Leistungen (bzw. technischen Weiterentwicklungen dieser Produkte oder Leistungen) geschaffen werden, indem diesen eine neue Bedeutung gegeben wird.
- Die Designschule argumentiert, dass radikale Innovationen durch substanzielle Weiterentwicklungen sowohl der Technologien als auch der Bedeutung generiert werden können.

- Mittels des Interpreter-Ansatzes ist es möglich, Experten aus anderen Disziplinen (wie Design oder Medizin) in die Entwicklung von Produkten oder Leistungen zu integrieren.

Aufgaben zur Wiederholung

1. Erläutern Sie inkrementelle und radikale Innovation. Skizzieren Sie auch das „Berg"-Modell nach Norman und Verganti, erläutern Sie die verschiedenen Stadien des Verlaufs sowie die X- und Y-Achsen.
2. Skizzieren und erläutern Sie in einer 4×4 Matrix die vier Innovationstypen nach Verganti.
3. Erläutern Sie, warum Mitarbeiter in Marketing und Produktentwicklung sowie Kunden keine guten Interpreter sind.
4. Erläutern Sie den sogenannten „Medici-Effekt" und erklären Sie, wie er mit dem Interpreter-Ansatz zusammenhängt.
5. Nennen Sie die fünf konkreten Schritte zur Identifizierung von Opportunities mit dem Interpreter-Ansatz und erläutern Sie diese stichpunktartig.

4.3   Innovation-Crowdsourcing

Abschn. 4.3 stellt mit dem Innovation-Crowdsourcing einen weiteren Ansatz vor, der aus der Umwelt des betrachteten Unternehmens Opportunities generiert. Zunächst wird Innovation-Crowdsourcing als Tool grundlegend dargestellt (Abschn. 4.3.1). Abschn. 4.3.2 zeigt, wie dieses Tool genutzt werden kann, um mit einer Gruppe freiwilliger User neue Opportunities zu erkennen. Abschn. 4.3.3 erläutert die konkreten Schritte zum Einsatz des Innovation-Crowdsourcing.

Lernziele
- Das Konzept des Innovation-Crowdsourcing verstehen und nutzen können.
- Hierzu gilt es,
  - zu verstehen, unter welchen Umständen Innovation-Crowdsourcing eine gute Alternative zu traditionellen Ansätzen innerhalb eines Unternehmens ist,
  - festzustellen, welche Probleme mit Innovation-Crowdsourcing besonders gut gelöst werden können,
  - sich bewusst zu machen, vor welche Herausforderungen Innovation-Crowdsourcing eine traditionell organisierten Organisation stellt und sich auf diese vorzubereiten,
- um mithilfe der verschiedenen Formen des Innovation-Crowdsourcing (Wettbewerbe, gemeinschaftliche Zusammenarbeit, Komplementäranbieter und Arbeitsmarkt) die Vorteile einer unternehmensexternen Crowd für Opportunity Recognition zu nutzen.

4.3.1 Das Konzept des Innovation-Crowdsourcing

Innovation-Crowdsourcing bezeichnet ein relativ neues Phänomen, bei dem traditionell interne Aufgaben eines Unternehmens an eine (größere) Gruppe Freiwilliger ausgelagert werden. Der Begriff Crowdsourcing wurde erstmals im Jahr 2006 von Jeff Howe, einem amerikanischen Journalisten des Wired Magazine, in einem seiner Artikel verwendet und ist an den Begriff „Outsourcing" angelehnt (Howe 2006).

Papsdorf (2009) definierte in einer der ersten wissenschaftlichen Definitionen Crowdsourcing als die Strategie des Auslagerns einer üblicherweise von Erwerbstätigen entgeltlich erbrachten Leistung durch eine Organisation oder Privatperson mittels eines offenen Aufrufes an eine Masse unbekannter Akteure, bei dem der Crowdsourcer und/oder die Crowdsourcees frei verwertbare und direkte wirtschaftliche Vorteile erlangen. Eine Crowd ist also immer eine Masse an Freiwilligen außerhalb eines Unternehmens, die auf verschiedene Art und Weise inzentiviert werden, sich an der Lösung von Problemen zu beteiligen. Wie in Beispiel 4.12 beschrieben, beteiligen sich an der Weiterentwicklung von Wikipedia Millionen Freiwillige in der ganzen Welt. Weitere Umschreibungen und Definitionen von Crowdsourcing umfassen zusätzlich die modernen Informations- und Kommunikationsmedien, wie das Internet oder auch Smartphones, als Basis zur Erbringung der Ideen und somit als Grundlage zur Entstehung des Phänomens Crowdsourcing.

Beispiel 4.12: Wikipedia als eines der erfolgreichsten Crowdsourcing-Projekte der letzten Jahre

Ursprünglich gründeten Jimmy Wales, ein Internet-Unternehmer, und Larry Sanger, damals Doktorand der Philosophie, im März 2000 „Nupedia" als eine englischsprachige Internet-Enzyklopädie. Die Prozesse funktionierten damals ähnlich wie bei einer normalen Enzyklopädie: Texte wurden von bezahlten Autoren verfasst und später durch ein Peer-Review-Verfahren überprüft.

Anfang 2001 wurden Wales und Sanger auf die Wiki-Technologie aufmerksam, die es ermöglichte, Artikel über den Browser nicht nur zu lesen, sondern auch zu verändern. So entstand neben „Nupedia" parallel auch „Wikipedia", das am 15. Januar 2001 unter eigener Adresse online ging, zunächst aber nur als Spaßprojekt angedacht war.

Wikipedia entwickelte sich jedoch, auch zum Erstaunen von Wales und Sanger, so schnell, dass es Nupedia bis September 2003 vollkommen verdrängt hatte. Bisher wurden bei Wikipedia über 55 Mio. Artikel in mehr als 300 Sprachen auf freiwilliger und unentgeltlicher Basis erstellt, 1,9 Mio. Autoren haben bislang dazu beigetragen. In Deutschland arbeiten zurzeit ca. 18.000 aktiven Autoren regelmäßig an Artikeln der Wikipedia (Wikipedia 2021).

Das Wikipedia-Projekt ist ein gutes Beispiel für Crowdsourcing, da es eine große Masse an unbekannten Akteuren animiert, sich an der Erstellung einer für alle zugängliche Online-Enzyklopädie zu beteiligen. Die Crowd sind in diesem Beispiel alle Personen, die von Wikipedia aufgerufen werden, sich an der Weiterentwicklung zu beteiligen (also alle Leser von Wikipedia-Artikeln), wobei jedoch nur einige aktiv mitmachen. ◄

Crowdsourcing als Ansatz gibt es schon sehr lange. So wurden in der Vergangenheit schon einige der zentralen wissenschaftlichen und technischen Probleme durch Vorgehensweisen, die man heute als Crowdsourcing bezeichnen würde, gelöst. Im Jahr 1714 wurde vom britischen Parlament der „Longitude Prize" für die Erfindung einer einfachen und praktikablen Methode zur Bestimmung des geografischen Standorts eines Schiffes auf See ausgelobt. Nachdem schon viele brillante Wissenschaftler wie Giovanni Cassini, Christiaan Huygens, Edmond Halley und Isaac Newton vergeblich versucht hatten, eine Lösung zu finden, kam die Gewinner-Idee aus über 100 Einsendungen von John Harrison, einem Zimmermann und Uhrmacher, der für seine Erfindung eines sehr akkuraten Chronometers, mit dem nun exakte Vermessungen möglich waren, ausgezeichnet wurde (Boudreau und Lakhani 2013).

Die durch moderne Informations- und Kommunikationsmedien gewonnene Vernetzung erklärt sicherlich wesentlich das wachsende Interesse und den Erfolg von Crowdsourcing in den vergangenen Jahren. Hand in Hand mit der technischen Entwicklung wurden die Plattformen für Crowdsourcing immer ausgeklügelter und leichter zu nutzen. Auch wurde es zu einem ständig verfügbaren Tool, das beliebig neu belebt oder abgestellt werden kann (Boudreau und Lakhani 2013). Diese Vernetzung vergrößerte die Möglichkeiten zum Innovation-Crowdsourcing durch die nun weltweite Zugänglichkeit und die größere Anzahl an potenziellen Teilnehmern.

Innovation-Crowdsourcing ist primär ein Instrument, um Freiwillige außerhalb eines Unternehmens in die Lösungsfindung für bestimmte Probleme einzubinden, jedoch können einige Innovation-Crowdsourcing-Tools auch innerhalb von überwiegend größeren Unternehmen durchgeführt werden. Hier besteht der Vorteil insbesondere darin, die Kompetenz eines ganzen Unternehmens zu nutzen und Abteilungs- und Bereichsgrenzen zu durchbrechen. Im Folgenden konzentrieren wir uns jedoch auf die Möglichkeit, externe Freiwillige einzubinden.

Beim Innovation-Crowdsourcing werden Freiwillige von Unternehmen für spezielle Arbeitsschritte oder Aufgaben aufgefordert und helfen diesen so beispielsweise bei Innovations- oder Produktionsschritten. Auch in Forschungs- und Entwicklungsprozesse werden Crowds immer häufiger eingebunden. Innovation-Crowdsourcing nutzt die Schwarmintelligenz und gewinnt Vorteile durch die hohe Anzahl an erreichbaren Personen mit verschiedenartigen Hintergründen. Insbesondere die intrinsische Motivation von Teilnehmern, die auf freiwilliger Basis mitarbeiten, ist eine interessante Erweiterung für Unternehmen.

Als Entlohnung gibt es verschiedene Modelle wie die ergebnisbezogene Entlohnung mit Geldprämien, kleine monetäre Belohnungen für die Teilnahme, Vergünstigungen oder auch exklusive Informationen. Zusätzlich gibt es auch viele Projekte ohne finanzielle Anreize, die die Teilnehmer dadurch motivieren, dass ihnen berufliche Vorteile entstehen, sie Neues erlernen und Wissen mit anderen teilen können.

Obwohl es mittlerweile eine ganze Reihe von erfolgreichen Innovation-Crowdsourcing-Projekten gibt, nutzen nur wenige Unternehmen Innovation-Crowdsourcing effektiv, und viele Unternehmen überhaupt nicht. Viele Manager scheuen sich, ihre Probleme einer großen Gruppe von Fremden anzuvertrauen.

Fragen, die sich viele Manager stellen sind:

- Können Ideen, die aus Innovation-Crowdsourcing entstanden sind, überhaupt als geistiges Eigentum des durchführenden Unternehmens geschützt werden?
- Ist die Integration von Innovation-Crowdsourcing in die bestehenden Strukturen des Unternehmens nicht ein großer administrativer Aufwand?
- Sind die Kosten nicht immens hoch?
- Können wir uns überhaupt sicher sein, eine adäquate Lösung für unser Problem zu erhalten?

4.3.2 Opportunity Recognition mit Innovation-Crowdsourcing

Zunächst scheint die Menge an möglichen Innovation-Crowdsourcing-Ansätzen zur Generierung neuer Opportunities sehr umfangreich zu sein. Jedoch können diese nach (Boudreau und Lakhani 2013) anhand der verschiedenen Formen zur Inzentivierung, der unterschiedlichen zu lösenden Probleme und der Art der Zusammenarbeit mit der Crowd zu vier Gruppen zusammengefasst werden:

- Crowd-Wettbewerbe
- Gemeinschaftliche Zusammenarbeit in der Crowd
- Komplementäranbieter in der Crowd
- Crowd-Arbeitsmarkt

Jede dieser Gruppen ist für bestimmte Problemstellungen und Konstellationen besser oder schlechter geeignet. Im Folgenden wird jede Gruppe vorgestellt.

Als erste Gruppe von Innovation-Crowdsourcing betrachten wir Crowd-Wettbewerbe. Einer der einfachsten Ansätze, eine Crowd, also eine größere Anzahl externer Freiwilliger, bei Problemen einzubinden, ist ein Wettbewerb, wie in Beispiel 4.13 im Fall von Ciscos Suche nach neuen Geschäftsgelegenheiten beschrieben. Auch Procter & Gamble als ein Fortune-100-Unternehmen macht sich das Wissen der Crowd zu eigen (Beispiel 4.14). Bei einem Wettbewerb identifiziert ein Unternehmen zunächst ein spezifisches Problem, lobt einen Preis für den Gewinner aus und verschickt eine Einladung mit der Bitte um Einsendung von Lösungsvorschlägen. Ein Wettbewerb ist in der Regel mit einem Preisgeld und der Möglichkeit zum Austausch zwischen den Teilnehmern ausgestattet, damit möglichst qualifizierte Teilnehmer angezogen werden und dem Problem durch die Crowd genügend Aufmerksamkeit zuteilwird. Darüber hinaus veröffentlicht das Unternehmen in der Regel ein Scoring-System, nach dem die Lösungsvorschläge evaluiert werden, und spezifiziert klare Vertragsbedingungen und technische Vorgaben, um einen korrekten Umgang mit geistigem Eigentum zu gewährleisten (Boudreau und Lakhani 2013).

Beispiel 4.13: Ciscos Suche nach der ganz großen neuen Gelegenheit

Im Herbst 2007 ging Cisco ganz neue Wege, um neue Opportunities im Umfeld zu erkennen, die ein neues Milliarden-Dollar-Geschäft begründen könnten: Das Unternehmen schrieb den sogenannten „I–Prize" aus (Jouret 2009). Jegliche Individuen außerhalb Ciscos konnten teilnehmen, indem sie eine Idee für ein neues Geschäft skizzierten und einreichten, die einen strategischen Fit zum Kerngeschäft von Cisco zeigte und Ciscos Innovationsführerschaft im Bereich Internet unterstrich. 2500 Individuen aus 104 Ländern reichten etwa 1200 verschiedene Ideen ein. Der Gewinner erhielt ein Preisgeld von 250.000 US-$. Auf diese Weise konnte Cisco eine große Anzahl neuer Ideen generieren, die auf den ersten Blick eher kostengünstig erschienen. Intern aber verursachte dieser Wettbewerb einigen Aufwand: Rechtliche Themen mussten geklärt werden (Wem gehört die innovative Idee wirklich?), alle 1200 Ideen mussten gesichtet und bewertet werden, oft mussten weitere Zahlen generiert werden, um das tatsächliche Marktpotenzial einer Idee abschätzen zu können. Die besten Ideen wurden gemeinsam mit deren Urhebern verfeinert und weiterentwickelt. Insgesamt arbeiteten sechs Mitarbeiter Ciscos drei Monate lang Vollzeit an diesem Projekt. Letztlich gewann ein Team aus drei Teilnehmern im Bereich des „Smart Grid", das Cisco dann zu einem Multi-Milliarden-Dollar-Geschäft ausbaute (Jouret 2009).

Was war der Mehrwert für Cisco? Der Hauptmehrwert besteht sicherlich in der Generierung der Idee zum „Smart Grid". Das Team um Guido Jouret – Vorstand für „Emerging Technologies" bei Cisco – führt aus, dass Cisco noch viel mehr gelernt hat. Das weltweite Teilnehmerfeld ließ beispielsweise erkennen, wie sich die Ideen der Teilnehmer und damit auch indirekt die Kundenwünsche in den Nationen unterscheiden. Jouret schlussfolgert, dass der immense und zunächst unterschätzte Aufwand gerechtfertigt war. ◄

Beispiel 4.14: Procter & Gambles Befreiung vom „Not Invented Here"-Syndrom

Bis in die 2000er-Jahre war Procter & Gamble bekannt dafür, besonders verschlossen und abgeschottet zu sein. Es galt, dass alles, was nicht bei Procter & Gamble selber erfunden wurde, quasi nicht existierte (Howe 2008). Diese Einstellung funktionierte über 100 Jahre sehr gut, jedoch verlangsamte sich die Wachstumsgeschwindigkeit

Mitte der 2000er-Jahre, und die Fähigkeit, Innovationen zu entwickeln und neue Produkte zu kreieren, stagnierte. Innerhalb von sechs Monaten verlor die P&G Aktie 50 % ihres Wertes (ca. USD 75 Mrd. Marktkapitalisierung). A. G. Lafley, der frühere Chef der globalen Beauty-Care-Sparte, wurde Vorstandsvorsitzender und stellte Procter & Gamble eine ambitionierte Aufgabe: Öffnet euch! Als Lafley übernahm, kamen lediglich 15 % der neuen Produkte und Innovationen von außerhalb der Firma. Mit der Initiative „connect + develop" gab Lafley das Ziel aus, die Zahl bis 2007 auf mindestens 50 % zu steigern, was Procter & Gamble bis heute deutlich übertrifft.

Ein wichtiger Bestandteil des Erfolgs war die Erkenntnis, dass Procter & Gamble 15.000 Forscher beschäftigte, jedoch weltweit weitere 1,5 Mio. Forscher an ähnlichen Themen arbeiteten – und Procter & Gamble sich auch deren Wissen und Können zu eigen machen wollte.

Lafley half, die Plattform YourEncore zu entwickeln, auf der diese Wissenschaftler Teilzeit an Projekten arbeiten können, die von Unternehmen wie Procter & Gamble dort veröffentlicht werden. Ebenso nutzt Procter & Gamble ein weiteres Netzwerk, InnoCentive, mit 140.000 Wissenschaftlern weltweit (Howe 2008).

Immer wenn die interne Procter & Gamble-Forschungsabteilung mit einem Projekt nicht weiterkommt, kann sie es auf einer dieser Plattformen anbringen. Wenn einer der Wissenschaftler der Plattformen eine Lösung präsentieren kann, zahlt Procter & Gamble ihm eine Belohnung (und behält das geistige Eigentum). Der Erfolg dieser Strategie konnte sich sehen lassen: Der Aktienpreis erholte sich, der Umsatz wuchs und der Nettogewinn verdreifachte sich bis 2007. Die „connect + develop"-Initiative brachte Procter & Gamble auch einige der innovativsten Produkte, wie z. B. den heute allgegenwärtigen Swiffer. ◄

Für Wettbewerbe gibt es auch die Möglichkeit, professionelle Plattformen wie InnoCentive (das iStockphoto der Wissenschaftswelt), TopCoder oder Kaggle zu nutzen (Howe 2006). Solche Plattformen bieten Zugang zu einer großen Gemeinschaft an Freiwilligen, technische Lösungen und Zahlungslösungen sowie die Durchführung von Wettbewerben. Darüber hinaus schützen sie geistiges Eigentum.

Wettbewerbe sind insbesondere eine mögliche Lösung, wenn nicht klar ist, welches Wissen oder welche Eigenschaften und welcher technische Ansatz zur besten Lösung führen kann. Wettbewerbe sind vergleichbar mit einer Reihe unabhängiger Experimente, und bei den Ergebnissen wird in der Regel eine gewisse Varianz erwartet.

Obwohl ein Auftraggeber meist nur eine Lösung nutzen wird, profitiert er auch von der Beurteilung der anderen Lösungsvorschläge, da diese einen Einblick bieten, wo z. B. technische Hürden oder Grenzen liegen, und Lösungsspielräume aufzeigen. Interne Forschung und Entwicklung oder Ideenmanagement kann hier meist nur ein deutlich kleineres Spektrum aufzeigen.

Als zweite Gruppe der Crowdsourcing-Ansätze betrachten wir die gemeinschaftliche Zusammenarbeit in der Crowd. Bei dieser Zusammenarbeit werden die einzelnen

Ideen von mehreren freiwilligen, unternehmensexternen Teilnehmern zu einem zusammenhängenden und wertstiftenden Ganzen zusammengeführt und diskutiert. Hierbei kommt die Crowd über den Aufruf eines Unternehmens zusammen, wie z. B. bei LEGO im Beispiel 4.15 über deren Plattformen Cuusoo und Lego Ideas. Die gemeinschaftliche Zusammenarbeit ähnelt in diesem Punkt eher der Zusammenarbeit in einem traditionellen Unternehmen. Genau wie in traditionellen Unternehmen müssen die einzelnen Ideen zunächst bewertet und diskutiert werden (im LEGO-Beispiel durch die Unterstützung einzelner Beiträge durch die Crowd), bevor sie durch verschiedene Prozesse und Techniken in den finalen Stand mit eingearbeitet werden. Im Gegensatz dazu steht der Wettbewerb, in dem die Beiträge separat betrachtet und bewertet werden können.

Beispiel 4.15: Crowdsourcing bei Lego – so entstehen neue Spielzeuge

Seit 2008 bindet der dänische Spielzeughersteller LEGO seine Kunden über seine Innovation-Crowdsourcing-Plattformen Cuusoo und Lego Ideas bei der Entwicklung neuer Designs und Produkte mit ein (Boudreau und Lakhani 2013).

Hierzu kann man einen Produktvorschlag auf der Plattform einstellen und vorstellen. Wenn dieser Vorschlag aus der LEGO-Gemeinschaft mehr als 10.000 Unterstützer findet, qualifiziert er sich für einen offiziellen Review-Prozess durch LEGO. Hierbei werden juristische Probleme und andere Dinge diskutiert, die bei der Vermarktung problematisch werden könnten. Die Kriterien werden von LEGO veröffentlicht. Wenn mehr als 10.000 Unterstützer gewonnen wurden und der Review-Prozess erfolgreich bestanden ist, geht die Idee in Produktion. Der Einreicher erhält fünf Gratisexemplare und eine Umsatzbeteiligung von einem Prozent an dem Produkt. ◀

Die Stärke der gemeinschaftlichen Zusammenarbeit liegt in ihrer Diversität. Eine Schwäche allerdings ist, dass einer solchen Gruppe schnell der Zusammenhalt fehlt. Traditionelle Unternehmen schaffen diesen Zusammenhalt durch Strukturen, Anreizsysteme und eine gemeinsame Wertekultur und stellen gezielt Angestellte mit einer bestimmten Erfahrung und einem bestimmten Wissen ein. Crowds dagegen kommen aus unterschiedlichen Ländern, Unternehmen und Industrien mit unterschiedlichen Interessen und Motiven. Dies macht es schwer, Crowds zu kontrollieren. Unternehmen können eigene Plattformen und Gemeinschaften aufbauen, was sich in der Praxis jedoch häufig als schwierig und aufwendig herausgestellt hat. In den meisten Initiativen engagieren sich Unternehmen daher nur geringfügig, wie z. B. durch FAQ-Seiten. Einige Unternehmen, wie z. B. Verizon, bauen Systeme auf, die es den verschiedenen Teilnehmern erlauben, innerhalb der Gemeinschaft nach Antworten zu suchen (Boudreau und Lakhani 2013).

Als dritte Gruppe betrachten wir nun Komplementäranbieter in der Crowd. Der dritte Ansatz von Innovation-Crowdsourcing zur Ideengenerierung eröffnet einen Markt für Dienstleistungen und Produkte, die auf dem eigentlichen Kernprodukt eines

Unternehmens aufsatteln. Dieses Kernprodukt dient als Plattform, über die dann komplementäre Innovationen geschaffen werden. Im Vergleich zu Wettbewerben oder der gemeinschaftlichen Zusammenarbeit in der Crowd bieten die komplementären Innovationen Lösungen nicht nur für ein einziges, sondern für viele kleine Probleme. Die große Chance liegt in der schieren Anzahl an Lösungen (Beispiel 4.16). Plattformen wie iTunes bieten den Anbietern die Möglichkeit, zum einen über Lizenzierungs- oder Transaktionsgebühren Geld zu verdienen, zum anderen wird der Umsatz des eigenen Kernprodukts durch erhöhte Attraktivität aufgrund vieler Nebenprodukte gesteigert. Es können Netzwerkeffekte und starke Wettbewerbsvorteile entstehen (Boudreau und Lakhani 2013).

Beispiel 4.16: Komplementäre Produkte als ein Erfolgsgeheimnis von Apple

iTunes ist die Plattform von Apple, die um die Kernprodukte iPod, iPhone, iPad und iMac aufgebaut ist. Als Plattform bietet iTunes dem Nutzer von Apple-Geräten die Möglichkeit, Produkte wie Musik, Filme, Apps, Podcasts etc. online zu erwerben und auf dem Apple-Gerät zu nutzen. Hierbei bietet Apple über iTunes nicht nur die eigenen Produkte zum Kauf an, sondern schafft auch für andere Entwickler die Möglichkeit, ihre Produkte zu verkaufen. Dadurch hat sich ein immens großer Pool an verschiedenen Produkten und Anwendungen entwickelt. Dieses große Angebot macht wiederum das Kernprodukt für den Nutzer attraktiver. Intern wäre dieses vielfältige Angebot, das iTunes bietet, nicht zu erreichen (Gassmann 2010). ◄

Als vierte Gruppe von Innovation-Crowdsourcing betrachten wir den Crowd-Arbeitsmarkt. Der Crowd-Arbeitsmarkt paart Käufer und Verkäufer von Dienstleistungen und nutzt hierfür konventionelles Unter-Vertrag-Nehmen für die erworbenen Dienstleistungen. Unternehmen beauftragen also externe Dienstleister, weltweit oder auch lokal, mit der Lösung ihrer Probleme. Drittanbieter offerieren Plattformen zur Paarung. Bekannt sind hier Plattformen wie Amazon Mechanical Turk, Elance, Upwork, Guru, Clickworker, ShortTask, Samasource, Freelancer und CloudCrowd. Hierbei werden höchst flexibel Aufträge nach außen vergeben, anstatt sie klassisch innerhalb des Unternehmens zu bearbeiten. Dies kann häufig sofort und in variablem Maße stattfinden. Twitter beauftragt z. B. Amazon Mechanical Turk (Beispiel 4.17) mit der Suche nach Anbietern, die kontextabhängige Zusammenhänge aufdecken (Brown 2013).

Diese Form von Spot-Arbeitsmarkt in der Crowd funktioniert am besten, wenn ein Unternehmen weiß, nach welcher Lösung es sucht und wie ein potenzieller Dienstleister hierzu aussehen könnte (Qualifikation, Erfahrung etc.). Zur Lösung kreativer, schlecht strukturierbarer Aufgaben ist dieser Ansatz des Innovation-Crowdsourcing kaum geeignet. Die Plattformen bieten Kategorien, in denen Unternehmen nach Dienstleistern suchen können, und evaluieren vorangegangene Aufträge der Dienstleister genau. So kann das Unternehmen sicherstellen, den richtigen Dienstleister für eine Aufgabe zu finden, und die Transparenz ist häufig deutlich höher als bei der Beurteilung von Angestellten in einem Unternehmen (Boudreau und Lakhani 2013).

Beispiel 4.17: Wie Twitter Amazons Mechanical Turk nutzt

Wichtige Nachrichten wie der Tod Osama bin Ladens, Flugzeugabstürze, Attentate oder politische Skandale verbreiten sich heutzutage rasend schnell über Twitter. Um Themen und Reaktionen zu verbinden, nutzt Twitter sogenannte Hashtags (#). Da jedoch nicht immer klar ist, welche inhaltlichen Verbindungen sich dahinter verbergen oder ob zum Beispiel Rechtschreibfehler vorhanden sind, hat Twitter ein Echtzeit-Computersystem aufgebaut, um Suchtermini aufzuspüren, sobald diese gerade aktuell sind. Hierzu werden Rückfragen an echte Menschen geschickt und von diesen in ein Back-End-System mit den relevanten Suchbegriffen eingespeist. Twitter nutzt hierfür Amazons Mechanical Turk, eine umfangreich verfügbare Crowdsourcing-Community, die über die ganze Welt verteilt tätig ist. Twitter kann mit zuverlässigen Dienstleistern, die über den ganzen Globus verteilt sind, in allen möglichen Sprachen zusammenarbeiten und die Aufträge nach Bedarf skalieren. Twitter investiert in diese Dienstleistung, um den Kunden einen besseren Service anbieten zu können. Die Kunden von Twitter werben durch platzierte Tweets oder Werbetweets. Für eine gezielte Platzierung sind jedoch relevante Suchtermini von großer Bedeutung, weshalb der Aufwand von Twitter, die Crowd zur Evaluierung zu nutzen, Sinn ergibt (Brown 2013). ◄

Zusammenfassend legt Abb. 4.14 die verschiedenen Ansätze des Innovation-Crowdsourcing mit Herausforderungen und optimalen Nutzungsbedingungen dar.

4.3.3 Anwendung von Innovation-Crowdsourcing

Abschließend soll bewertet werden, unter welchen Umständen die verschiedenen Ausprägungen von Innovation-Crowdsourcing ein wertvolles Tool zur Erkennung neuer Opportunities darstellen können und welche Schritte, die in Abb. 4.15 dargestellt sind, zu durchlaufen sind, um von diesem Tool zu profitieren.

In einem ersten Schritt sollte ein Unternehmen sich die Frage stellen, welches Problem es lösen möchte. Nach Boudreau und Lakhani (2013) kann Innovation-Crowdsourcing immer dann sinnvoll sein, wenn man ein Problem einer weiten Zielgruppe vorstellen möchte, die unterschiedliche Fähigkeiten, Erfahrungen und Perspektiven aufweist. Auch bietet die Crowd einige Motivatoren, die ein Unternehmen nicht bieten kann: Crowds sind intrinsisch motiviert, da die Individuen selbst entscheiden können, welche Probleme sie bearbeiten. Dadurch entsteht ein breiterer Blickwinkel, als ihn Angestellte in der Regel haben. Auch die Perspektive, Anerkennung aus der Crowd zu erhalten, ist für viele Freiwillige ein großer Motivator. Häufig ist

	Aufgabe	Herausforderungen	Optimale Nutzung
Wettbewerbe	Generierung von Lösungen für komplexe und neuartige Probleme durch Vielzahl unabhängiger Experten	Generalisierung der Problemstellung und „Befreiung" von unternehmensspezifischen Details	Herausfordernde technische, analytische und wissenschaftliche Probleme; kreative oder ästhetische Projekte
Gemeinschaftliche Zusammenarbeit	Generierung von Lösungen durch Zusammenarbeit diverserer Experten an einem Thema	Schutz des generierten geistigen Eigentums; Schaffung einer gemeinsamen Kultur in der Crowd	Customer Support; Communities; Wikis; Open-Collaboration-Projekte für Informations- und Softwareprodukte mit zusätzlichen Assets innerhalb der Firma
Komplementär-anbieter	Generierung von innovativen Lösungen zu verschiedenen Problemstellungen	Schaffung von Zugang zu Funktionen des Kernprodukts, ohne dabei kritische Informationen preiszugeben	Offene operative, produktgetriebene oder Marketingdaten-Initiativen; Apps
Arbeitsmarkt	Effiziente und flexible Generierung von Arbeitsleistungen externer Dienstleister	Auswahl der Leistungen, die in den Arbeitsmarkt gegeben werden sollen	Bekannte Kategorien an Arbeit, die einfach beschrieben und evaluiert werden können; Human Computation; wiederkehrende Aufgaben

Abb. 4.14 Arten von Innovation-Crowdsourcing im Überblick. (Nach Boudreau und Lakhani 2013)

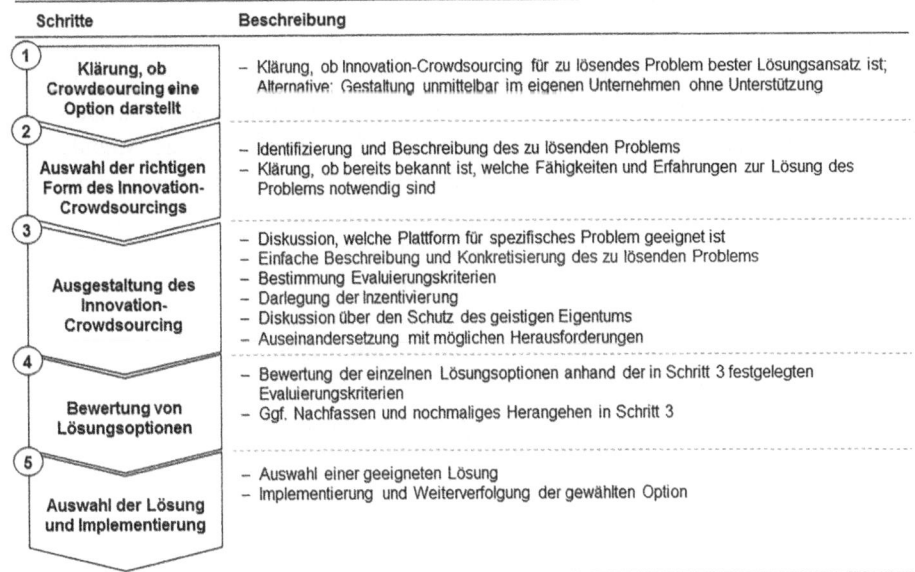

Abb. 4.15 Konkrete Schritte zur Identifizierung von Opportunities mithilfe des Crowdsourcing-Ansatzes. (Eigene Darstellung)

Innovation-Crowdsourcing auch günstiger als die Lösungen traditioneller Unternehmensstrukturen.

Nicht immer ist Innovation-Crowdsourcing die richtige Art der Problemlösung, da auch Unternehmensstrukturen ihre Stärken haben. So sind Unternehmen in der Regel relativ gut koordinierte Organisationen, um spezialisiertes Wissen anzuhäufen und zu ordnen und um Probleme zu adressieren und zu lösen.

Auch sollte sich das Unternehmen folgende Leitfragen stellen (Gassmann 2010):

- Welche Ziele sollen mit dem Einsatz von Innovation-Crowdsourcing erreicht werden?
- Sind die internen Strukturen für den Einsatz offener Innovationsprozesse geeignet oder müssen sie erst angepasst werden?
- An wen richten sich die Aufgaben- und Problemstellungen?
- Kann ich auf interne Kapazitäten zur Etablierung der Innovation-Crowdsourcing-Projekte zurückgreifen?
- Steht für das Innovation-Crowdsourcing-Projekt ein Budget zur Verfügung?

Wenn das Unternehmen Innovation-Crowdsourcing als adäquaten Lösungsweg ansieht, sollte es in einem zweiten Schritt überlegen, welche Art von Innovation-Crowdsourcing infrage kommt. Hierzu sollte das Unternehmen sich vor allem die Frage beantworten, ob es weiß, welches Problem es zu lösen gilt, und ob schon klar ist, welche Fähigkeiten und Erfahrungen zur Lösung notwendig sind (Boudreau und Lakhani 2013):

- In einem Crowd-Wettbewerb kann man Lösungen für komplexe, unbekannte Probleme erhalten, wenn das Unternehmen im Vorhinein nicht sicher ist, welche Fähigkeiten es für die Lösung braucht.
- Die gemeinschaftliche Zusammenarbeit einer Crowd funktioniert besonders gut bei Problemen, die relativ einfach koordiniert und gut in einzelne Module und standardisierte Routinen unterteilt werden können. Von Vorteil ist, wenn die Koordination der Crowd technologisch gestützt werden kann.
- Komplementäre Entwicklung in Crowds ist besonders sinnvoll, wenn eine große Anzahl und Varietät von Komplementärprodukten für den Erfolg des Kernprodukts notwendig und die technologische Anbindung leicht zu gestalten ist.
- Der Crowd-Arbeitsmarkt kann insbesondere von Unternehmen genutzt werden, die bereits wissen, nach welcher Lösung sie suchen und welche Fähigkeiten und Erfahrungen hierfür notwendig sind. Unternehmen, die nach hoher Flexibilität bei der Problemlösung suchen, können auf den Crowd-Arbeitsmarkt zurückgreifen.

In einem dritten Schritt sollte sich ein Unternehmen beim Innovation-Crowdsourcing über die konkrete Ausgestaltung Gedanken machen. So sollte das Unternehmen sich entscheiden, auf welcher Plattform es die Crowd ansprechen möchte. Es gibt die

Möglichkeit, inhouse zu arbeiten oder eine Anbieterplattform zu nutzen, die es für alle vier Innovation-Crowdsourcing-Typen gibt.

Darüber hinaus sollte sich das Unternehmen konkret über die Ausschreibung an die Crowd Gedanken machen (Gassmann 2010):

- Welches Ergebnis erhoffe ich mir? Wie ausgereift sollte das Ergebnis sein?
- Wie beschreibe ich das Problem, das es zu lösen gilt, am besten?
- Welche Evaluierungskriterien werden angesetzt?
- Welches Incentive setze ich?
- Wie schütze ich mein geistiges Eigentum? Möchte ich mein geistiges Eigentum schützen?
- Wer sind geeignete Partner für mein Innovation-Crowdsourcing-Projekt?
- Nutze ich vorhandene Plattformen oder baue ich eine eigene Plattform auf?
- Über welchen Zeitraum soll das Innovation-Crowdsourcing-Projekt laufen?
- Wie kann ich mein Projekt bekannt machen, um geeignete Lösungen zu generieren?

Auch sollte das Unternehmen sich bereits jetzt überlegen, wie es mit den verschiedenen Herausforderungen umgehen möchte, die Innovation-Crowdsourcing mit sich bringt. So stellt sich bei einem Wettbewerb insbesondere die Herausforderung, ein Problem zu identifizieren, das wichtig genug ist, um solch eine aufwendige Herangehensweise zu wählen und das Problem in einem zweiten Schritt aus der Organisation zu ziehen. Das Problem muss genügend generalisiert werden, damit es für eine große Anzahl freiwilliger Problemlöser schnell verständlich ist. Außerdem muss es genügend abstrahiert werden, um keine vertraulichen Informationen aus dem eigenen Unternehmen zu enthüllen. Dies kann z. B. dadurch geschehen, dass das Ursprungsproblem in viele Unterprobleme unterteilt wird. Zu guter Letzt muss der Wettbewerb so strukturiert werden, dass er Lösungen produziert, die für das Unternehmen am Ende möglichst gut umsetzbar sind.

Zentrale Herausforderung für die gemeinschaftliche Zusammenarbeit ist es, die Richtung zu kontrollieren, in die die Crowd entwickelt. Daher eignen sich für die gemeinschaftliche Zusammenarbeit insbesondere Probleme, deren Kontrolle relativ einfach ist. Nutzen kann man Techniken wie Aufgabenmodularisierung, standardisierte Routinen und Koordinationstechniken. Auch muss man sich bei der gemeinschaftlichen Zusammenarbeit darauf einstellen, dass es nahezu unmöglich ist, geistiges Eigentum zu schützen. Daher sollten Unternehmen eine strikte Trennung zwischen eigenem Wissen und dem Wissen der Gemeinschaft einhalten und versuchen, aus komplementären Geschäften Erträge zu generieren.

Eine Herausforderung bei der komplementären Entwicklung in der Crowd ist es, Zugang zu den Funktionen und Informationen des Kernprodukts zu gewähren und gleichzeitig das eigene geistige Eigentum zu schützen. Je nachdem, wie komplex das Kernprodukt ist, kann das relativ einfach sein oder aber auch sehr schwer.

Die Herausforderungen im Crowd-Arbeitsmarkt sind im Vergleich zu anderen Formen des Innovation-Crowdsourcing relativ gering. Die größte Herausforderung ist es, herauszufinden, welche Aufgaben sich herauslösen lassen und welche innerhalb des Unternehmens bearbeitet werden sollten (Boudreau und Lakhani 2013).

Im vierten Schritt gilt es, die in Schritt drei theoretisch erarbeiteten Ideen in die Tat umzusetzen und das Innovation-Crowdsourcing-Projekt auszuschreiben und zu starten. Des Weiteren gilt es, den Prozess aktiv zu begleiten und ggf. einzuschreiten. Das Unternehmen ist auch Ansprechpartner bei aufkommenden Fragen, Unklarheiten und Missverständnissen, die den Prozess stören könnten. Die aktive Begleitung des Prozesses ist besonders wichtig, wenn der Prozess nicht so abläuft wie geplant und ein Eingreifen und Zurückgehen zu Schritt drei notwendig wird (z. B. neue Anreize setzen, Anpassung der Evaluierungskriterien etc.). Fragen, die sich Unternehmen am besten zu Beginn dieser Phase stellen (Gassmann 2010):

- Sollen Mitarbeiter des Unternehmens in das Projekt integriert werden?
- Wie kann ich am besten mit einer Vielzahl an Lösungen/Ideen umgehen? Welche technische und persönliche Unterstützung gibt es dabei?
- Wie kann ich, wenn das Projekt einmal gestartet ist, die Ideensammlung beeinflussen?
- Soll ich als Moderator oder stiller Beobachter auftreten?

Im fünften Schritt sollten die Ergebnisse anhand der im dritten Schritt erarbeiteten Evaluierungskriterien begutachtet und bewertet werden. Vor Beginn dieser Phase sollte klar sein, von wem und wie die Ergebnisse evaluiert werden. Die Bewertung muss fair und transparent ablaufen, um den Ruf des Unternehmens in der Crowd nicht zu gefährden (Prokaska 2014).

Eventuell entscheidet sich das Unternehmen für eine, mehrere oder auch keine Lösung und kann diese dann im Folgenden implementieren oder weiterverfolgen.

Kernaussagen

- Opportunities können mithilfe eines offenen Aufrufs an eine Masse unbekannter Freiwilliger (Crowd) gefunden werden, die meist unentgeltlich tätig werden.
- Moderne Informations- und Kommunikationsmedien erleichtern das Finden von Opportunities in der Crowd enorm, da sich die Anzahl an potenziellen Teilnehmern vergrößert.
- Die Vorteile für Unternehmen in der Zusammenarbeit mit einer Crowd sind insbesondere, dass eine Vielzahl potenzieller Lösungen entstehen kann, ohne dass das Unternehmen diese Kapazitäten intern aufbauen oder erweitern muss, und dass Lösungen auch für solche Probleme gefunden werden können, für die es intern keine geeignete Lösung gab.
- Innovation Crowdsourcing eignet sich vor allem zum Lösen bekannter Probleme.

- Es gibt vier mögliche Formen der Zusammenarbeit mit der Crowd: Crowd-Wettbewerbe, gemeinschaftliche Zusammenarbeit in der Crowd, Crowd-Komplementäranbieter und Crowd-Arbeitsmarkt.

Aufgaben zur Wiederholung

1. Definieren Sie kurz Innovation Crowdsourcing und beschreiben Sie die Wirkmechanismen.
2. Nennen Sie die Vorteile des Innovation Crowdsourcing gegenüber traditionellen, unternehmensinternen Innovationsformaten.
3. Nennen Sie die Herausforderungen des Innovation Crowdsourcing und beschreiben Sie, wie man diesen Herausforderungen begegnen kann.
4. Nennen Sie die verschiedenen Entlohnungsformen des Innovation Crowdsourcing.
5. Beschreiben Sie die vier Ansätze für die Zusammenarbeit mit einer Crowd und gehen Sie insbesondere auf Herausforderungen und optimale Nutzung ein.
6. Beschreiben Sie, warum und wodurch Innovation Crowdsourcing in den letzten Jahren neuen Auftrieb erhalten hat.
7. Nennen Sie die fünf Schritte des Innovation Crowdsourcing und beschreiben Sie diese jeweils stichpunktartig.

4.4 Lead-User-Ansatz

Im Abschn. 4.4 erfolgt die Darstellung des Lead-User-Ansatzes zur Identifizierung von Opportunities innerhalb der besonderen Kundengruppe der Lead User. In einem ersten Schritt wird dazu in Abschn. 4.4.1 das Konzept der Innovationsdiffusion dargelegt, das beschreibt, in welcher zeitlichen Abfolge verschiedene Kundentypen Innovationen nachfragen. Abschn. 4.4.2 leitet vor dem Hintergrund dieses Diffusionskonzeptes die Bedeutung der Gruppe der Lead User her und zeigt auf, welche Typen von Lead Usern es gibt und wie sie Quelle von Opportunities sein können. Im abschließenden Abschn. 4.4.3 erfolgt eine Darstellung der bei der Anwendung des Lead-User-Ansatzes konkret zu durchlaufenden Schritte.

Lernziele
- Das Konzept des Leader-User-Ansatzes verstehen und nutzen können.
- Hierzu gilt es,
  - zu verstehen, dass es verschiedene Kundengruppen in den verschiedenen Phasen der Innovationsdiffusion gibt,
  - zu erkennen, dass Lead User eine besonders visionäre Nutzergruppe sind, deren Bedürfnisse dem Massenmarkt vorauseilen,

> – festzustellen, dass Lead User mit existierenden Angeboten unzufrieden und daher bereit sind, eigene Lösungsvorschläge (mit) zu entwickeln,
> • um mit Hilfe von Lead Usern entlang wichtiger Markttrends neue, innovative Ideen zu entwickeln, die ggf. auch über ein inkrementelles Verbessern bestehender Produkte und Prozesse hinausgehen.

4.4.1 Das Konzept verschiedener Kundengruppen in der Innovationsdiffusion

Konsumenten oder Abnehmer von Produkten unterscheiden sich hinsichtlich des Grades ihrer Innovativität und der Bereitschaft, neue Produkte frühzeitig anzunehmen. Somit trifft ein innovatives Produkt oder eine Leistung nach der Markteinführung auf verschiedene Gruppen von Kunden oder Abnehmern (Moore 1996; Rogers 2010). In klassischen Modellen der Innovationsdiffusion treten zunächst die Early Adopters auf. Sie erahnen die Vorteile innovativer neuer Produkte und Leistungen und haben Interesse daran, diese auszuprobieren, sei es aus Freude, beispielsweise an neuen technischen Lösungen, oder in der Hoffnung, aus diesen Produkten oder Leistungen einen besonderen Nutzen oder Wettbewerbsvorteil zu generieren. Die Gruppe der Early Adopters ist zumeist recht klein, akzeptiert aber, dass neue Produkte oder Leistungen noch nicht vollends perfektioniert sind.

Nach den Early Adopters kommt eine Gruppe ins Spiel, die als frühe:frühe Mehrheit bezeichnet wird. Zu dem Zeitpunkt, an dem diese Gruppe relevant wird, ist das neue Produkt oder die neue Leistung bereits ausgereifter und die Käufer dieser Gruppe sind darauf aus, ein funktionierendes Produkt oder eine funktionierende Leistung zu erwerben. Die frühe Mehrheit ist eine wesentlich größere Gruppe als die Early Adopters. Der frühen Mehrheit folgt eine zumeist ähnlich große Gruppe der späten:späte Mehrheit, die neue innovative Produkte oder Leistungen spät wahrnimmt und lange skeptisch bleibt, bevor dann gekauft wird – das aber womöglich nur, weil Vorgängerprodukte gar nicht mehr angeboten werden. Schließlich gibt es eine zeitlich noch weiter nachgelagerte Gruppe von Nachzüglern oder Nörglern, die neue Produkte oder Leistungen erst erwägen, wenn sie eigentlich schon keine Innovationen mehr sind und mangels Alternativen gar kein Ausweg mehr existiert.

Die beschriebenen Kundengruppen unterscheiden sich im Zeitpunkt des erstmaligen Kaufs. Sie eint allerdings, dass sie das neue innovative Produkt oder die neue innovative Leistung wahrnehmen können und ein Angebot in Anspruch nehmen, das bereits existiert, wenn auch insbesondere bei den Early Adopters noch nicht vollständig ausgereift.

Je nach Produkt und Zielgruppe unterscheiden sich die Diffusionskurven. Während in den grundlegenden Arbeiten zur Innovationsdiffusion zumeist von einer Glockenkurve

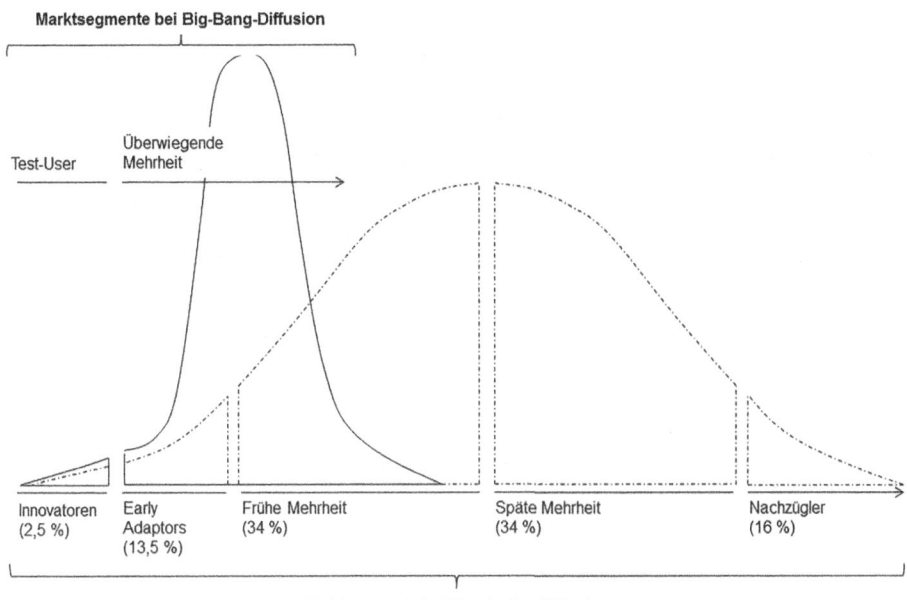

Abb. 4.16 Klassische Diffusion und Big-Bang-Diffusion im Vergleich. (Nach Downes und Nunes 2013)

wie in Abb. 4.16 dargestellt ausgegangen wurde, ändert sich die Diffusionskurve insbesondere bei digitalen Produkten in den letzten Jahren hin zu – wie Downes und Nunes (2013) sie nennen – „Big-Bang-Diffusionen", veranschaulicht in Abb. 4.16. Hier gibt es grundsätzlich nur zwei Gruppen von Kunden: Zunächst treten für kurze Zeit Testkunden auf, die dann von der Gruppe der großen Mehrheit abgelöst werden. Diese tritt unmittelbar nach Produkteinführung sehr schnell auf den Plan, was zu einem schlagartigen Anwachsen des Marktes führt. Da diese große Mehrheit schnell kauft, sinkt die Marktgröße danach wieder schnell ab, oft zu Zeitpunkten, an denen in klassischen Diffusionsmodellen gerade erst die frühe Mehrheit bedient wird.

Solche „Big-Bang-Diffusionen" traten in den vergangenen Jahren vermehrt auf, und immer dann, wenn neue Produkte oder Lösungen aufgrund technischer Entwicklungen drei Kriterien gleichzeitig erfüllen können:

- Sie sind für den Kunden günstiger in der Anschaffung und im Unterhalt im Vergleich zu vorhergehenden Angeboten.
- Sie bieten dem Kunden eine überlegene Leistung im Vergleich zu vorhergehenden Angeboten.
- Sie passen sich sehr einfach an bestehende Infrastrukturen des Kunden an.

Downes und Nunes (2013) beobachten, dass solche „Big-Bang-Diffusionen" zumeist auf bestehenden technischen Plattformen wie iTunes, YouTube, Facebook oder Twitter Verbreitung finden und sich dann innerhalb weniger Tage oder Wochen global verbreiten. Diese technischen Plattformen ermöglichen zudem Innovationen, die mit geringen Ressourcen umzusetzen und mit hoher Geschwindigkeit an den Markt zu bringen sind. Letzteres ermöglicht von Beginn an, Kunden aller Segmente simultan anzusprechen und zu gewinnen. Als ein Beispiel für eine „Big-Bang-Diffusion" kann der Navigationsservice von Google angesehen werden, der bestehenden Systemen wie TomTom oder Garmin durch überlegene Kartensysteme, die immer aktuell gehalten werden, kostenlosen Zugang zum Service und eine Integration in die bestehende Infrastruktur der Kunden (insbesondere ihre Smartphones) in kürzester Zeit den Rang abgelaufen hat.

4.4.2 Opportunity Recognition mit Lead-Usern

Die jüngere Forschung – insbesondere um den MIT-Professor Eric von Hippel – hat gezeigt, dass der Gruppe der Early Adopters noch eine Gruppe von Konsumenten oder Abnehmern vorgelagert ist, die für Unternehmen bereits vor der Existenz eines vermarktungsfähigen Produkts oder einer vermarktungsfähigen Leistung existieren können. Diese Individuen werden als Lead User bezeichnet und sind visionäre, kreative und zumeist technisch sehr beschlagene Nutzer, deren Bedürfnisse den Anforderungen des Massenmarktes vorauseilen und die sich einen besonders hohen Nutzen von einer Bedürfnisbefriedigung oder Problemlösung der erst zu einem späteren Zeitpunkt potenziell existierenden Produkte oder Leistungen versprechen (Hippel 1986).

Abb. 4.17 nimmt eine zeitliche Einordnung von Lead Usern gegenüber Early Adopters und den folgenden Gruppen, hier als routinierte Nutzer zusammengefasst, vor. Early Adopters sind Individuen, die gerne frühzeitig neue Produkte nutzen und auch punktuell Feedback geben, jedoch nicht wesentlich zur Entwicklung beitragen. Der Early Adopter tritt damit erst auf den Plan, wenn ein vermarktungsfähiges Produkt vorliegt. Routinierte Nutzer hingegen nutzen Produkte und Konzepte erst, wenn sie etabliert sind. Lead User können Endkonsumenten, Geschäftskunden oder auch andere Individuen sein, die in irgendeiner Weise Interesse an der Fortentwicklung entsprechender Themen zeigen.

Ein Lead User zeichnet sich durch zwei charakteristische Eigenschaften aus (Hippel 1986). Die erste besteht darin, dass er Bedürfnisse hat, die denen des Massenmarktes vorauseilen. Ein Lead User kann diesen zukünftigen Bedarf formulieren und bedeutende technologische oder marktbezogene Trends Monate oder Jahre vor anderen Nutzern adaptieren. Die zweite Eigenschaft besteht darin, dass er mit existierenden Angeboten unzufrieden ist und deshalb eigene Lösungsvorschläge entwickelt. Es liegt nicht zuletzt an der zweiten charakteristischen Eigenschaft, dass Lead User sich einen hohen ökonomischen Nutzen von einer Problemlösung erwarten und deshalb motiviert sind, innovative Ideen zu entwickeln und voranzutreiben. Mansfield (1968) hat einen

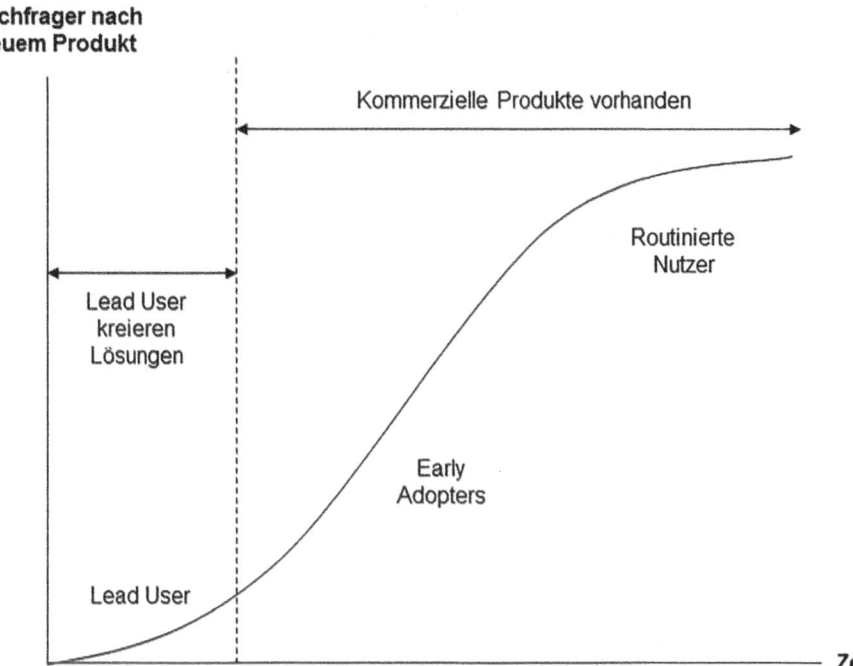

Nachfrager nach neuem Produkt

Kommerzielle Produkte vorhanden

Lead User kreieren Lösungen

Routinierte Nutzer

Early Adopters

Lead User

Zeit

Abb. 4.17 Lead User, Early Adopters und routinierte Nutzer. (Nach Hippel et al. 1999)

Zusammenhang zwischen dem Nutzen, den ein Lead User von einer Problemlösung erwartet, und den Anstrengungen, die er aufbringt, um selbst eine Lösung zu finden, festgestellt. Lead User zeichnen sich folglich durch ein hohes Verwendungs- und Technologiewissen aus und treten selbst als Innovatoren auf oder werden in die Produktkonzipierung von Konsum- und Industriegütern einbezogen. Sie können sowohl Unternehmen als auch Endkonsumenten sein und profitieren in besonderem Maße von einer Innovation, weil sie Pioniernutzer sind und die Innovation beeinflussen können.

Somit kann ein Lead User bei der Entwicklung neuer Opportunities von erheblichem Nutzen sein, da er Trends und künftige Produktanforderungen vor der breiten Masse erkennt. Er kann folglich entscheidende Informationen bei der Konzipierung und Verbesserung neuer oder bereits bestehender Produkte geben. Darüber hinaus können Lead User aber auch dazu beitragen, Prozesse in der Produktherstellung zu verbessern und an der Weiterentwicklung von Dienstleistungen mitzuwirken. Der Lead-User-Ansatz zur Generierung von Ideen ist damit von den klassischen Marktforschungsansätzen klar abzugrenzen. Bei diesen werden bestehende, typische Kunden gefragt, wie sie sich ein Produkt oder eine Leistung in Zukunft vorstellen. Verschiedenste Studien haben jedoch einhellig gezeigt, dass repräsentative, „typische" Kunden in der Regel nicht in der Lage sind, sich zukünftige Produkte oder Leistungen vorzustellen, die heute noch nicht bekannte Bedürfnisse befriedigen könnten.

In der Literatur werden in Bezug auf ihre fachliche Herkunft drei grundsätzliche Typen von Lead Usern unterschieden, die alle potenzielle Quellen von Opportunities sein können (Churchill et al. 2009):

- Typ 1: Lead User aus dem Zielmarkt oder der Zielanwendung
- Typ 2: Lead User aus Bereichen ähnlicher Anwendungen in verwandten, aber weiter entwickelten analogen Märkten
- Typ 3: Lead User, die einen Bezug zu wichtigen Teilen des Problems der Anwender im Zielmarkt aufweisen

Aus der Auflistung dieser drei Typen wird deutlich, dass Lead User sich nicht zwangsläufig im eigenen Zielmarkt befinden müssen. Es müssen auch keine eigenen Kunden sein, letztlich können alle Individuen mit verschiedensten Hintergründen die Kriterien eines Lead Users erfüllen, wie auch Beispiel 4.18 zum Olympic Snack veranschaulicht. Die drei Typen von Lead Usern sollen an folgendem Beispiel verdeutlicht werden (Churchill et al. 2009). Nehmen wir an, dass ein Hersteller von Röntgengeräten einen Lead-User-Ansatz wählt. In den ersten Analysen deckt das Unternehmen zwei zentrale, relevante Trends auf: Zum einen herrscht der Trend vor, dass Bilder eine immer höhere Auflösung haben. Zum anderen kommen immer intelligentere Methoden auf, um schwer erkennbare Muster in Bildern zu erkennen, wie beispielsweise Tumore in ganz frühen Stadien. Was wären nun Lead User entlang der drei beschriebenen Typen? Aus dem unmittelbaren Zielmarkt könnten beispielsweise Radiologen als Lead User betrachtet werden (Typ 1), die sehr anspruchsvolle Geräten mit bereits sehr hoher Auflösung verwenden. Aus verwandten, analogen Märkten könnten Entwickler aus der Halbleiterindustrie herangezogen werden, die Bilder von mikroskopischen Mustern erstellen (Typ 2). Auch hier geht es um Bilder mit hoher Auflösung und um die Erkennung von Mustern. Lead User, deren Anwendungsbereiche sich auf wichtige Eigenschaften des Problems im Anwendungsmarkt beziehen, könnten Experten der Mustererkennung in der Mathematik oder in Klangbildern sein (Typ 3).

Beispiel 4.18: Wie der Olympic Snack mit Lead Usern entwickelt wurde

Churchill et al. (2009) geben einen Überblick über die Geschichte der Entwicklung des Olympic Snack für einen großen Hersteller von Food-Produkten durch einen Lead-User-Ansatz. An dem Projekt waren Lebensmittelexperten und interne Wissenschaftler beteiligt. Das Ziel bestand darin, einen leistungsfördernden Snack für den Amateursportlermarkt zu entwickeln. Im Vorfeld der Studie wurden zwei wesentliche Trends ausgemacht: Zum einen ein wachsendes Interesse von Konsumenten an gesunden Lebensmitteln. Zum anderen ein zunehmendes Interesse an sportlicher Betätigung in der Gesellschaft. Entsprechend sollte ein Snack entwickelt werden, der gesund ist und zu einer Leistungssteigerung bei sportlicher Aktivität führt.

Zum Einstieg studierte das Team Sportzeitschriften, die Hobby-Athleten als Zielgruppe hatte. Zudem las das Team wissenschaftliche Artikel zum Thema „Ernährung von Sportlern", um herauszufinden, ob es eine Evidenz für einen Zusammenhang zwischen Ernährung und sportlicher Leistungsfähigkeit im Amateurbereich gibt. Letzteres konnte bestätigt werden. Beispielsweise konnten wissenschaftliche Studien identifiziert werden, die zeigten, dass durch eine bestimmte Ernährung die Erholungszeiten effektiver genutzt werden können. Dann wurde eine Reihe von Telefoninterviews mit Top-Athleten, prominenten Trainern und Wissenschaftlern auf dem Gebiet der Lebensmittelentwicklung geführt, mit dem Ziel, eine kleine Gruppe innovativer Lead User zu identifizieren. Diese Gruppe bestand am Ende des Prozesses aus einem Wissenschaftler in der Lebensmittelentwicklung, der bereits für eine Elitegruppe der US-Navi spezielle Lebensmittelprodukte entwickelt hatte, einem professionellen Rennradfahrer und einem Gewinner nationaler Bodybuilding-Wettbewerbe.

Im Rahmen der Zusammenarbeit mit diesen Lead Usern lernte das Unternehmen, dass die Wissenschaftler wussten, welche Inhaltsstoffe Lebensmittel haben müssen, um sportliche Leistungsfähigkeit zu fördern. Die Athleten wiederum hatten sehr genaue Vorstellungen davon, welche Größe und Form ein solcher Snack haben sollte, damit er während sportlicher Wettkämpfe verzehrt werden kann.

In mehreren Workshop-Runden, getrennt nach Wissenschaftlern und Sportlern, aber auch in der großen Gruppe, wurden die Konzepte verfeinert. Danach fügten interne Wissenschaftler des Lebensmittelherstellers Geschmacksstoffe hinzu, bevor der Snack im Zielmarkt getestet wurde. ◄

In der Praxis und in wissenschaftlichen Studien hat sich die zweite Gruppe als besonders effektiv herausgestellt (Franke et al. 2014). Märkte sind analog, wenn sie in Bezug auf eine bestimmte Problemstellung große Ähnlichkeiten aufweisen. Lead User aus solchen analogen Märkten können auf Wissen und Erfahrungen aus ihren Märkten zurückgreifen, das bislang in den Anwendungsmärkten möglicherweise gar nicht bekannt ist, insbesondere wenn ihre Märkte bereits einen höheren Entwicklungsstand (beispielsweise in Bezug auf die technische Entwicklung) aufweisen. Darüber hinaus entwickeln Lead User aus analogen Märkten häufig kreativere Ideen, da sie nicht durch bisherige Lösungen im Anwendungsmarkt vorbelastet sind, sondern komplett neu über Lösungen nachdenken können.

Ein weiteres Beispiel zur Verdeutlichung, was analoge Märkte sein können, bieten Franke et al. (2014). Für die Problemstellung, Sicherheitsausrüstungen zu verbessern, identifizieren die Autoren drei analoge Märkte bzw. Anwender: Zimmermänner, Dachdecker und Inline-Skater. Alle drei Gruppen haben das Bedürfnis, eine Ausrüstung zu haben, die Sicherheit, aber auch Tragekomfort gewährleistet. Die Märkte bzw. Anwendungsgruppen wurden in mehreren Interviews mit Experten von den Autoren ausgewählt. Die Autoren kommen zudem in einem Experiment zu einem interessanten Ergebnis: Für die einzelnen Anwender wird die innovativste Lösung jeweils von einer anderen Anwendergruppe entwickelt, was die Bedeutung von Lead Usern aus analogen Märkten unterstreicht.

4.4.3 Anwendung des Lead-User-Ansatzes

Wann sollten Unternehmen nun den Lead-User-Ansatz einsetzen und welche Schritte sind dabei konkret zu durchlaufen? Der Lead-User-Ansatz eignet sich immer dann, wenn davon auszugehen ist, dass einzelne Individuen außerhalb des Unternehmens Anstöße für die Entwicklung neuer Produkte oder Leistungen geben könnten. Ein Lead-User-Ansatz ist zudem geeignet, wenn nur begrenzte Zeit für die Entwicklung neuer Ideen zur Verfügung steht. Herstatt und Hippel (1992) berichten, dass Lead-User-Ansätze doppelt so schnell wie konventionelle Ansätze der Produktentwicklung zu neuen innovativen Produktideen führen können. Churchill et al. (2009) legen dar, dass Lead-User-Projekte im Schnitt etwa vier Monate dauern.

Bei der konkreten Anwendung des Lead-User-Ansatzes kann zwischen fünf aufeinander aufbauenden Schritten unterschieden werden, die in Abb. 4.18 dargestellt sind.

Der erste Schritt dient der Klärung der Ausgangssituation. In dieser ersten Anfangsphase sollte sich das Unternehmen mit der Frage befassen, welche Märkte und welche Innovation es anstrebt. Typischerweise formiert sich in dieser Phase ein vier- bis

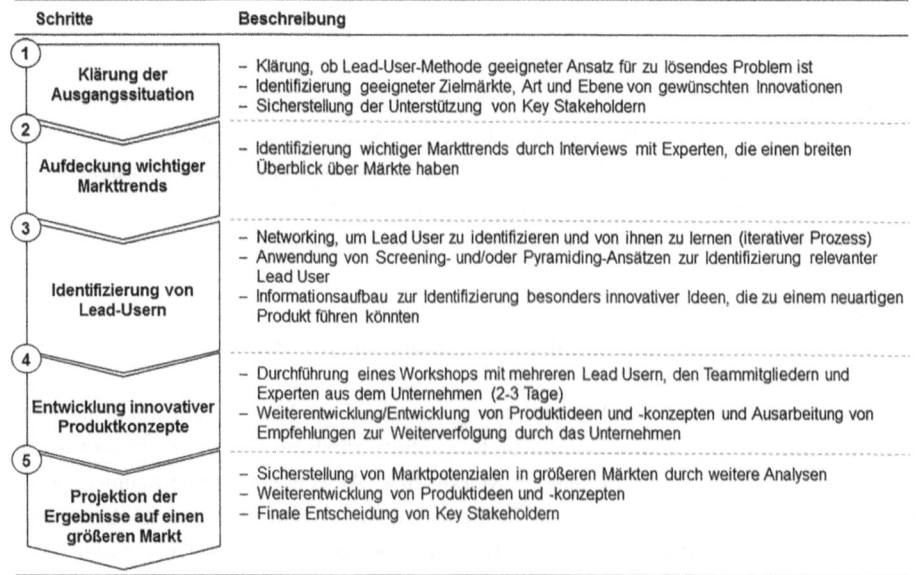

Abb. 4.18 Konkrete Schritte zur Identifizierung von Opportunities mithilfe des Lead-User-Ansatzes. (Eigene Darstellung)

sechsköpfiges Team aus den verschiedenen Bereichen des Unternehmens, wie Marketing und den technischen Bereichen. Diese Teammitglieder sollten während des Projekts mindestens die Hälfte ihrer Arbeitszeit in das Lead-User-Projekt investieren können. Diese Diskussion sollte zunächst intern geführt werden und alle Stakeholder sollten mit der Richtung zufrieden sein, bevor die nächste Phase eröffnet wird. Auch sollte das Team ein erstes Ziel des Lead-User-Prozesses formulieren. Dieses Ziel kann regelmäßig angepasst werden, was auch ein wünschenswerter und erwarteter Teil des Lead-User-Prozesses ist, da davon auszugehen ist, dass Experten wie die Lead User sich in der Regel nicht zurückhalten, kritische Anmerkungen und Verbesserungsvorschläge zu machen.

Der zweite Schritt dient der Aufdeckung wichtiger Markttrends. Lead User sind bestimmten Trends voraus. Also müssen zunächst die relevanten Trends identifiziert werden, für die dann Lead User gesucht werden. Trends könnten hier beispielsweise Digitalisierungsbemühungen in der Industrie (Industrie 4.0) oder die Entwicklung von Plattformkonzepten in der Automobilindustrie sein. Es gibt verschiedene Ansätze, diese Trends aufzuspüren. Beispielsweise werden Experten befragt, die ihre intuitiven Prognosen abgeben, oder es werden Expertenpanels mithilfe der Delphi-Methode durchgeführt. Bei einer Delphi-Befragung wird einer Gruppe von Experten ein Fragen- oder Thesenkatalog des betreffenden Fachgebiets vorgelegt. Die Befragten haben in zwei oder mehr sogenannten Runden die Möglichkeit, die Thesen einzuschätzen. Ab der zweiten Runde wird Feedback gegeben, wie andere Experten geantwortet haben, in der Regel anonym. Auf diese Weise wird versucht, der üblichen Gruppendynamik mit sehr dominanten Personen entgegenzuwirken. Des Weiteren können komplexe Korrelationsmodelle zur Trendanalyse benutzt werden.

Von zentraler Bedeutung ist die Entscheidung, welchen der aufgedeckten Trends nachgegangen werden soll. Hier gewinnt die zweite Eigenschaft des Lead Users an Bedeutung. Wie bereits beschrieben, ist die Motivation von Lead Usern, an der Entwicklung neuartiger Produktansätze mitzuarbeiten, höher, wenn der persönliche Nutzen, den sie daraus ziehen können, ansteigt. Deshalb muss dieser Aspekt bei der Auswahl der verfolgten Trends berücksichtigt werden, bzw. bei der Auswahl der Lead User im dritten Schritt.

Dieser Nutzen kann verschiedene Ausprägungen haben. Lead User sehen es beispielsweise als Anreiz, wenn dem Endprodukt angesehen werden kann, dass sie in die Produktkonzeption einbezogen waren. Des Weiteren steigt der Grad der Nutzenwahrnehmung mit der Unzufriedenheit über das alte Produkt. Das bedeutet, als je schlechter und weniger zufriedenstellend die bestehende Lösung für ein Produkt, einen Prozess oder eine Dienstleistung wahrgenommen wird, desto größer ist der Nutzen, den der Lead User aus einer Verbesserung zieht. Nicht zuletzt spielt auch die Dauer der Umsetzung in der Nutzenwahrnehmung eine Rolle. Je schneller eine neue Lösung umgesetzt wird, desto vorteilhafter ist dies für den Lead User (Urban und Hippel 1988).

Der dritte Schritt dient der Identifizierung von Lead Usern. Nachdem die Trends identifiziert wurden, werden im nächsten Schritt Lead User gesucht, die eine Führungsrolle in den betrachteten Trends einnehmen. Dies geschieht in erster Linie durch Markt-betrachtungen und Umfragen mit Fragebögen. Der Fragebogen stellt zunächst generelle, dann immer speziellere Fragen, um allgemeine Nutzer von Lead Usern zu unterscheiden (Urban und Hippel 1988). Es ist von entscheidender Bedeutung, Nutzer zu finden, die selbst forschen und entwickeln, um bestehende Probleme zu lösen. Dabei sollten diese Nutzer auch außerhalb des eigenen Kundenkreises gesucht werden, denn oftmals sind potenzielle Lead User Kunden von Konkurrenten oder von anderen Industrien. Lead User müssen nicht für die komplette Spannbreite des neuen Produktentwicklungs-prozesses gesucht werden, es ist einfacher, mehrere Lead User zu identifizieren, die jeweils nur einen Teil der Produktentwicklung vorantreiben (Hippel 1986). Außerdem sollten durch gezielte Umfragen möglichst auch diejenigen Lead User aufgedeckt werden, die bereits selbstständig Problemlösungen entwickelt haben, da sie nach Hippel (1986) ein erhebliches Potenzial für die Verbesserung von Produkten, Prozessen und Dienstleistungen aufweisen.

Konkrete Tools zur Aufdeckung von Lead Usern sind das Screening und das Pyramiding (Abb. 4.19). Beim Screening, einer traditionellen Suchvariante, werden Attribute von jedem Mitglied einer Population (z. B. einer bestimmten Industrie) gescreent und auf die gesuchten Attribute hin analysiert (z. B. Interviews geführt). Weil Lead User nur eine sehr kleine Teilgruppe der Gesamtpopulation bilden, kann ein solcher Prozess schnell sehr zeitaufwändig werden. Lüthje (2000) berichtet, dass in einem Bei-spiel 2.43 Individuen gescreent werden mussten, um 22 potenzielle Lead User zu identi-fizieren (Hippel et al. 1999; Hippel et al. 2009).

Beim Pyramiding hingegen, das auf dem klassischen Schneeballprinzip aufbaut, werden einzeln identifizierte Experten befragt und anschließend um eine Empfehlung gebeten, jemanden zu nennen, der auf dem befragten Gebiet eine noch höhere Expertise haben könnte. Menschen mit bestimmten Eigenschaften tendieren dazu, andere

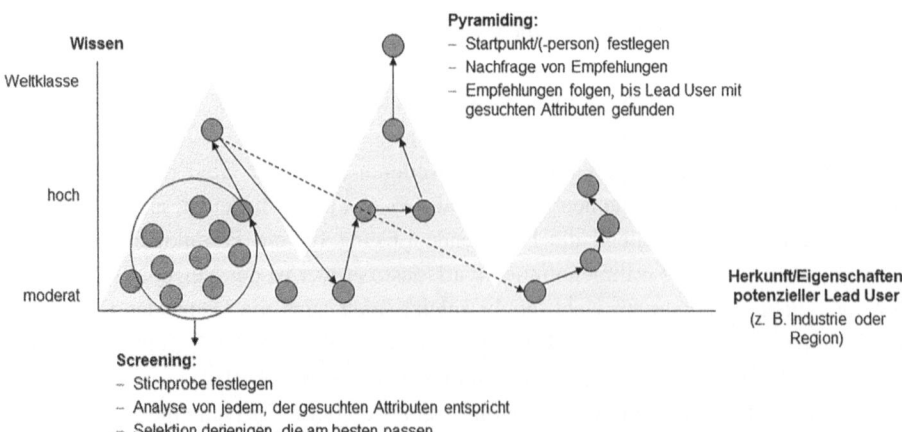

Abb. 4.19 Networking hin zu den passenden Lead Usern. (Nach Hippel et al. 2009)

Experten zu kennen, die gleiche Eigenschaften besitzen, zum Beispiel auch in anderen Industrien oder geografischen Regionen, die das Lead-User-Team vorher noch nicht betrachtet hatte. Anhand dieser Empfehlungen kann so die Pyramide hinaufgestiegen werden (Hippel et al. 2009). Die Grundannahme ist dabei, dass Individuen auch immer andere Individuen in ihren Fachbereichen kennen, die eine noch höhere Qualifikation oder Erfahrung in diesem Bereich haben als sie selbst (Hippel et al. 2009). So geht Pyramiding beispielsweise davon aus, dass ein renommierter Neurologe immer auch einen Neurologen kennt, der auf einem bestimmten Fachgebiet noch ausgewiesener und erfahrener ist. Eine Person, die sehr viel Ahnung von einem Fußballverein hat (wie Borussia Mönchengladbach), kennt auch immer eine Person, die noch mehr Ahnung hat, weil sie noch mehr Spiele besucht hat oder noch mehr Zeitschriften regelmäßig liest und archiviert, um sich zu informieren und auf dem neuesten Stand zu halten. Die zentrale Frage an Individuen in der Population ist damit: „Kennen Sie jemand, der über ein bestimmtes Thema noch mehr weiß als Sie selbst?" Auf diese Weise arbeitet man sich beim Pyramiding bis an die Spitze, d. h. zum bestinformierten potenziellen Lead User hoch.

Pyramiding ist zeiteffizienter als das Screening, birgt jedoch das Risiko, dass wichtige Experten durch den selektiven Ansatz eventuell nicht identifiziert werden können. Das Screening hingegen ist sehr zeitaufwändig. Hippel et al. (2009) vergleichen Screening- und Pyramiding-Prozesse. Um wieviel Pyramiding effizienter ist als Screening, hängt davon ab, ob das durchführende Unternehmen tatsächlich an die Spitze der Pyramide kommen will, d. h. ob sie wirklich den allerbesten potenziellen Lead User in Bezug auf ein Thema identifizieren will, oder ob auch ein Lead User aus den Top 10 in Bezug auf dieses Thema ausreicht. In einer Simulationsstudie, deren Ergebnisse in Abb. 4.20 gezeigt werden, decken Hippel et al. (2009) auf, dass Pyramiding knapp 30 % des Aufwands verursacht, den ein Screening nach der wirklich allerbesten Person verursacht. Gibt sich ein Unternehmen beim Pyramiding auch mit einem Vertreter aus den Top 10 (etwa sieben Prozent) oder sogar Top 15 (etwa sechs Prozent des Screening-Aufwands) zufrieden, so sinkt der Aufwand deutlich.

Im vierten Schritt (Entwicklung innovativer Produktkonzepte) ist das Ziel, die bisherigen vorläufigen Produktideen und -konzepte zu finalisieren. Hierzu sollte ein Workshop mit mehreren Lead Usern, dem Projektteam und Experten aus dem Unternehmen abgehalten werden. Typischerweise dauern solche Workshops zwei bis drei Tage. In dieser Zeit sollten zunächst in kleinen Gruppen und dann im Ganzen die finalen Konzepte erarbeitet werden, die idealerweise präzise zu den Unternehmensbedürfnissen passen und nach den Workshops weiterverfolgt werden.

Im einem fünften Schritt (Projektion der Ergebnisse auf einen größeren Markt) sollte das Projektteam die Empfehlungen weiter verbessern und auf ein größeres Marktpotenzial überprüfen. Nicht alle Bedürfnisse von Lead Usern lassen sich auch auf einen Massenmarkt übertragen. Diese Überprüfung kann auch zu einer Anpassung der Konzepte hinsichtlich einer größeren Kompatibilität mit den Massenmärkten führen. Diese verbesserten Konzepte sollten nun eine starke Evidenz aufweisen, warum

Kunden möglicherweise für diese Produkte Geld aufwenden wollen. Die Konzepte sollten in dieser Phase den involvierten Entscheidungsträgern vorgestellt werden, die dann über den weiteren Verlauf entscheiden. Auch wenn sich nun das Projektteam wieder auflöst, sollte für die weitere Kommerzialisierung zumindest ein Teammitglied ausgewählt werden, das diesen Prozess weiterhin begleitet, damit das im Projekt gewonnene Wissen nicht verloren geht. Die Beispiele zur Anwendung des Lead-User-Ansatzes bei 3M (Beispiel 4.19) und bei Hilti (Beispiel 4.20) verdeutlichen die dargestellten Schritte.

Beispiel 4.19: Entwicklung einer neuen medizinisch-chirurgischen Division von 3M

3M sah sich Mitte der 1990er-Jahre damit konfrontiert, dass der größte Anteil des damaligen Wachstums aus bestehenden Produkten resultierte. Um diesem Trend entgegenzuwirken, setzte das Management ein starkes Signal: In vier Jahren sollten 30 % des Umsatzes aus Produkten stammen, die zum damaligen Zeitpunkt noch gar nicht existierten.

Um dieses Ziel zu erreichen, starteten einige Abteilungen mit einem bisher neuen Ansatz, nach neuen Produkten zu suchen: dem Lead-User-Ansatz. So auch die Abteilung für sterile OP-Abdecktücher, einem Bereich, der 3M ungefähr 100 Mio. US\$ Umsatz pro Jahr einbrachte. Sterile OP-Abdecktücher sind dünne Tücher, die

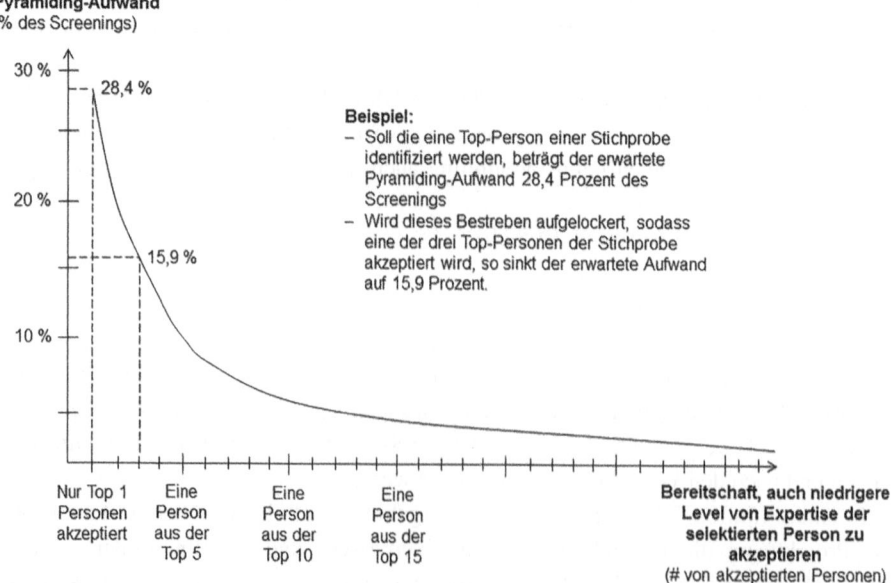

Abb. 4.20 Aufwand von Screening- und Pyramiding-Ansätzen zur Lead-User-Identifizierung. (Nach Hippel et al. 2009)

direkt mit Plastikkleber auf der Haut der Patienten aufgebracht werden und durch die während einer Operation direkt durchgeschnitten wird. Die Tücher dienen als mikrobiologischer Schutzwall, haben aber einige Schwächen, da z. B. Katheter oder andere Schläuche nicht bedeckt werden können.

Mitte der 1990er-Jahre sah sich diese Abteilung mit der besonderen Herausforderung konfrontiert, dass technische Neuerungen von den Krankenkassen aufgrund der hohen Kosten nicht mehr getragen wurden. Daher bestanden in den traditionellen Märkten nur wenige Möglichkeiten zu wachsen bzw. in weniger entwickelte Länder zu expandieren, da auch hier die Kosten zu hoch waren.

Zu diesem Zeitpunkt wurde ein Lead-User-Projekt gestartet mit dem initialen Ziel, „bessere sterile OP-Abdeckungen zu finden". In den ersten Monaten verbachte das Team, bestehend aus F&E, Marketing- und Produktionsexperten, sechs Wochen damit, mehr über die Gründe und die Prävention von Infektionen zu lernen. Außerdem wurde ein Management-Workshop abgehalten, in dem die Parameter für akzeptable Innovationen festgelegt wurden.

In der zweiten Phase (sechs Wochen) fokussierte sich das Team darauf, wichtige generelle Trends in der Infektionsvermeidung, insbesondere in weniger entwickelten Ländern, zu verstehen. So befragte das Team Ärzte in verschiedenen Ländern, wie z. B. Malaysia, Indonesien, Korea und Indien. Hier stellte sich heraus, dass Infektionsvermeidung insbesondere über die Vergabe von günstigen Antibiotika, einem aufgrund von drohenden Resistenzen nicht sehr langfristigen Ansatz, vonstattenging. Sterile OP-Abdeckungen wurden wegen der hohen Kosten nicht genutzt. Daher‘ wurde die erste Ziel-Hypothese geändert in „deutlich günstigere und effektivere Wege zu finden, Infektionen zu vermeiden, die nicht auf Antibiotika oder sterilen OP-Abdeckungen basieren." Im nächsten Schritt kontaktierte das Team Experten (Lead User) auf dem Gebiet der Infektionskontrolle und fanden diese z. B. auch an eher überraschenden Orten wie der Veterinärmedizin (niedrige Infektionsraten, obwohl schwierige Situation und starke Kostenzwänge) und in den Make-up Artists Hollywoods (Experten in der Anbringung und Entfernung von Materialien auf der Haut, ohne diese zu irritieren). Als finaler Schritt wurden alle Lead User in einem zweieinhalbtägigen Workshop zusammengebracht und entwickelten sechs neue Produktlinien und einen radikal neuen Ansatz zur Infektionskontrolle. Drei der sechs Produktlinien brachte 3M im späteren Verlauf auf den Markt und arbeitete an der Umsetzung der radikalen Innovation weiter. Der Lead-User-Prozess wurde von 3M als Erfolg gewertet und im Zuge der Innovationsoffensive in acht weiteren Unternehmensbereichen durchgeführt (Hippel et al. 1999). ◄

Beispiel 4.20: Entwicklung neuer Produktansätze bei der Hilti AG mithilfe des Lead-User-Ansatzes

Hilti ist ein weltweit führender Werkzeughersteller aus Liechtenstein. Das Unternehmen führte einen Lead-User-Prozess zu Hängevorrichtungen durch (Herstatt und Hippel 1992). Diese Hängevorrichtungen sind relativ simple Produkte, die in kommerziell und industriell genutzten Gebäuden zur Aufhängung von Röhren genutzt werden. In einem ersten Schritt wurden drei Markttrends identifiziert:

- Bedarf an Aufhängesystemen, die extrem einfach zu bedienen sind (sogar ohne Bedienungsanleitung), da das Bildungsniveau der Nutzenden immer weiter abnimmt
- Bedarf an einfach und sicher zu installierenden Komponentensystemen, da Sicherheitsstandards zunehmen und kompliziertere Systeme von Nutzern nicht verstanden werden
- Bedarf an korrosionsfreien und extrem leichten Hängesystemen

In einem zweiten Schritt wurden anhand des Screening-Tools zunächst 74 Telefoninterviews mit vorher definierten Fragen durchgeführt (Herstatt und Hippel 1992). Anhand der durchgeführten Interviews qualifizierten sich 22 Lead User, die sich durch eine weitere Fragerunde auf 14 reduzierten. Von diesen 14 Lead Usern erklärten sich zwölf bereit, an einem Workshop mit Hilti teilzunehmen und das geistige Eigentum daraus an Hilti abzutreten. Interessanterweise hatten die zwei Lead User, die nicht teilnehmen wollten, zuvor eigene Hängevorrichtungen patentieren lassen und waren daher zu einem Verzicht auf das geistige Eigentum nicht bereit.

In einem dritten Schritt wurde ein dreitägiger Workshop mit den zwölf Lead Usern und Hilti-Mitarbeitern, die bereits bei dem Trendfindungsprozess mitgewirkt hatten, abgehalten. Die Lead User erhielten eine Kompensation von 150 US-$. Zunächst arbeiteten alle zusammen und teilten sich schon am ersten Tag in fünf Untergruppen auf, deren Ergebnisse am dritten Tag in der großen Gruppe weiter besprochen und verfeinert wurden. Ein Ergebnis wurde von den Workshopteilnehmern als das Beste erachtet und Hilti zur Weiterentwicklung empfohlen.

In einem vierten Schritt überprüfte Hilti das Marktpotenzial zunächst intern und dann extern an einer Gruppe von zwölf Nutzern, die in den Interviews des ersten Schrittes nicht als Lead User klassifiziert worden waren. Zehn der zwölf befragten Nutzer präferierten den neuen Ansatz gegenüber althergebrachten und waren bereit, einen 20 % höheren Preis zu bezahlen. Für Hilti war der Lead-User-Ansatz ein deutlich schnellerer und kosteneffizienterer Prozess als die bisher genutzten Produktentwicklungsansätze und wurde daher von Hilti als besonders erfolgreich eingestuft (Herstatt und Hippel 1992). ◄

Ein alternativer Prozess bei der Anwendung des Lead-User-Ansatzes ist der T–PLUC–Ansatz, wie er von Henkel und Jung (2009) beschrieben wird. Allerdings ist der Ausgangspunkt im Vergleich zum in Abb. 4.21 dargestellten klassischen Prozess ein anderer, nämlich eine vorgegebene Technologie anstelle einer vorgegebenen Industrie. Die fünf Schritte des T–PLUC–Ansatzes, die im Folgenden beschrieben werden, sind:

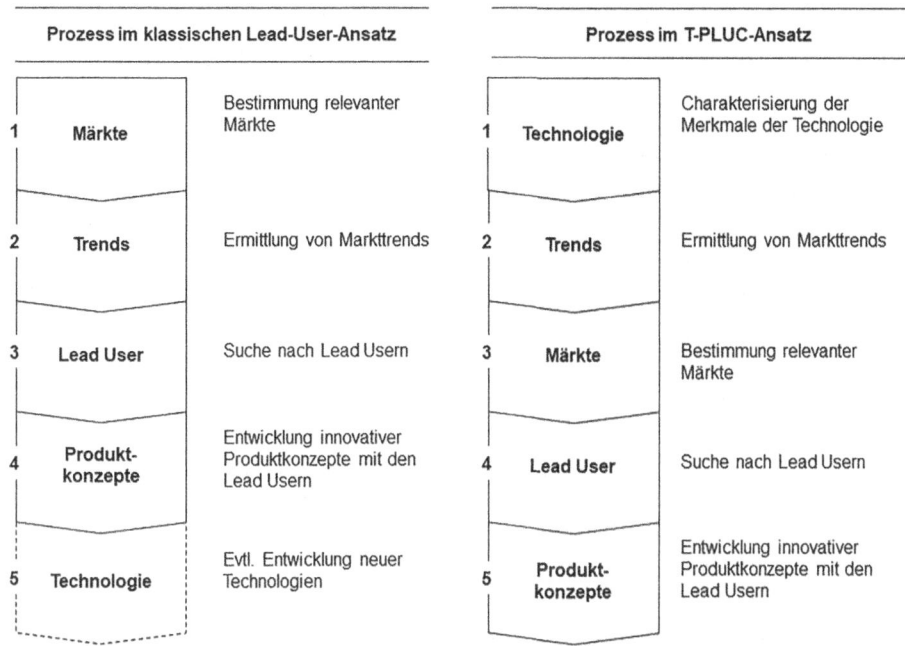

Abb. 4.21 Prozessschritte im klassischen vs. T-PLUC-Ansatz. (Nach Henkel und Jung 2009)

- Charakterisierung der Merkmale der Technologie
- Ermittlung von Trends
- Bestimmung relevanter Märkte
- Suche nach Lead Usern
- Entwicklung innovativer Produktansätze mit den Lead Usern

Der erste Schritt dient der Charakterisierung von Merkmalen der Technologie. Ausgangspunkt des T–PLUC–Ansatzes ist eine neue Technologie. Deshalb gilt es, diese zunächst näher zu charakterisieren und die relevanten Merkmale zu erarbeiten. Das Lead-User-Projektteam muss sich mit der Technologie intensiv auseinandersetzen, um einen ganzheitlichen Überblick über das betrachtete Verfahren zu gewinnen. Wichtig ist, dass die Entwicklungsexperten der neuen Technologie eng mit dem Lead-User- Projektteam zusammenarbeiten und während der gesamten Projektdauer stets ansprechbar sind.

Im zweiten Schritt werden Trends recherchiert, die für die neu entwickelte Technologie relevant sind und die charakteristischen Merkmale unterstützen. Dazu sollten Trends berücksichtigt werden, die weltweit immer mehr an Bedeutung gewinnen.

Der dritte Schritt des Lead-User-Ansatzes nach Technology Push ist die Identifizierung von Industrien und Marktsegmenten, in denen die zuvor aufgedeckten Trends von Bedeutung sind. Hierbei ist wichtig, dass man stets das Feedback von Experten einholt. Durch regelmäßige Rücksprache mit dem Unternehmen kann so entschieden werden, ob es sich bei den ermittelten Branchen um relevante Märkte handelt. Neben dem Feedback von Experten können auch klassische Marketing-Research-Methoden, bei denen Experten Interviews beispielsweise in Form von Delphi-Studien durchführen, genutzt werden.

Die letzten beiden Schritte des T-PLUC-Ansatzes sind den gleichnamigen Schritten des klassischen Lead-User-Ansatzes sehr ähnlich (Hippel 1986). Eine Gegenüberstellung des klassischen und des T–PLUC-Ansatzes erfolgt in Abb. 4.21.

Der klassische Lead-User-Ansatz startet mit einem Marktsegment in einer bestimmten Industrie. Anschließend wird ein Trend ermittelt, zum Schluss die Technologie abgeleitet. Dagegen beginnt T–PLUC mit einer vorgegebenen Technologie, die Trends werden anhand der charakteristischen Merkmale der Technologie bestimmt und hieraus Industrie und Marktsegment abgeleitet.

T-PLUC ist durch eine vorgegebene Technologie eingeschränkter, aber durch das nicht festgelegte Marktsegment gleichzeitig auch umfangreicher als der klassische Lead-User-Ansatz. Da das Marktsegment nicht bestimmt ist, besteht hier mehr Handlungsspielraum. Tendenziell können sogar mehrere Industrien auftreten, in denen Lead User identifiziert werden können.

Mit dem T-PLUC-Ansatz besteht die Möglichkeit, eine Technology-Push-Innovation und eine Market-Pull-Innovation zu verknüpfen. Wie ist das zu erklären? Zunächst spiegelt der T-PLUC-Ansatz die klassische Technology-Push-Innovation wider. Die Technologie ist vorgegeben, der passende, noch nicht existente Markt muss noch entwickelt werden. Dadurch, dass Lead User mit in die Produktkonzipierung einbezogen werden, deutlich eine Nachfrage artikulieren und somit die Marktseite darstellen, kommt der Aspekt der Market-Pull-Strategie zum Tragen. Somit lassen sich die wesentlichen Punkte beider Verfahren verbinden.

Kernaussagen

- Opportunities werden durch Vordenker oder sogenannte Lead User als Teilgruppe potenzieller Kunden eines Produkts oder einer Leistung sehr früh erkannt.
- Lead User sind in der Lage, Probleme zu erkennen und zu lösen, mit denen sich die Unternehmen und potenziellen Kunden noch gar nicht beschäftigen.
- Lead User sind schwierig zu identifizieren. Screening und Pyramiding sind wertvolle Ansätze zum Aufspüren von Lead Usern.
- Lead User können sich in der Industrie der betrachteten Unternehmen befinden, aber auch außerhalb dieser Industrie.

Aufgaben zur Wiederholung

1. Skizzieren Sie eine klassische Innovationsdiffusionskurve und beschreiben Sie kurz die einzelnen fünf Kundengruppen. Gehen Sie auch kurz auf die „Big-Bang-Diffusionen" ein.

2. Definieren Sie Lead User insbesondere entlang ihrer charakteristischen Eigen-schaften. Skizzieren Sie die verschiedenen Nutzergruppen entlang einer Zeitkurve und ordnen Sie sie ein.

3. Nennen Sie die drei Typen von Lead Usern basierend auf ihrer fachlichen Her-kunft.

4. Beschreiben Sie kurz die Methoden „Screening" und „Pyramiding" und dis-kutieren Sie deren jeweilige Vor- und Nachteile.

5. Nennen Sie die fünf Schritte des T-PLUC-Ansatzes und skizzieren Sie diese im Vergleich zu den fünf Schritten des klassischen Lead-User-Ansatzes. Beschreiben Sie stichpunktartig das Vorgehen des T-PLUC-Ansatzes.

4.5   Market-Space-Ansatz

Im folgenden Abschnitt wird der Market-Space-Ansatz vorgestellt. Dabei handelt es sich um ein Tool, das Opportunities erwartet, wenn man typische und allgemein akzeptierte Grenzziehungen von Märkten (wie zwischen Industrien) aufhebt und sich beispiels-weise zwischen oder über zwei Märkte hinweg positioniert. In einem ersten Schritt erfolgt in Abschn. 4.5.1 eine Diskussion, wie Märkte typischerweise abgegrenzt werden. Abschn. 4.5.2 stellt darauf aufbauend Ansätze dar, wie andere Grenzziehungen zwischen Märkten Opportunities für Unternehmen schaffen können. Abschn. 4.5.3 zeigt einen fünfstufigen Prozess der Umsetzung des Market-Space-Ansatzes auf.

Lernziele
- Das Konzept des Market-Space-Ansatzes verstehen und nutzen können.
- Hierzu gilt es,
  - zu verstehen, dass es in der Regel von Anbietern, Kunden und anderen Marktteilnehmern akzeptierte Grenzen von Märkten gibt, die im Tages-geschäft und bei der strategischen Planung häufig bestimmen, welche Zielgruppe erreicht werden soll und welche Eigenschaften Produkte und Dienstleistungen haben sollen,
  - zu erkennen, dass die gewachsenen und allgemein akzeptierten Vorstellungen von z. B. Industriezugehörigkeit, zu beeinflussenden Zielgruppen und Produkteigenschaften dazu führen, dass wenige neue Opportunities kreiert werden,
- um durch das gezielte Aufbrechen von akzeptierten Grenzziehungen neue „Markträume" (Market-Spaces) zu öffnen.

4.5.1   Grundlagen des Konzepts des Market-Space-Ansatz

Das Konzept des Market-Space-Ansatzes beruht auf der Beobachtung, dass es allgemein von Anbietern, Kunden und anderen Marktteilnehmern akzeptierte Grenzen von Märkten gibt (Kim und Mauborgne 1999). Diese Grenzen bestimmen im täglichen Geschäft und bei der strategischen Planung der Unternehmen, welche Unternehmen Konkurrenten sind, wer die Zielgruppe auf Käuferebene ist und welche Eigenschaften ein Produkt in dieser Industrie haben sollte.

Solche Grenzen existieren auf verschiedenen Ebenen. Eine Art der Grenzziehung bezieht sich auf die Industrie, in der ein Unternehmen aktiv ist. Es existieren in Wissenschaft und Praxis verschiedenste, unterschiedlich granulare Grenzziehungen von Industrien. Tab. 4.2 zeigt die zwei oberen Ebenen der Kategorisierung von Industrien nach dem Global Industry Classification Standard (GICS), die von Standard & Poor's entwickelt wurde. Dieser Standard unterscheidet zwischen zehn Sektoren, 24 Industriegruppen, 67 Industrien und 156 Unterindustrien. Nach dieser Logik lässt sich jedes Unternehmen einer oder, bei mehreren Geschäftsfeldern, mehr als einer Kategorie zuordnen. Folgt man stur dieser Logik, dann bestimmt diese Zuordnung, wer Wettbewerber des Unternehmens ist. Messen und wissenschaftliche Kongresse sind nicht selten auf eine in dieser Form abgegrenzte einzelne Industrie ausgerichtet.

In einer Industrie kommt es dann häufig zu einer weiteren Grenzziehung, und zwar durch eine Unterteilung in verschiedene strategische Gruppen (Fiegenbaum und Thomas 1995; Thomas und Venkatraman 1988). Eine strategische Gruppe in einer Industrie bezieht sich auf eine Gruppe von Unternehmen, die sich in Bezug auf relevante Leistungsmerkmale ähneln, zu anderen strategischen Gruppen in dieser Industrie aber Unterschiede aufweisen. Je nach Industrie können dabei zur Strukturierung in strategische Gruppen verschiedenste Kriterien infrage kommen wie:

- Spezialisierungsgrad der angebotenen Produkte/der angebotenen Leistungen
- Kostenposition
- Markenbekanntheit
- Servicegrad
- Preis
- Vertriebskanalbreite
- Produktqualität
- Technologische Führungsposition
- Individualisierungsgrad

Eine verbreitete Möglichkeit, die Automobilindustrie in strategische Gruppen zu unterteilen, bietet Abb. 4.22. In der Abbildung sind fünf strategische Gruppen entlang der Kriterien Breite der Produktpalette und regionale Verbreitung zu sehen (Hungenberg 2014).

Tab. 4.2 Kategorisierung von Industrien nach Global Industry Classification Standard (GICS)

Kategorie	Sektor	Subkategorie	Industriegruppe
10	Energie	1010	Energie
15	Roh-, Hilfs- und Betriebsstoffe	1510	Roh-, Hilfs- und Betriebsstoffe
20	Industrie	2010	Investitionsgüter
		2020	Dienstleistungen
		2030	Transportwesen
25	Nicht-Basiskonsumgüter	2510	Fahrzeuge und Komponenten
		2520	Gebrauchsgüter und Bekleidung
		2530	Verbraucherdienstleistungen
		2540	Medien
		2550	Einzelhandel
30	Basiskonsumgüter	3010	Grund- und Lebensmitteleinzelhandel
		3020	Lebensmittel, Getränke und Tabak
		3030	Produkte für Haushalt und persönlichen Bedarf
35	Gesundheitswesen	3510	Equipment und Dienstleistungen im Gesundheitswesen
		3520	Pharmaprodukte, Biotechnologie und Life Sciences
40	Finanzwesen	4010	Banken
		4020	Diversifizierte Finanzdienstleistungen
		4030	Versicherungen
		4040	Immobilien
45	IT	4510	Software und Dienstleistungen
		4520	Technologie-Hardware und Equipment
		4530	Halbleiter und Halbleiter-Equipment
50	Telekommunikationsdienste	5010	Telekommunikationsdienste
55	Versorgungsbetriebe	5510	Versorgungsbetriebe

Ähnlich gehen Positionierungskarten vor, die die Unternehmen einer Industrie systematisieren. Wie in Abb. 4.23 beispielhaft für den Handymarkt dargestellt, stellen diese Positionierungskarten auf der Abszisse eine zentrale Eigenschaft eines Produkts und auf der Ordinate den Preis dar (D'Aveni 2007). Trägt man die Produkte, die im

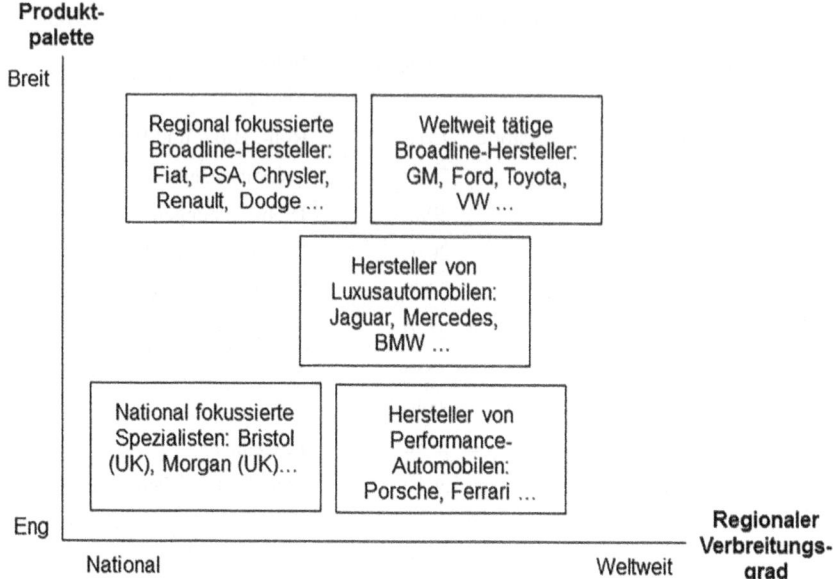

Abb. 4.22 Strategische Gruppen im Automobilmarkt. (Nach Hungenberg 2014)

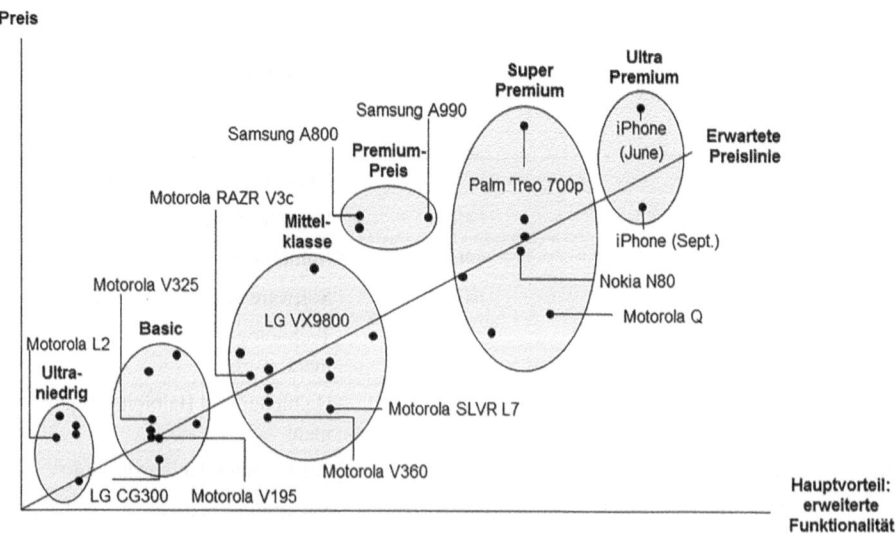

Abb. 4.23 Positionierungskarte für den Smartphonemarkt. (Nach D'Aveni 2007)

Markt angeboten werden, in dieses Koordinatensystem ein und zeichnet die erwartete Preislinie mittels Regressionsanalysen ein, so erhält man für diese Industrie den Zusammenhang zwischen einer Steigerung der Qualität der zentralen Produkteigenschaft und dem Preis. Die Steigung dieser Linie gibt an, wie viel die Nachfrager in diesem Markt zu bezahlen bereit sind, wenn sich die zentrale Produkteigenschaft um eine Einheit erhöht.

Auf dieser Basis clustert man die Produkte, beispielsweise in ein Super-Premium-Segment, ein Premium-Segment und ein Basis-Segment. Während die Preise für einzelne Produkte recht einfach zu ermitteln sind, stellt sich dies mit der zentralen Produkteigenschaft schwieriger dar. Zum einen muss ermittelt werden, was überhaupt die zentrale Produkteigenschaft ist. Zum anderen muss für diese Eigenschaft eine Maßzahl gebildet werden, sofern diese nicht bereits vorliegt (wie die Motorstärke bei Automobilen). D'Aveni (2007) schlägt vor, die offensichtlich wichtigsten Produkteigenschaften zu identifizieren und eine Regressionsanalyse durchzuführen, mit dem Preis als abhängiger und den wichtigsten Produkteigenschaften als unabhängiger Variable. Die Produkteigenschaft, die dabei die größte Erklärungskraft (beispielsweise gemessen am Anstieg des Bestimmtheitsmaßes) aufweist, wird als zentrale Produkteigenschaft auf der Abszisse der Positionierungskarte übernommen. Kern der Überlegungen der Positionierungskarten besteht darin, dass zentrale Produkteigenschaft und Wettbewerber gegeben sind und Unternehmen sich in einem Markt im Laufe der Zeit entlang der zentralen Produkteigenschaften und Preise positionieren, um den Wettbewerbern Marktanteile wegzunehmen oder zu verhindern, dass diese überhaupt eine dominierende Rolle in einem Cluster spielen können.

Mittels dieser Positionierungskarten können Entscheidungsträger strategische Alternativen in ihrer Industrie mit den existierenden Wettbewerbsunternehmen ableiten. So können weiße Flecken, d. h. Produkteigenschafts-Preis-Kombinationen, die bislang von keinem Unternehmen bedient werden, identifiziert werden. Des Weiteren können Unternehmen ihre Produkte dahingehend beurteilen, ob sie über oder unter der Preislinie liegen. Über der Preislinie bedeutet, dass es dem jeweiligen Unternehmen gelingt, für eine objektiv messbare Produkteigenschaft einen vergleichsweise hohen Preis zu erzielen, beispielsweise durch eine Marke oder andere Produkteigenschaften über die zentrale, auf der Abszisse abgebildete Produkteigenschaft hinaus. Schließlich können Prognosen über mögliche Verschiebungen von Produkten abgeleitet werden. Wie in Abb. 4.24 dargestellt, hat Apple den iPod im Laufe der Zeit mit mehr Funktionalitäten und höherer Speicherkapazität ausgestattet und dabei gleichzeitig den Preis gesenkt. Diese Aktivitäten haben es Wettbewerbern wie Sony schwergemacht, überhaupt im Markt Fuß zu fassen. Für unsere Zwecke ist es wichtig festzuhalten, dass diese klassischen Tools zur Darstellung von Industrien und ihren strategischen Gruppen von festen Grenzen dieser Gruppen ausgehen und diese als gegeben hinnehmen.

Innerhalb einer Industrie herrscht zudem oft eine gewachsene und gelebte Vorstellung davon, wer genau der Kunde ist. Zur Veranschaulichung dieser Art der Grenzziehung ist die Unterteilung zwischen Käufern, Nutzern und Beeinflussern hilfreich (Homburg und Krohmer 2009). Der Käufer entscheidet über den Anbieter und Lieferanten und nimmt den tatsächlichen Kaufvorgang vor. Der Nutzer verwendet oder konsumiert das eingekaufte Produkt oder die Leistung. Der Beeinflusser nimmt einen Einfluss auf

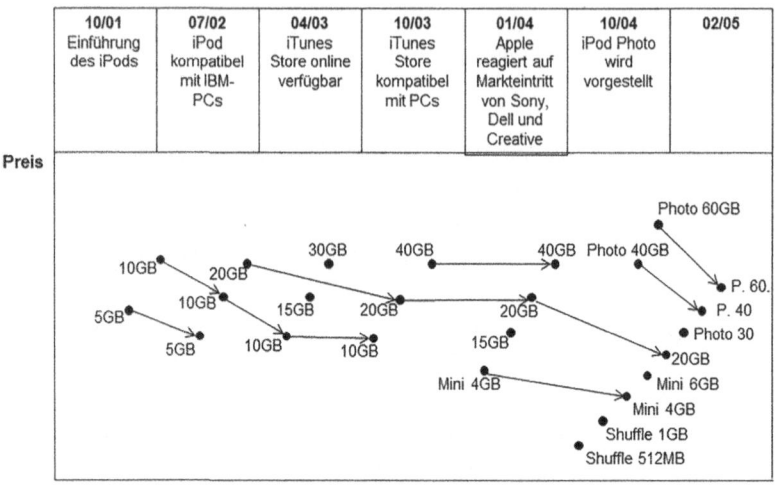

Abb. 4.24 Die Positionierung des iPods über die Zeit. (Nach D'Aveni 2007)

die Kaufentscheidung, beispielsweise formell im Rahmen eines Beratervertrags oder informell durch Machtbeziehungen im Unternehmen. Dabei können die drei Typen auch in einer Person zusammenfallen (z. B. wenn der Käufer auch der Nutzer ist), oft findet man jedoch in der Tat eine Aufteilung auf verschiedene Personen innerhalb oder außerhalb des Unternehmens vor. In Industrien herrscht oft eine gewachsene Vorstellung davon, wer die Zielgruppe des anbietenden Unternehmens ist. Im Markt für Büroartikel ist die Einkaufsabteilung typischerweise die zu beeinflussende, bestimmende Zielgruppe. In der Pharmabranche ist der verschreibende Arzt die entsprechende Zielgruppe, auch wenn er die Produkte weder einkauft noch verwendet. Durch seine Expertise und seine ausgestellten Rezepte ist er aber der Beeinflusser.

Das Unternehmen hat damit eine gewachsene, allgemein akzeptierte Vorstellung darüber, in welcher Industrie es tätig ist, zu welcher strategischen Gruppe es gehört und wer die zu beeinflussende Zielgruppe ist. Darüber hinaus herrschen aber auch gewachsene Vorstellungen von dem Produkt oder der Leistung, und wo beides beginnt oder endet. Gehört ein reservierter Parkplatz am Flughafen zu einer Flugbuchung und dem Flugticket? Kaum. Dafür erwartet man von einem Taxifahrer, dass er schwere Koffer bis zur Haustüre bringt. Ebenso erwartet man beim Kauf eines teuren Anzugs eine Beratung. Solche gewachsenen Erwartungen, was zu einem Produkt oder einer Leistung gehört, kommen in praktisch allen Industrien vor und beschreiben ebenfalls eine Grenzziehung: nämlich eine, die abbildet, was zur Leistung gehört und was nicht.

Schließlich besteht in vielen Industrien eine gewachsene Vorstellung davon, über welche Eigenschaften ein Produkt oder eine Leistung zu verkaufen ist (Kim und Mauborgne 2015a): Herrschen funktionale Eigenschaften von Produkten oder Leistungen vor oder eher emotionale? So ist die Kosmetikindustrie eine Industrie, die primär über Emotionen versucht, ihre Zielgruppe zu erreichen. Beim Kauf von Kopierpapier dürften emotionale Eigenschaften für den Käufer kaum eine Rolle spielen, denn das Kopierpapier erfüllt lediglich die funktionale Eigenschaft, zum Kopieren verwendet zu werden. Rein funktionale und rein emotionale Eigenschaften sind die Endpunkte auf einem Kontinuum. Viele Produkte und Leistungen beinhalten sowohl emotionale als auch funktionale Eigenschaften, die beim Kauf eine Rolle spielen. So ist beim Kauf eines neuen Autos die Marke und das Statussymbol, das das Auto darstellt, der emotionalen Kategorie zuzuordnen, während Sicherheit und Kraftstoffverbrauch eher in die funktionale Kategorie fallen. Existieren verschiedene Zielgruppen in einer Industrie, die von unterschiedlichen strategischen Gruppen bearbeitet werden, so liegen Unterschiede zumeist in der Bedeutung der beiden Arten von Eigenschaften vor. Trotzdem herrscht dann zumindest auf der Ebene einer strategischen Gruppe eine gewachsene, allgemeine akzeptierte Balance von emotionalen und funktionalen Eigenschaften des Produkts oder der Dienstleistung vor.

4.5.2 Opportunity Recognition mit dem Market-Space-Ansatz

Der Market-Space-Ansatz nimmt die im vorhergehenden Abschnitt beschriebenen, gewachsenen und allgemein in Industrien akzeptierten Grenzziehungen als Ausgangspunkt, nimmt diese aber nicht als gegeben hin, sondern bricht sie auf (Kim und Mauborgne 2015a, 2005). Dadurch zielt der Market-Space-Ansatz darauf ab, neue „Markträume" (Market Spaces) zu generieren, die dann für das Unternehmen Wachstumsmöglichkeiten bieten. Dabei existieren fünf Anknüpfungspunkte, um gewachsene Grenzziehungen aufzubrechen (Kim und Mauborgne 1999):

- Die Grenzziehung der Industrien (Welche Unternehmen gehören zur Industrie?)
- Die Grenzziehung zwischen typischen strategischen Gruppen (Welche Cluster von Unternehmen gibt es in der Industrie?)
- Die Grenzziehung zwischen Kunden (Wer kauft und verwendet das Produkt bzw. die Leistung?)
- Die Grenzziehung zwischen Produkten (Was gehört zum Produkt bzw. zur Leistung und was nicht?)
- Der Hauptzweck des Produkts (Befriedigt ein Produkt bzw. eine Leistung eher funktionale oder eher emotionale Bedürfnisse?)

Der erste Anknüpfungspunkt zur Generierung von Opportunities besteht also darin, die allgemein akzeptierte, gewachsene Industrieabgrenzung aufzubrechen (Kim und Mauborgne 1999). Dahinter steht die Überlegung, dass die potenziellen Käufer eines Produkts oder einer Leistung künstliche Industriegrenzziehungen, wie in Tab. 4.2 im vorhergehenden Abschnitt beschrieben, nicht machen. Vielmehr haben potenzielle Käufer eine Problemstellung oder ein Bedürfnis, das sie befriedigen möchten. Zur Lösung des Problems und zur Bedürfnisbefriedigung zieht ein potenzieller Käufer Produkte oder Lösungen aus verschiedenen Industrien in Betracht. Zieht ein Unternehmen sein Wettbewerbsumfeld strikt an Industriegrenzen, wie im vorhergehenden Abschnitt beschrieben, fokussiert es möglicherweise auf einen zu engen Käuferkreis, da das Unternehmen übersieht, dass in anderen Industrien ebenfalls Möglichkeiten existieren, das grundlegende Bedürfnis des potenziellen Käufers zu adressieren. Behält das Unternehmen die enge Sicht auf seine Industrie bei, fokussiert es auf bestehende Kunden und die Kunden des Wettbewerbs in dieser Industrie und kann nur (überdurchschnittlich) wachsen, wenn es dem Wettbewerb Marktanteile wegnimmt. Gewachsene, akzeptierte Industriegrenzen aufzuweichen bedeutet hingegen, für das Unternehmen neuen Market Space zu generieren. Intuit, das US-amerikanische Unternehmen, das die erste erfolgreiche Buchhaltungssoftware für Privatpersonen (Quicken) auf den Markt gebracht hat, gilt als Beispiel für ein erfolgreiches Aufbrechen traditioneller Industriegrenzen (Beispiel 4.21).

Beispiel 4.21: Wie Intuit mit Quicken erfolgreich wurde

Intuit ist mit Quicken der Inbegriff für Software, mit der kleine Unternehmen und Privatpersonen ihre Finanzen auf dem Computer managen können. Die erste Version von Quicken kam 1984 auf den Markt. Bis dahin hat bereits eine ganze Reihe von Softwareprogrammen versucht, die Gunst der kleinen Unternehmen und Privatpersonen zu gewinnen, jedoch ohne Erfolg. Jede bestehende Software versuchte, sich durch einzelne Features von den Konkurrenten abzusetzen (Kim und Mauborgne 2015a). Intuit-Gründer Scott Cook erzählt, dass Intuit einen anderen Ansatz verfolgte. Intuit hatte erkannt, dass nicht andere Softwareprogramme, die ja sowieso nicht erfolgreich waren, die Konkurrenz von Intuit darstellten. Die Konkurrenz war vielmehr der Stift, mit dem kleine Unternehmen und Privatpersonen ihre Buchhaltung auf Papier erledigten. Der Stift hat zwei wesentliche Vorteile gegenüber jeder Software: Er ist unglaublich günstig und sehr einfach zu nutzen – ganz im Gegenteil zur bestehenden Software, die teuer und, da gespickt mit Buchhaltungs-Fachbegriffen, auch schwierig zu nutzen war. Scott Cook erkannte, dass seine Software nicht nur im Wettbewerb mit anderen Programmen stand, sondern auch – und vielleicht sogar insbesondere – mit dem Stift. Intuit entwarf eine neue Version der Software, die deutlich günstiger war als bestehende Software, einfach zu bedienen, und die auf Spezialeigenschaften verzichtete. Quicken war der Durchbruch und schaffte für die initial betrachtete Industrie, in der Intuit tätig ist, einen um ein Vielfaches größeren Markt.

Dieser Sachverhalt kann mit sogenannten Wertekurven veranschaulicht werden (Kim und Mauborgne 1999). Wertekurven stellen für wesentliche Eigenschaften eines betrachteten Produkts oder einer betrachteten Leistung (abgetragen auf der Abszisse) die Ausprägungen der Angebote von verschiedenen Unternehmen dar (abgetragen auf der Ordinate). Abb. 4.25 zeigt diese Wertekurven für den konkreten Fall der Quicken-Software. Andere persönliche Finanzsoftware vor Quicken war teuer,

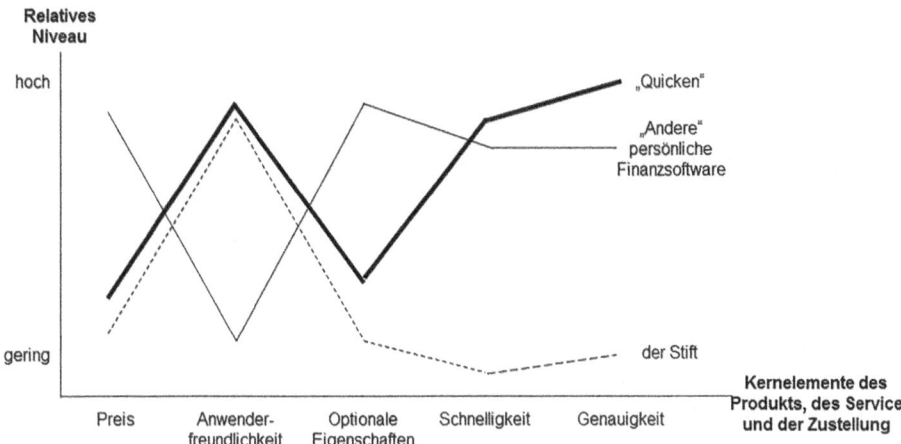

Abb. 4.25 Wertekurven von Quicken und seinen Konkurrenten. (Nach Kim und Mauborgne 2015a)

wenig anwenderfreundlich, und besaß eine ganze Reihe optionaler Eigenschaften. Wäre Quicken mit dieser Software in Konkurrenz getreten, dann hätte Quicken die Anwendungsfreundlichkeit aufgeben und seine Komplexität durch die Ausweitung optionaler Eigenschaften steigern müssen (Kim und Mauborgne 2015a). Durch den Vergleich mit dem Stift hat Intuit mit Quicken einen anderen Weg gewählt. Das Unternehmen hat den Preis an den Stift zumindest angenähert, auf optimale Produkteigenschaften, die der Stift auch nicht aufzuweisen hat, weitestgehend verzichtet, und dafür die Anwenderfreundlichkeit gesteigert. Auf diese Weise wurden die beiden zentralen Argumente für den Stift – geringer Preis und Einfachheit – durch die neue Software adressiert. Diese bietet darüber hinaus noch eine im Vergleich zum Stift höhere Schnelligkeit und Genauigkeit, die die Überlegenheit erklären kann. Dieses Beispiel verdeutlicht, dass erst durch das Aufbrechen der Industriegrenzen mit dem „richtigen" Substitut das erfolgreiche Produkt Quicken konzipiert und so der Markt für persönliche Finanzsoftware deutlich vergrößert werden konnte. ◄

Neben den Industriegrenzen können Unternehmen auch Grenzziehungen zwischen etablierten strategischen Gruppen innerhalb einer Industrie aufbrechen (Kim und Mauborgne 1999). Bei diesem Schritt als zweitem Anknüpfungspunkt geben Unternehmen den typischen Ansatz auf, ihre Wettbewerbsposition in der engen strategischen Gruppe inkrementell zu verbessern. Dieser Ansatz kann auch nur bedingt erfolgreich sein, da alle Unternehmen in dieser strategischen Gruppe inkrementelle Verbesserungen zur Generierung eines kurzfristigen Wettbewerbsvorteils verfolgen und so letztlich trotz aller Anstrengungen auf vergleichbarem Niveau verbleiben, häufig mit geringeren Margen. Opportunities können aber darin liegen, die Struktur der strategischen Gruppen nicht als gegeben hinzunehmen, sondern vielmehr zu versuchen, aus den bestehenden strategischen Gruppen auszubrechen und so neue „Markträume" (Market Space) zu schaffen, wie es Curves als Fitnessstudio-Kette in den USA geschafft hat (Beispiel 4.22).

Beispiel 4.22: Positionierung zwischen strategischen Gruppen: Fitnessstudios für Damen

Der Markt für Fitnessstudios gehört in vielen entwickelten Nationen zu den kompetitivsten überhaupt. Trotzdem hat es die texanische Fitnesskette Curves in den USA geschafft, innerhalb von zehn Jahren ab Mitte der 1990er-Jahre stark zu wachsen und dabei vor allem durch Mundpropaganda und Empfehlungsprogramme über zwei Millionen Mitglieder zu gewinnen. Aber wie sah der Fitnessmarkt beim Markteintritt von Curves aus? Zwei extreme Angebote bestimmten den Markt: auf der einen Seite stylishe Fitnessstudios in den Innenstädten, wo die Kunden an Hightech-Maschinen trainieren konnten. Diese Studios boten weitere Extras wie eine Saftbar, eine breite Auswahl an Kursen oder auch Saunen. Oft gab es so viele Angebote, dass Mitglieder mehrere Stunden in dem Fitnessstudio verbringen konnten. Die Angebote hatten zudem einen stattlichen Preis. Auf der anderen Seite positionierten sich Anbieter von Fitnessvideos oder ähnlichen Produkten für das Training zu Hause. Diese Produkte waren sehr billig und konnten zu Hause verwendet werden, zumeist mit minimaler Ausrüstung.

Für die meisten Frauen waren die High-End-Fitnessstudios keine Option. Viele Frauen wollen nicht an Hightech-Maschinen trainieren und dabei von Männern beobachtet werden – und so schon gar nicht Männer kennenlernen. Auch haben viele Frauen, insbesondere berufstätige Mütter, kaum Zeit für ausgedehnte Besuche in komplexen Fitnessstudios. Einen Grund gibt es jedoch: Eine Mitgliedschaft verpflichtet und erhöht die Disziplin, auch tatsächlich Sport zu treiben. Curves verfolgte daher den Ansatz, einfache Fitnessstudios zu günstigen Mitgliedspreisen nur für Frauen zu eröffnen. Curves kombinierte die Vorteile der beiden strategischen Gruppen und eliminierte alle anderen Aspekte (wie eine Saftbar oder Hightech-Maschinen), insbesondere solche, die die Mehrheit der Frauen bei den High-End-Fitnessstudios nicht schätzte. Curves baute funktionale Fitnessstudios, in denen es möglich war, in 30 min. das zentrale Fitnessprogramm zu durchlaufen. Der monatliche Mitgliedsbeitrag lag bei etwa 30 % der High-End-Fitnessstudios. Auf diese Weise schuf Curves einen neuen Markt und wich der direkten Konkurrenz durch traditionelle High-End-Fitnessstudios und Heimtraining-Artikel aus (Kim und Mauborgne 1999).

In Deutschland wurde 2004 mit der Fitnessstudio-Kette Mrs. Sporty ein ähnlicher Ansatz umgesetzt. Dabei wurde neben klassischen Wertangeboten wie schnelles und effektives Training besonderer Wert auf den Wohlfühlaspekt und den Aufbau einer Gemeinschaft unter den Trainierenden geachtet. Mit diesen Wertversprechen konnte das Unternehmen erfolgreich als Franchise expandieren und ist aktuell mit 500 Sportstudios in acht Ländern aktiv (Mrs. Sporty 2019; Moore 1996). ◄

Wie im vorhergehenden Abschnitt dargestellt, orientieren sich Unternehmen oft an gewachsenen Grenzen, wenn es darum geht, wer ihre Kunden sind (Kim und Mauborgne 1999). Auch diese Sicht lässt sich als dritter Anknüpfungspunkt aufweichen, um so möglicherweise Opportunities für Wachstum zu schaffen. Dabei hilft die bereits im vorherigen Abschnitt dargelegte Unterscheidung zwischen Käufer, Nutzer/Konsument und Beeinflusser. Wie dargestellt, ist für Büromaterial die Einkaufsabteilung der Kunde. Aus Sicht der Dreier-Unterteilung ist er Käufer und nur sehr nachgelagert auch der Nutzer oder Konsument. Könnte man vielleicht Büromaterial anders verkaufen, wenn man direkt an den Konsumenten geht? Durch solche Fragestellungen lassen sich Möglichkeiten für neue Opportunities schaffen. So hat Bloomberg durch die Fokussierung auf Trader, weg von bis dahin in der Industrie üblichen IT-Abteilungen, höchst erfolgreich neuen Market Space geschaffen (Beispiel 4.23).

Beispiel 4.23: Wie Bloomberg den Kunden neu erfand

Bloomberg ist heute einer der größten und profitabelsten Informationsprovider der Welt. Dabei dominierten bis in die 1980er-Jahre insbesondere Reuters und Telerate die Nachrichtenübermittlung in der Finanzindustrie. Zum damaligen Zeitpunkt fokussierten sich diese Unternehmen auf die Käufer der Leistung in Unternehmen: auf die IT-Manager, die standardisierte Systeme bevorzugten, die ihnen ihre Arbeit erleichterten (Kim und Mauborgne 2015a). Bloomberg nahm von dieser Sicht Abstand und betrachtete lieber die Trader im Unternehmen, da sie es waren, die täglich riesige Gewinne einstreichen oder Verluste machen konnten und dabei von aktuellen, leicht zu verarbeitenden Informationen abhingen. Auf Basis dieser Einsicht entwickelte Bloomberg einfach zu bedienende Terminals mit zwei Monitoren, so dass Trader nicht dauernd Fenster öffnen und schließen mussten. Des Weiteren wurden einfache Auswertungsfunktionen in das Terminal integriert, was eine Zeitersparnis brachte. Bloomberg ging sogar so weit, über die Terminals den Kauf von Produkten des täglichen Bedarfs zu ermöglichen (wie Lebensmittel oder Geschenke), da Trader zumeist sehr lange Arbeitszeiten haben. Bloomberg schaffte durch die Adressierung der Trader und ihrer Bedürfnisse anstelle der IT-Manager eine völlig neue Wertekurve mit neuen, bislang nicht in Betracht gezogenen Produktattributen. ◄

Über die Aufweichung von Industriegrenzen, strategischen Gruppen innerhalb einer Industrie und der Perspektive, wer der Kunde ist, hinaus, kann auch das Produkt oder die Leistung selbst als vierter Anknüpfungspunkt unterschiedlich abgegrenzt werden (Kim und Mauborgne 1999). Der Wert eines Produkts oder einer Leistung für den Kunden ist zumeist wesentlich durch weitere Produkte oder Leistungen bestimmt. Software ist ohne Hardware für den Kunden kaum etwas wert, ebenso wenig wie Autos ohne Benzin. In den meisten Industrien herrschen sehr klare, gewachsene Vorstellungen darüber, was genau zum Produkt oder zur Leistung gehört und was nicht. Gehört zur Eintrittskarte für ein Fußballspiel der Parkplatz automatisch dazu oder das Programmheft? Eher nicht. Im

Flugzeug erwartet man zumindest ein Freigetränk, jedenfalls bei den meisten Airlines. Solche Grenzziehungen sind zumeist unausgesprochene Konvention und werden nicht mehr in Einzelfällen geregelt. Aber muss das so sein? Einige erfolgreiche Unternehmen haben gezeigt, dass durch das Aufweichen traditioneller Produkt- und Leistungsgrenzen neuer Market Space und damit neue Opportunities zur Generierung von Wachstum für das Unternehmen geschaffen werden konnten, wie im Beispiel 4.24 für Barnes & Noble beschrieben.

Beispiel 4.24: Barnes & Noble: von Buchläden zu „Superstores"

Der US-amerikanische stationäre Buchhandel befindet sich seit den 1980er-Jahren in der Krise. Zunächst lasen Amerikaner immer weniger, dann kam das Internet mit seinen zahlreichen Möglichkeiten, Bücher online zu bestellen. Trotzdem haben Barnes & Noble es geschafft, sich erfolgreich zu behaupten, und zwar, indem sie das traditionelle Produktangebot „Buch" ausgeweitet haben. Kunden sollten nicht mehr nur in den Laden kommen, ein Buch aussuchen und wieder gehen. Sie haben nun die Möglichkeit, viel Zeit in angenehm gestalteten Läden mit kleinen Cafés zu verbringen. Bücher dürfen vor dem Kauf angelesen werden, und Mitarbeiter sind geschult darin, Tipps zu geben. Damit ist der Buchkauf mehr als nur der Erwerb eines „zusammengebundenen Haufens Papier". Das Erlebnis macht daraus ein breiteres Produkt.

Dieser Sachverhalt wird auch in den Wertekurven in Abb. 4.26 verdeutlicht (Kim und Mauborgne 2015a). Bei der Ausweitung der Grenzen eines Produkts kommt es

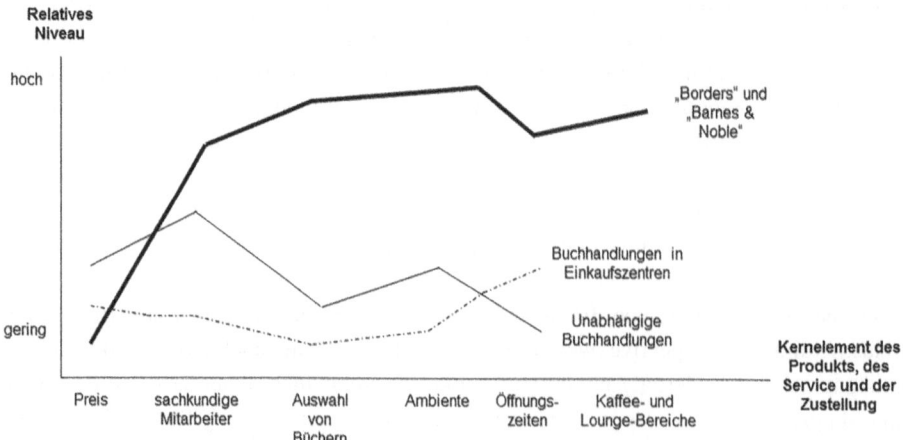

Abb. 4.26 Wertekurven von Barnes & Noble und seinen Konkurrenten. (Nach Kim und Mauborgne 2015a)

in den Wertekurven zur Hinzufügung weiterer relevanter Kriterien, anhand derer Kunden den Wert des Produkts oder der Leistung bemessen. Im konkreten Beispiel wird der Café- und Lounge-Charakter der verschiedenen Bucheinzelhandelsformate bewertet. Unter anderem durch dieses Kriterium erzielen Barnes & Noble einen Vorsprung vor anderen Formaten. ◄

Schließlich kann die Haupteigenschaft, über die ein Produkt oder eine Leistung in einer Industrie verkauft wird, als fünfter Anknüpfungspunkt infrage gestellt werden (Kim und Mauborgne 1999). Wie im vorhergehenden Abschnitt dargestellt, werden Produkte oder Leistungen in einer Industrie gewachsen und allgemein akzeptiert über funktionale oder emotionale Eigenschaften bzw. eine Mischung aus beidem verkauft. Auch diese Konvention kann aufgeweicht werden. Bestehen Möglichkeiten, ein bislang eher über funktionale Kriterien verkauftes Produkt emotional zu verkaufen? Oder umgekehrt? Das Beispiel 4.25 zeigt, wie Body Shop (emotional zu funktional) und Starbucks (funktional zu emotional) es geschafft haben, neuen Market Space zu schaffen (Kim und Mauborgne 2015a).

Beispiel 4.25: Emotional zu funktional und umgekehrt …

In den späten 1980er-Jahren dominierten General Foods, Nestlé und Procter & Gamble den US–amerikanischen Kaffeemarkt. Kaffee wurde als reine Commodity angesehen, und der Preis war das zentrale Kaufkriterium für Kunden. Starbucks startete mit der Vision, aus einem funktionalen ein emotionales Produkt zu machen. Kaffee sollte nicht mehr nur als Standard-Getränk verkauft werden, vielmehr sollte Kaffeetrinken ein emotionales Erlebnis werden, bei dem man entspannen, lesen und arbeiten kann. Starbucks erreicht zu Hochzeiten auf diese Weise Margen, die fünfmal höher ausfallen als die der etablierten Spieler (Kim und Mauborgne 2015a).

Body Shop ist den umgekehrten Weg gegangen: Traditionell ist die Kosmetikindustrie eine Industrie, die ihre Produkte über das emotionale Erlebnis verkauft. So überrascht es nicht, dass die Marketing- und Verpackungskosten bis zu 85 % der Gesamtkosten dieser Unternehmen darstellen. Body Shop verzichtet weitestgehend auf diese Ausgaben und nutzt beispielsweise Standardflaschen zum Abfüllen der Produkte. Body Shop konzentriert sich rein auf die funktionalen Produkteigenschaften. Durch die Hinzunahme neuer Produkteigenschaften (wie die Nutzung natürlicher Bestandteile) adressiert Body Shop weitere funktionale Produkteigenschaften, die Kunden honorieren (Kim und Mauborgne 2015a). Die Wertekurven in Abb. 4.27 stellen die Unterschiede zwischen traditionellen Kosmetikunternehmen und Body Shop dar. ◄

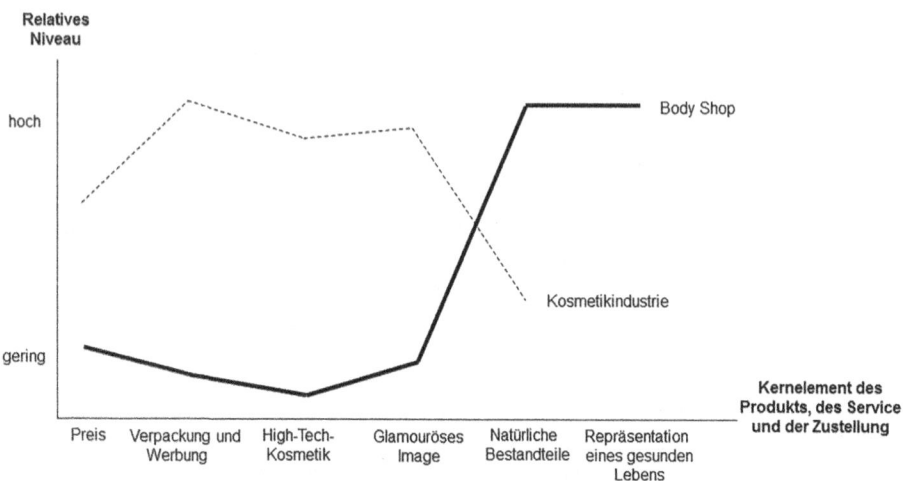

Abb. 4.27 Wertekurven von Body Shop und seinen Konkurrenten. (Nach Kim und Mauborgne 2015a)

4.5.3 Anwendung des Market-Space-Ansatzes

Aus dem vorherigen Abschnitt geht hervor, dass es verschiedene Ansätze gibt, neue „Markträume" (Market Spaces) zu schaffen und so ruinösen Wettbewerb in eng umgrenzten Industrien oder Märkten zu umgehen. Damit ist der Market-Space-Ansatz für alle Unternehmen – egal ob Start-up oder etabliertes Unternehmen – geeignet, die sich in Märkten mit ausgeprägtem Wettbewerb und geringem oder keinem Marktwachstum befinden. In solchen Situationen kann das Aufbrechen gewachsener Grenzen in Bezug auf Industrie, strategische Gruppe, Kundentypfokus, Produkt- und Leistungsumfang oder typische Produkteigenschaften neue Opportunities und Spielräume für Wachstum schaffen.

Wie kann nun ein Unternehmen konkret vom Market-Space-Ansatz profitieren und diesen anwenden? Abb. 4.28 zeigt die notwendigen Schritte, die im Folgenden beschrieben werden.

In einem ersten Schritt sollte das Unternehmen Transparenz über aktuell akzeptierte und gelebte Grenzziehungen in Bezug auf die beschriebenen fünf Ebenen schaffen.

In einem zweiten Schritt ist es hilfreich, die Wertekurve für das eigene angebotene Produkt oder die Leistung grafisch darzustellen. Dazu müssen die wesentlichen fünf bis sechs Eigenschaften des Produkts oder der Leistung, auf denen das Unternehmen aktuell mit seinen Wettbewerbern konkurriert, ermittelt werden.

Im dritten Schritt erfolgt die Anwendung des Kerns des Market-Space-Ansatzes, indem im Wertekurven-Diagramm verschiedene Änderungen zur Visualisierung des Aufbruchs von Grenzen vorgenommen werden. Auf der Abszisse können Produkteigenschaften

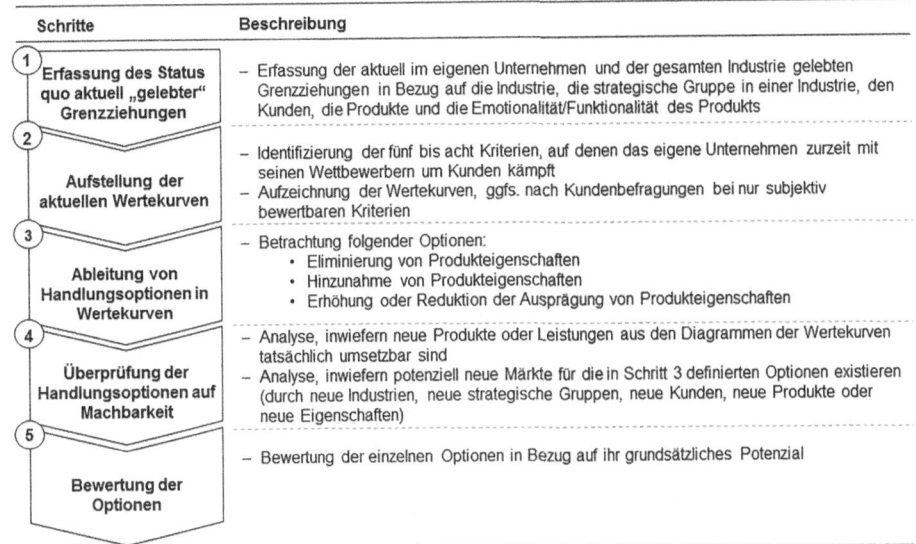

Schritte	Beschreibung
1 Erfassung des Status quo aktuell „gelebter" Grenzziehungen	– Erfassung der aktuell im eigenen Unternehmen und der gesamten Industrie gelebten Grenzziehungen in Bezug auf die Industrie, die strategische Gruppe in einer Industrie, den Kunden, die Produkte und die Emotionalität/Funktionalität des Produkts
2 Aufstellung der aktuellen Wertekurven	– Identifizierung der fünf bis acht Kriterien, auf denen das eigene Unternehmen zurzeit mit seinen Wettbewerbern um Kunden kämpft – Aufzeichnung der Wertekurven, ggfs. nach Kundenbefragungen bei nur subjektiv bewertbaren Kriterien
3 Ableitung von Handlungsoptionen in Wertekurven	– Betrachtung folgender Optionen: • Eliminierung von Produkteigenschaften • Hinzunahme von Produkteigenschaften • Erhöhung oder Reduktion der Ausprägung von Produkteigenschaften
4 Überprüfung der Handlungsoptionen auf Machbarkeit	– Analyse, inwiefern neue Produkte oder Leistungen aus den Diagrammen der Wertekurven tatsächlich umsetzbar sind – Analyse, inwiefern potenziell neue Märkte für die in Schritt 3 definierten Optionen existieren (durch neue Industrien, neue strategische Gruppen, neue Kunden, neue Produkte oder neue Eigenschaften)
5 Bewertung der Optionen	– Bewertung der einzelnen Optionen in Bezug auf ihr grundsätzliches Potenzial

Abb. 4.28 Konkrete Schritte zur Identifizierung von Opportunities mithilfe des Market-Space-Ansatzes. (Eigene Darstellung)

hinzugefügt oder eliminiert werden. Auf der Ordinate können Ausprägungen bestehender oder neuer Produkteigenschaften erhöht oder reduziert werden. Konkrete Fragen können dabei sein (Kim und Mauborgne 2015a):

- Können für Substitute aus traditionell eher fremden Industrien die Wertekurven eingezeichnet werden?
- Können die Eigenschaften an der Abszisse erweitert werden und kann die Wertekurve für das relevante Produkt und die relevante Leistung aus Sicht eines anderen Kundentyps eingezeichnet werden, beispielsweise anstatt für den Einkäufer für den Anwender im Unternehmen?
- Können Eigenschaften auf der Abszisse hinzugefügt werden, die den Umfang des Produkts oder der Leistung erweitern?
- Können Eigenschaften auf der Abszisse hinzugefügt werden, die das Produkt oder die Leistung, die bislang emotional (funktional) verkauft wurden, funktional (emotional) beschreiben?

Im vierten Schritt können dann Anpassungen am eigenen Produkt oder der eigenen Leistung vorgenommen werden. Hier sollte überprüft werden, ob überhaupt ein relevanter neuer Markt für die im vorherigen Schritt generierten Optionen besteht (Kim und Mauborgne 2015b).

Im finalen fünften Schritt kommt es dann zu einer Bewertung der identifizierten Optionen in Bezug auf ihr Potenzial, dem Unternehmen deutliches Wachstum zu bescheren.

Ein erfolgreiches Beispiel, wie mit einer Veränderung der Wertkurve ganze Märkte umgekrempelt werden können, ist der Schulrucksack ergobag (Beispiel 4.26).

Beispiel 4.26: Die Neuerfindung des Schulranzens: der ergobag

Der Markt für Schulranzen für Grundschulkinder war Jahrzehnte lang recht stabil im Werteversprechen und befand sich in der Hand weniger Anbieter. Der Ranzen sollte stabil, groß genug für alle Schulsachen, halbwegs bequem und natürlich optisch ansprechend sein. Nur die Farbgestaltung und das Design der Schulranzen änderte sich über die Jahre leicht, sonst gab es keine signifikanten Veränderungen.

2010 aber veränderte und erweiterte das Kölner Unternehmen ergobag (mittlerweile Fond of) die Wertkurve für Schulranzen deutlich. Mit einem von Trekking-Rucksäcken entliehenen Tragesystem wurden deutlich ergonomischere Schulrucksäcke als die bisherigen, kastenartigen Ranzen entworfen. Außerdem lösten flexibel verwendbare Klettflächen und -sticker das fixe Farb- und Designschema ab. Die Kinder konnten den Schulrucksack individualisieren und verändern. Außerdem setzte das Unternehmen schnell auf nachhaltige Produktion: ein Großteil des Rucksacks wird aus recycelten PET-Flaschen hergestellt (Fond of 2021).

Mittlerweile hat der ergobag den Schulrucksack-Markt neu definiert. Die etablierten Schulranzenhersteller zogen nach, aber nicht schnell und konsequent genug (Wirminghaus 2018). Ein großer Teil der heute gekauften Grundschulranzen ist von ergobag; das Unternehmen ist mittlerweile mit anderen Marken in die Bereiche Taschen und Textilien für Kindergarten, weiterführende Schule, Hochschule, Sport und Business expandiert (Fond of 2021). ◄

Dies veranschaulicht auch Beispiel 4.27 zu Southwest Airlines, deren Gründer erkannt hatten, dass eine zu enge Sicht auf den Markt für Flugreisen eine Limitation darstellte, die aufgebrochen werden musste. Erst durch den Vergleich mit Autofahrten entstand ein wirklicher Markt, im konkreten Fall von großem Ausmaß.

Beispiel 4.27: Southwest Airlines: „Wir müssten das Auto schlagen, nicht die anderen Airlines"

Die US-amerikanische Fluggesellschaft Southwest Airlines wurde 1967 gegründet und hat sich seitdem zu einem der profitabelsten Unternehmen in der ansonsten margenschwachen, krisengeschüttelten Airline-Industrie entwickelt. Dazu beigetragen haben auch optimierte Prozesse, die zum Beispiel niedrige Standzeiten ermöglichten (Gittel 2005). Die grundsätzliche Idee von Southwest Airlines war jedoch, akzeptierte Industriegrenzen aufzuweichen. Southwest Airlines wollte nicht mit den etablierten

Airlines konkurrieren, beispielsweise über ein besseres Streckennetz, was zu Beginn der Unternehmenstätigkeit ein zweckloses Unterfangen gewesen wäre. Vielmehr sah Southwest Airlines den Langstreckenbus und das Auto als Konkurrenz, die es zu schlagen galt. Man wollte diejenigen für Flüge gewinnen, die normalerweise mit dem eigenen Auto oder dem Bus fuhren, beispielsweise von New York nach Chicago. Auto und Bus waren auf dieser Strecke preislich zumeist unschlagbar günstig. Die Airline verstand, dass der Preis für ein Flugticket kompetitiv zu diesen Kosten sein musste. Auf diese Weise hatte Southwest Airlines durch die Schaffung von neuem „Market Space" großen Erfolg im schwierigen Umfeld der Airline-Industrie. ◄

Kernaussagen

- Opportunities können entstehen, wenn Unternehmen traditionelle Grenzziehungen in Bezug auf Industrien und Produkte aufgeben.
- In den meisten Märkten herrschen sehr klare Vorstellungen darüber, wer Konkurrent im Markt ist, wo dieser Markt beginnt und endet, wer die Zielgruppe auf Käuferebene ist und welche Eigenschaften ein Produkt oder eine Leistung in diesen Markt haben sollte.
- Der Market-Space-Ansatz nimmt diese allgemein akzeptierten, gewachsenen Grenzziehungen nicht hin, sondern bricht sie auf.
- Opportunities entstehen folglich dadurch, dass man marktübergreifend oder zwischen Märkten nach neuen Märkten oder „Markträumen" (Market Spaces) sucht, die allgemein akzeptierte Grenzziehungen bislang verschleiert haben.

Fragen zur Wiederholung

1. Erklären Sie kurz das Konzept der strategischen Gruppen und nennen Sie sechs Kriterien, nach denen strategische Gruppen gebildet werden können.
2. Nennen und erläutern Sie in je einem Satz die fünf Anknüpfungspunkte, um gewachsene Grenzziehungen aufzubrechen.
3. Beschreiben Sie kurz das Konzept der „Wertkurven" von Wettbewerbskriterien; skizzieren und erläutern Sie eine Wertkurve anhand eines von Ihnen gewählten Beispiels.
4. Nennen und erläutern Sie die vier Handlungsoptionen zum Aufbrechen von Grenzen.

Literatur

Alessi Spa (2016) Die Geschichte. http://www.alessi.com/de/unternehmen/geschichte. Zugegriffen: 14. Juli 2016
Battistella C, Biotto G, de Toni AF (2012) From design driven innovation to meaning strategy. Manag Decis 50(4):718–743

Birkinshaw J, Gibson C (2004) Building ambidexterity into an organization. MIT Sloan Manage Rev 45(4):47–55

Böcking D (2014) Flugzeugbauer Embraer. Brasiliens riesiger Nischenspieler. Spiegel Online

Boudreau KJ, Lakhani KR (2013) Using the crowd as an innovation partner. Harv Bus Rev 91(4):60–69

Brettel M, Heinemann F, Engelen A, Neubauer S (2011) Cross-functional integration of R&D, marketing, and manufacturing in radical and incremental product innovations and its effects on project effectiveness and efficiency. J Prod Innov Manag 28(2):251–269

Brown E (2013) Twitter turns to Amazon's Mechanical Turk judges to deliver more contextual ads. ZD Net

Brunke B (2012) Innovation – how the emerging markets are driving the global innovation agenda. Think: act Study. Global topics – 8 Billion. Roland Berger Strategy Consultants, München

Churchill J, Hippel E, Sonnack M (2009) Lead user project handbook: a practical guide for lead user project teams. https://evhippel.files.wordpress.com/2013/08/lead-user-project-handbook-full-version.pdf

D'Aveni RA (2007) Mapping YOUR competitive position. Harv Bus Rev 85(11):110–120

Downes L, Nunes PF (2013) Big-bang disruption. Harv Bus Rev 91(3):44–56

Engelen A, Tholen E (2014) Interkulturelles Management. Schaeffer-Pöschel, Stuttgart

Fiegenbaum A, Thomas H (1995) Strategic groups as reference groups: theory, modeling, and empirical examination of industry and competitive strategy. Strateg Manag J 16(6):461–476

Fond of (2021) Fond of News. http://www.fondofbags.com/. Zugegriffen: 2. März 2021

Franke N, Schreier M, Poetz M (2014) Integrating problem solvers from analogous markets in new product ideation. Manage Sci 60:1063–1081

Gassmann O (2010) Crowdsourcing: Crowdsourcing – Innovationsmanagement mit Schwarmintelligenz: – Interaktiv Ideen finden – Kollektives Wissen effektiv nutzen – Mit Fallbeispielen und Checklisten. Hanser, München

Gittel J (2005) The southwest airlines way: the power of relationship for superior performance: using the power of relationships to achieve high performance. Mcgraw-Hill, New York

Govindarajan V (2012) A reverse-innovation playbook. Harv Bus Rev 90(4):120–124

Govindarajan V, Ramamurti R (2011) Reverse innovation, emerging markets, and global strategy. Global Strateg J 3–4:191–205

Govindarajan V, Trimble C (2012) Reverse innovation: create far from home, win everywhere. Harvard Business Review Press, Boston

Henkel J, Jung S (2009) The technology – push lead user concept: a new tool for application identification. https://www.researchgate.net/profile/Joachim_Henkel/publication/228820209_The_Technology-Push_Lead_User_Concept_A_New_Tool_for_Application_Identification/links/00b7d521ce2d489500000000.pdf. Zugegriffen: 22. Sept. 2016

Herstatt C, Hippel E (1992) From experience: developing new product concepts via the lead user method: a case study in a „Low-Tech" field. J Prod Innov Manage 9(3):213–221. https://doi.org/10.1111/1540-5885.930213

Hill C (2010) International business. Competing in the global marketplace, Bd 8. McGraw, New York

Hippel E (1986) Lead users: a source of novel product concepts. Manage Sci 32(7):791–805

Hippel E, Thomke S, Sonnack M (1999) Creating breakthroughs at 3M. Harv Bus Rev 77(5):47–57

Hippel E, Franke N, Prügl R (2009) Pyramiding: efficient search for rare subjects. Res Policy 38(9):1397–1406. https://doi.org/10.1016/j.respol.2009.07.005

Holtbrügge D, Welge M (2010) Internationales Management. Theorien, Funktionen, Fallstudien, 5. Aufl. Schäffer-Poeschel, Stuttgart

Homburg C, Krohmer H (2009) Grundlagen des Marketingmanagements. Einführung in Strategie, Instrumente, Umsetzung und Unternehmensführung, 2. Aulf. Gabler, Wiesbaden

Howe J (2006) The rise of crowdsourcing: remember outsourcing? Sending jobs to India and China is so 2003. The new pool of cheap labor: everyday people using their spare cycles to create content, solve problems, even do corporate R & D. Wired 14(6):1–4

Howe J (2008) Crowdsourcing: why the power of the crowd is dricing the future of business. Random House, New York

Hungenberg H (2014) Strategisches Management in Unternehmen. Springer Gabler, Wiesbaden

Immelt JR, Govindarajan V, Trimble C (2009) How GE is disrupting itself. Harv Bus Rev 87(10):56–65

Jha SK, Parulkar I, Krishnan RT, Dhanaraj C (2016) Developing new products in emerging markets. MIT Sloan Manage Rev 57(3):55–62

Johansson F (2006) Medici effect. What you can learn from elephants and epidemics. Harvard Business Review Press, Boston

Jouret G (2009) Inside Cisco's search for the next big idea. Harv Bus Rev 87(9):43–45

Kim WC, Mauborgne R (1999) Creating new market space. Harv Bus Rev 77(1):83–93

Kim WC, Mauborgne R (2005) Blue ocean strategy. From theory to practice. Calif Manage Rev 47(3):105–121

Kim WC, Mauborgne R (2015a) Blue ocean strategy, expanded edition: how to create uncontested market space and make the competition irrelevant. Harvard Business Review Press, Boston

Kim WC, Mauborgne R (2015b) Red ocean traps. Harv Bus Rev 93(3):68–73

Kumar N, Scheer L, Kotler P (2000) From market driven to market driving. Eur Manage J 18(2):129–141

Kuratko D, Morris MH, Covin J (2011) Corporate entrepreneurship & innovation, 3. Aufl. Cengage Learning Emea, Mason

Liedtka J (2015) Perspective: linking design thinking with innovation outcomes through cognitive bias reduction. J Prod Innov Manage 32(6):925–938. https://doi.org/10.1111/jpim.12163

MAM Babyartikel GmbH (2016) Über MAM. Gelebte Verantwortung. https://www.mambaby. com/de/ueber-mam/active-responsibility/. Zugegriffen: 14. Juli 2016

Markides CC (2012) How disruptive will innovations from emerging markets be? MIT Sloan Manage Rev 54(1):23–25

Moore G (1996) Das Tornado-Phänomen: Die Erfolgsstrategien des Silicon Valley und was Sie daraus lernen können, 1. Aufl. Gabler, Wiesbaden

Mrs. Sporty (2019) Unternehmensstory. https://www.mrssporty-franchise.de/ueber-mrssporty/ unternehmensstory/. Zugegriffen: 2. März 2021

Norman D, Verganti R (2014) Incremental and radical innovation: design research vs. technology and meaning change. Des issues 30(1): 78–96. doi:https://doi.org/10.1162/DESI_a_00250

O'Connor GC, DeMartino R (2006) Organizing for radical innovation: an exploratory study of the structural aspects of ri management systems in large established firms. J Prod Innov Manag 23(6):475–497

Papsdorf C (2009) Wie Surfen zu Arbeit wird. Crowdsourcing im Web 2.0. Campus, Frankfurt a. M.

Prahalad CK, Lieberthal K (2003) The end of corporate imperialism. Harv Bus Rev 81(8):109–117

Prokaska M (2014) Innovationen durch Crowdsourcing. Generierung von Innovationen durch Formen der kollektiven Intelligenz. AVM-Verl, München. ISBN: 9783869245959

Rogers E (2010) Diffusion of innovations. Free Press, New York

Thomas H, Venkatraman N (1988) Research on strategic groups. Progress and prognosis. J Manag Stud 25(6):537–555

Urban G, Hippel E (1988) Lead user analyses for the development of new industrial products. Manage Sci 34(5):569–582

Verganti R (2008) Design, meanings, and radical innovation. A metamodel and a research agenda. J Prod Innov Manage 25(5):436–456

Verganti R (2009) Design driven innovation. Changing the rules of competition by radically innovating what things mean. Harvard Business Review Press, Boston

Verganti R (2011) Designing breakthrough products. Harv Bus Rev 89(10):114–120

Vernon R (1966) International investment and international trade in the product cycle. Q J Econ 80(2):190–207

Wikipedia (2021) Wikipedia. http://de.wikipedia.org/wiki/Wikipedia. Zugegriffen: 2. März 2021

Wirminghaus N (2018) Wie Ergobag den Schulranzen neu erfand – und eine Branche umkrempelte. Stern. https://www.stern.de/wirtschaft/news/wie-ergobag-den-schulranzen-neu-erfand---und-eine-branche-umkrempelte-8382676.html. Zugegriffen: 2. März 2021

Systematisierung der Tools zur Opportunity Recognition

5

Im Kap. 5 sollen die in den vorhergehenden Kapiteln dargestellten Tools systematisch bewertet und verglichen werden. Bislang wurden sie in diesem Buch in unternehmensbezogene, marktbezogene und umweltbezogene Tools eingeteilt. Zwar liefert die Anwendung aller Tools auf eine Situation die größtmögliche Anzahl an Ideen für Opportunities, ein systematischer Vergleich nach verschiedenen Kriterien hilft jedoch dem Entscheidungsträger im Unternehmen, das für ihn am besten passende Tool zu erkennen und gezielt anzuwenden. In Abschn. 5.1 erfolgt zunächst eine Systematisierung nach dem Format, in dem die Tools angewendet werden können (kontinuierliche Opportunity Recognition vs. Workshopformat). Abschn. 5.2 ordnet die Tools der Opportunity Recognition dann entlang ihrer Eignung ein, neue Märkte zu entwickeln und komplett neue Produkte („new to the world"-Produkte) zu generieren. Abschn. 5.3 systematisiert die Tools nach dem notwendigen Ressourceneinsatz bei ihrer Anwendung.

> **Lernziele**
> - Verschiedene Opportunity-Recognition-Tools systematisieren und bewerten können.
> - Hierzu gilt es,
>   - zu verstehen, welche Tools sich eher für Workshop-Formate, welche sich für kontinuierliche Opportunity Recognition eignen,
>   - zu erkennen, mit welchen Tools neue Märkte bzw. komplett neue Produkte entwickelt werden können und welche Tools sich eher für inkrementelle Verbesserungen eignen,
>   - einzuschätzen, welchen Ressourceneinsatz die unterschiedlichen Tools beanspruchen,

© Der/die Autor(en), exklusiv lizenziert durch Springer Fachmedien Wiesbaden GmbH, ein Teil von Springer Nature 2021
A. Engelen et al., *Opportunity Recognition*,
https://doi.org/10.1007/978-3-658-34955-4_5

- um die richtige Entscheidung bei der Wahl eines Opportunity-Recognition-Tools für das spezifische Ziel zu treffen.

5.1 Systematisierung nach Format

Bereits im ersten Kapitel dieses Buches erfolgte eine Unterscheidung zwischen einem kontinuierlichen Opportunity-Recognition-Prozess, der eine Verankerung der Opportunity Recognition in der Unternehmensstrategie, -organisation und -kultur erfordert, und einem Opportunity-Recognition-Prozess in Workshopformat mit einer beschränkten Anzahl von Teilnehmern in einem typischerweise eng abgegrenzten Zeitrahmen für bestimmte, vorher festgelegte Projekte. Wie in Tab. 1.3 in Abschn. 1.3 aufgeführt, haben beide Ansätze Vor- und Nachteile. Nun stellen wir uns die Frage, welche der in den vorhergehenden Kapiteln diskutierten Tools zur Opportunity Recognition kontinuierlich verankert werden können oder möglicherweise sogar müssen und welche Tools im Workshopformat ihr Potenzial entfalten. Eine Einordnung der Tools hängt natürlich immer von der konkreten Ausgestaltung ab, aber in ihren vorgesehenen Standardausführungen liegen Einordnungen auf den Dimensionen „Eignung für einen kontinuierlichen Opportunity-Recognition-Prozess" und „Eignung für einen Opportunity-Recognition-Prozess im Workshopformat" nahe, wie in Abb. 5.1 aufgezeigt. Auf beiden Dimensionen erfolgt die Einordnung in Bezug auf die Anwendung der Tools. Die aus dieser Anwendung tatsächlich resultierenden Opportunities werden in weiteren Schritten umgesetzt, die von dieser Einordnung nicht erfasst werden. Diese Schritte können sehr aufwendig sein und eine beträchtliche Zeit in Anspruch nehmen, so dass eine Umsetzung in keinem Fall in einem reinen Workshop mit begrenztem Zeitumfang erfolgen kann. Es geht somit bei den Einordnungen in Abb. 5.1 lediglich um den Einsatz der Tools zur Generierung von Opportunities mit dem jeweiligen Tool.

In den letzten drei Kapiteln haben wir zwischen unternehmensbezogenen (Kap. 2), marktbezogenen (Kap. 3) und umweltbezogenen (Kap. 4) Tools unterschieden. Jedes Kapitel beschreibt alle fünf Tools, die im Folgenden jeweils eingeordnet werden.

Betrachten wir zunächst die unternehmensbezogenen Tools der Opportunity Recognition. Bei der Technologie-Anwendungsmatrix werden bestehende Technologien in Bezug auf Anwendungen in anderen, bislang vom betrachteten Unternehmen noch nicht bearbeiteten Märkten oder angebotenen Produkten untersucht (Fusfeld 1978). Dieses Tool ist gut für ein Workshopformat geeignet, in dem in einer begrenzten Zeit (vielleicht sogar nur in wenigen Stunden oder Tagen) eine erste Analyse nach möglichen Opportunities auf Basis bestehender Technologien durchgeführt werden kann. Die im Unternehmen verfügbaren Technologien müssen bekannt sein bzw. sollten in kurzer Zeit transparent gemacht werden können, ebenso neue Märkte und Produktanwendungen. Als eine kontinuierliche Opportunity Recognition kann die Technologie-Anwendungsmatrix

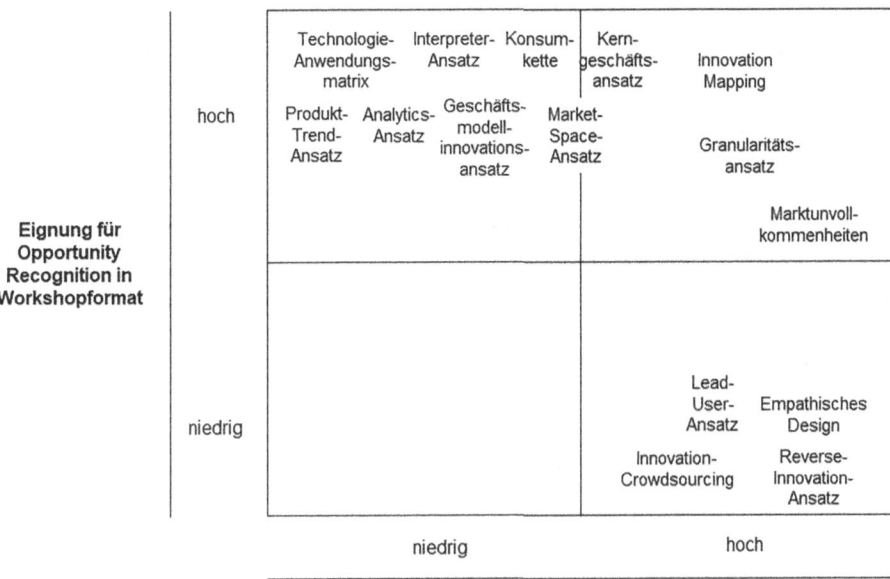

Abb. 5.1 Systematisierung der Opportunity-Recognition-Tools nach ihrem Format. (Eigene Darstellung)

in begrenztem Rahmen aber auch genutzt werden, um in einem Unternehmen generelle Offenheit für den Eintritt in bislang nicht bearbeitete Märkte oder angebotene Produkte zu fördern. Somit ist eine partielle Eignung auch für eine kontinuierliche Opportunity Recognition gegeben. Im letzten Fall muss allen relevanten Mitarbeitern die Technologie-Anwendungsmatrix aufgezeigt und dadurch eine generelle Wachsamkeit geschaffen werden, wenn Mitarbeiter, möglicherweise auch privat, mit anderen Märkten und Produkten in Berührung kommen, für die die im Unternehmen bestehenden Technologien ein Ziel sein könnten, wie im Beispiel 5.1 für Gore beschrieben.

Beispiel 5.1: Wie Gore den Markt für Gitarrensaiten für sich entdeckte …

Bei Gore hat jeder Mitarbeiter die Freiheit, an seinen eigenen Projekten zu arbeiten und hierfür Material aus dem Lager für eigene Zwecke zu nutzen (Bergmann 2009). Aus dieser Freiheit werden regelmäßig neue Ideen geboren. So berichtet Bergmann (2009), dass ein Gore-Ingenieur die Bowden-Züge seines Mountainbikes mit PTFE, einem Kunststoff, beschichtete, um diese vor Schmutz zu schützen. Bei dieser handwerklichen Arbeit kam er auf die Idee, dass man dieses Verfahren auch bei Gitarrensaiten anwenden könnte. Gitarrensaiten verlieren an Klang und Klarheit, wenn sie verschmutzt sind. Das Ergebnis dieses handwerklichen Experiments mit Gore-Materialien ist, dass Gore heute mit seinen beschichteten Elixir-Gitarrensaiten Marktführer ist. Es wurde eine vorhandene Technologie in einen neuen Markt übertragen. ◄

Für das Tool der Geschäftsmodellinnovation ergibt sich eine ähnliche Einordnung (Chesbrough 2007). Die Typen von Geschäftsmodellinnovationen (wie Freemium-Modelle oder das Rasierklingenmodell) können in Workshopformaten besprochen und bewertet werden. Eine kontinuierliche Opportunity Recognition kann durch generelle Wachsamkeit im Unternehmen gefördert werden; eigene Strukturen zur Aufdeckung solcher Opportunities zu schaffen scheint jedoch nicht notwendig. Ähnliches gilt für den Kerngeschäftsansatz. Ein wesentlicher Einflussfaktor für einen Workshop sind versteckte Fähigkeiten und Ressourcen im Unternehmen nahe des aktuellen Kerngeschäfts (Zook 2007). Diese lassen sich für einen Workshop aufbereiten und dann in einer Diskussion behandeln. Ist der Kerngeschäftsgedanke Teil einer langfristigen strategischen Aus-richtung, kann auch für diesen Ansatz und die drei Typen von versteckten Ressourcen und Fähigkeiten (wie bereits bestehende Supportfunktionen im Unternehmen, die auf dem Markt angeboten werden können) eine generelle Wachsamkeit im Unternehmen geschaffen werden.

Die beiden verbliebenen unternehmensbezogenen Tools – Analytics-Ansatz und Produkt-Trend-Ansatz – lassen sich ähnlich bewerten. Beide sind nach einer Analyse-phase in strukturierten Workshops zu behandeln, lassen sich aber auch im Unternehmen durch eine allgemeine Wachsamkeit verankern, ohne dass dazu neue Strukturen in der Organisation geschaffen werden müssen. Damit sind die fünf unternehmensbezogenen Tools recht ähnlich einzuordnen (mit hoher Eignung für Workshopformate und geringer bis mittlerer Eignung für eine kontinuierliche Opportunity Recognition).

Nun sollen die fünf marktbezogenen Tools betrachtet werden. Eine Konsumketten-analyse kann in vielen Fällen im Workshopformat durchgeführt werden. Dafür ist es ausreichend, in der Vorbereitung alle (potenziellen) Schnittstellen des Kunden mit dem Unternehmen theoretisch verstanden zu haben (McGrath und MacMillan 2005). Anders verhält es sich mit dem Tool des empathischen Designs. Hier sind explizit Kunden-besuche vor Ort notwendig, und die Struktur der Marktforschung im Unternehmen ist anzupassen (Leonard und Rayport 1997). Anders sind auf Basis des empathischen Designs kaum Opportunities zu generieren. Damit liegt eine geringe Eignung für Work-shopformate vor. Das Tool des empathischen Designs benötigt eher die Einbettung in die Organisation des Unternehmens.

Beim Granularitätsansatz wiederum ergibt sich ein anderes Bild: Viele der Analysen auf den verschiedenen Ebenen, wie in Abschn. 3.3.2 behandelt, können in Workshops und auch schon während der Vorbereitung durchgeführt werden; somit liegt eine gewisse Eignung als Workshopformat vor. Jedoch wird der volle Nutzen des Granularitäts-ansatzes nur ausgeschöpft, wenn auch Analysen und Reportingformate im Unternehmen tatsächlich angepasst werden. Wie in Abschn. 3.3.3 zur Anwendung des Granularitäts-ansatzes beschrieben, führt dies zu einer deutlich erhöhten Transparenz für viele

Geschäftstätigkeiten (Viguerie et al. 2008). Damit liegt ein Eingriff in die Organisations-struktur oder -kultur vor. Sind die Voraussetzungen jedoch einmal geschaffen, ist es kontinuierlich möglich, Wachstumsmärkte zu identifizieren und Ressourcen entsprechend umzuverteilen. Damit zeichnet sich der Granularitätsansatz durch eine gewisse Eignung für beide Formate aus und setzt sich so von den bereits behandelnden Tools ab.

Ein ähnliches Bild ergibt sich beim Innovation Mapping. Einige Analysen, die zur Anwendung des Innovation-Mapping-Tools in Abschn. 3.4.2 beschrieben wurden, können in gut vorbereiteten Workshops in begrenzten Zeitrahmen abgehandelt werden, so dass eine gewisse Eignung als Workshop-Tool zur Erkennung von Opportunities vor-liegt. Jedoch ist es gerade eine Aussage des Innovation Mapping, dass Unternehmen auf-grund ihrer Strukturen und Werte entstehende disruptive Innovationen nicht wahrnehmen (Christensen 1997). Entsprechend kann das volle Potenzial eines Innovation-Mapping-Ansatzes nur ausgeschöpft werden, wenn eine kontinuierliche Verankerung in Form von förderlichen Strukturen und Werten im Unternehmen vorliegt. Nur wenn Werte und Ziele im Unternehmen auch die Bearbeitung von zu einem gewissen Zeitpunkt noch kleinen Märkten ermöglichen, können durch Innovation Mapping Opportunities erkannt werden. Nur wenn ein Unternehmen bereit ist, sich auch selbst zu kannibalisieren und von aktuell bearbeiteten Premium-Marktsegmenten Abstand zu nehmen, sind Opportunities am unteren Ende des Marktes – wie in Abschn. 3.4.2 beschrieben – überhaupt erkenn-bar. Aus diesen Gründen ergibt sich für dieses Tool eine Einordnung im rechten oberen Quadranten in Abb. 5.1.

Als fünftes marktbezogenes Tool soll der Ansatz der Marktunvollkommenheit ein-geordnet werden. Marktunvollkommenheiten können auf Basis der in Abschn. 3.5.2 auf-geführten Analysen in vielen Fällen in Workshopformaten zumindest erstmalig erkannt werden. Das Beispiel des FedEx-Gründers (Beispiel 3.26 in Abschn. 3.5.2) zeigt jedoch, dass insbesondere zur Generierung von Informationsvorteilen eine grundlegende Wach-samkeit unabdingbar ist (Birla 2005). Ein Informationsvorsprung (beispielsweise zur Entwicklung einer Branche) lässt sich nicht planen oder erzwingen. Demnach ist durch die generell notwendige Wachsamkeit, sofern das volle Potenzial dieses Ansatzes realisiert werden soll, eine kontinuierliche Verankerung der Hebel in Unternehmen zur Aufspürung von Marktunvollkommenheiten notwendig.

Im Folgenden betrachten wir die fünf umweltbezogenen Tools. Der Reverse-Innovation-Ansatz als umweltbezogenes Tool eignet sich eindeutig als Tool mit einer kontinuierlichen Verankerung im Unternehmen (Govindarajan 2012). Wie in Abschn. 4.1.2 dargestellt, besteht der Hebel zur Generierung von Opportunities im Reverse-Innovation-Ansatz gerade darin, vor Ort in weniger entwickelten Nationen bestimmte Mitarbeiter in einem Team zusammenzubringen und auf Basis des Ver-ständnisses der lokalen Gegebenheiten neue Produkte oder Lösungen zu entwickeln, die dann weltweit zu Opportunities werden können. In einem einzelnen Workshop sind solche Erkenntnisse nicht zu generieren. Der Interpreter-Ansatz hingegen wird gerade in Workshops mit Vertretern aus verschiedensten Fachbereichen – insbesondere

Wissenschaftlern – durchgeführt. Demnach liegt hier eine hohe Eignung als Workshop-format vor. Kontinuierlich kann ein Interpreter-Ansatz in Form von Wachsamkeit der Mitarbeiter im Unternehmen vermutlich schwer umgesetzt werden, da externe Wissenschaftler aus verschiedenen Bereichen als Diskussionspartner notwendig sind.

Dies gestaltet sich bei den beiden folgenden Tools (Innovation-Crowdsourcing und Lead-User-Ansatz) anders: Diese beiden Tools leben gerade davon, dass Strukturen geschaffen werden, die eine mehr als einmalige, möglicherweise kontinuierliche Interaktion mit der Umwelt sicherstellen (Jouret 2009). Bei der Anwendung des Innovation-Crowdsourcing-Ansatzes müssen möglicherweise Wettbewerbe für Unternehmensexterne aufgesetzt werden, die ein Team zum Abarbeiten der anfallenden Aufgaben (wie Bewertung der Ideen oder Klärung juristischer Sachverhalte) erfordern. In Abschn. 4.4.2 wurde dargelegt, dass zur Aufdeckung von Lead Usern Prozesse notwendig sind und auch mit Lead Usern verschiedene Interaktionsrunden anfallen, so dass eine geringe Eignung als ausschließliches Workshopformat vorliegt. Schließlich soll der Market-Space-Ansatz bewertet werden. Hier liegt wiederum eine Situation vor, in der gut vorbereitete Workshops oder Workshopreihen Opportunities bieten können. So können die in Abschn. 4.5.2 dargestellten Wertekurven systematisch in Gruppen besprochen und erweitert werden (Kim und Mauborgne 1999). Im Unternehmen kann für eine kontinuierliche Anwendung wieder eine förderliche Wachsamkeit geschaffen werden. Strukturelle Voraussetzungen für die Anwendung liegen nicht vor.

5.2   Systematisierung nach neuen Produkten und neuen Märkten

Wie im ersten Kapitel dargestellt, lassen sich Opportunities in primär marktbezogene und:marktbezogene in primär produktbezogene:produktbezogene Opportunities unterteilen (Kuratko et al. 2011; Ansoff 1979). Opportunities können so beschaffen sein, dass ein bestehender Markt bzw. ein bestehendes Produkt – möglicherweise in leicht veränderter Form – bearbeitet werden. In Bezug auf Markt und Produkt kann jedoch auch gelten, dass völlig neue Nachfrager „geweckt" und damit komplett neue Märkte geschaffen werden können (Harris und Cai 2002; Jaworski et al. 2000). Gleiches gilt für Produkte. Diese können bei der Verfolgung von Opportunities nur geringe oder sogar überhaupt keine Änderungen erfahren. Es können theoretisch aber auch Produkte und Lösungen erarbeitet werden, die die Welt bislang noch nicht kannte. Entsprechend spricht man von „new to the world"-Produkten. Die in den Kap. 2, 3 und 4 dargestellten Tools können entlang dieser beiden Dimensionen systematisiert werden. Eine vollständige Systematisierung bietet Abb. 5.2. Sie zeigt auf, dass viele Tools Opportunities generieren können, die in neuen Produkten und neuen Märkten resultieren können.

Für die unternehmensbezogenen Tools lässt sich wie folgt argumentieren: Die Technologie-Anwendungsmatrix zielt primär darauf ab, bestehende Technologien in bestehende andere Märkte oder Produktanwendungen zu bringen (Fusfeld 1978). Damit ergeben sich

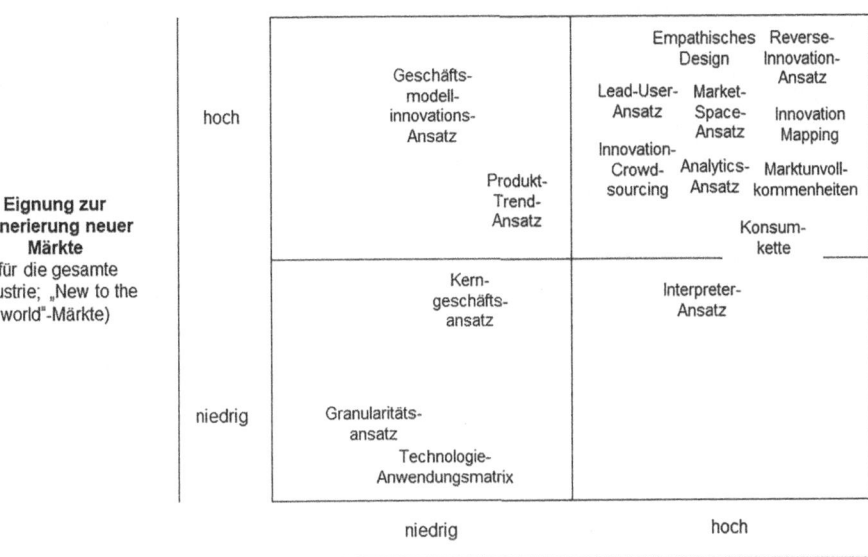

Abb. 5.2 Systematisierung der Opportunity-Recognition-Tools nach ihrem Markt- und Produktfokus. (Eigene Darstellung)

sowohl für die Eignung, neue Märkte zu generieren (für die gesamte Industrie, nicht nur aus Sicht des betrachteten Unternehmens) als auch für die Eignung, neue „new to the world"-Produkte zu generieren, sicherlich in den meisten Fällen geringe Werte und eine Einordnung in Richtung des linken unteren Quadranten in der Abb. 5.2.

Für Geschäftsmodellinnovationen ergibt sich ein anderes Bild. Geschäftsmodellinnovationen zeichnen sich im Kern dadurch aus, dass bestehende Produkte oder Leistungen in veränderten Ertragsmodellen vermarktet werden, so wie es Schindler (Beispiel 5.2) im Aufzugmarkt vorlebt (Afuah 2014). Dadurch liegt eine geringe Eignung zur Generierung komplett neuer Produkte vor. Durch neue, innovative Ertragsmodelle können aber möglicherweise Nachfrager, die bislang keinen Zugang zu den jeweiligen Produkten oder Leistungen hatten, diese nun nachfragen, beispielsweise in Form eines Leasingmodells statt des Kaufs (Girotra und Netessine 2012). Auf diese Weise können durch Geschäftsmodellinnovationen komplett neue Märkte entstehen.

Beispiel 5.2: Verkauf einer Transportleistung anstelle eines Fahrstuhls

Mit seinem Sitz in Ebikon im Kanton Luzern in der Schweiz ist die Schindler Aufzüge AG seit Ende des 19. Jh. im Bau und Unterhalt von Aufzügen aktiv. Heute beschäftigt Schindler weltweit etwa 45.000 Mitarbeiter und setzt jährlich mehr als sieben Milliarden Schweizer Franken um. Das traditionelle Geschäftsmodell im Aufzugmarkt besteht darin, dass andere Unternehmen, die Gebäude erstellen oder betreiben, Aufzüge inklusive Einbau einkaufen. Schindler bietet jedoch seit einiger Zeit ein alternatives Ertragsmodell für das Produkt des Aufzugs an: Die Bezahlung erfolgt nach zurückgelegter Strecke und transportiertem Gewicht. Der Vorteil für den Kunden liegt darin, dass er nur so viel zahlt, wie der Aufzug auch genutzt wird. Solche Abrechnungsmodelle werden durch die neuen Möglichkeiten der Informations- und Kommunikationstechnologie ermöglicht. Mittels Sensoren werden die relevanten Werte erfasst und unmittelbar an die Zentrale von Schindler übermittelt. Diese Vernetzung erlaubt zudem eine Fernwartung und Früherkennung von Fehlern, so dass Schindler schnell reagieren kann, sofern Reparaturen notwendig sind. Dabei hat sich das Kernprodukt des Aufzugs nicht verändert, jedoch die Abrechnungseinheit (Urban Mobility 2016). ◄

In Bezug auf den Kerngeschäftsansatz werden bestehende, möglicherweise zum Zeitpunkt der Untersuchung versteckte Ressourcen und Fähigkeiten als Opportunities angesehen (Zook und Allen 2010). Entsprechend ist der Kerngeschäftsansatz tendenziell wenig geeignet, komplett neue Produkte zu generieren. Neue Märkte lassen sich potenziell erschließen, die Beispiele aus Abschn. 2.3.1 zeigen jedoch auf, dass eher bestehende Märkte adressiert werden. Durch den Analytics-Ansatz hingegen können komplett neue Produkte und Märkte generiert werden. Riesige Datenmengen sind im Big-Data-Zeitalter erst am Entstehen, somit können auch erst jetzt Erkenntnisse generiert werden, die zuvor nicht zugänglich waren (Davenport 2014).

Der Produkt-Trend-Ansatz als fünftes unternehmensbezogenes Tool ordnet sich mit einer beschränkten Eignung zur Generierung komplett neuer Produkte und neuer Märkte ein. Der Ansatz besteht gerade darin, bestehende Produkte und Lösungen im Rahmen globaler Trends weiterzuentwickeln, den Kern der bestehenden Produkte aber beizubehalten (Ofek und Wathieu 2010). Dadurch können durchaus neue Märkte entstehen, insbesondere, wenn Produkte oder Lösungen an Schnittstellen zwischen verschiedenen Märkten entstehen, wie im Beispiel 2.33 in Abschn. 2.5.2 für die Fitnessprodukte von Ralph Lauren veranschaulicht wurde.

Im Folgenden werden die fünf marktbezogenen Tools eingeordnet. Die Konsumkette zeichnet sich durch eine moderate Eignung zur Generierung komplett neuer Märkte aus. Jedoch besteht ein Potenzial, komplett neue Produkte oder Lösungen zu entwickeln, wie der iPod von Apple zeigt (McGrath und MacMillan 2005). Durch eine vollständig neue Art der Befriedigung eines bestehenden Bedürfnisses können komplett neue Produkte entstehen. Dies kann insbesondere der Fall sein, wenn die Digitalisierung genutzt wird und bestehende Bedürfnisse auf eine andere, in dem Fall digitale Art und Weise befriedigt werden. In eine ähnliche Richtung geht der Ansatz des empathischen Designs, der besonders darauf abzielt, latente Kundenbedürfnisse zu befriedigen und damit Produkte oder Lösungen zu entwickeln, von denen potenzielle Kunden noch gar nicht wissen, dass sie diese überhaupt benötigen. Damit entstehen neue Produkte, die wiederum Märkte schaffen können, die bisher gar nicht existierten.

Der Granularitätsansatz zeichnet sich hingegen durch eine geringe Eignung auf beiden Dimensionen aus. Beim Granularitätsansatz bestehen Opportunities in bislang nicht ausreichend betrachteten Märkten oder Segmenten (Baghai et al. 2007). Diese existieren jedoch bereits. Somit werden keine neuen Märkte generiert, bestehende jedoch transparent gemacht und aufgewertet.

Der Ansatz des Innovation Mapping zeichnet sich durch sehr hohe Ausprägungen auf beiden Dimensionen aus. Der Ansatz zielt darauf ab, bislang kaum behandelte Kundengruppen am unteren Ende von Märkten zu erschließen, und dies zumeist mit Produkten und Lösungen, die sich durch Eigenschaften wie Einfachheit der Bedienung, Bequemlichkeit oder geringe Kosten von bestehenden Produkten und Lösungen deutlich unterscheiden. Ähnliches gilt für die Identifizierung und Adressierung von Marktunvollkommenheiten als Tool zur Opportunity Recognition. Wie das Beispiel des FedEx -Gründers und auch von Bill Gates in Beispiele 3.29 und 3.30 in Abschn. 3.5.2 aufzeigen, werden durch die Ausnutzung von Informationsvorteilen neue Produkte und Lösungen erstellt, von denen nur das Individuum mit dem Informationsvorteil überhaupt eine Vorstellung hat (Frock 2012; Pearce und Robinson 2010). Dadurch können wiederum neue Märkte geschaffen werden, wie die Übernacht-Zustellung bei FedEx.

Nun werden die umweltbezogenen Ansätze zur Opportunity Recognition eingeordnet. Das Tool der Reverse-Innovation ermöglicht eine Generierung komplett neuer Produkte und Märkte. Neue Märkte können sowohl in den sich entwickelnden und in Entwicklungsländern geschaffen werden, aber – wie in Abschn. 4.1.2 dargelegt – auch in den Heimatmärkten, und zwar dort in Segmenten, die bislang keine ausreichende Beachtung gefunden haben (Govindarajan und Ramamurti 2011). Durch die bewusst gesuchten Rahmenbedingungen in sich entwickelnden und Entwicklungsländern sollen komplett neue Produkte geschaffen werden, die nicht durch in entwickelten Nationen bestehende Produkte und Lösungen beeinflusst werden sollen. Neue Produkte oder Lösungen können auch mittels des Interpreter-Ansatzes geschaffen werden, wenn Interpreter aus verschiedensten Fachbereichen ihre Sicht auf bestehende Produkte oder Lösungen kommunizieren. Durch Interpreter aus anderen (Fach-)Richtungen werden auch Türen zu neuen Märkten geöffnet.

Für den Innovation-Crowdsourcing- sowie den Lead-User-Ansatz gilt, dass sowohl neue Produkte oder Lösungen als auch neue Märkte geschaffen werden können (Urban und Hippel 1988; Droge et al. 2010). Durch das Heranziehen von Unternehmensexternen sollen bewusst Produkte und Lösungen entwickelt werden, die sich von bestehenden Lösungen absetzen. Beim Lead-User-Ansatz sollen es Lösungen sein, die Bedürfnisse adressieren, die bislang nur Lead Usern bewusst sind, bevor diese Bedürfnisse zu einem späteren Zeitpunkt bei den großen potenziellen Nachfragermassen entstehen. Der Market-Space-Ansatz schließlich zielt darauf ab, neue Märkte zu finden, beispielsweise durch die Aufhebung von als allgemein akzeptiert angenommenen Marktgrenzen oder an Schnittstellen zwischen bestehenden Märkten. Entsprechend ist die Eignung zur Generierung neuer Märkte sehr hoch. Das Tool ist auch gut geeignet, um neue Ideen für Produkte oder Lösungen zu entwickeln, insbesondere wenn emotionale in funktionale Produkte oder Lösungen, oder auch umgekehrt, umgewandelt werden (wie Beispiel 4.25 zu Starbucks und Body Shop veranschaulicht) oder wenn allgemein akzeptierte Abgrenzungen von Produkten oder Lösungen infrage gestellt werden (Kim und Mauborgne 2005).

5.3   Systematisierung nach notwendigem Ressourceneinsatz

Die Anwendung der behandelten fünfzehn Tools zielt darauf ab, neue Wachstumschancen für das betrachtete Unternehmen zu erkennen. Demnach sind Tools, die das Potenzial haben, große Wachstumschancen aufzudecken, von besonderem Wert, vor allem, wenn ihre Anwendung mit geringem Ressourceneinsatz möglich ist. Das Kriterium der Verhältnismäßigkeit des Ressourceneinsatzes bei der Anwendung der Tools ist insbesondere für Unternehmen, die generell über beschränkte Ressourcen verfügen, wie kleine oder junge Unternehmen oder Unternehmen in Krisensituationen, von besonderer Bedeutung, und wird daher an dieser Stelle, konkret in Abb. 5.3, betrachtet (Aldrich und Auster 1986). Die Abbildung zeigt, dass bei den betrachteten Tools in Bezug auf den notwendigen Ressourceneinsatz eine breitere Streuung vorliegt, wie Abb. 5.3 zeigt. Zu bedenken ist bei der Interpretation von Abb. 5.3, dass sich die notwendigen Ressourcen auf die Anwendung des Tools zur Aufdeckung von Opportunities

Abb. 5.3 Systematisierung der Opportunity-Recognition-Tools nach ihrem Ressourceneinsatz. (Eigene Darstellung)

hoch

Notwendiger Ressourcen-einsatz für Anwendung

niedriger

Reverse-Innovation-Ansatz

Lead-User-Ansatz

Innovation Mapping

Innovation Crowdsourcing

Analytics-Ansatz

Granularitäts- Ansatz

Marktunvollkommenheit

Empathisches Design

Interpreter-Ansatz

Produkt-Trend-Ansatz

Geschäftsmodell-innovationsansatz

Kerngeschäft-Ansatz

Market-Space- Ansatz

Konsumkette

Technologie-Anwendungs-matrix

beziehen. Die konkrete Umsetzung einer identifizierten Opportunity ruft weiteren Ressourceneinsatz hervor, dieser ist jedoch unabhängig vom Tool, liegt in der Natur der Opportunity und wird daher an dieser Stelle nicht betrachtet.

Im Folgenden werden zunächst die fünf unternehmensbezogenen Tools eingeordnet. Die Technologie-Anwendungsmatrix zeichnet sich dadurch aus, dass sie mit geringen Ressourcen eingesetzt werden kann (Fusfeld 1978). Die im Unternehmen bestehenden Technologien müssen aufgedeckt und neue potenzielle Märkte oder Produktanwendungen identifiziert werden. Gleichzeitig kann ein gewisses Wachstumspotenzial erwartet werden, da für generische Technologien, mit denen ein Unternehmen in bereits bearbeiteten Märkten und angebotenen Produktanwendungen erfolgreich ist, potenziell eine große Anzahl weiterer Anwendungsmöglichkeiten bestehen kann. Ähnliches gilt für Geschäftsmodellinnovationen, für deren Verfolgung grundsätzlich keine neuen Produkte oder Leistungen notwendig sind, insbesondere wenn Änderungen am Ertragsmodell der wesentliche Bestandteil der Geschäftsmodellinnovation sind (Zollenkop und Krys 2011; Afuah 2014). Ähnliche Überlegungen ergeben sich für den Kerngeschäftsansatz, bei dem ja gerade auf bereits bestehenden, möglicherweise versteckten Ressourcen und Fähigkeiten im Unternehmen aufgebaut wird.

Beim Analytics-Ansatz kann der benötigte Ressourceneinsatz im Vergleich zu den ersten drei unternehmensbezogenen Ansätzen höher ausfallen, da bei Opportunity Recognition mit Analytics ein wesentlicher Hebel gerade darin besteht, riesige Datenmengen zu analysieren, was möglicherweise neue Methoden und eine neue technische Infrastruktur voraussetzt. Wie Davenport und Patil (2012) darstellen, sind solche Fähigkeiten in vielen Unternehmen noch rar, so dass vor einer Anwendung dieses Tools ein Wissensaufbau notwendig sein kann. Dann jedoch sind die Chancen, neue Opportunities mit hohem Wachstumspotenzial zu erkennen, sehr hoch, da Analytics ein relativ neuer Ansatz ist. Beim Produkt-Trend-Ansatz wiederum liegt ein moderater Ressourceneinsatz vor, da gerade auf bestehenden Produkten und Lösungen aufgesetzt wird und diese um Einflüsse aus großen Trends erweitert werden. Da große Trends, wie Ofek und Wathieu (2010) beschreiben, Managern zumeist bekannt sind, werden bei der Anwendung des Produkt-Trend-Ansatzes demnach zwei bekannte Datenquellen kombiniert.

Bei den marktbezogenen Tools der Opportunity Recognition ergibt sich folgendes Bild: Die Konsumkette ist mit geringem Ressourceneinsatz anwendbar, zumal davon auszugehen ist, dass im betrachteten Unternehmen, wenn auch an verschiedenen Stellen, Informationen zur aktuellen Konsumkette des betrachteten Kundensegments vorliegen (McGrath und MacMillan 2005). Auf dieser Basis können dann die in Abschn. 3.1.2 diskutierten Anknüpfungspunkte zum Umbau der Konsumkette diskutiert werden.

Beim Tool des empathischen Designs liegt der Aufwand etwas höher, da Beobachtungen tatsächlicher Anwendungssituationen beim Kunden notwendig sind (Leonard und Rayport 1997). Da empathisches Design darauf abzielt, latente Bedürfnisse potenzieller Kunden zu entdecken, liegt grundsätzlich ein hohes Wachstumspotenzial vor (Narver et al. 2004; Tsai et al. 2008). Allerdings können aus Beobachtungen auch inkrementelle Verbesserungen bestehender Produkte und Lösungen resultieren, deren Wachstumspotenzial für das Unternehmen deutlich geringer ist. Beim Granularitätsansatz kann die Anwendung grundsätzlich aufwendiger sein als bei einigen bisher diskutierten Tools, da die Datenanforderungen auf der Ebene granular definierter Märkte und ihrer Segmente schnell sehr groß werden können. Um einen Granularitäts- ansatz in der Organisation zu verankern, kann es zudem notwendig sein, bestehende Controlling- und Reportingsysteme anzupassen, was wiederum Ressourcen erfordert.

Bei dem Innovation Mapping zugrunde liegende disruptive Innovationen können ganze Industrien umwälzen und neue marktbeherrschende Unternehmen schaffen. Die zur Anwendung notwendigen Ressourcen sind tendenziell größer als bei anderen Tools, da ein grundlegendes Verständnis von Marktsegmenten geschaffen werden muss, die das Unternehmen bislang als unattraktiv betrachtet hat. Zudem legt Christensen (1997) dar, dass eigentlich sogar ein Wertewandel im Unternehmen notwendig ist, um Opportunities in unattraktiven Marktsegmenten überhaupt erst zu erkennen.

Der fünfte Ansatz im Rahmen marktbezogener Tools besteht darin, Marktunvoll- kommenheiten aufzudecken. Die in Abschn. 3.5.2 dargestellten Beispiele, etwa die von Frederick Smith (Beispiel 3.29) und Bill Gates (Beispiel 3.30), zeigen alle auf, dass Unternehmen oder Gründer, die Marktunvollkommenheiten erkannt und konsequent aus- genutzt haben, sehr große Geschäfte aufbauen konnten. Jedoch ist auch hier ein relativ hoher Ressourceneinsatz notwendig, da, um Marktunvollkommenheiten aufzuspüren, ein recht hoher Analyseaufwand betrieben werden muss.

Des Weiteren sind die umweltbezogenen Tools im Hinblick auf Ressourcenaufwand zu bewerten. Das Tool der Reverse-Innovation ist nur einsetzbar, wenn Innovationsteams in Entwicklungsländern oder weniger entwickelten Ländern kontinuierlich verankert werden. Damit ist mit der Anwendung dieses Tools ein erheblicher Ressourcenaufwand verbunden, beispielsweise in Form von Mitarbeiterressourcen und der Schaffung einer Infrastruktur vor Ort (Govindarajan 2012). Beim Interpreter-Ansatz besteht der wesent- liche Aufwand darin, mit externen Forschern aus verschiedenen Fachrichtungen in einem Workshopformat zusammenzukommen. So besteht der Aufwand darin, die Kapazität der externen Forscher zu entlohnen (Battistella et al. 2012; Verganti 2009). Mit eigenen Mit- arbeiterressourcen alleine ist der Interpreter-Ansatz damit nicht anwendbar. Produkte und Leistungen, denen eine neue Bedeutung gegeben wird, können das Potenzial haben, erhebliche neue Märkte zu schaffen. Damit liegt ein überdurchschnittliches Potenzial vor.

Beim Innovation-Crowdsourcing-Ansatz gilt, dass ein durchaus erheblicher Ressourceneinsatz notwendig sein kann (Gassmann 2010). Werden im Rahmen von Innovation-Crowdsourcing beispielsweise Ideenwettbewerbe angeboten, so gilt es einige rechtliche Rahmenbedingungen zu klären und unter Umständen eine große Menge von Einreichungen zu managen und zu bewerten. Auch der Lead-User-Ansatz fordert einen erheblichen Ressourcenaufwand, da insbesondere die in Abschn. 4.4.3 beschriebene Suche nach Lead Usern sehr aufwendig sein kann. Beim Market-Space-Ansatz ist ein Workshopformat anwendbar, dadurch ist der Aufwand geringer als bei anderen Methoden. Wertekurven können vor dem Workshop recherchiert oder in diesem inter- aktiv erarbeitet werden, wenn die Teilnehmer genug Einsicht in einen Markt haben.

Beispiele, die in Abschn. 4.5.1 im Rahmen der Darstellung des Market-Space-Ansatzes erläutert wurden, zeigen das große Wachstumspotenzial, wenn durch die Anwendung dieses Ansatzes neue Märkte geschaffen werden, die bislang noch nicht existierten.

Wie viele Ressourcen notwendig sind, hängt zum einen von dem gewählten Tool, aber auch vom Vorwissen, der Verfügbarkeit von Experten oder Recherchemöglichkeiten ab. Anhand der Abb. 5.3 kann man den durchschnittlichen Ressourceneinsatz der Tools abschätzen und die Auswahl für die eigenen Anwendung vornehmen.

Kernaussagen

- Die Opportunity Recognition Tools sind für unterschiedliche Formate wie Workshops oder eine kontinuierliche Anwendung unterschiedlich gut geeignet. Des Weiteren sind einzelne Tools stärker zur Generierung neuer Produkte und andere mehr für die Schaffung neuer Märkte für ein Unternehmen einsetzbar.
- Da der Einsatz der Tools auch mit unterschiedlichem Ressourceneinsatz verbunden ist, sollte vor der Nutzung jedes Tools dieses auf seine Anwendbarkeit im konkreten Kontext geprüft werden.

Aufgaben zur Wiederholung

1. Argumentieren Sie, ob sich Empathisches Design und die Technologie-Anwendungsmatrix eher für ein Workshop-Format oder für kontinuierliche Opportunity Recognition eignen.
2. Diskutieren Sie die Eignung von Innovation Mapping zur Generierung neuer Produkte („new to the world"-Produkte) und neuer Märkte.
3. Beschreiben Sie den notwendigen Ressourceneinsatz beim Kerngeschäfts-Ansatz und beim Reverse-Innovation-Ansatz.

Literatur

Afuah A (2014) Business model innovation. Taylor & Francis, New York

Aldrich H, Auster E (1986) Even dwarfs started small: liabilities of age and size and their strategic implications. Res Organ Behav 8:165–186

Ansoff H (1979) Strategic management, 1. Aufl. Macmillan, London

Baghai M, Smit S, Viguerie P (2007) The granularity of growth. McKinsey Q 3:41–51

Battistella C, Biotto G, de Toni AF (2012) From design driven innovation to meaning strategy. Manag Decis 50(4):718–743

Bergmann J (2009) Der Talentschuppen. Brand Eins 11:60–65

Birla M (2005) FedEx delivers: how the world's leading shipping company keeps innovating and outperforming the competition. Wiley, Hoboken

Chesbrough H (2007) Business model innovation: it's not just about technology anymore. SL 35(6):12–17

Christensen CM (1997) The innovator's dilemma: the revolutionary book that will change the way you do business. Harvard Business Press, Cambridge

Davenport T (2014) Big data at work: dispelling the myths, uncovering the opportunities. Harvard Business Review, Boston

Davenport TH, Patil DJ (2012) Data scientist: the sexiest job of the 21st century. Harv Bus Rev 90(10):70–76

Droge C, Stanko MA, Pollitte WA (2010) Lead users and early adopters on the web: the role of new technology product blogs. J Prod Innovat Manage 27(1):66–82

Frock R (2012) Changing how the world does business: FedEx's incredible journey to success – the inside story. Read How You Want, California

Fusfeld A (1978) How to put technology into corporate planning. Technol Rev 80(6):51–55

Gassmann O (2010) Crowdsourcing: Crowdsourcing – Innovationsmanagement mit Schwarm-intelligenz: – Interaktiv Ideen finden – Kollektives Wissen effektiv nutzen – Mit Fallbeispielen und Checklisten. Hanser, München

Girotra K, Netessine S (2012) Business model innovation is the gift that keeps on giving. https://hbr.org/2012/12/the-gift-that-keeps-giving-bus

Govindarajan V (2012) A reverse-innovation playbook. Harv Bus Rev 90(4):120–124

Govindarajan V, Ramamurti R (2011) Reverse innovation, emerging markets, and global strategy. Glob Strategy J 1:191–205

Harris L, Cai K (2002) Exploring market driving: a case study of de beers in China. JMFM 5:171–196

Jaworski B, Kohli A, Sahay A (2000) Market-driven versus driving markets. J Acad Mark Sci 28(1):45–54

Jouret G (2009) Inside Cisco's search for the next big idea. Harv Bus Rev 87(9):43–45

Kim WC, Mauborgne R (1999) Creating new market space. Harv Bus Rev 77(1):83–93

Kim WC, Mauborgne R (2005) Blue ocean strategy: from theory to practice. Cal Manag Rev 47(3):105–121

Kuratko D, Morris MH, Covin J (2011) Corporate entrepreneurship & innovation, 3. Aufl. Cengage Learning, Boston

Leonard D, Rayport J (1997) Spark innovation through emphatic design. Harv Bus Rev 75(6):102–113

McGrath R, MacMillan I (2005) Marketbusters: 40 strategic moves that drive exceptional business growth. Harvard Business Review, Boston

Narver J, Slater S, MacLachlan D (2004) Responsive and proactive market orientation and new-product success. J Prod Innovat Manage 21(5):334–347

Ofek E, Wathieu L (2010) Are you ignoring trends that could shake up your business. Harvard Bus Rev 88(7–8):124–131

Pearce J, Robinson R (2010) Strategic management: formulation, implementation, and control. Mcgraw-Hill, New York

Tsai K, Chou C, Kuo J (2008) The curvilinear relationships between responsive and proactive market orientations and new product performance: a contingent link. Ind Mark Manage 37(8):884–894. https://doi.org/10.1016/j.indmarman.2007.03.005

Urban G, von Hippel E (1988) Lead user analyses for the development of new industrial products. Manage Sci 34(5):569–582

Urban Mobility (2016) Der Aufzug holt sich selber Hilfe. Handelsblatt, 22. Juli

Verganti R (2009) Design driven innovation: changing the rules of competition by radically innovating what things mean. Harvard Business Review, Boston

Viguerie P, Smit S, Baghai M (2008) The granularity of growth: how to identify the sources of growth and drive enduring company performance. Wiley, Hoboken

Zollenkop M, Krys M (2011) Dynamik des Wettbewerbs, technologische Trendbrüche, sich ändernde Kundenerwartungen: Geschäftsmodellinnovation als Schlüssel zu neuen Wettbewerbsvorteilen. think:act Content (Roland Berger Strategy Consultants)

Zook C (2007) Unstoppable: finding hidden assets to renew the core and fuel profitable growth. Harvard Business Review, Boston

Zook C, Allen J (2010) Profit from the core: a return to growth in turbulent times. Harvard Business Review, Boston

Bewertung und Auswahl von Opportunities

6

Nachdem in den Kap. 2, 3 und 4 verschiedene Ansätze zur Identifizierung von Opportunities aus dem Unternehmen, aus dem unmittelbaren Markt mit seinen Kunden und aus der Umwelt heraus vorgestellt wurden, sollen in Kap. 6 nun -Hilfestellungen zur Bewertung von Opportunities und zur Auswahl bei mehreren potenziellen Opportunities vorgestellt werden. Opportunities sind zumeist mit großer Unsicherheit hinsichtlich zukünftiger Ein- und Auszahlungen verbunden, sodass klassische Planungsansätze wie die Discounted-Cashflow-Methode nicht geeignet sind. Letztere bewertet weit in der Zukunft liegende, unsichere Einzahlungen, wie sie bei sehr innovativen Opportunities zu erwarten sind, weniger stark als zeitnahe, sichere Einzahlungen. Selbst erfahrene Unternehmer und Entscheidungsträger in Unternehmen haben aufgrund der großen Unsicherheiten hinsichtlich einer zukünftigen Entwicklung große Probleme, Opportunities zuverlässig zu bewerten. Zur Bewertung von Opportunities werden in Abschn. 6.1 Kriterienkataloge vorgestellt. Abschn. 6.2 widmet sich Portfolio-Ansätzen.

> **Lernziele**
> - Opportunities bewerten und auswählen können.
> - Hierzu gilt es,
>   - zu verstehen, welche Kriterienkataloge es gibt, anhand derer man innovative Ideen bewerten kann, um Schwachstellen der Opportunities zu erkennen und ggf. Erfolgsaussichten zu erhöhen,
>   - mit Hilfe von Portfolio-Bewertungsansätzen zu erkennen, welche Opportunities in das vorhandene Opportunity-Portfolio passen,
> - um auch bei sehr innovativen Ideen die richtigen Opportunities zuverlässig zu bewerten und die richtigen Ideen in einer Umgebung der Unsicherheit weiter zu verfolgen.

© Der/die Autor(en), exklusiv lizenziert durch Springer Fachmedien Wiesbaden GmbH, ein Teil von Springer Nature 2021
A. Engelen et al., *Opportunity Recognition*,
https://doi.org/10.1007/978-3-658-34955-4_6

6.1   Kriterienkataloge

Kriterienkataloge zur Bewertung von Opportunities listen eine Anzahl von Kriterien auf, anhand derer die Opportunities einzeln zu bewerten sind (Gerpott 1999; Timmons 1999). Über alle Kriterien wird dann ein Gesamtbild, möglicherweise sogar ein konkreter Punktwert, für eine zu bewertende Opportunity gebildet. Die Kriterien basieren zumeist auf Vergangenheitsbetrachtungen zu Erfolgsfaktoren von bereits implementierten Opportunities. Kriterienkataloge ermöglichen nicht nur die Bewertung und Auswahl von Opportunities, sondern zeigen entlang der Kriterien auch Schwachstellen der Opportunity in ihrer aktuellen Form auf. Diese Transparenz ermöglicht es, an den Schwächen der Opportunities zu arbeiten, sie auf diese Weise möglicherweise zu modifizieren und die Erfolgsaussichten zu erhöhen. Einige der im Folgenden dargestellten Kriterienkataloge beinhalten Kriterien (wie das Marktwachstum), die bereits im Zentrum einzelner Tools zur Identifizierung von Opportunities standen. Da das entsprechende Bewertungskriterium dann bereits Auswahlkriterium war, werden diese Opportunities naturgemäß auf den entsprechenden Bewertungskriterien gut abschneiden. So zielte zum Beispiel der Granularitätsansatz darauf ab, Opportunities in besonders stark wachsenden Märkten zu identifizieren. Trotzdem ist es sinnvoll, diese Opportunities im Rahmen von Kriterienkatalogen einer ganzheitlichen Bewertung zu unterziehen.

Martino (1995) stellt heraus, dass Kriterienkataloge für verschiedene Vorgehensweisen in der Bewertung genutzt werden können. Zum einen für eine sehr pragmatische Vorgehensweise durch Bewertungsprofile, bei denen Opportunities nach vorgegebenen Kriterien bewertet werden. Hierdurch besteht die Möglichkeit, durch Mindestanforderungen sicherzustellen, dass nur Opportunities, die zumindest bei allen Kriterien Mindestanforderungen erfüllen, weiter betrachtet werden. Zum anderen kann es nützlich sein, Punktwertverfahren zu verwenden, die dem jeweiligen Kriterium eine Punktzahl zuordnen (zum Beispiel auf einer Skala von eins bis fünf), die die Erfüllung des jeweiligen Kriteriums ausdrückt. Die Punktebewertung kann bei Bedarf durch Gewichtung präzisiert werden. Die Aufsummierung dieser gewichteten Punktzahlen kann dann in einem weiteren Schritt dabei helfen, die Aussagekraft zu erhöhen und eine (objektive) Entscheidung zu treffen. Auch können die Summen einzelner Kriterienbündel gegeneinander in Matrizen aufgetragen und so verschiedene Opportunities miteinander verglichen werden. Hierzu gibt Abschn. 6.2 konkrete Beispiele.

Ein prominenter Ansatz zur Bewertung von Opportunities stammt von Kim und Mauborgne (2000), die drei wesentliche Kriterien vorschlagen. Eine potenziell zu verfolgende Opportunity muss erstens einen außergewöhnlichen Kundennutzen liefern und dies zweitens zu einem attraktiven Preis für den Kunden. Drittens muss das Unternehmen auch in der Lage sein, die Leistung für sich selbst profitabel zu erbringen.

In Bezug auf den Kundennutzen als erstem zentralem Kriterium bei Kim und Mauborgne (2000) gilt es zu erfassen, wie ein Produkt oder eine Leistung das Leben der Kunden verändern wird. Eine Kundenerfahrung mit einem Produkt oder einer Leistung kann typischerweise in sechs unterschiedliche, nacheinander ablaufende Phasen von Kauf bis Entsorgung unterteilt werden (Kauf, Lieferung, Gebrauch, Zusatzleistungen, Unterhalt, Entsorgung). In jeder Phase gibt es wiederum sechs verschiedene Möglichkeiten, einen konkreten Kundennutzen zu schaffen (Produktivität, Einfachheit, Bequemlichkeit, Risiko, Spaß und Image, Umweltfreundlichkeit). Damit ergeben sich, wie Abb. 6.1 darstellt, 36 Felder, in denen eine Opportunity potenziell einen herausragenden Kundennutzen schaffen kann.

Grundsätzlich gibt es nach Kim und Mauborgne (2000) nun drei Erfolg versprechende Ansätze zur Generierung von Kundennutzen:

- Neuer Kundennutzen in bekannter Phase: Viele erfolgreich eingeführte neue Produkte oder Leistungen schaffen für eine bekannte Phase bzw. ein bekanntes Erlebnis einen neuen Nutzen, etwa wenn der Gebrauch eines Produkts vereinfacht wird.
- Bekannter Kundennutzen in neuer Phase: Viele erfolgreich eingeführte neue Produkte oder Leistungen bieten einen Nutzen, der dem Kunden in einer Phase bereits bekannt war, auch in anderen Phasen des Kaufes an.

Abb. 6.1 Käufer-Nutzen-Matrix zur Bewertung von Innovationsideen aus Kundensicht. (Nach Kim und Mauborgne 2000)

- Neuer Kundennutzen in neuer Phase: Viele erfolgreich eingeführte neue Produkte oder Leistungen bieten einen neuen Kundennutzen in einer neuen, bislang kaum bearbeiteten Phase an.

Neben dem Kundennutzen empfehlen Kim und Mauborgne (2000), als zweites Kriterium bei der Bewertung von Opportunities den künftigen möglichen Preis in Betracht zu ziehen. Nur wenn der Preis aus Kundensicht attraktiv ist, hat eine Opportunity die Chance auf einen Markterfolg. Kim und Mauborgne (2000) schlagen zur Unter-suchung einer Opportunity auf diesem Kriterium den „Preiskorridor der Massen" vor (Abb. 6.2). Dazu ist es in einem ersten Schritt notwendig, auf dem Markt nach Preisen von zumindest ähnlichen Produkten oder Leistungen zu suchen. Dies funktioniert jedoch zumeist nur in sehr begrenztem Maße, da Opportunities ja gerade darauf abzielen, mit Produkten und Leistungen Neuheiten einzuführen. Aus diesem Grund ist es notwendig, sich in einem nächsten Schritt bestehende Produkte und Leistungen mit einer ähnlichen Funktion und einer anderen Produkt- oder Leistungsart anzusehen. Welches Produkt oder welche Leistung erfüllt aktuell den Nutzen, den die zu bewertende Opportunities adressiert, am ehesten? Alternativ kann nach Produkten und Leistungen gesucht werden, die eine anderen Form und eine andere Funktion, aber grundsätzlich das gleiche Ziel für den Kunden haben. So berichten Kim und Mauborgne (2000) von der Eröffnung eines großen, hochmodernen Kinokomplexes in Brüssel, der die Anzahl der Kinogänger in Brüssel um 40 % steigen ließ, zulasten alternativer Ausgehformen wie z. B. Restaurants. Das Ziel, einen netten Abend zu verbringen, haben Kunden damit behalten, die konkrete Produktform aber gewechselt. Sind diese Alternativen identifiziert, werden sie in eine

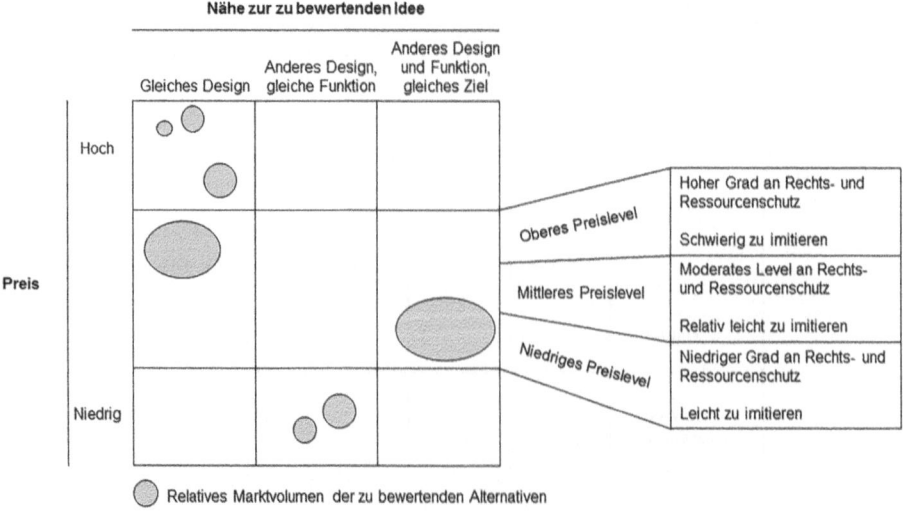

Abb. 6.2 Preiskorridor der Massen. (Nach Kim und Mauborgne 2000)

Matrix wie in Abb. 6.2 dargestellt einsortiert. Die vertikale Dimension stellt die Höhe des Preises dar, die horizontale Dimension die drei verschiedenen Arten der Identifizierung von Vergleichsangeboten. Die Größe des Punktes bzw. des Kreises, der für das Vergleichsangebot eingezeichnet wird, spiegelt die Größe des Marktes des Vergleichsangebots wider.

Diese eingezeichneten Punkte erlauben es, einen Preiskorridor einzuzeichnen, in dem zumindest die größten Märkte der Vergleichsangebote liegen, wie grafisch in Abb. 6.2 dargestellt. Aus diesem Grund nennt man dieses Kriterium auch den „Preiskorridor der Massen". Die konkrete Höhe des Preises innerhalb dieses Korridors ist durch die Einfachheit der Imitation bestimmt. Kann die vom betrachteten Unternehmen verfolgte Opportunity bzw. das daraus resultierende Produkt oder die Leistung recht leicht vom Wettbewerb imitiert werden, ist ein niedriger Preis innerhalb des Korridors zu wählen, um ein Kopieren für den Wettbewerb unattraktiv zu machen. Ist eine Imitation kaum möglich oder sogar unmöglich (beispielsweise durch einen Patentschutz), kann das betrachtete Unternehmen innerhalb des Korridors einen höheren Preis wählen. Hat man auf diese Weise einen erzielbaren Preis abgeleitet, kann das betrachtete Unternehmen nun bewerten, ob es die zu bewertende Opportunity unter Kenntnis seiner Kosten zur Produktion des Produkts oder der Leistung auch wirklich zu diesem Preis anbieten kann. Liegt der auf dem Markt erzielbare Preis deutlich unter den Kosten des Unternehmens, so schneidet die zu bewertende Opportunity auf diesem Kriterium schlecht ab. Im umgekehrten Fall erfolgt eine positive Bewertung auf diesem Kriterium.

Als drittes Kriterium betrachten Kim und Mauborgne (2000) die Fähigkeiten und Ressourcen des Unternehmens, die notwendig sind, um die Opportunity zu verfolgen. Ein außergewöhnlicher Kundennutzen zu einem attraktiven Preis ist zur positiven Bewertung einer Opportunity nicht ausreichend, insbesondere, wenn das betrachtete Unternehmen nicht oder kaum in der Lage ist, das zugrunde liegende Produkt oder die Leistung zu erstellen und anzubieten. Konkret sollte sich das betrachtete Unternehmen die eigene Kostenbasis ansehen und mit dem erzielbaren Preis im Markt abgleichen, um zu entscheiden, ob der Aufbau eines profitablen Geschäfts möglich ist. Folgende Fragen sollte sich ein Unternehmen stellen:

- Sind unsere Kosten bei dem zuvor ermittelten erzielbaren Preis gedeckt?
- Welche Möglichkeiten gibt es, Rohmaterial durch weniger teure Materialien zu ersetzen?
- Welche Möglichkeiten gibt es, teure Aktivitäten mit geringem Wert für das Produkt bzw. die Lösung zu ersetzen?

Neben diesen kostenbezogenen Fragen gehört zum dritten Kriterium bei Kim und Mauborgne (2000) die Frage, ob es Partnerunternehmen gibt, mit denen eine profitable Umsetzung der Opportunity möglich ist. Konkrete Fragen sind:

- Welche Fähigkeiten müssen zur Umsetzung der Opportunity im Unternehmen vorhanden sein?
- Sofern das Unternehmen diese nicht selbst hat: Welches andere Unternehmen könnte sie beisteuern?
- Ist es möglich, dieses andere Unternehmen zu kaufen oder eine Partnerschaft mit ihm einzugehen?

Einen alternativen Ansatz, der einige Überschneidungen mit den gerade dargestellten Kriterien aufweist, bietet Day (2007). Sein Ansatz ist unter der Bezeichnung R-W-W-Screening („real, win, worth it") in die Literatur eingegangen. Dieser Ansatz zieht als Kriterien das Innovationskonzept, den potenziellen Markt, die Fähigkeiten des betrachteten Unternehmens und den Wettbewerb in Betracht. Day (2007) empfiehlt, die im Folgenden vorgestellten Fragestellungen zur Bewertung einer Opportunity zu verschiedenen Zeitpunkten der Entwicklung neuer Produkte oder Leistungen (wie Konzeptphase, Prototyping) wiederholt durchzuführen, wobei die Datenverfügbarkeit zur Beantwortung der Fragen im Laufe der Entwicklungsphasen deutlich zunehmen dürfte. Konkret sollen folgende Fragenblöcke (mit Unterfragen, die im Folgenden dargestellt werden) immer wieder beantwortet werden (Abb. 6.3):

- Existiert ein Markt? (Ist der Markt „real")?
- Existiert ein durchdachtes Produktkonzept? (Ist das Produkt „real")?

Abb. 6.3 Das R-W-W-Konzept zur Bewertung von Opportunities. (Nach Day 2007)

- Kann das Produkt oder die Leistung im Wettbewerb bestehen?
- Kann das Unternehmen mit diesem Produkt oder dieser Leistung im Wettbewerb bestehen?
- Kann das Produkt oder die Leistung (mit einem akzeptablen Risiko) profitabel werden?
- Macht es für das betrachtete Unternehmen strategischen Sinn, das Produkt oder die Leistung auf den Markt zu bringen?

Die ersten beiden Fragenblöcke beziehen sich darauf, ob eine Opportunity überhaupt grundsätzlich existiert („Is it real?"). Im Rahmen des ersten Fragenblocks zur Markt-existenz gilt es zu klären, ob die zu bewertende Opportunity Produkte oder Leistungen ermöglicht, die ein Kundenproblem oder ein Kundenbedürfnis besser lösen als bisherige Alternativen, und weist damit eine Ähnlichkeit zum ersten Kriterium von Kim und Mauborgne (2000) auf. Des Weiteren muss überprüft werden, ob Kunden das angestrebte Produkt oder die angestrebte Leistung überhaupt kaufen können, ob diese überhaupt (räumlich) zugänglich sind und ob ein Kauf dieses Produkts oder dieser Leistung über-haupt in das Budget des Kunden passt. Des Weiteren gilt es, die potenzielle Marktgröße zu bewerten sowie die Bereitschaft der Kunden, aus der Opportunity entstehende Produkte oder Leistungen zu erwerben. Entstehen Wechselkosten? Welche weiteren Barrieren könnten existieren, die potenzielle Kunden davon abhalten, das geplante Produkt oder die geplante Leistung zu erwerben. An dieser Stelle geht Day (2007) inhalt-lich über die Kriterien von Kim und Mauborgne (2000) hinaus.

Der zweite Fragenblock bezieht sich auf das Produktkonzept. Hier gilt es zu klären, ob es ein wirkliches Produktkonzept gibt, das nicht nur technische Aspekte in Betracht zieht, sondern auch rechtliche, soziale und umweltbezogene Faktoren bedenkt. Darüber hinaus ist es wichtig zu verstehen, ob Produkt oder Leistung überhaupt machbar sind. Sind alle notwendigen Rohstoffe verfügbar oder nur zu extrem hohen Preisen, die das Produkt sicherlich nicht wettbewerbsfähig machen werden? Können das finale Produkt oder die finale Leistung Bedürfnisse im Markt befriedigen? Bei der Produktentwicklung werden notwendigerweise Kompromisse nötig sein. In jeder Runde sollte sich das betrachtete Unternehmen fragen, ob das Produkt oder die Leistung immer noch einen Stand haben, der Marktbedürfnisse adressiert, oder ob Modifikationen das Produkt oder die Leistung für potenzielle Kunden uninteressant gemacht haben.

Während sich diese beiden ersten Fragenblöcke, wie auch Abb. 6.3 zeigt, auf die Frage beziehen, ob die Opportunity „real" ist, zielen die beiden folgenden Fragen-blöcke darauf ab, ob die Opportunity Produkte oder Leistungen ermöglicht, die im Wett-bewerb bestehen können („Can we win it?"). Der dritte Fragenblock beschäftigt sich damit, wie Produkt oder Leistung im Wettbewerb bestehen können. Dazu ist es zunächst wichtig zu verstehen, ob Produkt oder Leistung überhaupt einen Wettbewerbsvorteil aufweisen. Gibt es alternative Angebote, die eine vergleichbare Leistung bringen? Gibt es immaterielle Produkt- oder Leistungseigenschaften, die alternativen Produkten oder Leistungen überlegen oder unterlegen sind (wie z. B. Unterhaltskosten). Darüber hinaus gilt es zu klären, ob ein potenzieller Wettbewerbsvorteil nachhaltig ist. Liegen Patente vor? Kann Wissen des Unternehmens in anderer Form geschützt werden? Schließlich stellt sich die Frage, wie Wettbewerber auf das neue Produkt oder die neue Leistung reagieren werden. Die Reaktion des Wettbewerbs auf eigene verfolgte Opportunities hat bereits bei Kim und Mauborgne (2000) einen besonderen Stellenwert eingenommen.

Der vierte Fragenblock beschäftigt sich damit, ob das Unternehmen mit diesen neuen Produkten oder Leistungen im Wettbewerb bestehen kann. Hat das Unternehmen die notwendigen Fähigkeiten und Ressourcen, um aus Sicht des Kunden überlegene Produkte oder Leistungen zu entwickeln? Hat das Unternehmen das richtige Führungspersonal für den angestrebten Markt? Und schließlich gilt es zu überlegen, ob das betrachtete Unternehmen den Markt ausreichend versteht. Ansonsten kann es problematisch werden, zukünftige Entwicklungen des Marktes oder Kriterien der Kunden beim Kauf zu antizipieren.

Während sich der dritte und vierte Fragenblock darauf bezieht, ob das Unternehmen im Wettbewerb eine Chance hat, behandeln die beiden verbliebenen Blöcke Fragestellungen zur potenziellen Profitabilität, falls die Opportunity verfolgt wird („Is it worth it?"). Hier liegt eine Parallele zum dritten Kriterium von Kim und Mauborgne (2000) vor. Wird es möglich sein, das Produkt oder die Leistung mit vertretbaren Risiko profitabel zu machen? Sind die vorhergesagten Umsätze zumindest so hoch wie die wahrscheinlichen Kosten? Zudem gilt es, das Risiko dieses Geschäftsmodells zu evaluieren. Was passiert, wenn kleine Veränderungen in Marktpreisen, Marktanteilen oder Markteintrittszeitpunkten auftreten? Haben kleine Veränderungen dieser Faktoren große Veränderungen finanzieller Erfolgsgrößen zur Folge, deutet das auf ein massives Risiko hin, das das Unternehmen einschätzen muss.

Der sechste Fragenblock beschäftigt sich damit, ob es für das betrachtete Unternehmen strategischen Sinn hat, die Opportunity zu verfolgen. Passen die Opportunity und das daraus abgeleitete Produkt oder die abgeleitete Leistung zum strategischen Plan des Unternehmens für die nächsten Jahre? Können die Wachstumsziele des Unternehmens mit dieser Opportunity erreicht werden? Schließlich muss das Top-Management hinter der Opportunity stehen, da es sonst problematisch werden kann, ihrer Umsetzung ausreichend Aufmerksamkeit im Unternehmen zu verschaffen. In diesem sechsten Fragenblock geht der Ansatz von Day (2007) über die drei Kriterien von Kim und Mauborgne (2000) hinaus.

Einen weiteren Ansatz bieten Spinelli und Adams (2012). Die Autoren unterscheiden zwischen drei Gruppen von Kriterien. Die erste Gruppe betrifft die Marktnachfrage nach dem Produkt oder der Leistung, die aus der Opportunity für den Kunden hervorgeht. Im Rahmen der Marktnachfrage unterscheiden die Autoren zwischen drei Kriterien:

- Geschwindigkeit des Kundennutzens: Generiert der avisierte Kunde seinen Nutzen mit dem neuen Produkt oder der neuen Leistung innerhalb eines Jahres?
- Marktwachstum: Wächst der Markt in den nächsten Jahren jährlich etwa um 20 %?

- Erreichbarkeit: Ist der avisierte Kunde des neuen Produkts oder der neuen Leistung auch wirklich erreichbar?

Während Marktwachstum und Erreichbarkeit des Kunden bereits in den vorher dargestellten Kriterienkatalogen eine Rolle gespielt haben, tritt das Kriterium Geschwindigkeit des Kundennutzens zum ersten Mal auf und ergänzt die bislang identifizierten Kriterien.

Die zweite Gruppe von Kriterien betrifft die Marktstruktur und die Marktgröße. Hier ergeben sich folgende Unterkriterien:

- Marktstruktur: Handelt es sich um einen fragmentierten und/oder erst entstehenden Markt?
- Marktgröße: Ist der Markt mindestens 50 Mio. US$ groß und hat er das Potenzial, auf eine Größe von einer Milliarde US-Dollar anzuwachsen?
- Eintrittsbarrieren: Ist es für Wettbewerber einfach, die aus der Opportunity entstehenden Produkte und Leistungen nachzuahmen, oder bestehen gewisse Eintrittsbarrieren für nachfolgende Unternehmen?

Die dritte Gruppe von Kriterien bezieht sich auf die zu erwartende Marge, wenn die Opportunity verfolgt wird. Hier sind nach Spinelli und Adams (2012) folgende Unterkriterien zu betrachten:

- Höhe der Marge: Ist eine Marge von mindestens 40 % erreichbar?
- Kapitalbedarf: Ist der Kapitalbedarf des betrachteten Unternehmens bei der Verfolgung der Opportunity geringer als der Kapitalbedarf möglicher Wettbewerber bei der Verfolgung einer ähnlichen Opportunity?
- Break Even: Ist ein Break Even innerhalb von ein bis zwei Jahren zu erwarten?

Diese drei Kriteriengruppen haben bereits in den vorhergehenden Kriterienkatalogen Beachtung gefunden. Spinelli und Adams (2012) werden bei der Höhe der Marge und des Break Even aber konkret und nennen typische Grenzen, die die zu bewertende Opportunity erfüllen sollte.

Während die bislang dargestellten Kriterienkataloge einer ersten Überprüfung der Attraktivität von Opportunities dienten, existieren in der Literatur weitere ausführliche Kriterienkataloge, die Kriterien in Bezug auf Mindestgrenzen quantifizieren, dafür aber zumeist eine tief gehende Analyse der Opportunities erfordern (Zacharakis et al. 2011). Im Folgenden sollen einige Kriterien zur Bewertung von Industrie und Markt, Wirtschaftlichkeit und strategischer Differenzierung dargestellt werden, die dabei über ihre Kriterien in Kurzform, wie gerade dargestellt, deutlich hinausgehen (Spinelli und Adams 2012). Die bislang beschriebenen Kriterien von Kim und Mauborgne (2000) und Day (2007) sind in den folgenden Auflistungen zu großen Teilen enthalten, es erfolgt aber eine Ergänzung und eine Einordnung von Hoch-Potenzial- und Niedrig-Potenzial-Opportunities, sofern möglich mit quantifizierten Grenzziehungen.

Tab. 6.1 zeigt Kriterien, die sich auf die Industrie und den Markt der Opportunity beziehen. Spinelli und Adams (2012) nennen die Art der Industrie als ein Kriterium. Hoch-Potenzial-Opportunities zielen darauf ab, das Leben von Menschen allgemein deutlich zu verbessern, während Niedrig-Potenzial-Ideen lediglich auf eine inkrementelle Verbesserung der Situation einzelner Menschen abzielen. Hoch-Potenzial-Opportunities generieren zumeist sich wiederholende, regelmäßige Umsätze, während Produkte oder Leistungen, die aus Niedrig-Potenzial-Opportunities generiert werden, zumeist keine Wiederkäufe mit sich bringen. Bei Hoch-Potenzial-Ideen sind die Kunden erreichbar und das avisierte Produkt oder die avisierte Leistung adressieren ein tatsächliches Problem, einen tatsächlichen „Schmerz" des potenziellen Kunden, so dass dieser für das neue Angebot dankbar ist, mit entsprechenden positiven Konsequenzen im Hinblick auf die Zahlungsbereitschaft. Bei Niedrig-Potenzial-Opportunities ist dies nicht gegeben. Hier dominieren Produkte und Leistungen, bei denen potenzielle Kunden nur

Tab. 6.1 Industrie- und marktbezogene Kriterien zur detaillierten Bewertung von Opportunities. (Nach Spinelli und Adams 2012)

Kriterien	Hoch-Potenzial-Opportunities	Niedrig-Potenzial-Opportunities
Art der Industrie	Substanzielle Beeinflussung von Menschen und ihrer Art, zu leben, zu arbeiten, zu lernen	Inkrementelle Verbesserung der Situation von Menschen
Art des Marktes	Sich wiederholende regelmäßige Umsätze	Unklarer Markt mit einmaligen Umsätzen
Kunden	Erreichbar; Adressierung eines signifikanten „Schmerzes" beim Kunden	Nicht erreichbar; loyal zu anderen Anbietern
Kundennutzen	Kundennutzen innerhalb eines Jahres; Adressierung eines sehr wichtigen Kundenproblems	Kundennutzen erst nach drei Jahren oder noch später für Kunden erkennbar
Produktlebenszyklus	Andauernd, langfristig angelegt	Gefährdet
Marktstruktur	Fragmentierter Wettbewerb und/oder erst entstehende Industrie	Konzentrierte Industrie oder Industrie im Verfall
Marktgröße	Zwischen 50 Mio. US-$ und wenigen Milliarden US-$	Kleiner als 50 Mio. US-$ oder Multi-Milliarden-US-$-Markt
Wachstumsrate	Jährliches Wachstum von mindestens zehn Prozent	Kein Wachstum oder weniger als zehn Prozent jährlich
Erreichbarer Marktanteil (nach etwa fünf Jahren)	20 % oder mehr	Weniger als fünf Prozent

selten Loyalität gegenüber den Anbietern entwickeln. Bei Hoch-Potenzial-Opportunities generiert der potenzielle Kunde seinen Nutzen innerhalb eines Jahres (wie bei der Amortisierung von Investitionen), während dies bei Niedrig-Potenzial-Opportunities erst nach mehreren Jahren der Fall sein kann. Letzteres macht die Entscheidung für den Kauf des Produkts oder der Leistung aus Kundensicht schwierig, und der Kunde sucht nach anderen Lösungen oder wird extrem preissensitiv. Bei Hoch-Potenzial-Opportunities stehen die sich aus der Opportunity ergebenden Produkte oder Leistungen am Beginn des Produktlebenszyklus, so dass weiteres Wachstum des Marktes in den nächsten Jahren erwartet werden kann. Das schützt die Produkte oder die Leistung vor zeit-nahen Überkapazitäten und Preiskämpfen. Letztere ergeben sich bei Niedrig-Potenzial-Opportunities, wenn der Produktlebenszyklus bereits sein Reifestadium erreicht hat. Hoch-Potenzial-Opportunities lassen sich auf fragmentierten Märkten oder Märkten, die gerade erst im Entstehen sind, positionieren, während Niedrig-Potenzial-Opportunities in konzentrierte Märkte gehen oder sogar in Industrien stattfinden, die im Verfall befindlich sind. Hoch-Potenzial-Opportunities streben Märkte an, die ein Volumen zwischen 50 Mio. US\$ und einer Milliarde US-Dollar aufweisen. Der Überlegung liegt die Logik zugrunde, dass ein Marktanteil von mehr als fünf Prozent in vielen Fällen unrealistisch ist. Zu kleine Märkte sind dann von vornherein unattraktiv, da das Umsatzpotenzial der betrachteten Opportunity nicht größer als 2,5 Mio. US\$ ausfällt. Aber Märkte können auch zu groß sein. Märkte, die eine Größe von mehreren Milliarden US-Dollar haben, sind oft von großen, etablierten Spielern geprägt, mit denen neue Unternehmen selten mithalten können. Im Gegensatz zu Niedrig-Potenzial-Opportunities zielen Hoch-Potenzial-Opportunities auf Märkte ab, die eine jährliche Wachstumsrate von etwa zehn Prozent aufweisen. Schließlich gilt es, in Bezug auf die Industrie und den Markt Über-legungen anzustellen, welcher Marktanteil realistisch ist. Hoch-Potenzial-Opportunities schaffen es in etwa fünf Jahren, 20 % oder sogar mehr zu erzielen. Niedrig-Potenzial-Ideen bleiben bei deutlich unter fünf Prozent.

Tab. 6.2 führt Kriterien zur Bewertung der Wirtschaftlichkeit der Opportunity auf (Spinelli und Adams 2012). Diese Kriterien sind deutlich detaillierter als die eingangs von Kim und Mauborgne (2000) und Day (2007) dargestellten Kriterien, die erste Checks der Opportunity ermöglichen. Das erste Kriterium aus dieser Liste ist die Zeit bis zum ersten positiven Cashflow. Hoch-Potenzial-Opportunities erreichen diesen innerhalb von zwei Jahren, bei Niedrig-Potenzial-Opportunities kann der erste positive Cashflow vier Jahre oder mehr auf sich warten lassen. Bei Hoch-Potenzial-Opportunities beläuft sich das ROI-Potenzial auf 25 % oder mehr, bei Niedrig-Potenzial-Opportunities liegt dieser Wert unter 15 %. Der Kapitalbedarf ist bei Hoch-Potenzial-Opportunities gering oder zumindest moderat, während er bei Niedrig-Potenzial-Opportunities hoch aus-fällt. Das Umsatzwachstum kann bei Hoch-Potenzial-Opportunities jährlich 15 % bis 20 % oder sogar noch mehr betragen, während Niedrig-Potenzial-Opportunities eine Aussicht auf weniger als zehn Prozent Umsatzwachstum pro Jahr bieten. Working-Capital-Erfordernisse sind bei Hoch-Potenzial-Opportunities gering, bei Niedrig-Potenzial-Opportunities hoch, ähnliches gilt für die notwendigen FuE-Ausgaben. Der

Tab. 6.2 Wirtschaftlichkeitsbezogene Kriterien zur detaillierten Bewertung von Opportunities. (Nach Spinelli und Adams 2012)

Kriterien	Hoch-Potenzial-Opportunities	Niedrig-Potenzial-Opportunities
Zeit bis zum positiven Cashflow	Unter zwei Jahre	Mehr als vier Jahre
ROI-Potenzial	25 % oder mehr	Weniger als 15 %
Kapitalbedarf	Gering bis moderat	Hoch
Umsatzwachstum pro Jahr	Moderat bis hoch (15 bis 20 %)	Weniger als zehn Prozent
Working Capital	Geringe Notwendigkeiten	Hohe Notwendigkeiten
FuE-Ausgaben	Geringe Notwendigkeiten	Hohe Notwendigkeiten
Break Even	Weniger als zwei Jahre	Mehr als vier Jahre

Tab. 6.3 Strategische Kriterien zur detaillierten Bewertung von Opportunities. (Nach Spinelli und Adams 2012)

Kriterien	Hoch-Potenzial-Opportunities	Niedrig-Potenzial-Opportunities
Team	Best in Class	B-Team
Technologie	Grundlegend neue Technologie	Existenz vieler Substitute
Flexibilität	Trial-and-Error-Unternehmenskultur; Lernkultur	Langsam und stur
Opportunity-Orientierung	Kontinuierliche Suche nach neuen und weiteren Opportunities	Interne Orientierung und Agieren im Vakuum
Preis	Nahe dem Marktführer	Geringe Preise und Preiskämpfe
Vertriebskanäle	Zugänglich; Zugang zu Netzwerken	Unbekannt

Break Even wird bei Hoch-Potenzial-Opportunities voraussichtlich in weniger als zwei Jahren erreicht, während Niedrig-Potenzial-Opportunities mehr als vier Jahre dafür benötigen oder diesen nie erreichen.

Tab. 6.3 führt die Kriterien von Spinelli und Adams (2012) zur strategischen Differenzierung auf. Diese beschäftigen sich mit der strategischen Einbettung der Produkte oder Leistungen, die aus der zu bewertenden Opportunity folgen können. Zunächst gilt es, das Team zu beurteilen: Besteht ein „Best in Class"-Team, das die zu bewertende Opportunity umsetzen kann, oder muss man sich mit einem „B–Team" begnügen? In Bezug auf die Technologie gilt es, Überlegungen anzustellen, ob es sich um eine grundlegend neue Technologie handelt, die möglicherweise sogar einen Durchbruch darstellt, oder ob es viele Substitute gibt. Letzteres ist bei Niedrig-Potenzial-

Opportunities der Fall. Wie flexibel ist das Umfeld, in dem die Opportunity verfolgt werden soll? Hoch-Potenzial-Opportunities werden in Trial-and-Error-Unternehmens-kulturen verfolgt, die darauf aus sind, zu lernen. Solch ein Umfeld akzeptiert, dass innovative Ideen in späteren Phasen, beispielsweise bei der Vermarktung, ganz anders aussehen dürfen oder sogar müssen, als zu Beginn des Innovationsprozesses angedacht. Bei Hoch-Potenzial-Opportunities steht zudem von vornherein eine weitere kontinuier-liche Suche nach neuen und weiteren Opportunities zur Verfeinerung oder Ergänzung an, während bei Niedrig-Potenzial-Opportunities ein Umfeld vorliegt, das intern orientiert ist, in einem Vakuum agiert und auf neue Impulse nicht reagiert. Hoch-Potenzial-Opportunities vermeiden zudem eine Positionierung über den Preis. Idealerweise ist ein unauffälliger Preis nahe dem Marktführer notwendig. Niedrig-Potenzial-Opportunities kämpfen sogar über den Preis und begeben sich von vornherein in Preiskämpfe. Letzt-lich ist der notwendige Vertrieb zu betrachten. Bei Hoch-Potenzial-Opportunities besteht ein Zugang zu Vertriebsnetzwerken, während dieser Zugang bei Niedrig-Potenzial-Opportunities unklar bleibt.

Ein weiterer Ansatz zur Bewertung von Opportunities besteht in der Frage, wie gut ein potenzieller Kundennutzen auch für die Kunden erkennbar ist. Simester (2016) erklärt, dass Unternehmen häufig nicht genügend darauf achten, wie Kunden darüber entscheiden, was sie kaufen. Kunden können Informationen über Produkte suchen oder auch Rückschlüsse aus Erfahrungen ziehen. Innovationen können große Vorteile für potenzielle Kunden bringen. Diese potenziellen Kunden finden die Innovationen aber nicht, weil sie nicht wissen, dass es diese Innovationen überhaupt gibt, wo sie danach suchen können oder wie sie zu erwerben sind. So konnte zum Beispiel Aqualisa Products Ltd. mit einem neuen Duschsystem in Großbritannien nicht punkten, obwohl sie das größte Problem, den niedrigen Wasserdruck, adressierten (Simester 2016). Die potenziellen Kunden waren an den niedrigen Wasserdruck aber so sehr gewöhnt, dass sie gar nicht nach einer Lösung suchten. In anderen Situationen ist der Nutzen für die potenziellen Kunden klar, aber die Suchkosten sind zu hoch. Beispielsweise würden Taxinutzer gerne mehr über die jeweilige Sicherheit des Taxis erfahren, mit dem sie reisen, die Informationen hierüber zu suchen stehen jedoch in keinem Verhältnis zu den Suchkosten für die Information. Auch der Zusammenhang zwischen der Intensi-tät der Suche von Kunden und ihrer Erfahrung ist überraschend. Potenzielle Kunden, die viel Erfahrung besitzen (Experten) suchen kaum, da sie bereits glauben, alles zu wissen. Potenzielle Kunden mit keinerlei Erfahrung suchen auch nicht, da sie nicht wissen, welche Fragen sie stellen sollen oder wie sie Informationen interpretieren können. Potenzielle Kunden in der Mitte des (Erfahrungs-)Spektrum sind am besten zu adressieren (Moorthy et al. 1997). Wenn die Suche nach Informationen potenziellen Kunden zu kostenintensiv oder zu schwierig erscheint, tendieren die Kunden dazu, Rückschlüsse aus ihren Erfahrungen zu ziehen. So betont die McDonalds Corp. ihren Franchisenehmern gegenüber seit langem, dass es besonders wichtig ist, den Parkplatz vor den Restaurants sauber und aufgeräumt zu halten. Potenzielle Kunden schließen unbewusst von der Sauberkeit der Parkplätze auf die Sauberkeit der Küche als der eigentlich für sie interessanten Information, die sich aber schwer von außen beurteilen lässt, und entscheiden so über einen Besuch in einem Restaurant (Pepin 1998).

Wenn potenzielle Kunden Innovationen eines Unternehmens nicht entdecken, dann werden diese Unternehmen wirtschaftlich nicht erfolgreich sein. Abb. 6.4 zeigt Fragen auf, die hinterfragen, ob potenzielle Kunden die innovativen Produkte oder Dienstleistungen eines Unternehmens wahrnehmen (Simester 2016). Der erste Fragenblock beschäftigt sich damit, ob die potenziellen Kunden motiviert sind zu suchen, ob sie überhaupt wahrnehmen, dass es eventuell eine bessere Lösung gibt, und ob sie bereit sind, in eine Suche zu investieren, um diese Lösung zu finden. Der zweite Fragenblock beschäftigt sich mit der Frage, ob potenzielle Kunden in der Lage sind, effektiv zu suchen. Sind die Informationen zu dem neuen Produkt oder der Dienstleistung zugänglich und durch potenzielle Kunden leicht interpretierbar und verständlich? Bei wichtigen Entscheidungen lassen sich potenzielle Kunden eventuell auch von Experten beraten, wie z. B. einem Versicherungsvertreter oder einem Bankberater. Auch haben Such- und Bewertungsplattformen im Internet in den letzten Jahren an Bedeutung gewonnen. Der dritte Fragenblock beschäftigt sich mit der Frage, welche Hinweise ein potenzieller Kunde nutzt, um Rückschlüsse auf ein Produkt oder eine Dienstleistung zu ziehen, wenn dem Kunden Informationen fehlen, wie z. B. die McDonalds-Kunden, die unbewusst von der Sauberkeit des Parkplatzes auf die Sauberkeit der Küche rückschließen.

Schließlich sollen vier Kriterien vorgestellt werden, die aus der unternehmerischen Praxis stammen. Peter Thiel, Mitgründer von PayPal und einer der frühen Facebook

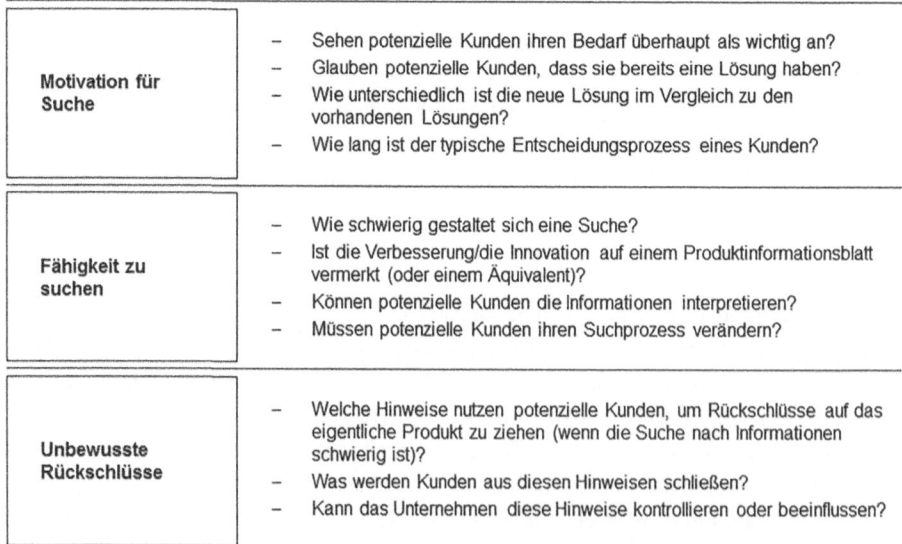

Abb. 6.4 Fragen zur Aufdeckung, ob potenzielle Kunden neue Produkte und Dienstleistungen entdecken. (Nach Simester 2016)

-Investoren, beschreibt in seinem Buch (Thiel und Masters 2014) vier wesentliche Kriterien, die Ideen aus seiner Sicht erfüllen müssen, damit sie das Potenzial haben, große neue Märkte zu schaffen, in denen das Unternehmen nachhaltig eine monopolartige Stellung einnehmen kann – wie es PayPal letztlich gelungen ist. Andere Beispiele sind Amazon und Google. Damit dienen diese Kriterien insbesondere dem Aufspüren von Opportunities mit sehr großem Potenzial.

Das erste und im Vergleich zu den anderen drei Kriterien wichtigste Kriterium von Thiel und Masters (2014) bezieht sich auf eine exklusive Technologie. Dabei ist es laut Thiel notwendig, dass die zu verfolgende Idee aus einer Technologie besteht, die es Anwendern ermöglicht, eine Aufgabe mindestens zehn Mal effizienter zu erledigen als mit bestehenden Lösungen. Kleine Verbesserungen werden insbesondere in bereits gesättigten Märkten nicht wahrgenommen. Um eine breite Wahrnehmung und möglicherweise Wechselbereitschaft zu erzielen, ist etwas technologisch komplett Neues das intuitive Mittel. Alternativ kann auch etwas Existierendes radikal verbessert werden, so wie es PayPal als Online-Zahlungsmittel gelungen ist.

Das zweite Kriterium bezieht sich auf das Vorliegen von Netzwerkeffekten (Thiel und Masters 2014). Diese existieren, wenn der Nutzen eines Service oder eines Produkts für einen einzelnen Konsumenten mit der Anzahl der Gesamtnutzer ansteigt. Faxgeräte sind erst für die breite Masse populär geworden, als eine hinreichend große Anzahl an Unternehmen Faxgeräte nutzten. Ähnlich ist es mit Chatdiensten. Allerdings sind laut Thiel Netzwerkeffekte in Produkten und Services zu erwarten, wenn das Produkt oder der Service bereits für die allerersten Anwender einen wirklichen Nutzen bietet. Facebook hat mit einigen Studierenden in Harvard begonnen und ihnen den Nutzen des täglichen Austauschs geboten.

Um das dritte Kriterium in der Logik von Thiel zu erfüllen, muss eine Idee in der Umsetzung Skaleneffekte aufweisen (Thiel und Masters 2014). Je mehr Fixkosten im Betrieb auf ein großes Volumen umgelegt werden können, desto eher ist dieses Kriterium erfüllt. Thiel nennt als Beispiel Softwareunternehmen wie Microsoft oder Adobe, denen es gelingt, zu marginalen Kosten weitere Exemplare zu verkaufen. Thiel räumt bereits ein, dass solche Effekte bei Services selten vorliegen.

Das vierte Kriterium bezieht sich auf die Möglichkeit, im späteren laufenden Geschäft aus dem Produkt- oder Unternehmensnamen eine Marke zu generieren, so wie es Google gelungen ist, dass der Begriff „googlen" schon in den täglichen Gebrauch vieler Sprachen übergegangen ist (Thiel und Masters 2014). Thiel legt aber auch dar, dass zunächst eine neue Technologie mit Substanz vorliegen muss und erst dann Marken etabliert werden können.

6.2   Portfolio-Ansätze

Die im vorhergehenden Abschnitt beschriebenen Kriterienkataloge ermöglichen die Beurteilung einzelner Opportunities und den Vergleich mehrerer Opportunities, die in Betracht gezogen werden. Die Kriterienkataloge ermöglichen jedoch nicht, einzelne zu bewertende Opportunities zu anderen bestehenden Innovationsprojekten in Beziehung zu setzen (Kuratko et al. 2011). Verfolgt ein Unternehmen bereits drei sehr riskante Innovationsprojekte, dann dürfte es sich schwerer damit tun, weitere Innovationsprojekte mit unklarem Ausgang zu fördern. Verfolgt es allerdings zu einem Zeitpunkt nur Projekte mit inkrementeller Innovation, dann ist eine risikobehaftete Opportunity von größerem Wert. Diesem Umstand tragen die sogenannten Portfolio-Ansätze Rechnung, indem sie einen ganzheitlichen Blick auf Innovationsprojekte richten und diese anhand ihres Potenzials und Risikos strukturieren (Killen et al. 2008). Neue zu bewertende Opportunities werden dann anhand ihres Potenzials, das bestehende InnovationsPortfolio zu ergänzen, bewertet (Cooper et al. 1999).

Die Portfolio-Ansätze zur Bewertung von Alternativen stammen aus der Strategielehre, die zur ganzheitlichen Bewertung der verfolgten Geschäftsfelder eines Unternehmens verschiedenste Portfolio-Ansätze entwickelt hat. Der bekannteste Ansatz ist die BCG-Matrix, die den relativen Marktanteil eines Unternehmens (als einen Indikator für die Marktmacht des Unternehmens in einem Geschäftsfeld) und das Wachstum des Marktes (als einen Indikator für die Attraktivität des Marktes in einem Geschäftsfeld) betrachtet (Ansoff 1979; Pearce und Robinson 2010).

Day (2007) greift den Portfolio-Gedanken auf und schlägt eine Matrix vor, die auf einer Achse die Nähe der Opportunities bzw. Innovationsprojekte zum bereits bedienten Markt abträgt, auf der anderen Achse die Nähe zu Produkten oder Technologien, die dem Unternehmen bereits bekannt sind. Wie Abb. 6.5 zeigt, steigen die Scheiterwahrscheinlichkeiten, je weiter sich ein Unternehmen von seinem Ursprung (bekannter Markt, bekannte Technologie) weg- und zu unbekannten Märkten und unbekannten Technologien hinbewegt. Auffällig ist dabei, dass Scheiterwahrscheinlichkeiten insbesondere dann sehr hoch sind, wenn das Unternehmen den anvisierten Markt nicht kennt. Dann bestehen sogar bei bekannten Technologien Scheiterwahrscheinlichkeiten von 75–95 %. Unternehmen mit neuen Technologien in bekannten Märkten haben geringere Scheiterwahrscheinlichkeiten von 45–60 %. Entlang dieser beiden Achsen werden alle bereits verabschiedeten, aktuellen Innovationsprojekte eingeordnet, ebenso neu zu bewertende Opportunities.

Zur konkreten Einordnung von Innovationsprojekten und Opportunities schlägt Day (2007) insgesamt dreizehn Fragen vor, die in Abb. 6.6 und 6.7 dargestellt sind. Dabei werden pro Frage Punkte entsprechend des Zustimmungsgrades vergeben, die dann nach Aufsummierung für beide Dimensionen ein Eintragen der Innovationsprojekte in das Innovationsportfolio erlauben.

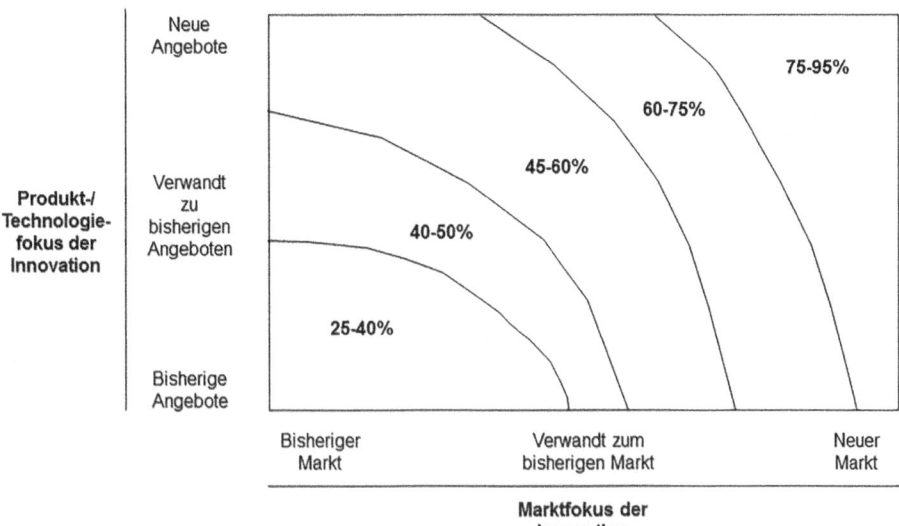

Abb. 6.5 Scheiterwahrscheinlichkeiten von Innovationen in Abhängigkeit von Produkt- und Marktfokus. (Nach Day 2007)

	Der angestrebte Markt wird …				
	… derselbe/dasselbe/ dieselben sein wie derzeit.		… teilweise mit dem derzeitigen Markt überlappen.		… komplett anders sein als derzeit.
Das Konsumentenverhalten und der Entscheidungsfindungsprozess wird …	1	2	3	4	5
Unsere Verkaufsaktivitäten werden …	1	2	3	4	5
Wettbewerber (auch potenzielle Neulinge) werden …	1	2	3	4	5
	… hoch relevant.		… irgendwie relevant.		… nicht relevant.
Unser Markenversprechen ist …	1	2	3	4	5
Unsere derzeitigen Kundenbeziehungen sind …	1	2	3	4	5
Unser Wissen zum Verhalten und den Intentionen der Wettbewerber ist …	1	2	3	4	5
				Total (X-Achsen Koordinate)	

Abb. 6.6 Einordnung von Innovationsprojekten und Opportunities hinsichtlich des angestrebten Marktes. (Nach Day 2007)

Empirische Untersuchungen zeigen, dass ein ausgewogenes Portfolio von erkannten und verfolgten Opportunities von Vorteil ist (Nagji und Tuff 2012; Killen et al.

Das Produkt/Die Technologie …				
	… ist/sind voll anwendbar.		… braucht/brauchen einige Anpassungen.		… ist/sind nicht anwendbar.
Unsere derzeitigen Entwicklungs-fähigkeiten …	1	2	3	4	5
Unsere Technologiekompetenz …	1	2	3	4	5
Unser Schutz von geistigem Eigentum …	1	2	3	4	5
Unsere Systeme zu Produktion und Service-Lieferungen …	1	2	3	4	5
	… ist/sind identisch mit unserem derzeitigem Angebot.		… überlappt(en) zum Teil mit unserem derzeitigen Angebot.		… unterscheidet(n) sich komplett von unserem derzeitigen Angebot.
Die notwendige Wissens- und Wissenschaftsbasis …	1	2	3	4	5
Die notwendigen Produkt- und Servicefunktionen …	1	2	3	4	5
Die erwarteten Qualitätsstandards …	1	2	3	4	5

Total
(Y-Achsen
Koordinate)

Abb. 6.7 Einordnung von Innovationsprojekten und Opportunities hinsichtlich der Produkte und Technologien. (Nach Day 2007)

2008). Cooper (2005) untersucht auf Basis der Daten der Teilnehmer der PDMA-Benchmarking-Studie, ob erfolgreiche Unternehmen andere Innovationsportfolio-Zusammensetzungen aufweisen als der Durchschnitt oder weniger erfolgreiche Unternehmen. Er verwendet dabei andere, aber ähnliche Typen von Innovationen wie Day (2007). Tab. 6.4 zeigt auf, dass erfolgreiche Unternehmen ein im Vergleich zu den anderen beiden Gruppen ausgewogeneres Portfolio haben. Insbesondere liegen in diesen Unternehmen mehr „new to the world"-Innovationen vor.

Eine gewisse Anzahl an risikoärmeren Initiativen in bekannten Märkten mit bekannten Produkten und Technologien sichert einen stabilen Cashflow, der auch dann das Überleben sichern kann, wenn in einem bestimmten Zeitraum keine Hoch-Risiko-Initiative erfolgreich ist (Nagji und Tuff 2012; Mikkola 2001). Gleichzeitig würde ein völliges Verzichten auf Hoch-Risiko-Initiativen aber bedeuten, dass man jegliche Chance auf einen großen Durchbruch aufgibt. Weitere empirische Studien haben gezeigt, dass Unternehmen gut damit fahren, etwa zehn bis fünfzehn Prozent der Ressourcen zur Aufdeckung neuer Geschäfte in Hoch-Risiko-Initiativen zu investieren und etwa 65 % in Initiativen, die sich nah am aktuellen Kerngeschäft orientieren. Die restlichen Ressourcen sollten für Initiativen verwendet werden, die sich im mittleren Risikoprofil befinden (Cooper 2005). Eine neue Opportunity kann nun anhand des Status quo des Innovationsportfolios bewertet werden. Kann die neue Opportunity eine Lücke füllen?

Tab. 6.4 Erfolg von Innovationsprojekten im Zusammenhang mit der Portfoliozusammensetzung nach Innovationstypen. (Nach Cooper 2005)

Typ von Innovations-projekt	Erfolgreichste Unter-nehmen 2004 (%)	Erfolgloseste Unter-nehmen 2004 (%)	Durchschnittlich erfolgreiche Unter-nehmen 2004 (%)
„New to the world"-Innovationen	17,05	8,53	11,48
„New to the company"-Innovationen	25,87	22,99	27,12
Erweiterungen bestehender Produkt-linien	26,82	22,01	24,66
Verbesserungen und Modifikationen bestehender Produkte	30,26	46,47	36,75
Summe	100,00	100,00	100,00

Dann hat sie einen besonderen Wert und sollte eher durchgeführt werden. Damit wird die Entscheidung über die Verfolgung einer Opportunity nicht alleine durch die Opportunity selbst bestimmt, sondern auch durch die aktuelle Situation des Unternehmens in Bezug auf verfolgte Innovationsprojekte.

Eine gewisse Kritik an den Portfolio-Ansätzen kommt aus der „Silicon Valley"-Community, und damit aus einer Community, die zumeist darauf aus ist, die eine welt-verändernde Idee aufzudecken. An dieser Stelle setzt die von Peter Thiel genannte Logik an (Thiel und Masters 2014). Seine grundlegende Idee besteht darin, dass kleine Minderheiten von Ereignissen, Produkten oder ähnlichem zumeist überproportional viel Aufmerksamkeit erlangen. Ein zerstörerisches, massives Erdbeben erlangt um ein Viel-faches mehr Aufmerksamkeit als eine beliebig hohe Zahl an sehr kleinen Erdbeben, die die meisten betroffenen Menschen noch nicht mal wahrgenommen haben. Entsprechend, so Thiel, ist es auch mit Ideen für neue Unternehmen oder Geschäfte. Sehr wenige, die gestartet werden, erleben einen Durchbruch, der Aufmerksamkeit verschafft.

Thiel und Masters (2014) argumentieren aus Sicht eines Fonds, der verschiedene Ideen in einer Anfangsphase finanziell fördert (Venture Capital), ihre Logik lässt sich aber auf Unternehmen übertragen, die zwischen verschiedenen Opportunities aus-wählen müssen. Thiel und Masters (2014) argumentieren, dass viele Investoren der – zunächst intuitiv wirkenden – Ansicht sind, dass schlechte Unternehmen verschwinden, mittelmäßige einen mittelmäßigen Erfolg erleben und die sehr guten entsprechend sehr großen Erfolg haben. Thiel und Masters (2014) argumentieren, dass viele Investoren, die auf Basis dieser Überlegung ein diversifiziertes Portfolio anstreben, davon aus-gehen, dass zwischen den Ereignissen und diesen drei Kategorien von Unternehmen eine Gleichverteilung vorliegt. In der Realität ist es aber so, dass nur eine sehr geringe Anzahl an Unternehmen, und damit in unserer Logik Opportunities, erfolgreich sein und eine noch geringere Anzahl an Unternehmen bahnbrechenden Erfolg haben wird. Entsprechend der Erdbeben-Analogie wird nur ein Unternehmen, maximal sehr wenige Unternehmen, also auch nur eine oder sehr wenige Opportunities durchschlagenden Erfolg haben und wirklich etwas komplett Neues in einem neuen Markt schaffen. Der Erfolg dieser Opportunity wird allerdings um ein Vielfaches höher ausfallen als der Erfolg aller anderen betrachteten Opportunities zusammengenommen.

Thiel und Masters (2014) schlussfolgern daher, dass die einzige vernünftige Entscheidungsregel, ob in ein Unternehmen investiert werden soll, bzw. in unserer Thematik, ob eine Opportunity verfolgt werden soll, wie folgt lauten muss: Investiere nur in Unternehmen bzw. verfolge nur Opportunities, die im Erfolgsfall erfolgreicher sein werden als alle anderen Ideen in Kombination. Im Rahmen einer Opportunity Recognition in einem existierenden Unternehmen lautet die Entscheidungsregel entsprechend, dass die neue Opportunity das Potenzial haben muss, erfolgreicher (z. B. in Bezug auf den Umsatz) zu sein als das bereits bestehende Unternehmen. Natürlich ist dieses Unternehmen bzw. diese Opportunity mit hoher Unsicherheit behaftet und in den meisten Fällen wird der Erfolgsfall nicht eintreten. Daher gilt es dann, doch wieder mehrere Opportunities zu verfolgen, aber nur solche, die wirklich dieses Potenzial haben.

Abb. 6.8 legt die zeitliche Entwicklung eines Fonds von Investments dar. Zu Beginn scheinen die Unternehmen sehr homogen und haben ähnliche Renditeerwartungen. Nach einigen Jahren liegt dann zumeist der Fall vor, dass sich einige sehr wenige „Gewinner" herauskristallisieren. Noch ein paar Jahre später, am Ende der Fondslaufzeit, existiert maximal eine Handvoll dominierender Unternehmen, die den Wert des Fonds bestimmen. Existiert kein einziges Unternehmen, so ist zumeist der gesamte Fonds gescheitert. Auf unsere Logik bezogen bedeutet dies, dass sich langfristig nur sehr wenige wirklich erfolgreiche Opportunities herauskristallisieren werden. Aus diesem Grund, so Thiel und Masters (2014), dürfen von vornherein nur Opportunities ausgewählt werden, die wirklich das Potenzial haben, massiv Märkte zu verändern. Thiel und Masters (2014) betonen dies insbesondere, da die Wahrnehmung im Allgemeinen eine andere ist: dass es zwar einige Opportunities gibt, die in punkto Erfolg herausstechen, es jedoch auch viele andere gibt, die zumindest anständig performen – was jedoch nicht der Fall ist, wie in Abb. 6.9 dargestellt.

Kernaussagen

- Zur Bewertung und Auswahl von Opportunities können Kriterienkataloge und Portfolio-Ansätze verwendet werden.
- Kriterienkataloge setzten eine Anzahl von Kriterien (meist basierend auf Erfolgsfaktoren vergangener Innovationsprojekte) zusammen, anhand derer die Opportunities einzeln zu bewerten sind. Mögliche Kriterienkataloge sind die Käufer-Nutzen-Matrix nach Kim und Mauborgne (2000), das R-W-W Konzept von

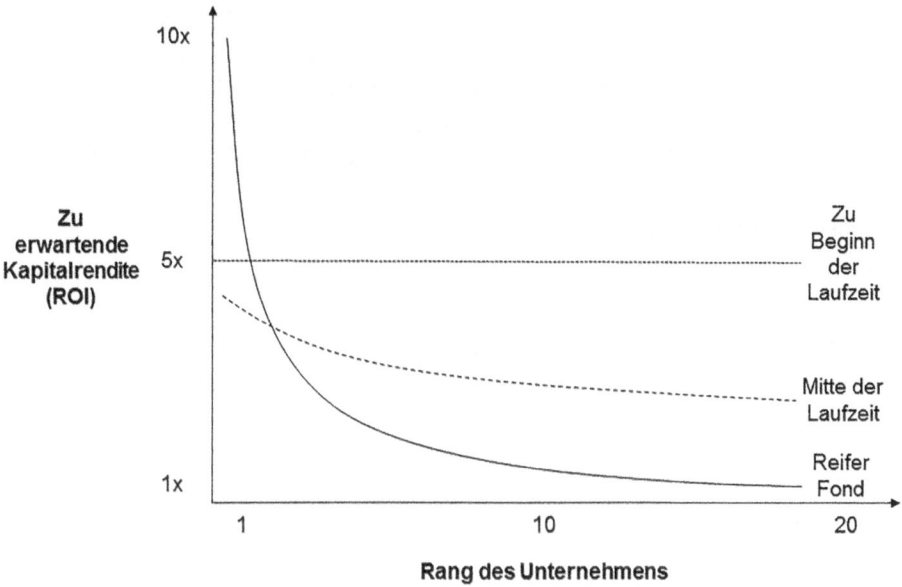

Abb. 6.8 Renditeerwartungen hinsichtlich der einzelnen Unternehmen eines Venture Capital Fonds zu verschiedenen Reifegraden. (Nach Thiel und Masters 2014)

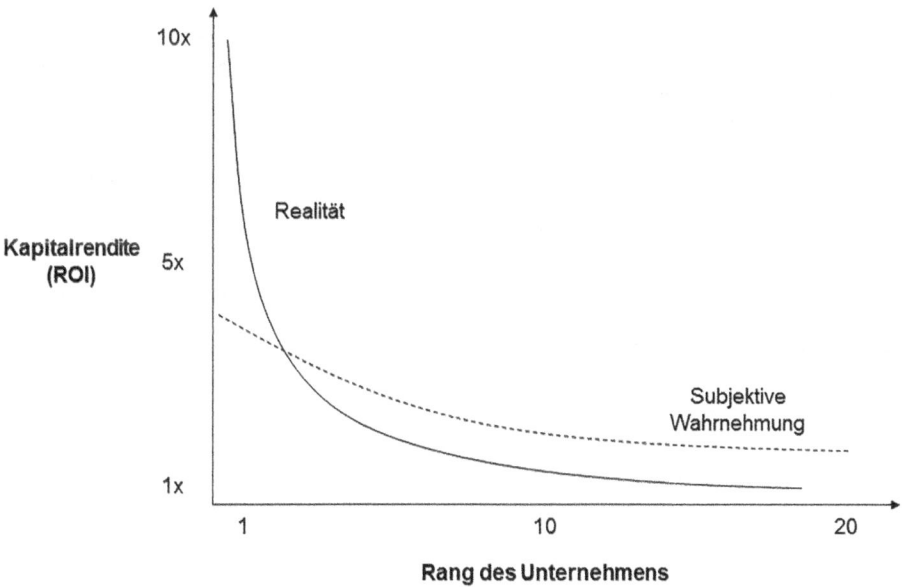

Abb. 6.9 Kapitalrendite von Unternehmen in Venture Capital Fonds klassifiziert nach Realität und Wahrnehmung. (Nach Thiel und Masters 2014)

Day (2007), die Liste an industrie- und marktbezogenen Kriterien nach Spinelli und Adams (2012) sowie die vier Kriterien nach Thiel und Masters (2014).

- Portfolioansätze werden für den Vergleich und die Priorisierung von mehreren Opportunities genutzt. Ein Ansatz ist die Betrachtung nach Neuheitsgrad des Marktes und des Produkts bzw. der Technologies nach Day (2007).

Aufgaben zur Wiederholung

1. Erläutern Sie kurz die drei wesentlichen Kriterien für die Bewertung von Erfolg nach Kim und Mauborgne (2000).
2. Skizzieren und erläutern Sie kurz das R-W-W-Konzept zur Bewertung von Opportunities nach Day (2007).
3. Skizzieren und erläutern Sie kurz das Portfolio-Modell nach Day (2007) zur Einordnung von Scheiterwahrscheinlichkeiten in Abhängigkeit von Produkt- und Marktfokus.

Literatur

Ansoff H (1979) Strategic Management, 1. Aufl. Macmillan, London
Cooper R (2005) Your NPD portfolio may be harmful to your business health. PDMA Visions, 2. April, S 22–26
Cooper RG, Edgett SJ, Kleinschmidt EJ (1999) New product portfolio management: practices and performance. J Prod Innov Manag 16(4):333–350
Day GS (2007) Is It real? Can we win? Is it worth doing? Harv Bus Rev 85(12):110–120
Gerpott T (1999) Strategisches Technologie- und Innovationsmanagement. Schäffer Poeschel, Stuttgart
Killen C, Hunt R, Kleinschmidt E (2008) Project portfolio management for product innovation. Int J Qual Reliab Manage 25(1):23–48
Kim WC, Mauborgne R (2000) Knowing a winning business idea when you see one. Harvard Bus Rev 78(5):129–138
Kuratko D, Morris MH, Covin J (2011) Corporate entrepreneurship & innovation, 3. Aufl. Cengage Learning Emea, Andover
Martino JP (1995) Research and development project selection. Wiley series in engineering & technology management. Wiley, New York
Mikkola JH (2001) Portfolio management of R&D projects: implications for innovation management. Technovation 21(7):423
Moorthy S, Ratchford BT, Talukdar D (1997) Consumer information search revisited: theory and empirical analysis. J Consum Res 23(4):263–277. https://doi.org/10.1086/209482
Nagji B, Tuff G (2012) Managing your innovation portfolio. Harvard Bus Rev 90(5):66–74
Pearce J, Robinson R (2010) Strategic management: formulation, implementation, and control. Mcgraw-Hill, New York
Pepin J (1998) Burger Meister Ray Krooc. Time, 7. Dezember
Simester D (2016) Why great new products fail: many innovative new products don't succeed in the marketplace. One common reason: companies don't focus enough on understanding how customers evaluate products and make purchase decisions. MIT Sloan Manage Rev 57(3):32–39

Spinelli S, Adams R (2012) New venture creation: entrepreneurship for the 21st century. McGraw-Hill, New York

Thiel PA, Masters BG (2014) Zero to one: notes on startups, or how to build the future. Virgin Books, London

Timmons J (1999) New venture creation: entrepreneurship for the 21st century, 5. Aufl. McGraw-Hill, Boston

Zacharakis A, Spinelli S, Timmons J (2011) Business plans that work. McGraw-Hill, New York

Anwendungsaufgaben für Lehre und Workshops

7

In den vorherigen Kapiteln wurden die verschiedenen Tools der Opportunity Recognition ausführlich vorgestellt und deren Anwendung beschrieben. In diesem Teil des Buchs werden Anwendungsaufgaben zum praktischen Erproben vorgestellt. Diese lassen sich sowohl im Rahmen einer Übung zu einer Lehrveranstaltung mit Studierenden auf Bachelor- oder Masterniveau als auch für einen Workshop mit oder im Unternehmen nutzen.[1]

In Abschn. 7.1 werden Aufgaben zu den unternehmensbezogenen Tools Technologie-Anwendungsmatrix, Geschäftsmodellinnovation, Analytics und Produkt-Trend Ansatz vorgestellt. Aufgaben zu den marktbezogenen Tools Konsumkette, Empathisches Design und Innovation Mapping befinden sich in Abschn. 7.2, während Anwendungsaufgaben zu den umweltbezogenen Tools Interpreter-Ansatz, Lead User und Market Spaces in Abschn. 7.3 aufgeführt sind.

7.1 Anwendungsaufgaben zu unternehmensbezogenen Tools

Die hier vorgestellten Anwendungsaufgaben für die Tools aus Kap. 2 sind unternehmensbezogen. Sie können mit Studierenden anhand der Beispielunternehmen aus diesem Buch oder für gut dokumentierte andere Unternehmen durchgeführt werden. In den Anwendungsaufgaben sind konkrete Unternehmen benannt, diese können aber auch ausgetauscht werden. Nicht immer sind alle Informationen zu den Unternehmen öffentlich

---

[1] Die Aufgaben in diesem Kapitel basieren stark auf der Übung zum Modul Opportunity Recognition an der HHU am Lehrstuhl für Management von Dr. Anna Gründler. Wir bedanken uns dafür, dass wir die Inhalte der Übung freundlicherweise für dieses Buch verwenden dürfen.

© Der/die Autor(en), exklusiv lizenziert durch Springer Fachmedien Wiesbaden GmbH, ein Teil von Springer Nature 2021
A. Engelen et al., *Opportunity Recognition*,
https://doi.org/10.1007/978-3-658-34955-4_7

zugänglich, an diesen Stellen können Annahmen getroffen werden. Praxispartner können die Anwendungsaufgaben natürlich auch für das eigene Unternehmen durchführen. Die Aufgaben eignen sich sowohl für Einzelpersonen als auch für die Gruppenarbeit.

7.1.1 Technologie-Anwendungsmatrix für das Unternehmen Hövding

Oft gibt es alternative Anwendungsfelder für Technologien, die von Unternehmen genutzt werden, um neue Märkte und Geschäftsfelder zu bedienen. Wiederholen Sie den Ansatz, mit der Technologie-Anwendungsmatrix Opportunities zu entdecken, in Abschn. 2.1. und lesen Sie die Fallbeschreibung des Unternehmens Hövding.

Beispiel: Hövding

Hövding wurde 2005 von Anna Haupt und Terese Alstin als ihr Masterarbeitsprojekt entwickelt. Ihr Ziel war die Entwicklung eines „unsichtbaren Helms" für Radfahrer. Es handelt sich um einen sehr innovativen Fahrradhelm als Alternative zu herkömmlichen Fahrradhelmen. Statt eines Helms ist das Produkt ein Kragen mit eingebauten elektronischen Sensoren, die bei ruckartigen Bewegungen erkennen, ob der Radfahrer kurz vor einem Sturz steht. Bei einem Unfall bläst sich sofort ein Airbag auf, der sich zum Schutz von Kopf und Nacken des Fahrers ausfaltet. Da der Airbag dicker und weicher ist als herkömmliche Fahrradhelme, bietet er einen bis zu achtmal größeren Schutz vor Kopfverletzungen. Die Einnahmen sind seit der ersten Produkteinführung im Jahr 2011 schnell gewachsen. Im Jahr 2019 verkaufte das Unternehmen über 70.000 Hövding-Helme, was einer Steigerung von 17 % gegenüber dem Vorjahr entspricht. Das Wachstum setzt sich in Schweden fort, wo Hövding zuerst auf den Markt gebracht wurde, wird aber mehr und mehr von anderen Märkten, insbesondere Dänemark und Deutschland, angetrieben. (Hövding 2020). ◄

Stellen Sie sich vor, Sie sind die/der CEO von Hövding und suchen nach neuen Geschäftsmöglichkeiten. Da Sie sehr stolz auf die entwickelte Technologie sind, planen Sie von der Technologie auszugehen, um neue Märkte zu erschließen, und nutzen die Technologie-Anwendungsmatrix. Dazu wollen Sie sich zuerst einen Überblick über die Technologien verschaffen, die in dem innovativen Fahrradhelm-Airbag verwendet werden, und darauf aufbauend überlegen, wie diese potenziell eingesetzt werden können, um neue Branchen anzusprechen.

Bitte beantworten Sie dazu die folgenden Fragen:

1. Welches sind die generischen Technologien im Hövding Fahrradhelm? (Nennen Sie mindestens zwei.)
2. In welcher Branche wird das Produkt bisher eingesetzt?

3. Welche anderen Branchen könnten mit der Technologie ins Visier genommen werden und wie könnten die Produkte aussehen? (Nennen und beschreiben Sie kurz zwei mögliche Produkte, seien Sie kreativ.)
4. Was sind die Herausforderungen beim Eintritt in eine neue Branche? (Nennen Sie drei Herausforderungen und beschreiben Sie diese kurz.)

7.1.2 Analyse der Geschäftsmodellinnovation

Neues Geschäft kann auch durch eine Änderung oder Innovation im Geschäftsmodell entstehen. Machen Sie sich mit dem Ansatz in Abschn. 2.2 vertraut und lesen Sie die Beispiele nochmals.

Führen Sie für die Beispiel Unternehmen Dell (Beispiel 2.7), Zara (Beispiel 2.8), Netflix (Beispiel 2.9) und Nespresso (Beispiel 2.11) die folgenden Analysen durch (Sie finden eine ähnliche Analyse in Beispiel 2.10 zu dem Unternehmen Hilti):

1. Was sind jeweils die zentralen Aspekte des Geschäftsmodells, die die jeweiligen Branchen verändert haben:
   a) Nutzenversprechen: Welchen Nutzen erwartet der Kunde durch das Produkt oder die Leistung? Welches grundlegende Problem adressiert das Geschäftsmodell?
   b) Ertragsmodell: Wie generiert das betrachtete Unternehmen seinen Umsatz und seine Marge? Was wird dem Kunden in Rechnung gestellt? Welche Kostenstruktur gibt es?
   c) Wertschöpfung (soweit extern erkennbar): Was macht das Unternehmen selbst und was bezieht es von anderen Unternehmen?
2. Welche zentralen Erfolgskriterien, sogenannte Key Performance Indikatoren (KPI) der Kunden bedienen die Unternehmen? (Nennen Sie mindestens zwei KPIs.)
3. Welchem Geschäftsmodelltypus (siehe Abschn. 2.2.3) nach Johnson et al. 2008 (Johnson et al. 2008) ordnen Sie die Unternehmen zu? Was hat dazu geführt, dass die Unternehmen in diesem Geschäftsmodelltyp so erfolgreich waren und sind?

7.1.3 Ideensammlung zu Analytics-Anwendungsfeldern bei IKEA

Durch die Nutzung von Analytics können Unternehmen Produkte, Lösungen und Prozesse besser, individueller oder auch günstiger gestalten. Wiederholen Sie die Ansätze und Beispiele aus Abschn. 2.4.

Recherchieren Sie zu dem schwedischen Möbel-Unternehmen IKEA. Machen Sie sich mit den verschiedenen IKEA-Kundenkontaktpunkten (wie der Family Card) und Aktivitäten vertraut, um die folgenden Fragen zu bearbeiten. Dabei können Sie gerne kreativ und spekulativ vorgehen.

1. Welche Kundeninformationen und -daten sind für IKEA verfügbar? (Identifizieren Sie mindestens fünf Daten.)
2. Welche Erkenntnisse liefern diese Daten? (Nennen Sie je Datenpunkt/Information mindestens zwei Erkenntnisse.)
3. Wenden Sie die fünf Ausgangspunkte von Parmar et al. (2014) aus Abschn. 2.4.3 auf die verfügbaren Daten an und generieren Sie im Zusammenhang mit deren Analyse Möglichkeiten für IKEA.
4. Bewerten Sie die Möglichkeiten, z. B. indem Sie die Kriterienkataloge aus Abschn. 6.1 oder einen Portfolio-Ansatz aus Abschn. 6.1 anwenden. Stellen Sie Ihre beste Idee vor, die aus der Anwendung des Analytics-Ansatzes bei IKEA entstanden ist.

7.1.4 Analyse der Auswirkungen von Megatrends auf IKEA nach dem Produkt-Trend-Ansatz

Trends bieten gute Ansatzpunkte zur Aufdeckung neuer Geschäftsfelder. Wiederholen Sie den Produkt-Trend-Ansatz aus Abschn. 2.5, insbesondere die drei Ansätze zur Aufdeckung von Opportunities nach Olef und Wathieu 2010 in Abschn. 2.5.2.

Verwenden Sie das IKEA-Fallbeispiel der vorangegangenen Aufgabe zu Analytics und recherchieren Sie die folgenden globalen Megatrends:

- Digitalisierung – analoge Prozesse und Daten werden digitalisiert
- Demographische Veränderung/Silver Society – die Bevölkerung wird älter und es werden weniger Kunden geboren, dank besserer Gesundheitssystems bleiben Menschen auch im Alter länger fit
- Nachhaltigkeit/Klimawandel – ressourcenschonendes Produzieren und Verbrauchen werden immer mehr Menschen wichtiger
- Individualisierung – es werden individuelle, eigene Lösungen und Produkte gesucht
- Sharing Society/Economy – statt Produkte zu besitzen, reicht es auch, diese nutzen zu können und mit anderen zu teilen
- Urbanisierung – immer mehr Menschen wohnen in Städten
- Connectivity – durch effizientere Sensoren und Verbindungen können Produkte und Lösungen einfacher und besser miteinander verbunden werden

Bearbeiten Sie die folgenden Fragen:

1. Was bedeuten diese Megatrends für das aktuelle Geschäft von IKEA? (Beschreiben Sie die Konsequenzen von mindestens drei der oben genannten Megatrends auf IKEAs Geschäftsmodell.)
2. Gibt es weitere globale Megatrends, die sich auf IKEA auswirken könnten?

3. Wie könnte IKEA den Produkt-Trend-Ansatz nutzen, um Chancen angesichts globaler Megatrends aufzudecken? Denken Sie in Bezug auf Produkte und Dienstleistungen an das allgemeine Geschäftsmodell von IKEA. Nennen Sie pro Ansatz ein Beispiel und erläutern Sie dieses. (Sie finden die drei Ansätze zur Aufdeckung von Opportunities nach Olef und Wathieu 2010 in Abschn. 2.5.2)

4. Bewerten Sie die Möglichkeiten, z. B. indem Sie die Kriterienkataloge aus Abschn. 6.1 oder einen Portfolio-Ansatz aus Abschn. 6.1 anwenden. Stellen Sie Ihre beste Idee vor, die aus der Anwendung des Produkt-Trend-Ansatzes bei IKEA entstanden ist.

7.2 Anwendungsaufgaben zu marktbezogenen Tools

In Kap. 3 dreht sich alles um den Kunden und das Erkennen von Möglichkeiten auf dem Markt. Oft können Chancen entwickelt werden, indem man sich „in die Lage des Kunden versetzt", was bedeutet, dass durch die Analyse der Kunden und das Verständnis ihrer Bedürfnisse neue Geschäftsmöglichkeiten geschaffen werden können. Prominente Ansätze zur Erkennung von Chancen sind die Konsumkette, Empathisches Design und Innovation Mapping, für die Sie im Folgenden Anwendungsaufgaben finden.

7.2.1 Analyse der Veränderungen der Konsumkette

In den letzten Jahren haben sich die Informations-, Kauf- und Nutzungsprozesse der Kunden aufgrund der technischen Möglichkeiten verändert. In der nächsten Aufgabe analysieren Sie diese Veränderungen im Detail. Wählen Sie dafür aus den folgenden zehn Unternehmen eines aus und machen Sie sich mit dem gewählten Unternehmen und dessen Geschäftsmodell vertraut.

- Airgreets
- IKEA Click & Collect
- Liebherr smarter Kühlschrank
- Lieferando
- Mobile.de
- MOIA
- Netflix
- Tinder
- Weltsparen
- Zalando

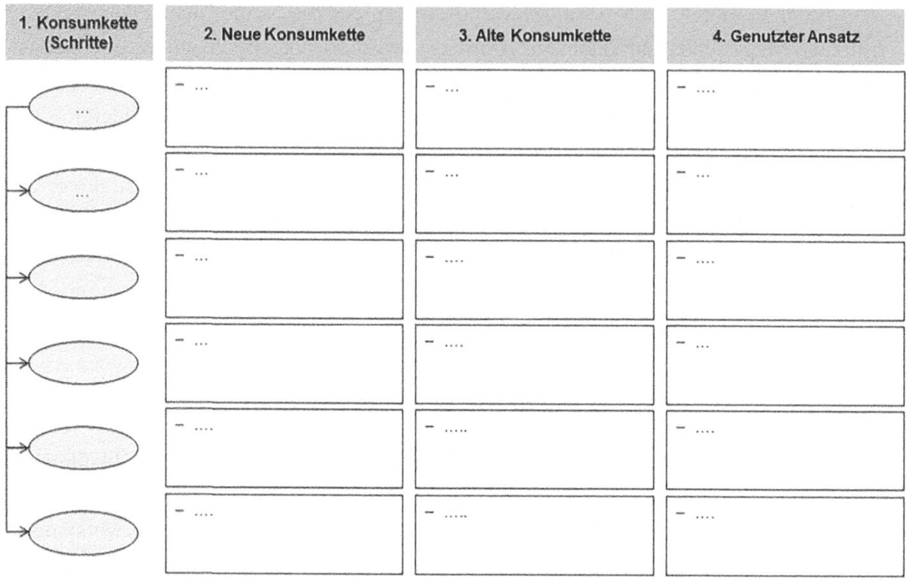

1. Konsumkette (Schritte)	2. Neue Konsumkette	3. Alte Konsumkette	4. Genutzter Ansatz
...	– ...	– ...	– ....
...	– ...	– ...	– ...
	– ...	–	– ....
	– ...	–	– ...
	–	–	– ...
	–	–	– ....

Abb. 7.1 Struktur zu Erarbeitung der Konsumkette und deren Veränderung. (Eigene Darstellung)

Machen Sie sich mit den Grundlagen der Konsumkette in Abschn. 3.1 vertraut. Bearbeiten Sie die folgenden Fragen für das Unternehmen, das Sie ausgewählt haben, unter Verwendung der Struktur in Abb. 7.1.

1. Welches ist das Kundenbedürfnis, das mit dem Produkt/der Dienstleistung des von Ihnen gewählten Unternehmens befriedigt wird?
2. Identifizieren und nennen Sie die allgemeinen Schritte der Verbrauchskette, die der Kunde durchläuft, wenn er das Produkt/die Dienstleistung des von Ihnen gewählten Unternehmens nutzt (Verwenden Sie die Strukturvorlage aus Abb. 7.1).
3. Beschreiben Sie die Schritte der neuen Konsumkette.
4. Beschreiben Sie die Schritte der alten Konsumkette, bevor sie verändert wurde. Benennen Sie, falls relevant, Schmerzpunkte (z. B. zeitaufwändig, teuer…)
5. Erläutern Sie kurz, welcher Ansatz/welche Ansätze zur Veränderung der Konsumkette auf der Grundlage der fünf von McGarth und MacMillan (2005) vorgeschlagenen Ansätze (siehe Abschn. 3.1.2.) angewandt wurde/wurden.

7.2.2 Empathisches Design zur Verbesserung der Online-Lehre oder der Campus-Infrastruktur

Stellen Sie sich vor, Sie und Ihr Team werden vom Kanzler Ihrer Universität gebeten, A) Verbesserungsmöglichkeiten für das Online-Lernen und B) weitere Verbesserungsmöglichkeiten am Campus der Universität aus der Perspektive der Studierenden zu identifizieren. Ihr Team entscheidet sich für den Ansatz Empathisches Design, um Verbesserungsmöglichkeiten zu identifizieren.

Machen Sie sich mit den fünf Ansätzen des Empathischen Designs aus Abschn. 3.2 vertraut.

Beobachten Sie, wie sich die Studierenden verhalten und leiten Sie Ansätze und konkrete Ideen für Verbesserungen ab:

1. Beobachten: A) Wie verhalten sich Studierende während einer Online-Vorlesung oder eines Online-Tutorials? B) Wie nutzen die Studierenden die Campus-Infrastruktur (Mensa, Bibliothek, Parkhaus etc.).
   Notieren Sie Ihre Beobachtungen. (Nur drei bis fünf konkrete Beobachtungen.)
2. Reflektieren Sie bei jeder Beobachtung die Frage: „Warum hat die Person getan, was sie getan hat?" Versuchen Sie jeweils das dahinterliegende Bedürfnis zu identifizieren.
3. Identifizieren Sie für jede Beobachtung Möglichkeiten für Verbesserungen. Machen Sie konkrete Vorschläge. Geben Sie an, wie die unartikulierten Bedürfnisse der Studierenden berücksichtigt werden könnten.

7.2.3 Analyse von Innovationen – disruptiv oder inkrementell?

Beim Innovation-Mapping-Ansatz versucht man, Kundensegmente zu entdecken und zu bedienen, die bisher nicht attraktiv genug erschienen. Die Aufdeckung dieser disruptiven Innovationspotenziale können Sie im Abschn. 3.4 wiederholen.

Verwenden Sie drei der folgenden Beispielunternehmen bzw. -produkte:

- Wikipedia
- E-Mail
- Dropbox
- Tesla
- WhatsApp

Recherchieren Sie zu diesen Unternehmen oder Produkten und betrachten Sie sie entlang der folgenden Fragen:

1. Analysieren Sie, ob diese Innovationen nach den vier von Christensen et al. (2015) definierten Parametern (Aus Abschn. 3.4.1) störend waren oder ob sie zumindest das

Potenzial haben, störend zu wirken. Verwenden Sie, wenn möglich, Instrumente wie die Substitutionskurve (siehe Abschn. 3.4.2).

2. Gibt es einen Unterschied zwischen disruptiver Innovation nach Christensen et al. (2015) und radikaler Innovation? Erklären Sie warum oder warum nicht.

7.3   Anwendungsaufgaben zu umweltbezogenen Tools

Bei den umweltbezogenen Tools in Kap. 4 schaut man bewusst über den Markt hinaus und integriert andere Perspektiven. Während sich die meisten unternehmens- und marktbezogenen Tools auch gut für Workshop-Formate eignen, sind umweltbezogene Tools wie Reverse Innovation, der Lead-User-Ansatz und Innovation Crowdsourcing am besten organisatorisch im Unternehmen verankert und werden kontinuierlich durchgeführt (siehe auch Abschn. 5.1).

7.3.1   Interpreter-Ansatz für das Spiel Pokémon Go

Um bestehende Lösungen und Ansätze fundamental neu zu denken, wird im Interpreter-Ansatz (Abschn. 4.2) auf externe Experten zurückgegriffen. Manchmal kann aber auch schon die bewusste Einnahme einer bestimmten Rolle und Sichtweise helfen, neue Opportunities aufzudecken.

Die folgende Aufgabe ist als Gruppenaufgabe für drei bis sechs Personen konzipiert. Teilen Sie die folgenden Rollen und Sichtweisen in der Gruppe auf:

- Künstler*in
- Arzt/Ärztin
- Sportler*in
- Forscher*in
- Versicherungsmakler*in
- Lehrer*in

Wenden Sie den Interpreter-Ansatz für das Produkt Pokémon Go (Beispiel 2.35) an, indem Sie folgende Aufgabenstellungen bearbeiten:

1. Recherchieren Sie die Sichtweise der jeweiligen Rolle und mögliche neue Anwendungsfelder des Produktes aus der Sicht Ihrer Rolle („Envision").
2. Teilen Sie Ihre Erkenntnisse in der Gruppe („Share").
3. Diskutieren Sie die Ansätze in der Gruppe und überlegen Sie, ob sie sich miteinander kombinieren lassen („Connect").
4. Identifizieren Sie Möglichkeiten, die Idee oder Technologie von Pokémon Go aus anderen Sichtweisen heraus zu verwenden.

5. Bewerten Sie die Möglichkeiten (z. B. indem Sie die Kriterienkataloge aus Abschn. 6.1 oder einen Portfolio-Ansatz aus Abschn. 6.1) anwenden. Stellen Sie Ihre beste Idee vor, die aus der Anwendung des Interpreter-Ansatzes für Pokémon Go entstanden ist.

7.3.2 Lead-User Suche

Neben externen Expert*innen im Interpreter-Ansatz kann es auch sehr hilfreich sein, aktuelle und zukünftige Nutzer eines Produktes in die Suche nach neuen Opportunities zu integrieren. Im Lead-User-Ansatz (siehe Abschn. 4.4) werden Nutzer gesucht, die besonders früh Produkte annehmen, und deren Meinung genutzt.

Überlegen Sie sich, welche Lead User Sie für folgende Produkte finden könnten:

- Kopfhörer
- Handykameras
- Kosmetikprodukte
- Fahrräder
- Industrieroboter
- Künstliche Intelligenz

1. Identifizieren Sie dabei Lead User aus den drei grundsätzlichen Typen nach Churchill et al. (2009):
   a) Lead User aus dem Zielmarkt oder der Zielanwendung.
   b) Lead User aus Bereichen ähnlicher Anwendungen in verwandten, aber weiter entwickelten Märkten
   c) Lead User, die einen Bezug zu wichtigen Teilen des Problems der Anwender im Zielmarkt aufweisen.
2. Wählen Sie je Typus ein bis zwei Lead User aus, die Sie gerne einbinden würden, um die Produkte weiterzuentwickeln. Präsentieren und begründen Sie Ihre Auswahl.

7.3.3 Wertkurve für die Damen-Fitnessstudioketten Curves und Mrs. Sporty

Im Market-Space-Ansatz (siehe Abschn. 4.5) wird beschrieben, wie Unternehmen die traditionellen Wertkurven ihrer Branchen erweitert haben und damit neue Märkte schaffen und besetzen. Beispiele für Wertkurven finden Sie in den Beispielen 4.21 (Quicken von Intuit), 4.24 (Barnes & Nobles) und 4.25 (Body Shop).

Machen Sie sich mit Beispiel 4.22 zu den Damen-Fitnessstudios Curves und Mrs. Sporty vertraut.

Analysieren Sie anhand des Market-Space-Ansatzes die Wertkurvenveränderung:

1. Identifizieren Sie vier bis sechs Kriterien, auf deren Basis Kunden traditionelle Fitnessstudios bewerten bzw. Fitnessstudios um Kunden kämpfen.
2. Zeigen Sie auf, welche Produkteigenschaften Sie eliminieren oder senken würden, die für den Fokus auf Frauen als Zielgruppe weniger wichtig sind.
3. Zeigen Sie auf, welche Produkteigenschaften Sie verstärken oder ergänzen würden, die für den Fokus auf weibliche Kunden besonders wichtig sind.
4. Zeichnen Sie die resultierenden Wertkurven für traditionelle und für auf Frauen spezialisierte Fitnessstudios.

7.3.4 Wertkurve für den Grundschulrucksack ergobag

Im Market-Space-Ansatz (siehe Abschn. 4.5) wird beschrieben, wie Unternehmen die traditionellen Wertkurven ihrer Branchen erweitert haben und damit neue Märkte schaffen und besetzen. Machen Sie sich mit dem Beispiel 4.26 zum Grundschulrucksack ergobag vertraut.

Analysieren Sie anhand des Market-Space-Ansatzes die Wertkurvenveränderung:

1. Identifizieren Sie drei bis vier Kriterien, auf deren Basis Kunden traditionelle Grundschulranzen bewerten bzw. die Hersteller von Grundschulranzen um Kunden kämpfen.
2. Zeigen Sie auf, welche Produkteigenschaften durch ergobag verstärkt und ergänzt wurden.
3. Zeichnen Sie die Wertkurve für traditionelle Schulranzen und ihre Veränderung durch den Markteintritt von ergobag.

7.3.5 Wertkurve für Low-Cost-Airlines

Im Market-Space-Ansatz (siehe Abschn. 4.5) wird beschrieben, wie Unternehmen die traditionellen Wertkurven ihrer Branchen erweitert haben und damit neue Märkte schaffen und besetzen. Machen Sie sich mit dem Beispiel 4.27 zu Southwest Airlines und dem europäischen Low-Cost-Anbieter Ryanair oder der asiatischen Airline AirAsia vertraut.

Analysieren Sie anhand des Market-Space-Ansatzes die Wertkurvenveränderung:

1. Identifizieren Sie vier bis sechs Kriterien, auf deren Basis Kunden traditionelle Fluggesellschaften auswählen und bewerten bzw. die Fluggesellschaften um Kunden kämpfen.

2. Zeigen Sie auf, welche Produkteigenschaften durch die Low-Cost-Airlines eliminiert bzw. verringert wurden.
3. Analysieren Sie, welche Produkteigenschaften durch die Low-Cost-Airlines verstärkt wurden.
4. Zeichnen Sie die Wertkurven der traditionellen Fluggesellschaften und die durch die Low-Cost-Anbieter veränderten Wertkurven.

Literatur

Christensen CM, Raynor M, McDonald R (2015) What is disruptive innovation? Harv Bus Rev 93(12):44–53

Churchill J, Hippel E, Sonnack M (2009) Lead user project handbook: a practical guide for lead user project teams. https://evhippel.files.wordpress.com/2013/08/lead-user-project-handbook-full-version.pdf

Hövding (2020). https://hovding.com/de/. Zugegriffen: 27. Nov. 2020

Johnson MW, Christensen CM, Kagermann H (2008) Reinventing your business model (cover story). Harv Bus Rev 86(12):50–59

Ofek E, Wathieu L (2010) Are you ignoring trends that could shake up your business. Harv Bus Rev 88(7–8):124–131

Parmar R, Mackenzie I, Cohn D, Gann D (2014) The new patterns of innovation. Harv Bus Rev 92(1–2):86–95

Stichwortverzeichnis

3M, 2, 24, 230

A
A. G. Lafley, 131, 211
Adobe, 285
Adwords-Account, 42
Airbnb, 72, 73
Airbus, 179
Akquisition, 6
Aldi, 152
Alessi, 196, 204, 205
Alessi, Alberto, 196
Allen, Paul, 163
Amazon, 29, 30, 60, 285
Amazon Mechanical Turk, 213, 214
Amazon Prime, 108
American Management Association, 38
Analytics, 69
Analytics-Ansatz, 23, 69, 77, 79, 258, 262, 265
Apple, 2, 5, 6, 11, 36, 42, 46, 52, 57, 60, 61,
        64, 75, 84, 145, 195, 213, 239
Ausgangslogistik, 26, 169

B
B2B, 45, 49, 98
B2C, 45, 49, 98
Babolat, 83
Bang & Olufsen, 195
Barnes & Noble, 246
Bausch & Lomb, 52
BCG-Matrix, 286
Bedürfnis, latentes, 113, 116, 121, 194

Best Data, 36
Bezos, Jeff, 30
Big-Bang-Diffusion, 221, 222
Big-Data-Ansatz, 18
Bloomberg, 245
Bloomberg Businessweek, 11
Body Shop, 247, 264
Boeing, 179
Bolzano, 75
Bombardier, 179
Boxine, 117
Bozen, 75
Branchenlebenszyklus, 122, 123
BRIC-Nation, 10
Britisch Airways, 141
Bruttoinlandprodukt, 3
Buslcom, 57
BYD, 11, 180

C
Cabo 64, 36
CAD (Computer Aided Design), 69
Canon, 180
Capital One, 71
Cassini, Giovanni, 208
Chesky, Brian, 73
China, 11
ChotuKool, 180
Cisco, 209, 210
Citi Direct BE Mobile, 76
Citigroup, 76
Clickworker, 213
CloudCrowd, 213

The manufacturer's authorised representative in the EU is Springer
Nature Customer Service Centre GmbH, Europaplatz 3, 69115 Heidelberg,
Germany. If you have any concerns regarding our products, please
contact ProductSafety@springernature.com

Printed and bound by CPI Group (UK) Ltd, Croydon, CR0 4YY

24/04/2026

02096341-0014